비즈니스 혁명, 비콥

리 잉(Li Ying)에게 이 책을 바칩니다.

비즈니스 혁명, 비콥

비콥 운동은 자본주의를
어떻게 바꾸고 있는가

크리스토퍼 마퀴스 지음 | 김봉재 · 김미정 옮김

착한책가게

더 좋은 세상을 만들고 싶은
미래 리더분들에게

저는 2016년 비콥한국위원회 위원장을 맡은 이후 많은 국내외 비콥 기업가들과 지도자들을 만났습니다. 그들과의 만남을 통해 비콥의 역사와 주요 개념들을 조금씩 이해하며 새로운 비즈니스 모델의 세계적 흐름에 대한 인사이트를 얻을 수 있었습니다. 하지만 그럼에도 어딘가 해소되지 않은 갈증이 있었죠. 아마 오늘날 많은 분들이 비슷한 느낌을 가지실 것 같습니다. 비랩, 비콥, 비콥 운동은 무엇인지, 더 나아가 우리나라를 비롯해 전 세계의 트렌드라는 'ESG', '지속가능성', '임팩트 투자'는 무엇인지 말입니다. 연일 언론에 회자되며 중요하다고 강조되는 데 반해 많은 사람들이 무엇인지 명확히 알지 못하는 개념들이기도 합니다. 저처럼 그러한 갈증을 가지신 분이 계시다면 이 책을 통해 앞서 언급한 개념들을 올바르게 이해하고, 나아가 미래와 미래의 기업을 보는 폭넓고 깊은 안목을 가질 수 있을 것으로 생각합니다.

저자 크리스토퍼 마퀴스 코넬대학 경영대학원 교수는 JP모건 체이스에서 부사장을 역임했으며 2005년부터 10년간 하버드대학 경영대학원에서 교수생활을 하였습니다. 지속가능경영과 기업가정신을 전문으로 하는 그는 2009년에 강의를 하다가 한 학생에게서 처음으로 "비콥"이란 단어를 접하게 되었고, 그후 10여 년간 비콥에 대해 연구하였습니다. 이 책은 그 노력의 최종 그리고 최선의 결과물이라고 할 수 있습니다.

비콥 운동을 주관하는 비랩은 알려져 있다시피 3명의 공동창립자 제이 코언 길버트, 바트 홀라한, 앤드루 카소이에 의해 설립되었습니다. 이 책은 2006년 7월 5일 비랩이 공식 출범하기까지 어떤 일들이 있었는지, 비콥을 인증하는 툴인 B임팩트평가BIA가 만들어진 과정, 그리고 다양한 비콥 기업가들(벤앤제리스의 창업자 벤 코헨, 세븐스 제너레이션의 창업자 제프리 홀렌더 등)의 생각이 비콥 운동에 결합된 과정과 같이 현재 비랩과 비콥의 글로벌 네트워크를 움직이는 기초와 토대에 관한 이야기가 담겨 있습니다. 나아가 미국을 비롯한 여러 나라에서 비콥이 법제화된 과정, 그리고 임팩트 투자의 시초라 할 수 있는 록펠러 재단을 통해 B임팩트평가가 자본시장 펀드 등급체계 운영에 적용되어 오늘날 투자자 환경에 영향을 미치고 있는 이야기 등 오늘날 시장과 비콥의 연결고리까지 다양한 이야기를 전달하고 있습니다. 독자 여러분이 흥미롭게 여기실 만한 내용이라 생각합니다.

저자는 비콥의 진정한 의미로서 '연결'과 '확장'을 이야기하며 특히 "비콥 운동"을 강조합니다. 흔히 많은 분들이 비콥을 인증으로만 여기기 쉬우나 비콥의 본질은 "비콥 운동"에 있으며 그럴 때에야 비로소 집합적 임팩트를 낼 수 있다는 것입니다. 비콥 운동은 주주 우선주의의 병폐에 대한 지적을 넘어서, 이해관계자의 영역과 투자자와의 연결을 지나서 직원들과의 새로운 관계 정립 및 비콥 커뮤니티로 성장하는 과정을 설명합니다. 비랩이 개설한 사회적 네트워크 플랫폼인 'B 하이브B Hive'와 비콥 운동 참여자들에게 서로 배움과 연결의 기회를 제공하는 '챔피언스 리트릿Champions Retreat' 등이 그 예입니다. 또한 비랩은 요즘 들어와서 부쩍 비콥 인증에 관심을 보이기 시작하는 대기업들에 대해서도 적극 대응하고 있습니다. 예를 들어 큰 기업들의 규모와 복잡성을 고려해 새로운 인증 경로를 개발하고 있습니다. 'B 무브먼트 빌더B Movement Builders' 프로그램이 바로 그것입니다.

비콥의 연결성은 지역을 넘어 연대하는 것으로 이어집니다. 세계 주요 지역에서 비콥 운동이 자리 잡고 또 뿌리내리는 과정에 대해서도 잘 설명해주고 있습니다. (1) 2012년 만들어진 단체 시스테마 BSystema B가 주도하는 남아메리카, (2) 마르셀로 팔라치가 공동설립자로 참여하고 프랑스의 세계적인 식품기업 다논이 주도하는 유럽, (3) 제임스 페리와 샤미언 러브가 2013년에 함께 설립한 영국과 오세아니아, 아프리카, 그리고 한국과 대만을 비롯한 아시아 등 세계 주요 지역에 만들어진 비콥과 그들의 모임에 대해서도 얘기합니다. 앞으로 이와 같은 세계적 영향력을 가진 사회단체를 만들거나 운영하고자 하는 사람들에게 살아있는 영감을 주고 크나큰 도움이 될 것임을 확신합니다.

결과적으로 비콥 운동은 전 세계에 걸쳐 더 크고 근본적인 변화를 추구하는 방향으로 나아가고 있습니다. 그리고 이를 위한 글로벌 협력 네트워크가 형성되고 있는 중입니다. 유엔의 지속가능발전목표^{SDGs}가 비콥 운동을 확장하는 데 큰 도움이 되리라 생각한 비랩이 이를 B임팩트평가에 통합하려고 노력해 온 것이 그러한 예입니다.

그리고 마지막으로 저자는 이 비콥 운동은 전문가, 활동가, 기업가들만이 아니라 우리들, 바로 저와 이 글을 읽는 독자와 같은 일반 시민들의 참여로 달성될 수 있다고 호소합니다. 시민들이 직접 참여하여 자본주의 병폐를 극복하고 넷제로$^{Net\ Zero}$를 달성하는 전 세계적인 변화의 가능성을 이야기하는 것입니다. 윤리적 소비를 통해 소비자들이 힘을 합쳐 가장 근본적인 변화를 추구한다는 희망에 관한 것이기도 합니다.

그를 위해 우리는 이 책에서 주요하게 언급되는 세 개의 강력한 P를 가슴 깊이 새겨야 하리라 생각합니다. 비콥 운동 지도자들은 돈과 이익만을 추구하는 병폐투성이 자본주의에 세 개의 강력한 'P'를 심고자 했습니다. 그것은 사람^{People}, 지구^{Planet}, 이윤^{Profit}으로 구성된 '세 가지 성과기준$^{Triple\ Bottom\ Line,\ TBL}$'입니다. 첫 번째 P, 사람에서는 잃어버린 신뢰를 되찾는 과정이 반드시 포함되어야 하며, 두 번째 P, 지구를 위해서는 지구 온도를 낮추는 노력이 필수입니다. 세 번째 P, 이윤을 위해서는 불평등의 극복이 최우선입니다.

궁극적으로 저자는 병폐투성이 자본주의 사회에 TBL이라는 새로운 DNA를 심어서 바람직한 미래 사회를 위한 진정한 변화와 혁신을 이끌어내자고 요청합니다. 단순한 이윤과 이익 차원을 초월한 개념으로서, '자연과의 공존coexistence with nature'을 바탕으로 한 '풍요의 공유shared prosperity'를 의미합니다. 이에 대한 진지한 이해와 따뜻한 공감이 없다면 미래를 탐색하며 앞장서 이끌어갈 수 있는 능력과 자질을 가진 리더가 되기는 쉽지 않은 일입니다. 이 책은 여러 분야에서 우리 사회를 이끌어갈 미래 리더들에게 귀중한 지식과 정보 그리고 마음가짐 변화의 기회를 제공할 것입니다. 이미 리더이거나 앞으로 리더가 되기를 바라는 분이라면 누구든지 반드시 읽어봐야 할 필독서라고 생각합니다.

정은성(비랩코리아 이사장)

차례

비콥$^{B Corp}$ 운동은 지금껏 접해본 적 없는 아주 중요한 사회 운동이다.

불평등 심화와 경제적 계층 이동성의 둔화, 기후 위기, 점점 현실화되고 있는 토양 고갈과 물 부족 문제, 종족 중심주의에 따른 정치적 위기 같은 것들에 관심이 있다면, 비콥 운동에 주의를 기울여야 한다. 자동화된 대량생산 시대에 장기적인 경제 성장뿐 아니라 노동 자체가 개선되고 양질의 일자리가 제공되는 미래에 관심이 있다면, 비콥 운동에 대해 더 자세히 알아야 한다.

비영리조직인 비랩$^{B Lab}$이 시작한 비콥 운동은 '사람, 지구, 이윤'이라는 세 가지 성과기준$^{Triple Bottom Line, TBL}$을 DNA에 각인시킨 새로운 기업을 만드는 데 주력하고 있다. 이 일의 핵심은 엄격한 심사를 통해 기업의 성과를 수익뿐 아니라 사회와 환경에 대한 기여도로 평가하는 것이다. 전 세계에서 수많은 기업들이 이 평가를 받았다. 이 비콥 인증 기업들은 주주뿐 아니라 기업과 관련 있는 모든 이해관계자들에게 자신이 미치는 영향에 대해 책임을 진다.

나는 지난 15년간 하버드와 코넬의 경영학 교수로 일하면서 미래 경제를 이끌어나갈 차세대 기업가와 시민 지도자들과 직접 교류해왔다. 하버드 경영대학원HBS에서 나는 사회혁신과 제도 변화에 대한 수업을 진행했다. 강연을 하거나 기업들과 상담할 때면, 내가 본 것 중 가장 인상적인 기업 혁신 사례를 알려달라는 요청을 자주 받곤 했다. 나는 언제나 최근에 관심을 끌었거나 인상적이었던 몇몇 사례를 답변거리로 골라놓고 있었다. 하지만 2009년 이후 나는 이런 질문에 대한 답변으로 꾸준히 비콥 운동에 대해 말하고 있다.

처음에는 내 얘기를 들은 사람들 대부분이 "예?"라고 했지만, 이제는 안다고 고개를 끄덕거릴 확률이 많이 높아졌다. 비콥 운동은 점차 활기를 띠고 있으며 기업가, 특히 지속가능성에 관심을 둔 사람들이 주목하고 있다. 식음료 회사들은 파리에 본사를 둔 다국적 식품 제조업체인 다논이 비콥 인증을 받기로 결정했다는 소식을 들었을 것이다. 의류 업계의 경우, 파타고니아나 아일린피셔 같은 유명 브랜드들은 비콥 인증을 받은 지 오래고 이 운동의 적극적 지지자들이기도 하다. 그러나 비콥 운동의 전체 면모와 잠재적 영향력은 아직 진가를 인정받지 못하고 있다. 기업가들 대부분은 여전히 비콥 인증 기업들을 산업계 주변부에서 틈새를 차지하고 있을 뿐, 절대 제대로 성공할 리 없는 '작고 영리한' 사회적기업 정도로 여기고 있다.

그런 가정은 잘못된 것이다. 비콥 운동은 겨우 10년 만에 기하급수적으로 성장했고, 나는 비콥 운동 및 이와 연관된 발상들이 현재의 자본주의 경제를 개혁하는 촉매가 될 준비가 되어있다고 믿는다. 이러한 변화를 이해하려면 이 운동의 역동성과변천사 등 비콥 운동의 폭과 범위에 대해 체계적으로 이해해야한다. 이 책에 나오는 비콥 인증 기업들의 이야기는 비콥 인증이 왜 그리고 어떻게 기업의 활동과 미래에 근본적 변화를 가져올 수 있는지 보여주고 있다.

하지만 이 운동은 인증 기업의 수를 넘어서는 의미에 주목해야 한다. 지난 10년간 비랩 팀은 기업 평가를 위한 혁신적인도구들을 만들고 이 운동의 성장을 독려하는 관계망을 구축했다. 비랩은 다논 외에도 유니레버, P&G^Procter & Gamble, 네슬레,갭 등의 다국적 기업들은 물론, 킥스타터, 올버즈, 캐스퍼, 봄바스같이 지난 10년간 창립된 가장 혁신적인 기업들의 주목을받았다. 이와 같은 수많은 사회적기업에서 수백 명의 임원들과교류하면서 나는 그들이 사회운동을 주도하고 있다는 것을 알게 되었다. 그들은 자신의 사업적 발상뿐 아니라 모든 이해관계자들을 위해 더 좋은 사업을 만들어낸다는 더 넓은 개념을확산시키는 것에 흥미를 가지고 있다.

또한 비랩은 사회적 유익, 노동자와 지역사회의 권리, 환경을 주주의 재정적 이익과 동등하게 평가하는 베네핏 코퍼레이션^benefit corporation(이윤을 추구할 뿐 아니라 사회와 환경에 긍정적 영향을 미치려는 기업-옮긴이)이라는 법적 혁신을 이끌어내는 데 공을 들였다.

민주와 공화 양 당의 정치인들은 미국 대부분의 주에서 베네핏 코퍼레이션의 설립을 가능하게 하는 법안의 통과를 지지했다. 이러한 혁신은 전 세계로 퍼지고 있다. 이탈리아, 콜롬비아, 에 콰도르, 그리고 캐나다 브리티시컬럼비아 지방에서도 유사한 법안이 통과되었고, 그 외 여러 나라에서도 논의 중에 있다.

이 책은 이 모든 흐름들이 한데 모이며 진행 중인 혁명을 그 시작부터 따라간다.

내가 이 운동에 관심을 가지게 된 것은 2009년 봄 하버 드 경영대학원에서 기업의 사회적 책임CSR 프로그램에 있어 IBM, 골드만삭스, 팀버랜드 같은 대기업들이 얼마나 전략적인 지에 대해 가르치던 때였다. 하루는 어떤 학생이 이 분야의 진 정한 혁신에 대해 배우려면 대기업의 CSR 프로그램을 공부할 게 아니라 어떻게 하면 사회적 가치를 기업의 DNA에 근본적 으로 새겨 넣을 수 있을지 살펴보아야 한다고 말했다. 무슨 말 인지 잘 이해되지 않아서 학생에게 좀 더 자세히 설명해줄 것 을 부탁했다. 그러자 그 학생은 비콥에 대해 설명하며 비콥 인 증 기업으로 메소드 홈 프로덕트Method Home Products, 킹 아서 플 라워King Arthur Flour, 그리고 보스턴에 있는 사회적 투자의 개척자 트릴리엄 애셋 매니지먼트Trillium Asset Management 등 이미 내가 잘 알고 있던 기업 몇 곳을 예로 들었다. 이전에 비콥에 대해 전혀 들어본 적이 없던 나는 약간 민망했고, 시간을 들여 이 운동에 대해 조사했다. 온라인으로 찾아낸 정보는 나를 혹하게 만들었 고 나는 좀 더 많은 것을 알고 싶었다. 그래서 비랩 설립자들에게 연락을 취했고, 2010년에는 그들의 작업에 대해 최초의 심층 사례연구를 발표했다.

그 후 나는 동료들과 함께 사회혁신에 대한 50개 남짓의 하버드 사례연구를 조사하여 발표했고, 비콥 인증 기업들과 그들이 만들어나가는 운동에 점점 더 많은 관심을 기울였다. 비콥 인증 기업에 대한 나의 초기 저작물들은 내가 이 운동의 전모를 제대로 파악하기 전에 저술한 것이다. 2011년에 어느 학업 프로젝트를 통해 여성들이 소유하고 천연 재료만을 사용하는 초콜릿 회사 스위트 라이어트를 알게 되었다. 이 회사는 공급업체 관행을 혁신한 회사로, 잘게 부순 카카오 열매 조각에 초콜릿을 코팅한 제품과 맛좋은 카카오 닙스를 생산한다. 그리니치 빌리지의 본사를 찾아 이 회사 임원들을 인터뷰했을 때 벽에 걸린 비콥 인증서를 보고 깜짝 놀랐다. 1년 후에는 연구 조교가 워비파커의 안경과 그들이 내세우는 '하나 사면, 하나 기부' 방식에 열광하는 것을 보고 연구할 만한 중요 회사라고 확신했다. 워비파커 본사를 방문해 이 회사가 비콥 인증 기업임을 알았을 때 다시 한 번 확신했다(뒤에 설명할 여러 이유로 인해 지금은 비콥 인증 기업이 아니다). 내가 가르치는 밀레니얼 세대 학생과 연구원들은 아직 내게 뚜렷이 보이지 않던 더 큰 그림을 확실하게 보고 있었다.

길지 않은 지난 10년간 목격한 변화는 믿기 어려웠다. 2009년에는 소수의 선구적 학생들만이 비콥에 대해 알고 있었다. 지금은 내가 코넬에서 사회적기업가 정신에 대해 가르치는 첫 수업 시작 때 학생들에게 비콥 운동에 대해 들어본 사람은 손을 들어보라고 하면 거의 모두가 손을 든다. 하지만 더 중요한 것은 그들이 이 프로젝트에 얼마나 깊은 열정을 느끼면서 참여를 원하는가 하는 점이다. 나는 2010년 이후 매년 비랩의 지도자들을 수업에 초대하여 그들이 하는 일에 대해 토론하는 캠퍼스 행사들을 후원해왔다. 첫 행사에는 실망스럽게도 극히 소수의 학생들만 참석했다. 그러나 2016년 이후에는 100명 이상 수용 가능한 장소에서만 열리는데도 자리가 모자랐다. 학생들은 비랩 설립자들의 말을 듣기 위해 계단과 복도를 메웠다.

이 새로운 사업 방식 개발의 중요성에 대해, 나는 내가 학생들을 가르친 것만큼이나 그들에게 많은 것을 배웠다. 밀레니얼 세대는 이미 노동 인구의 절반 정도를 차지하고 있으며, 앞으로 수십 년 동안 그들의 베이비부머 세대 부모들이 사망하면서 30조 달러를 상속받게 될 것으로 추정된다.[1] 이들은 자신이 하는 일과 구매행위를 통해 긍정적 변화를 만들어내려는 욕구가 상당하고, 비콥 운동은 이를 충족시켜 줄 수 있다. 이들은 소비자로서, 유권자로서, 미래의 지도자로서 선두에 서서 이 운동을 이끌어나갈 것이다. 물론 이를 정말로 실현하려면 모든 세대의 모든 사람들의 참여가 필요할 테지만.

이 운동이 정말로 세계적임을 인식하는 것이 중요하다. 절반이 넘는 비콥 인증 기업이 미국 바깥에 있다. 이 운동이 얼마나 널리 퍼져있는지를 개인적으로 처음 경험한 것은 2014년 중국에서였다. 나는 북경대학교 사회적기업 경영 프로그램 석사 과정 첫 수업에서 기업의 사회적 책임에 대해 발표해 달라는 내용으로 초대를 받았다. 내 생각에는 이 학생들이 누구나 알 만한 유명 기업들에 대해 알고 싶어할 것이라 여겨 골드만삭스와 IBM 사례를 다시 꺼내들었고, 중국 기업의 사례도 몇 가지 추가했다. 발표를 마치고 나자 학생 대표가 내게로 다가왔다. 그러고는 내가 비콥 인증 기업에 대해 논하지 않아서 학생 다수가 실망했노라고 정중히 알려주는 게 아닌가! 그들은 내가 이 주제에 대해 연구 중이라는 것을 알고 있었으며 이에 대해 발표하기를 바랐던 것이다. 나는 감명을 받았고, 비콥 인증 기업에 대해 발표할 수 있도록 나를 다시 초청해줄 것을 프로그램 지도교수에게 요청하라고 제안했다. 몇 달 후에 나는 다시 베이징으로 가서 중국 현지 기업가들과 관심이 있는 학생들이 참석한 공개 강연에서 비콥 운동에 대해 강의했다. 이 일로 내 작업이 홍콩 사회적기업 지도자들의 관심을 끌게 되어 2017년 11월에는 4천 명이 넘게 참석한 홍콩 사회적기업가 대회에서 기조 연설자로 나서게 되었다. 내가 초청받은 것은 분명히 내 연구의 초점이 비콥이었기 때문이다. 나는 홍콩 행정장관 캐리 람에 이어서 두 번째로 발표했다. 2017년에는 중국 본토의 첫 번째 비콥 인증 기업인 제일반응第一反應에 대한 하버드 케네디 스쿨 사례연구를 조사하여 발표했다.

그 후 2018년 2월, 나는 (노벨상을 수상한 경제학자 에드먼드 펠프스 등) 12명의 세계적 학자 중 하나로 선택되어 리커창 총리에게 중국이 이해하고 적응해야 할, 세계의 주요 변화에 대해 설명하게 되었다. 원래는 사회적기업가 정신과 혁신에 대해 얘기해 달라고 요청받았지만, 나는 내게 부여된 20분 중 3분의 1 정도를 중국 비콥 운동의 가능성에 할애했다. 중국의 비콥 운동은 여전히 걸음마 단계지만 중국에는 추진력과 열정이 있다. 2019년과 2020년에도 이 모임에 참여해 달라고 초청한 것을 보면 주최 측에서 이 주제를 흥미롭게 생각한 것이 틀림없다. 중국이 코로나 바이러스로 봉쇄 조치를 취하기 직전인 2020년 1월에 나는 베이징에서 총리를 다시 만났다. 나는 그의 실무진에게 이 책에 나오는 핵심적인 생각들 중 많은 부분을 설명했다. 그로부터 고작 몇 달 만에 세상이 달라지고 이 책 속의 생각들이 훨씬 더 중요해질 줄은 전혀 예상치 못했다.

나는 내 학생들과 비콥 인증 기업을 설립하려는 사회적기업가들 외에 열정을 키워가는 세 번째 주체들에게서도 힘을 얻는다. 변화가 필요하다고 믿으면서 비콥 운동에 대해 더 많이 알고자 하는 보통 사람들이 바로 그들이다. 비콥에 대해 기업 임원들에게 강의를 하거나 친구와 동료들에게 말할 때면 많은 사람들이 아직 들어본 적이 없다며 놀라움을 표한다. 하지만 일단 알고 나면 사람들은 그런 회사들을 어디에서든 찾아볼 수 있게 된다.

이 주제에 대해 연구한 지 10년이 지났지만, 내가 마주치는 비콥 인증 기업의 수에 나는 거의 매일 놀라고 고무 받는다. 얼마 전 뉴욕 시의 내 아파트에서 몇 블록 떨어진 레스토랑에서 저녁을 먹을 때였다. 나는 프랑스의 바이오다이내믹 농법의 와인 제조업체 샤또 마리스 와인 한 병을 주문했다. 와인은 맛이 좋았는데, 병의 뒷면에서 눈에 띄게 표시된 비콥 로고를 보게 될 줄은 몰랐다. 샤또 마리스는 유럽 와인 제조업체 중에서는 최초로 2016년에 비콥 인증을 받았다. 샤또 마리스의 설립자 로버트 이든은 프랑스 와인 업체가 미국 기반의 인증을 받으려는 이유를 다음과 같이 설명했다. "비콥은 우리 회사 내부에서 사회적·환경적 측면에 대해 더 많이 열린 자세를 취하도록 이끌고 장려하는 훌륭한 지침입니다. 또한 우리가 특정 관리 도구를 마련해서 우리의 목표를 좀 더 정확하고 정밀하게 달성할 수 있게 해줍니다. 비콥은 있는 줄도 몰랐던 많은 가능성을 열어줍니다."[2] 포도원은 공급망을 개선하고, 바이오다이내믹 농법을 활용하고, 지역사회를 향상시키며, 동시에 맛이 뛰어난 와인을 만들기 위해 애쓰고 있다.

나의 이 모든 경험들은 비콥 운동이 확산될 준비가 되어 있다는 것을 보여준다. 전환점이란 일반적으로 변화가 제대로 인식되지 못한 상태에서 얼마 동안 지표면 아래로 스며들어 퍼져나간 후에 터져 나오는 것이다. 어느 순간 하나의 사건이 점들을 연결하며 인식을 확산시키고 가파른 성장 궤도로 이끈다. 이 책이 그러한 과정에서 한몫을 담당하기를 진심으로 바란다.

많은 사람들이, 특히 젊은이들이 지금의 자본주의 체제를 깊이 불신하고 있다. 그럴 만한 충분한 이유가 있다. 자본주의 체제는 놀라운 기술혁신을 가능케 했지만 그 과실은 일부 사람들만이 가져가고 있다. 경제가 튼튼하다는 지표들이 많이 있지만 식량과 주거 같은 기본적인 것들을 구하기 위해 엄청나게 많은 사람들이 고군분투한다. 경제가 흔들릴 때면 부자는 계속 부유함을 누리지만 나머지 사람들은 고난을 겪는 상황에 처한다. 젊고 똑똑한 많은 젊은이들이 자신의 재능에 걸맞은 직업을 찾지 못하고 있다. 추가로 더 높은 고등교육을 받는 것이 도움이 될 수도 있지만, 교육비를 감당할 수 있는 사람은 많지 않다.

게다가 기후변화가 진행되고 있지만 재계의 대부분은 이 현상에 책임이 있음을 인정하지 않고 문제 해결에 나서기를 꺼린다. 허리케인 어마, 마리아, 하비는 북미의 일부 지역을 물리적으로 파괴하여 경제에 장기적인 피해를 끼쳤다. 그 밖의 자연재해 중에서도 특히 파키스탄의 폭염과 인도네시아의 쓰나

미는 수천 명의 사망자와 노숙자를 만들어냈다.

원예용품 소매업체 스미스 앤 호켄의 공동 창업자인 캘리포니아의 사업가 폴 호켄은 이를 이렇게 설명한다. "우리는 미래를 훔쳐 현재에 팔고 있으며, 그것을 GDP라고 부른다."[1] 무슨 뜻일까? 이 말은 산업계가 교묘한 속임수 위에 서있음을 보여준다. 기업들은 자신이 만들어내는 오염물질로 인한 피해에 대해 값을 치르지 않고 있는데, 만약 그런 피해 비용을 사업 운영에 반영하면 손해를 보게 될 것이다. 실제로 연구 결과를 보면 기업들이 환경에 끼치는 영향을 고려할 경우 최상위 산업 부문 중 수익을 내는 곳은 없다.[2]

게다가 기업의 세계는 각종 추문으로 가득 차 있다. 기업들이 어떤 식으로 환경 비용은 물론 인적 비용까지 무시하는지에 대해서는 여러 번 폭로가 있었다. 또 우버와 와인스타인 컴퍼니는 사내에 성차별과 괴롭힘의 악습이 만연하도록 방치해서 구설수에 오르거나 피소를 당하기까지 했다.[3] 영국 HSBC 은행은 남녀 간 급여 차이가 두 배에 이른다는 사실이 폭로되었는데, 급여 불평등은 사실상 전 세계 거의 모든 산업에 존재한다.[4] 기업들이 사내 괴롭힘의 악습을 무시하거나 혹은 현재의 급여 이상을 요구할 처지가 못 되는 사람들에게 급여를 적게 지급함으로써 이익을 챙기는 일들이 다반사로 일어나고 있다. 이런 일들은 공평과 공정을 배제하고 기업 이익과 주식가치 극대화에 초점을 맞추는 주주 우선주의의 직접적인 결과물이다.

'주주 우선'이라는 가치 아래 기업들은 자신들이 져야 할 책

임을 외면해왔다. 사업을 운영하는 지역의 공기 질이나 직원의
의료비 등 회사 운영의 직접 범위를 벗어나서 생기는 비용은
일반적으로 외부효과로 간주한다. 주주 우선주의에 기초하는
경제 이론에서는 주주에게 더 많은 돈을 가져다주기 위해 기업
이 외부효과에 지불하는 비용을 제한해야 한다고 말한다. 그러
나 이러한 태도 때문에 우리는 지금의 중대 전환점에 서게 되
었다.

이러한 현실은 미국 의료업계의 코로나 바이러스 팬데믹
대응에서 두드러지게 나타났다. 비용 절감을 위해 안면 마스크
나 인공호흡기 같은 필수 장비를 'JIT(무재고 생산방식)'로 만들고,
외부 업체를 이용하는 아웃소싱이나 해외 업체를 이용하는 역
외생산offshoring 등의 방식도 만연하고 있다. 그 결과 시스템이
취약해져 위기에 제대로 대처하지 못하게 되었다. 이제는 외부
효과로 치부해버릴 것이 아니라 상호의존에 대해 생각하는 것
이 중요하다. 즉, 기업과 지역사회, 소비자, 직원, 지구에 이르
기까지 모든 것이 서로 긴밀히 연결되어 있음을 이해해야 하는
것이다. 이 관계망에서 한 주체가 내리는 결정 하나하나는 다
른 모든 주체들에게 직접 영향을 미치기 때문이다.

역사적으로 볼 때 정부는 기업 활동이 일으키는 문제들에
대해 기업에 책임을 묻는 여러 정책과 프로그램을 개발하여 해
결하려 했다. 하지만 오늘날 정부는 규제를 후퇴시킬 뿐 아니
라 스스로 나서서 해로운 정책들을 만들어내기도 한다. 트럼프
행정부의 환경적 무책임과 감세 등이 주요 뉴스로 기사화된 바

있듯이, 이런 일들은 세계 곳곳에서 일어나고 있다.

언젠가 누군가는 대가를 치르게 될 것이다. 그 누군가는 지금의 집권 세대는 아닐지 모르지만, 다음 세대가 될 수도 있다. 그리고 대가를 치르는 세대는 불행을 맞이할 것이다. 주주 우선주의를 압도적으로 중시해온, 지난 반세기 동안 우리가 알고 있는 자본주의는 과거의 유산이 되어야 한다.

다행히도 모든 기업이 억제되지 않는 탐욕에서 동기를 부여받는 것은 아니다. 점점 더 많은 기업들이 부자뿐 아니라 모든 사람들의 삶의 질을 높이기 위해, 그리고 사회적·환경적 낭떠러지에서 곧 추락하려는 우리를 구하기 위해 일하고 있다. 세계적으로 그런 기업 가운데 3천 개 이상이 비랩의 인증을 받았고, 그중에는 우리가 매일 소비하고 사용하는 여러 제품을 만들어내는 기업이 다수 포함되어 있다. 그들이 만들어나가고 있는 비콥 운동은, 기업의 활동에 영향 받는 모두에게 이로움을 주어야만 진정으로 번창할 수 있다는 것을 기업들에게 인식시키는 운동이다.

비콥 운동은 오랫동안 기업계를 지배해온 바람직하지 않은 직장문화, 빈약한 환경기준, 이윤 중심의 사고방식 등에 대한 직접적인 대응이다. 이 운동은 아래로부터 시작된 풀뿌리 운동이며, 버진 그룹 설립자 리처드 브랜슨의 B팀, 홀푸드 최고 경영자 존 맥키의 깨어있는 자본주의Conscious Capitalism와 같이 비슷한 정신을 공유하는 여러 운동 및 조직들과 함께 정상을 향해 나아가고 있다. 또한 비콥 운동은 프란체스코 교황의 "오늘과

내일의 경제가 공정하며 포용적이고 지속가능하도록 만들어 누구도 홀로 남겨진 사람이 없도록 하자!"는 목표를 가진 '프란체스코 이코노미Economy of Francesco'[5] 운동에도 적극 참여하고 있다. 2019년 12월, 500개가 넘는 비콥 인증 기업들이 2030년까지 온실가스 배출량 완전 제로에 도달할 수 있도록 감축 활동에 박차를 가할 것을 제25차 유엔기후변화협약 당사국 총회COP25에서 공개적으로 천명했다.[6] 이는 파리협약에서 정한 2050년보다 20년 앞당긴 목표이다. 또 비랩은 최근 유엔과 손을 잡고 기업에 대한 17가지 지속가능개발목표SDGs 운용을 돕기로 했다.

수천 개의 비콥 인증 기업 중에는 파타고니아 같은 독립적인 회사들도 있고, 캠벨수프나 갭처럼 다국적 기업의 사업부문도 있고, 킥스타터 같은 스타트업도 있다. 영국에서는 가디언 지와 옵서버 지의 출판사이며 유력 언론사인 가디언 미디어 그룹이 2019년에 인증을 받았다. 남미의 경우 최근 미국 미용업계의 선구자인 에이본을 인수한 30억 달러 규모의 상장 화장품 회사인 나투라, 재활용 회사인 트리시클로스 등도 역시 직원들과 투자자, 소비자, 그리고 정부의 사고방식에 변화를 일으키고 있다.

비랩은 인증 절차 외에도 기업 지배구조에서 사회적 책임을 공식화하는 새로운 기업 형태를 만들기 위해 노력해왔다. 2020년 초 현재 미국의 35개 주에서 베네핏 코퍼레이션 법안을 통과시켰고, 1만 개가 넘는 미국 회사들이 베네핏 코퍼레이션 형태로 회사를 설립했다. 베네핏 코퍼레이션 법안은 이미 이탈리아, 콜롬비아, 에콰도르, 브리티시컬럼비아에서도 통과되었다. 이 법안의 제정을 위해 노력하는 국가로는 아르헨티나, 오스트레일리아, 브라질, 캐나다, 칠레, 프랑스 등이 있다.

이 책은 비콥 운동 그 이상에 대해 다루고 있다. 즉, 비랩과 다른 여러 조직 및 운동에서 개발한 원칙과 사례들의 진화 과정을 추적하여 그런 것들이 왜 필요했는지와 그들이 실제로 어떻게 일했는지 조명하며, 사람들이 자본주의 개혁을 위해 이 운동에 동참하도록 독려한다. 개별적으로는 '사회적기업'이라고 알려진 주체들이 여러 가지 중요한 임팩트를 만들어내고 있지만, 이들을 '제4섹터'로 보는 기존의 관념상 자본주의의 나머지 부분에서는 현재의 사고방식이 유지될 것으로 보인다. 필요한 것은, 그리고 비콥 운동이 표방하는 것은, 사업을 하는 완전히 새로운 방식이다.

이 운동을 시작한 건 비랩이지만, 자본주의를 변혁하려면 우리 모두가 전적으로 여기에 동참해야 한다. 기업들은 더 높은 기준을 따르면서 긍정적 임팩트를 강화하기 위해 노력해야 한다. 소비자들은 일상의 구매행위를 통해 자신이 살고 싶은 세계의 형태를 선택해야 한다. 직원들은 고용주에게 이 운동에 동참하도록 촉구해야 하며, 그렇게 해서 고용주가 지속가능한 실천에 열정적으로 헌신하도록 만들어야 한다. 투자자들, 특히 공개시장의 투자자들은 기업들이 모든 것을 포괄하는 엄격한 기준을 지키도록 강제해야 한다. 정책 입안자들은 정책과 법규를 통해 적극적으로 변화를 이끌어내야 한다. 시민들은 투표를 통해 목소리를 높여야 한다. 시스템은 스스로 변화할 수 없다. 우리만이 변화시킬 수 있다.

일반적으로 사회적기업으로 여겨지지는 않지만, 파리에 본사를 둔 다논은 비콥 운동의 선구자다. 이 회사의 글로벌 CEO 엠마뉘엘 파베르는 비콥 운동이 혁명적이라 보고 이 운동에 뛰어들었다. 2020년 초 현재, 다논은 북미법인을 포함해 총 17개의 비콥 인증 기업을 보유하고 있다. 파베르가 내게 말했듯이, 비콥 인증 기업이 됨으로써 다논은 "'우리는 이런 회사입니다. 점점 더 많은 회사들이 이렇게 되어야 합니다.'라고 말할 수 있게" 되었다.

1973년 프레드 켈러가 창립한 캐스케이드 엔지니어링은 미시간 주 그랜드래피즈에 본사를 둔 대형 플라스틱 제조업체로, 이 회사는 창립 첫날부터 균등한 기회를 보장하는 회사였으며 미시간의 다른 회사들과 함께 인종차별에 맞서기 위해 노력했다. 켈러의 딸이자 현 CEO인 크리스티나 켈러는 자사의 세 가지 성과기준에 대해 다음과 같이 설명한다. "우린 사람들을 계급적 관점으로 대하지 않습니다. 모든 사람에겐 가치가 있죠." 그리고 이렇게 강조한다. "'이봐요, 당신은 가치 있는 사람이에요.' 이렇게 말하는 것만으로는 충분치 않아요." 이 회사는 전과자와 생활보호 수급자들이 다시 취직할 수 있도록 적극적으로 돕는다. 그녀는 계속해서 이렇게 말한다. "우리는 지구를 돌보는 일에 큰 비중을 두며 교육했습니다. … 이제는 재활용과 제로웨이스트 등으로 연결하고 있습니다. 그리고 수익 측면에서는 '우리가 가장 효과적인 조직이 될 방법은 무엇일까? 문제의 해결책을 어떻게 찾아낼까?'와 같은 것들을 고민합니다."[7]

프레드 켈러는 코넬 대학교에서 지속가능 기업에 대해 강의하고 있는데, 비랩 설립자들을 만났을 때 이 운동을 지지하고 싶다고 느꼈다. 크리스티나 켈러의 설명처럼, "우리의 가치는 항상 그 자리에 그대로 있었습니다. 우리는 이 운동의 발전을 돕고, 운동의 새로운 방향을 제시하고, 비슷한 가치를 가진 다른 사람들을 끌어들이거나 또는 함께하기 위해 비콥 인증을 받았습니다. 비콥 인증의 옷을 입고 나서 우리가 어떤 일을 별도로 시작한 것은 아닙니다. 비콥 인증은 우리가 더 나아질 수 있는 방법, 그리고 더 큰 공동체에 연결될 수 있는 방법을 찾도록 도와주는 일종의 추가적인 것"이었다.[8]

비영리단체에 기부하거나 재활용 계획을 실천하는 것처럼 사회적 측면에 초점을 맞춘 여러 기업 활동과 비콥 인증을 받는 것에는 중요한 차이가 있다. 기업의 행위에서 지속가능성을 장려하기 위한 사업적 접근방식인 기업의 사회적 책임은 꽤 오래 전부터 있어왔다. 얼핏 보기에 이런 발상들은 확실히 칭찬할 만한 것이다. 그러나 많은 회사와 그 리더들은 '그린워싱 greenwashing'(실제로는 친환경적이지 않으면서 대외적으로만 그렇게 보이도록 하는 기만적 행위 – 옮긴이), 즉 말만 하고 행동은 하지 않는다는 점 때문에 비난을 받아왔다. 이들은 자신들의 기업 때문에 발생하는 진짜 비용을 숨겨 가면서 환경적 노력이든 사회적 노력이든 간에 아무튼 자신들의 '친환경적' 업적을 홍보한다.

예를 들어 BP는 여러 해 동안 대체 에너지에 투자했고 자신들의 회사명인 BP라는 두 글자가 "석유 그 너머Beyond Petroleum"를 의미하는 것이라고 주장했다. 2000년에는 이 새로운 이미지를 반영하기 위해 BP라는 글자를 중앙에 배치한 방패 모양의 기존 로고를 노랑과 녹색의 해바라기 디자인으로 변경했다.[9] 그 후 2010년 딥워터 호라이즌 기름 유출 사건이 발생했고, 사람들은 BP의 내부 관행이 홍보 내용과 일치하지 않는다는 것을 알게 되었다. 기름 유출로 인한 환경 비용과 인적 비용은 엄청난 것이었다. 시추플랫폼 폭발로 11명의 목숨이 희생되었고, 폭발 시 발생한 연기에 직간접으로 노출되어서 피부와 호흡기에 장기적인 문제를 겪는 경우도 생겼다. 해당 지역의 동물 생태계는 아직도 회복되지 않았다. 유출 사건 발생 7년 후인 2017년, 지역의 한 어부는 이 사건의 장기적인 영향에 대해 이렇게 말했다. "이번 여름에 물고기를 봤어요. … 여전히 척추 기형이었습니다. 등뼈가 뒤틀린 채 태어난 얼룩덜룩한 송어였어요. 큰 반점들이 나 있는 큰돌고래를 본 적도 있습니다. 정상이 아니에요." 이 지역의 해산물은 오랫동안 독성을 지녔다. 아마도 BP가 책임진 가장 큰 비용인 인적 비용조차 큰 부담이 되지 않았을 것이다. 반면에 이 사고로 어업에서 관광에 이르기까지 수많은 산업이 피해를 입었다.[10]

소비자, 직원, 그리고 다른 여러 사람들이 정말로 좋은 일을 하는 회사와 그저 말뿐인 회사를 구별할 수 있는 방법은 무엇일까? 언젠가 우리가 기업을 다시 신뢰하도록 하려면, 기업에서 가장 먼저 해야 할 일은 투명성과 책임성을 높이는 것이다. 이 문제가 BP 사건의 핵심이다. 2018년 BP는 자사의 석유와 가스 굴착시설의 온실가스 배출량 감소에 다시 집중한다고 발표했는데, 언뜻 보면 분명 칭찬할 만한 목표다. 그러나 이 회사는 실제로 지구 온난화를 더 크게 악화시키는 자사 제품, 즉 석유와 가스의 영향에 대해서는 계속 무시로 일관했다. 환경 분야 싱크탱크인 E3G의 회장이자 전 BP 자문위원인 톰 버크 같은 비평가들은 이런 행태에 대해 "21세기 문제에 대한 20세기식의 대응"이라고 평가했다.[11] 소비자들은 부차적인 프로젝트나 홍보를 통해서가 아니라 로고의 이면을 들여다보면서 기업이 실제 핵심에서 얼마나 환경적으로 잘 운영되고 있는지 이해할 수 있어야 한다.

나는 최근 콜로라도 주의 볼더에서 가족, 친구들과 함께 여행하다가 이러한 혼돈 상황을 직접 접했다. 내가 비콥 운동에 대해 연구하고 있다고 설명했는데, 그들 대부분은 처음 듣는 얘기였다. 그날 저녁 밖으로 나가 상점가를 걸어갈 때, 내가 파타고니아, 벤앤제리스, 애슬레타(갭이 소유한 운동복 브랜드로, 매장 전면 유리창에 비콥 인증 로고를 눈에 띄게 붙여 놓았다), 그리고 지역 기업인 뉴턴러닝 등 비콥 인증 기업들을 가리킬 때마다 그들은 놀라워했다.

흥미롭게도 친구 중 하나가 러쉬 화장품에 대해 물어보았는데, 그 친구는 러쉬가 내가 줄줄 읊어댄 비콥 인증 기업 중 하나일 걸로 예상하고 있었다. 사회적 책임을 다한다는 이미지를 표방하는 몇몇 브랜드가 이 운동에 동참하지 않는 이유는 무엇일까? 확신할 수는 없지만, 당시 러쉬가 화학물질을 사용해서 비판을 받고 있었던 것이 그 이유 중 하나가 아닐까 짐작이 갔다.[12] 점포 외관은 '농산물 직거래 장터' 같지만 플라스틱 포장을 사용하는 것도 이 회사가 비랩의 기준을 충족하는 데 방해가 되었을 것이다. 많은 회사들이 공정무역, 유기농, 비非동물학대 제품이라는 것을 입증하는 인증 표지들을 내걸고 있는 것처럼 러쉬 웹사이트 하단에는 인증 표시와 눈에 띄게 닮아있는, "동물 실험 반대 투쟁", "윤리적 구매", "100% 채식용", "수제", "포장지 없는! 포장" 같은 일련의 용어들이 나열되어 있다. 이 다양한 구호들을 클릭하면 회사에서 자체적으로 소개하는 이야기들로 이어지지만, 제3자 인증이나 검사 같은 이야기는 별로 없다.[13] 최근의 언론 기사들이 러쉬가 화학물질과 포장 쓰레기를 없애는 데 많은 노력을 기울이고 있다고 보도하고 있지만, 제3자의 엄격한 평가 없이는 회사에서 주장하는 내용의 진실성을 판단하기 어렵다. 이러한 상황에서 내 가족과 친구들은 비콥 인증 브랜드가 사회적 책임 기업을 신뢰성 있고 간단하게 판별하게 해주는 매우 강력한 도구라는 것을 알게 되었다.

　다논 북미법인이나 캐스케이드 엔지니어링 같은 회사들을 여타의 '책임을 다하'거나 '깨어있는' 기업들과 구별 짓는 중요한 특징이 두 가지 있다. 첫째는 위에서 말했듯이 이 회사들은 자신의 활동에 대해 엄격한 평가를 받고 그 결과를 대중에게 투명하게 공개했다는 것이다. 이로써 사람들은 회사의 활동을 '보고' 스스로 판단을 내릴 수 있게 된다. 둘째는 기업이 사회와 깊은 상호의존 관계에 있다는 점을 인식하고 회사의 법률적 토대에 사회적 사명을 통합함으로써 자신의 지배구조를 변화시켰다는 점이다. 이러한 새로운 형태의 기업과 경제는 더 나은, 더 공평하고 지속가능한 자본주의를 위한 기반을 마련해줄 수 있다.

이 운동은 국제화되어 세계 곳곳으로 퍼져나가 그 지역의 기업가들도 이를 받아들였고, 이 운동이 상륙하는 모든 나라에서 흥분과 열정을 불러일으켰다. 우리 경제가 전환점을 넘어 좀 더 지속가능한 형태의 자본주의로 나아가도록 등을 떠밀 수 있는 방법은 진정 이 운동을 전 세계로 확장하는 것 말고는 없다.

기업이 우리가 직면하는 모든 문제를 해결할 수는 없다. 하지만 기업은 자본주의 사회에서 중요한 역할을 맡고 있다. 기업은 계속해서 소수의 이익을 위해 모두에게 해를 끼치는 방향으로 영향을 미칠 수도 있지만, 반대로 좀 더 공평하고 더 나은 장기적인 해결책으로 우리를 이끌 수도 있다. 오늘날의 정치적·사회적 환경에서 이러한 변화는 그 어느 때보다도 더 중요하며, 그 변화는 진행되고 있다. 밀레니얼 세대는 소비자로서 그리고 노동자로서 주류에 도전하며 사회적, 환경적으로 책임을 다하는 회사들을 선호함으로써 이러한 변화를 주도하고 있다. 비콥 운동은 이런 변화를 위한 틀을 제시할 뿐 아니라 홀로 남겨진 사람들이 모일 수 있게 하는 집결지이기도 하다.

2017년, 영국의 소비재 회사 유니레버가 크래프트 하인즈가 내민 1,430억 달러의 입찰을 거절하자 재계는 깜짝 놀랐다. 세계에서 가장 유명한 자본가인 워런 버핏이 소유한 버크셔 해서웨이나 브라질의 사모펀드 회사인 3G캐피탈 등, 크래프트 하인즈의 주요 주주들이 이 입찰을 뒷받침하고 있었다. 이 입찰은 유니레버 주주들을 부유하게 만들 것이므로, 우리가 자본주의에 대해 알고 있는 모든 지식대로라면 이 입찰은 받아들여졌어야 한다. 하지만 유니레버는 이를 받아들이지 않았다. 왜일까? 이는 다른 모든 것을 배제한 채 기업 이익 하나에만 온전히 집중하는 기존 자본주의의 힘, 그리고 기업과 사회가 서로 깊이 연결되어 있다는 것을 인식해야 할 필요성 간의 힘겨루기가 정점에 이르렀기 때문이다.[14]

당시 유니레버의 CEO였던 파울 폴만은 불발로 끝난 입찰에 대해 이렇게 말했다. "전 세계 수십억 명을 생각하는 사람들과 몇몇 억만장자들을 생각하는 사람들과의 충돌이었습니다."[15] 한쪽 편에는 고전적인 미국 브랜드 코카콜라, 데어리퀸, 맥도날드 같은 많은 유명 회사의 투자 지분을 가진 워런 버핏이 있었다. 버핏의 실제 생활방식은 그의 투자에 대한 통찰력만큼이나 찬사를 받고 있다. 그는 나날이 부가 불어나는데도 여전히 1958년에 구입한 오마하의 자택에 살고 있고, 매일 아침 맥도날드에서 아침을 먹는다. 하지만 자기 자신과 패스트푸드 회사들을 연관시킨 그의 선택은 오늘날 젊은 소비자들이 지속가능성에 중점을 두는 가치와는 점점 더 불일치하는 것 같아 보인다.[16] 반대편에는 겸손한 기업인 정치가인 폴만이 있었는데, 그는 사회적 책임 기업에 투자하는 것을 선호했다. 예를 들면 유명 브랜드로는 세븐스 제너레이션, 벤앤제리스, 그리고 좀 덜 유명한 브랜드로는 푸카허브, 마에테하Mãe Terra, 써켄싱턴스, 선다이얼 등이 있는데, 이 회사들은 전부 천연 유기농 제품을 개발한 비콥 인증 기업이다.

폴만은 순진한 사람이 아니다. 그는 다음 세대의 요구와 이익에 더 잘 부응하기 위해 자기 회사의 위상을 정립하는 일의 전략적 가치를 잘 이해하고 있었다. 그의 재임 시절 유니레버를 이끌어가는 기업 사명은 사회적 책임 기업의 사업 관행을 따르고, 당신과 나 그리고 지구상의 모든 사람을 포함하는 모든 이해관계자의 필요에 우선순위를 두는 것이었다. 폴만은 이렇게 말했다. "우리의 신인의무fiduciary duty(주주에게 최대 이익을 안겨주기 위해 최선을 다할 의무-옮긴이)에 대해, 나는 주주가 우선이라고 생각하지 않습니다. 그 반대라고 생각합니다." 유니레버는 "세계 시민의 삶을 개선하고 진정으로 지속가능한 해법을 제시"하는 일에 집중하여 노력하며, 이러한 사고방식은 "소비자, 사회와의 협력"이 결국 양호한 주주 이익으로 이어질 것이라는 회사의 믿음에 뿌리를 두고 있다.[17]

소비자들의 더 좋은 평판, 고용 유지와 개선, 친환경적인 관행, 그리고 상당한 이익. 이것이 바로 상호의존성에 기반한 새로운 자본주의다. 사업을 해나가는 이 새로운 방식은 주주의 부를 극대화하는 20세기 모형에서 사회적 가치를 극대화하는 새로운 체제로 자본주의를 진화시키고 있다. 유니레버가 크래 프트 하인즈의 입찰을 거절했을 때, 많은 사람들은 회사를 계속 여러 위험에 직면하게 할 수도 있는 그 결정의 타당성에 대해 의문을 제기했다. 하지만 지금까지 나온 여러 수치는 유니레버의 편이다. 유니레버의 "지속가능한 생활"과 관련된 여러 브랜드들은 몇 년간 이 회사의 다른 브랜드들에 비해 훨씬 우수한 성과를 보였다. 2017년 한 해 동안 이 "지속가능한 생활" 관련 브랜드들은 유니레버의 나머지 브랜드들보다 46% 더 빠르게 성장하면서 회사 전체 매출 성장의 대부분을 견인했다. 폴만은 버크셔 해서웨이와 3G캐피탈이 단기 수익 창출에 주력하고, 종종 인수 기업에서 강한 원가절감 조치를 실시한다는 것을 알고 있었다. 이는 기업들에서 직원을 해고하거나, 환경 프로그램이 도마에 오르거나, 장기적인 지속가능성 관련 계획들의 실행이 멈추고 가로막힌다는 것을 뜻한다. 즉, 단기 수익으로 이어지지 않는 것은 그 어떤 것이든 사라질 가능성이 있다는 뜻이다.[18]

입찰 거절은 주주 우선주의에 반기를 드는, 그다지 조용하지만은 않은 순간이었다. 그러나 나는 이 사례를, 사업을 하는 다른 방식이 있음을 시사하는 선행 지표로 본다. 버핏과 폴만은 현재 매우 명백하게 대척점에 있는 두 가지 기업 문화 사이의 근본적 차이를 전형적으로 보여준다. 한편에는 주주의 이익과 단기 수익에만 배타적으로 집중하는 기존의 사업 방식이 있다. 다른 편에는 사람, 지구, 그리고 이윤, 이 세 가지를 기준으로 삼는 사업 방식이 있다. 유니레버 같은 회사들은 자본주의를 재정의하는 데 앞장서고 있으며, 젊은이들은 일상의 선택을 통해 그런 회사들을 돕고 있다. 그러나 지속가능한 사업 모델을 만들어내는 것은 첫 번째 단계일 뿐이다. 그에 수반되는 법적 변화가 없으면, 이 선의의 변화들은 시간이 흐르고 그 회사들에 새로운 경영진과 투자자들이 들어오면서 시들해질 수 있다. 실제로 폴만은 그 후 유니레버에서 은퇴했다. 그가 정착시킨 방침을 회사가 계속 이어갈지 여부는 두고 볼 일이다.

여러 업계 전반에 걸쳐 세 가지 성과기준을 수용한 '도전자 브랜드'들은 21세기에 기업으로 존재한다는 것의 의미를 다시 정의하고 있다. 예를 들어 메소드와 세븐스 제너레이션은 천연 재료, 무독성, 생분해성 제품으로 화학 기반의 세정용품과 가정용 제품 산업에 도전하고 있다. 두 브랜드의 성공은 독성 화학물질과 그 물질이 환경에 미치는 영향에 대한 소비자 의식의 성장 덕일 수도 있고, 기존 주류 기업들에 맞서는 이 회사들의 위험을 감수하는 태도 때문일 수도 있다.

사람들은 현재의 시스템이 결함이 있고 기대에 어긋난다고 느끼고 있다. 미국 인구의 1%가 미국 국부의 40%를 차지하고 있다.[19] 대기 중의 탄소는 위험수위로 여겨지는 400ppm을 초과했다.[20] 법적인 구조는 주주와 이해관계자 모두를 위한 장기적 가치 창출을 가로막고 있다. 그리고 마땅한 기준도 없어서 소비자, 투자자, 정책입안자, 노동자 입장에서는 회사가 좋은 건지, 단지 마케팅이 훌륭한 건지 알기 어렵다. 이러한 때에 우리가 직면한 여러 문제를 해결하기 위해 기업을 이용하는 방법을 모색하는 사람들이 점점 많아지고 있다. 이는 우리 시대의 가장 중요한 사회적 경향 중 하나다. 수천만의 소비자, 투자자, 노동자들이 자신의 구매행위와 투자활동, 그리고 취업에 관한 결정을 자신의 가치관에 맞추려 한다.

밀레니얼 세대는 월급 이상의 것을 원한다. 여러 연구에 따르면 이들은 더 높은 목표를 원하고, 자신이 일하기로 한 회사가 사회적 가치와 연결되기를 원하며, 대개 이윤 극대화라는 자본주의의 기존 단일 목표를 거부한다. 비콥 인증 기업의 부상은 이러한 경향을 명확히 보여준다.[21] 밀레니얼 세대의 3분의 2는 채용 제안을 받아들인 이유가 회사의 사명 때문이었다고 말했다. 많은 비콥 인증 기업들은 인증 이후 채용이 증가했고 수많은 신규 입사 지원자들이 비콥 인증을 입사 지원의 이유로 밝혔다고 말했다.[22] 2019년에 실행한 딜로이트의 연구에 따르면 대학 교육을 받은 밀레니얼 세대 대부분이 기업의 주된 목적이 세상을 더 나아지게 하는 선한 집단으로서의 행동이어야 한다고 생각하는 것으로 나타났다. 그러나 기업의 처신이 윤리적이라고 답한 사람은 설문에 참여한 밀레니얼 세대의 절반에 못 미쳤다. 밀레니얼 세대와 Z 세대는 여러 이유로 현재의 시스템과 그 시스템 하에서의 리더십에 신뢰를 잃어가고 있으며, 회사의 직원들을 소중히 여기는 사회적 책임 기업들에 끌리고

있다.[23]

시장 조사에 따르면 밀레니얼 세대는 자신이 지지하는 기업과 제품에 대해 이전 세대보다 훨씬 더 많은 관심을 갖고 소비하는 것으로 확인되었다. 하버드 케네디 스쿨의 최근 조사에 따르면 18~29세 사람들 중 50% 이상이 자본주의를 거부한다고 한다.[24] 이들은 자신이 소비하는 브랜드에 대해 투명성을 원하고 명확하게 알고 싶어 한다. 브루킹스 연구소의 보고서에 따르면 밀레니얼 세대의 90%는 사회 문제 해결을 돕는 회사의 상품을 구입할 가능성이 그렇지 않은 회사보다 더 높은 것으로 나타났다.[25] 세계 최대의 투자회사 블랙록의 CEO 래리 핑크는 2019년의 연례서한에 밀레니얼 세대가 "베이비부머 세대로부터 밀레니얼 세대로 24조 달러가 넘어가는 역사상 가장 큰 부의 이전을 경험하는 세상에서, 피고용인으로서뿐 아니라 투자자로서의 결정 또한 이끌어나갈 것"이라고 적었다. 이렇게 부가 이전되고 투자 선호도가 변화함에 따라 환경, 사회, 지배구조 문제 등이 기업 가치 평가에 있어 점점 더 중요해질 것이다.[26]

새로운 신념체계가 떠오르고 있지만, 변화를 좋아하지 않는 보수적인 사람들로 인해 현상은 여전히 유지되고 있다. 비콥 운동이 시작된 후 첫 10년은 쉽지 않았다. 그리고 이 운동이 감싸 안아야 할 모든 이를 아우르는 성공에 도달하기까지 도전 과제들은 계속해서 커져갈 것이다. 우리의 미래, 밀레니얼 세대뿐 아니라 모든 사람의 미래는 위기에 처해있다. 현재 세계의 정치 지형은 (그 많은 사례 중에서도 특히 트럼프 대통령의 당선과 그 후 몇 년간 일어난 일들, 그리고 브렉시트를 결정한 투표 등을 통해 증명된 바와 같이) 극도로 양극화되어 있지만, 미국인 중 더 전통주의적이고 보수적인 진영에서조차 진보적인 경제 정책에 상당한 지지를 보내고 자연환경에 더 큰 관심을 기울이고 있다는 징후가 있다. 여기에는 부유층에 대한 증세와 기업통제 강화 정책으로의 경향성도 포함된다. 예를 들어, 2017년 퓨^{Pew}의 연구에 따르면 "시장에 회의적인 공화당원"(등록 공화당원의 약 30%) 중 94%는 경제가 강력한 이익집단들에게 부당하게 유리하며 기업 및 대기업 집단에 대한 과세가 인상되어야 한다고 믿는 것으로 나타났다. 이런 견해를 보자면 이들은 보수보다는 진보적 영역에 더 가깝게 자리한다.[27] 게다가 대다수의 사람들은 부자와 대기업의 세금을 믿을 수 없을 만큼 삭감해주는 반면 중산층과 하층민에게는 거의 아무런 구제책도 제공하지 않은 2017년 트럼프 대통령의 세제개편안을 못마땅해하고 있다.[28] 수많은 자칭 보수주의자들은 사회·문화적 문제(이민, 생식권, 성소수자(LGBTQ+)의 권리)와 국가 재정 문제에 대해 다른 보수주의자들보다 좀 더 '진보적인' 입장을 취하고 있다.

비콥 운동의 인지도는 향후 몇 년간 기하급수적으로 높아질 것이다. 나는 거의 매일 이 운동의 확산력을 보여주는 뉴스를 접하고 있다. 예를 들어 2018년 8월의 어느 날, 뉴욕타임스 외 여러 매체의 많은 기사들이 내 관심을 끌었다. 하나는 몇 달 전에 처음 게재된 특집기사로, "밀레니얼 세대가 자본주의를 싫어하는 것은 놀랄 일이 아니다."라는 제목이었는데, 나 역시 별로 놀라지 않았다.[29] 펩시의 CEO 인드라 누이가 사임할 거라는 보도도 있었는데, 그 초점은 그녀가 어떻게 해서 펩시를 좀 더 건강에 좋은 음식 위주로 재편했는가에 대한 것이었다.[30] 대표적인 예시로 든 것은 비콥 인증을 받은 베어푸드Bare Foods의 인수였다. 그리고 트럼프 대통령을 탄핵해야 한다고 말했으며 당시에 2020년 대통령 출마에 관심이 있다는 소문이 돌았던 매사추세츠 주지사 디발 패트릭에 대한 이야기도 있었다. 대선 전에 패트릭은 베인Bain의 임팩트 투자 부문에서 근무했다. 그의 첫 투자는 비콥 인증 기업인 선다이얼 브랜즈에 대해 이루어졌는데, 그는 비랩의 사회투자 평가 분석 플랫폼의 열성적 지지자이기도 하다.[31]

비슷한 시기에 엘리자베스 워런 상원의원은 월스트리트 저널에 자신의 '책임지는 자본주의법Accountable Capitalism Act'을 소개하는 논평을 썼다. 이 법안은 매출이 10억 달러 이상인 모든 기업에 대해 연방정부의 인가를 받도록 요구하고(현재 미국에서 회사설립 허가는 주 단위에서 처리), 이사들이 회사 차원의 결정을 내릴 때 주주만이 아니라 모든 주요 이해관계자들의 이익을 고려해야 하는 지배구조 형태를 채택하도록 하는 것이다. 헤드라인은 "기업이 책임질 대상은 주주만이 아니다."였다.[32] 워런 의원이 인정하는 것처럼, 그녀가 제안한 법안은 비랩에서 제창했고, 포춘 500 기업 중 3분의 2가 법적 근거지로 삼고 있는 델라웨어 주에서는 이미 시행하고 있는, 베네핏 코퍼레이션 형태를 기반으로 하고 있다.

워런의 생각을 정부에게 지나친 월권을 주는 것이라고 묵살하기 전에, 미국에서 매출이 10억 달러 이상인 기업이 약 3,800개 정도에 불과하다는 사실을 알면 흥미가 생길 것이다. 그들에게 자기 회사의 노동자와 고객 그리고 회사와 관계있는 지역사회의 이익과 주주의 이익을 동등하게 대하라고 요구하는 것이 부당한 일일까? 우리가 2020년에 대통령 선거 운동에 돌입하기 때문에, 그리고 브렉시트, 노란조끼운동Yellow Vests, 멸종저항운동Extinction Rebellion 등의 사회·정치적 운동의 뒤에 있는 경제적 요인들을 고려해보면, 우리가 맞닥뜨린 복합적 위기, 특히 신뢰의 위기를 감안할 때(미국에서 가장 신뢰도가 낮은 조직 중 하나가 기업) 비이성적인 요구로 보이지는 않는다.

공화당에서는 최근 마르코 루비오 상원의원이 "21세기 미국의 투자"라는 제목의 40쪽짜리 보고서를 발표했는데, 여기에서 그는 미국 경제가 건전하지 못하게 단기 재무수익에 집중하고 있기 때문에 어려움을 겪고 있다고 주장했다. 이 보고서에 따르면 특히 주주 우선주의가 "기업이 장기적인 기업 역량을 구축하기보다는 투자자에게 신속하게 수익을 되돌려주는 쪽으로, 또 연구와 혁신에 대한 투자를 줄이고 미국 노동자들의 생산 기여도를 과소평가하는 쪽으로 기업의 의사결정 방향을 경도시켰다. 이것이 미국 기업들이 경제에서 담당했어야 할 전통적인 역할에서 벗어나게 한" 주요 원인으로 볼 수 있다. 루비오 보고서는 이렇게 끝을 맺고 있다. "우리는 가치 창출을 협소하고 단기적인 재무적 관점으로 이해하라고 압박했던 과거에서 벗어나 장기적 투자를 중시하는 미래를 구상할 수 있는 경제를 구축해야 합니다."[33]

워런과 루비오 상원의원은 많은 부분에서 의견이 일치하지는 않지만, 주주 우선주의가 미국의 경쟁력과 지역사회를, 또한 미국의 노동자를 고사시키는 암덩어리라고 진단하는 부분에서는 뜻을 같이하고 있다. 니키 헤일리, 마이크 펜스, 스콧 워커 등 공화당 주지사들이 베네핏 코퍼레이션 법안에 서명했다. 오늘날 민주당과 공화당이 어떤 사안에 동의하는 것을 보기 어렵다는 점을 감안할 때, 이러한 사실은 우리의 경제적 의사결정의 중심에 이윤보다는 사람을 두는 여러 정책들이 초당적인 지지를 얻을 수 있음을 시사한다.

미국 최대 기업들의 CEO들조차 이러한 결론에 도달하기 시작했다. 2019년 8월 19일, 미국의 200대 대기업을 대표하는 영향력 있는 경제계 모임인 '비즈니스 원탁회의Business Roundtable, BRT'에서는 "기업 목적에 대한 성명서"를 변경하여 기업이 주주뿐 아니라 직원, 소비자, 사회 등 이해관계자들의 요구도 충족해야 한다는 내용을 반영했다.[34] 이는 흥미로운 발전이며 세계가 필요로 하는 기업 이념의 근본적 변화를 보여주는 것일 수도 있다. 하지만 정작 이러한 새로운 목적을 이행하기 위해 기업이 어떻게 책임 있는 자세를 견지할 것인지에 대한 세부 사항이 거의 아무것도 없었기 때문에 상당한 비판을 받았다. 이 CEO들이 자신들의 말을 행동으로 뒷받침하지 않는 한,

이는 기업가들이 기업을 이전과 똑같은 방식으로 계속 운영하면서 세상을 더 나은 곳으로 만들겠다고 입에 발린 말을 던지는 또 다른 사례에 지나지 않을 것이다.

예를 들어 이 성명서를 현실화하려면, CEO들은 회사가 이해관계자들에게 책임 있는 자세를 취하도록 지원하고, 회사 내부의 성과 기준을 이해관계자 지향적인 목표들에 맞추고, 가장 중요하게는 이러한 목표들에 대해 투자자 및 정부 인사들과 논의하는 일을 시작해야 한다. 대규모 변화를 위해서는 회사의 임원진이 자본시장과 정책 입안자들에게 이해관계자 중심 지배구조의 중요성을 납득시키는 것이 필수다.

우리는 상호의존성의 새 시대를 맞이하고 있지만 주주 우선주의를 무너뜨리기 위해 할 일은 아직도 너무나 많다. 이 책은 10년이 넘는 연구와 세계 굴지의 기업가 수십 명과의 대담을 바탕으로 비랩이 이끄는 변화가 어떻게 그리고 왜 일어나고 있는지 탐구하고 있다. 비랩에서 만들어낸 모델은 책임성, 성과 기준, 이해관계자 지배구조 등에 중점을 두고 있다. 그리고 앞으로 살펴보겠지만 성장하고 있는 임팩트 투자 운동의 육성을 돕기도 하고 관심을 이끌어내고 있기도 해서 직원들에게도 큰 반향을 불러일으키고 있다. 관련 기업가들은 두터운 지역 관계망 촉진을 통해 이러한 변화를 일으키고 있으며, 이 운동은 전 세계로 빠르게 확산되고 있다.

또한 이 역시 앞으로 살펴볼 내용이지만, 이 운동이 더 확산되도록 하는 데 필요한 세 가지 핵심 영역이 있다. 첫째는 비콥 인증 기업의 양적 확장에서 초점을 바꿔 모든 기업이 비콥 인증 기업처럼 될 수 있도록 체계를 만드는 방향으로 나아가야 한다. 이러한 방향에 있어서, 유엔 지속가능개발목표[SDGs] 같은 국제적인 주요 운동과의 제휴가 중요하다. 또한 비랩은 계속해서 더 많은 다국적 기업들을 유치하여 그들의 CSR 수준을 심화시키고, 공개시장을 더 장기적인 방향으로 변화시킬 방안을 제시해야 한다. 마지막으로, 이 책을 읽고 있는 독자를 포함하여 모든 사람이 이 중요한 운동의 일부로 참여해야 한다. 우리의 선택적 소비의 힘과 중요성을 이해해야만 우리는 이 세상을 더 나은 곳으로 바꿀 수 있다.

1

외부효과와 상호의존성

현재의 자본주의는 수많은 심각한 문제의 근원이다. 하지만 이 책에서 온통 암울한 얘기를 전하려는 것은 아니다. 정부의 적절한 규제가 가해진다면 자본주의도 엄청난 위력을 발휘하는 선한 힘이 될 수 있다. 자본주의가 촉발한 기술혁신과 경제 발전은 수억 명의 사람들을 빈곤에서 해방시켰다. 문제는 자본주의의 긍정적인 요소를 활용하면서 동시에 자본주의의 부정적인 측면에 맞서 개인과 사회를 보호하는 것이다.

정부, 기업, 소비자 등 모든 이해관계자의 요구를 충족하도록 우리 경제를 개혁하려면, 기업 행동의 모든 측면을 고려하면서 기업이 발생시키는 사회적·환경적 비용을 최대한 줄여야 한다. 상호의존적 경제는 기업들이 자신들이 만들어낸 재활용 불가 제품들을 매립지와 바다에 버리면서, 또는 임금을 적게 지불해서 직원들이 먹고살기 위해 또 다른 일자리를 전전하게 만들면서도, 어깨를 으쓱하며 외면하거나 외부효과를 무시하지 못하도록 할 것이다. 기본적으로 비콥 운동이 이러한 책임감을 북돋고 있다.

비콥 운동은, 스탠퍼드 대학에서 만났고, 성공적인 사업가의 길을 추구했으며, 자신들이 일하던 기업의 세계에 변화가 필요하다는 것을 인식한 세 친구들이 시작했다. 제이 코언 길버트는 성공한 농구화 및 농구의류 회사인 앤드원의 공동설립자였다. 나중에 앤드원에 합류하여 사장이 된 바트 홀라한은 투자 은행의 은행가였다. 앤드루 카소이는 사회적기업가 정신과 지속가능한 기업의 세계에 뛰어들기 전까지 마이클 델이 설립한 민간 투자회사의 투자 관리자였다. 그들의 개인적인 차림새에서 그 성장 환경을 짐작해볼 수 있다. 카소이는 언제나 말끔하게 차려입지만 겸손하고 공감적 태도를 보인다. 코언 길버트는 유머를 즐기고 즉흥적인 방식으로 큰 그림을 그리며 진취적인 전망을 제시한다. 항상 웃는 미소에 배어나는 홀라한의 열정적인 에너지는 좀 더 신중하고 체계적이다.

이들은 집요하게 단기 수익을 추구하는 것에 각자가 의문을 제기했다. 기업이 자기 직원들을 보호하고 그들의 삶을 풍요롭게 할 방법은 없을까? 기업이 지역사회에 기여하는 것을 중심에 둘 방법은 없을까? 기업의 핵심 원칙에 환경적 책임을 집어넣을 수는 없을까? 이들 모두는 두 가지 중요한 결론에 도달했다.

- 기업은 사회에 막대한 긍정적 영향을 미칠 수 있다.
- 현재 기업을 뒷받침하는 여러 제도는 기업이 그 제도가 지닌 잠재력을 활용하지 못하게 하고 있다. 즉, 주주 우선 주의에 초점을 맞춘 여러 법적·문화적 제한이 선의의 기업가들이 할 수 있는 일조차 제한하고 있다.

그래서 이들은 해결책을 찾기로 했다. 즉, 사회적 사명을 충실히 지키면서도 사업을 확장하고, 외부 자본을 조달하고, 유동성을 유지할 방법을 모색하기로 한 것이다. 2006년, 이들은 기업을 "세계에서 최고만이 아니라, 세계를 위한 최고"가 되기 위해 경쟁하도록 재정의하는 일에 전념하는 비영리조직 비랩을 출범했다.[1]

기존 체제의 설계 방식이 지닌 문제들을 해결하기 위해 비랩 팀은 기업의 사회적·환경적 투명성과 책임성을 중심으로 하는 접근 방식을 개발했다. 결론적으로, 기업이 모든 이해관계자들을 위해 투자하고 있다고 말하는 건 좋은데, 실제 성과나 책임성에 대해서 투명하지 않으면 소비자나 직원들이 어떻게 기업가를 신뢰할 수 있겠는가.

비랩 설립자 3인이 자신들의 사명을 성취한 핵심은 사회적 유익, 노동자의 권리, 지역사회, 환경 등을 주주의 이익과 법적으로 대등하게 두는 새로운 형태의 법인 베네핏 코퍼레이션의 창안이었다. 세 사람은 이러한 법적 의무가 없다면 기업은 시간이 지나면서, 특히 외부 자본을 들여와야 할 때 기업의 사명에서 멀어질 위험이 있음을 깨달았다. 코언 길버트와 홀라한은 이 문제를 자신들의 벤처 기업에서 다루어본 경험이 있다. "제가 앤드원 설립을 도운 이유는 두 가지였습니다. 개인의 부를 창출함과 동시에 좀 더 폭넓은 임팩트를 창출하고 싶었죠." 홀라한은 이렇게 회상한다. 하지만 이들은 "규모를 키우고 매각도 하면서 동시에 계속해서 회사 사명에 매진하는 것"은 불가능하다는 점을 알게 되었다.[2] 비랩의 공동설립자들은 더 숭고한 목적을 가질수록 그것이 경쟁 우위가 되게 하는 법적인 틀을 구상했다.

기업의 책무와 지배구조에 대해서도 마찬가지로 집중해야 하는 이유는 무엇일까? 최근 수년간, 자본주의가 주주 우선주의에 점점 더 기울면서 기업들은 외부효과를 악용하는 쪽으로 바뀌어왔다. 이는 환경 파괴와 노동 착취 때문이든 아니면 다른 이유에서든, 환경적 비용과 인적 비용을 사회에 떠넘겨 그로 인해 사람들이 피해를 입더라도 기업에게는 그렇게 할 만한 커다란 유인이 있다는 뜻이다. 다음에 소개하는 기업의 책무와 지배구조 혁신은 기업이 직원이나 환경, 지역사회 등 여타 이해관계자들을 주주와 동등하게 대할 수 있는 발판을 제공한다.

주주 우선주의라는 신화

법인이라는 제도는 사회를 긍정적인 방식으로 바꿀 수 있는 강력한 도구다. 산업혁명에서 정보혁명에 이르기까지 경제와 혁신의 주요 돌파구들은, 부분적으로는, 법인이라는 제도를 통해 여러 개인이 자신의 부를 공동의 기업으로 모을 수 있었기 때문에 생겨난 것이다. 법인의 유한책임 같은 특성은 위험을 줄여줌으로써 투자를 독려했으며, 동시에 영속성이라는 특성은 기업이 장기 계약을 체결할 수 있도록 해주었다. 원래 이 독특한 법적 구조는 영리를 목적으로 했던 철도나 은행 같은 모험적인 대규모 사업의 개발을 돕기 위해 만들어졌다. 이러한 모험적 사업의 투자자는 소비자들이었으며, 본질적으로 이 소비자들은 사회의 다른 구성원들과 상호 의존적이었다. 따라서 일반적으로 오늘날 기업의 존재 이유가 투자수익 극대화라고 여겨지는 것과 달리 초기의 기업은 공익을 위한 재화와 서비스 제공에 중점을 두고 있었다. 이러한 초기 기업에 투자한다는 것은 자신과 자신이 속한 지역사회 모두를 위해 서비스의 질은 높이고 비용은 낮추는 데 투자하는 것을 의미했다.

하지만 시간이 흐르면서 기업의 원래 목적은 모호해졌다. 결국 주주 우선주의라는 법적 개념이 기업법과 산업을 지배하게 되었다. 그러나 이 관점의 밑바탕에는 낱낱이 들춰내야 할 여러 신화들이 깔려있다.

신화 1: 주주 우선주의는 자연스러운 것이다

기업에 대한 우리의 이해는 20세기 후반을 지나며 극적인 변화를 겪었다. 점점 더 주주의 부를 극대화하는 것이 기업의 유일한 목적으로 간주되었다. 이후 주주 자본주의가 시장을 자연스럽게 작동되게 하는 방식이라는 개념이 우리의 집단 무의식에 스며들었다. 하지만 이런 개념이 어떻게 발달해왔는지 살펴보면, 이것이 가장 효율적인 체계를 향해 가는 자연스러운 진보의 결과가 아니라는 점을 알 수 있다. 즉, 1970년대와 1980년대의 영향력 있는 여러 미국 경제학자들에 뿌리를 둔 매우 특수한 역사적 유산에서 유래한 것임이 명백하게 드러난다. 주주의 이익을 가장 우선시해야 한다고 주장하는 지적 혁명이 시작되었던 것이다.

1970년대에 자유시장 경제학을 강경하게 주장했던 유명한 시카고학파와 그중에서도 가장 잘 알려진 경제학자로 밀턴 프리드먼이 있다. 그는 뉴욕타임스 매거진에, 주주의 자원을 잘못 사용할 가능성이 있으므로 기업의 "사회적 책임"은 무책임한 것이라고 맹렬히 비난하는 기사를 썼다. 프리드먼은 "기업의 유일한 사회적 책임은 수익을 늘리기 위한 활동에 자원을 사용하고 몰두하는 것 뿐"이라고 믿었다.[3]

그러나 미국 기업의 초기 역사에서 수익 극대화는 유일한 목적이 아니었다. 사회학자 윌리엄 로이가《자본의 사회화 *Socializing Capital*》에서 밝히고 있는 것처럼, 영리 기업의 현대적 형태는 일련의 경솔한 선택과 상황들에서 생겨난 것이다. 기업은 원래 사회기반시설을 건설하고, 교육을 지원하고, 시장을 작동시키기 위해 만들어진 것이다. 최초의 기업들을 만든 것은 여러 주정부였고, 그렇게 만들어진 기업들은 주정부에서 책임을 지게 되어 있었다. 그러나 19세기 말엽, 기업의 민영화를 허용하는 법인 설립 법안들이 통과되기 시작했다. 로이의 설명에 따르면 1900년대 초, 소규모 제조업체들이 정부와 은행, 특히 자신들과 경쟁하는 대형 경쟁업체들로부터 스스로를 지키기 위해 합병을 시작했다. 따라서 우리의 현행 자본주의 모델은 사회적인 면에 초점을 맞춘 의무를 저버리며, 힘을 행사하고, 시장을 통제하려는 욕망에서 시작된 것이다.[4]

프리드먼과 그의 지적 후계자들이 만들어낸 기업 개념과 혁명은 이해관계자 개념이 위세를 떨치던 시대에 대한 직접적인 대응이었다. 아돌프 A. 베를과 가디너 C. 민스 두 사람이 1932년 저술한 획기적인 저서 《현대 기업과 사유 재산The Modern Corporation and Private Property》에서 논의한 바와 같이, 20세기 전반부 미국 기업 환경의 특징은 소유주들이 흩어져 있다는 데에 있었다. 이 덕분에 경영자들은 주주의 압력에서 벗어나 있었다. 따라서 경영자들은 여러 노동 현안을 해결하고, 회사의 직원들에게 탁월한 편익을 제공하고, 자신들이 속한 지역사회에 투자하며, 넉넉하게 자선 활동을 할 수 있었다. 그러나 동시에 그런 구조 속에서 기업은 비대해졌고, 경영자가 기업 이익을 위해 일하기보다 자기 보신에 더 열중하는 경우가 많아졌다.[5] 이러한 부정적인 측면을 바로잡기 위해 프리드먼 등은, 경영진은 주주의 이익을 위해 일하는 "대리인"에 불과하며 경영자가 주주 이익을 위해 복무하도록 하는 구조를 만들어야 한다고 강조했다. 이 이론 및 그에 따른 실천은 향후 20년간 진화하여 우리가 현재 알고 있는 주주 자본주의가 되었다. 사회적·법적 합의는 이사진과 경영진이 오로지 주주의 부를 늘리는 방식으로만 행동해야 하며, 만일 그렇지 않을 경우 신인 의무를 이행하지 않은 것에 대해 소송을 제기함으로써 모든 것에 앞서 주주의 이익을 보호해야 한다는 것에 맞춰져 있다. 또한 이러한 생각은 주식 기반 인센티브 보수 패키지 등의 여러 제도에도 만연해 있다. 이 이론의 지지자들은 이것이 자본주의의 가장 효율적인 형태라고 주장한다.

결국, 기업은 우선적으로 주주에게 책임을 다해야 한다는 이 개념은 우리의 법체계에 녹아들어 투자시장에서 제도화되었고, 우리의 마음과 문화 속에도 단단히 자리 잡게 되었다. 자연주의를 주제로 삼고 있는 즉석식품 제조 판매업체 쿡COOK의 CEO 제임스 페리는 이렇게 말한다. "이건 인류에게 행해진 제다이 마인드 트릭 같은 거죠."(제다이 마인드 트릭Jedi mind trick, 영화 스타워즈에 나오는 최면, 세뇌 기술-옮긴이) 비랩의 코언 길버트는 이를 자본주의 핵심부의 '소스 코드 오류'로 비유한다.[6] 프리드먼의 기사가 발표된 지 50년이 지나 세상이 꽤나 극적으로 변했음에도 세계 경제는 계속해서 그의 행동방침을 따르고 있다. 이제 이 책의 전반에서 보게 되겠지만, 주주를 위해 복무하는 것을 우선시한 결과 끔찍한 일들이 벌어졌다. 좀 더 넓은 범위의 이해관계자들을 위해 일하는 것은 자본주의가 그 역사의 대부분 기간에 작동했던 방식과 더 잘 일치할 뿐 아니라, 훨씬 더 지속가능한 체계라 할 수 있다.

신화 2: 주주 우선주의가 투자자에게 더 좋다

코넬 대학교 법학대학원의 유명 법학자로서 고인이 된 린 스타우트는 2012년, 기업계가 주주 우선주의 그 자체에 대해 늘어놓는 거짓말들을 낱낱이 폭로하고 그것을 따르면 어떻게 엄청난 재난으로 이어지는지 설명하는 책을 펴냈다. 바로 《주주 가치의 신화 *The Shareholder Value Myth: How Putting Shareholders First Harms Investors, Corporations, and the Public*》(《주주 자본주의의 배신-주주 최우선주의는 왜 모두에게 해로운가》라는 제목으로 국내 출간, 북돋움coop, 2021)이다. 스타우트는 특정 시점에 한 주주에게 유리한 전략과 가치가 시간이 흐르면서 다른 주주들에게는 참담한 결과를 가져올 수 있기에 주주 가치라는 것이 하나만 있을 수 없다는 사실이 야기하는 내재적 갈등을 지적했다. 그리고 이어서 주주 우선주의 시스템의 효율성에 대해 날카롭게 의문을 제기했다. 이러한 점들은 장기 투자자와 단기 투자자의 행동을 비교할 때 매우 분명하게 드러난다. 종종 단기 투자자는 일시적으로 주식의 시장 가격 상승을 일으킨 다음 팔아치우고 그 대가는 회사가 치르게 하는 전략을 쓴다. 주주 간의 어떤 단결 없이는, 예를 들어 기업 지배구조 문서에 내포된 기업의 목적 같은 것 없이는 장기적인 효과와 개선은 있을 수 없다.[7]

이러한 효과는 미국과 여타 대부분의 선진국에서 그렇듯,

기관이 좌우하는 자본시장에서 더욱 확연하다. 연금, 퇴직기금, 뮤추얼 펀드 같은 기관투자자들은 모두가 전 세계 시장을 포괄하는 매우 다양하고 장기적인 투자 자산을 구성하고 있다. 이러한 기관투자자 모두가 사실은 우리 자신이라는 것을 아는 것이 중요하다. 이러한 투자금은 우리의 노후대책과 연금으로 이루어진 것이며, 우리가 바로 그 투자수익을 얻는 사람들이다. 나랏돈을 어디에 투자할지와 관련하여 그들이 내리는 모든 결정, 즉 어떤 정책이 추진되는지, 어떤 종류의 문제들이 세상의 주목을 받는지, 나라의 사회·환경적 문제들이 어떤 방식으로 해결되는지 등은 우리의 삶 전체에 영향을 미친다.

이러한 투자자들은 그 커다란 덩치 때문에 본질적으로 '보편적 소유자'다. 이들의 보유 주식은 하나의 특정 투자 행위가 아니라 경제 전반과 연결되며, 따라서 이들에게는 하나의 회사가 아니라 시장 전체의 건전성이 필요하기 때문이다. 연구에 따르면 보편적 소유자, 즉 기관투자자들의 경우 재무 수익의 80% 이상을 특정 투자 건들의 변동성이 아니라 시장 그 자체의 성과에서 얻는다. 이 때문에 대다수 미국인에게, 다시 말해 기관투자자 대부분의 투자수익에 영향을 미치는 가장 중요한 요소들은 대국적인('거시적인') 특성을 띤다. 이러한 요소들에는 종종 외부효과라 여겨지는 오염이나 사회 불안, 그 외의 여러 사회·환경적 추세 등이 포함된다. 이러한 문제들은 경제 전체에 영향을 주기 때문에 기관투자자들의 투자 자산 구성에도 영향을 미친다. 한편, 단기 수익을 얻기 위해 투자하는 사람들은 거시적 문제에 대한 관심이 훨씬 적고, 실제로 회사가 직원 교육이나 오염 완화 또는 환경에 관심을 기울이는 것 같은, 자신의 단기 수익을 축소시킬지도 모르는 지출에 투자하는 것을 낭비로 여길 수 있다.[8]

이러한 현실에 대해, 한때 세계 10대 기업변호사로 이름을 날렸지만 지금은 스스로를 "기업 회생 변호사"라고 부르는 릭 알렉산더는 이렇게 말한다. "예를 들어 특별히 GM에 좋은 일이 미국에는 안 좋을 수도 있습니다. 이런 관점을 받아들이는 문화적 사고방식의 변화를 이루기 위한 대중의 참여가 필요하다고 생각합니다." 알렉산더는 최근까지 비랩에서 법 정책을 책임졌으며, 2019년에는 주주 커먼즈Shareholder Commons라는 조직을 만들어 주주 우선주의를 끌어내리기 위해 자본시장에서 좀 더 폭넓은 협력을 꾀하고 있다. 그는 GM의 주주들이 애플이나 알파벳(구글의 모회사) 같은 회사의 주주이기도 하기 때문에 'GM에 좋은 일'을 한다는 개념에 대해 주주의 금전적 이익이라는 좁은 범위에 초점을 맞춰서는 안 되며, 그보다는 사람들이 "모두가 번창할 수 있는 번영하는 세상과 경제"로 나아가려면 무엇을 해야 하는지에 대한 고민을 시작해야 한다고 말한다.

신화 3: 모두를 위해 주주 우선주의가 낫다

주주 우선주의가 공동의 이익에 영향을 미치는 정도를 고려하면, 보편적 소유의 중요성이 한층 더 중요해진다. 알렉산더는 린 스타우트의 책을 읽고 "내가 25년 동안 생각해온 것들이 사실 잘못된 것"이라고 깨달았다고 회상했다. 그는 특히, 어떤 사람이 회사에서 용인 받은 대로 행동했을 경우, "법을 어기지 않는 한에서 사람들이나 환경에 어떠한 해를 얼마나 끼치는지 신경 쓰지 않고 자신의 이익을 극대화하기 위해 할 수 있는 모든 일을 했다면, 우리는 그 사람을 소시오패스라고 부를 것이다. 그런데 바로 이것이 우리가 이사회에 기대하는 행동이다."라는 설명에 충격을 받았다. 우리는 기업이 우리의 자본에 수익을 보태는 한 그 회사를 성공적인 회사라고 생각한다. 하지만 알렉산더는 기업이 우리에게 중요한 다른 자산, 즉 인적 자산, 자연 자산, 사회적 자산 등을 해치지 않으면서 자본 수익을 낸다면, 그런 회사를 성공적인 회사로 봐야 한다고 주장한다.[9]

기업의 성과를 제대로 평가하려면 측정 공식에 외부효과를 포함시켜야 한다. 예를 들어, 공해로 인한 경제적 피해를 비용에 반영하면 기업은 적자를 볼 것이다. 환경 데이터 수집 회사인 트루코스트Trucost의 연구는 이 문제가 얼마나 중요한지 보여준다. 트루코스트는 여러 기업이 초래한 환경적 피해 중 가장 심각한 100가지 사례를 조사하고, 이들이 세계 경제에 끼친 연간 손실액을 4조7천억 달러라고 결론 내렸다. 가장 큰 피해를 끼친 부문은 동아시아와 북미 지역의 석탄을 이용한 전력 생산과 전 세계적인 농업 생산, 특히 물 부족 지역에서의 농업 생산이다. 이러한 부문에서의 환경적·사회적 비용은 이 부문들에서 벌어들이는 전체 수익을 아득히 넘어선다. 달리 말하자면, "환경적으로 악영향을 끼치는 그 어떤 지역의 어느 부문에서도 피해를 상쇄할 만큼 충분한 이익을 만들어내지 못한다. 자연이라는 값을 매길 수 없는 자본 비용을 내부화할 경우, 그 대부분은 소비자들이 부담하게 될 것"이라는 뜻이다.[10] 그러나 여기에 문제가 있다. 당연하게도, 소비자 역시 이러한 부담을 떠안으려 하지 않는다. 그러나 외부효과를 내부화함으로써 발생하는 중요한 영향들에 대해 이해할 수 있다면, 적어도 이러한 비용을 어떻게 처리하는 것이 가장 좋을지에 대해 공개적인 토론 기회를 가질 수는 있을 것이다.

이 문제는 현재의 시스템이 부를 전적으로 교환을 통해 창출되는 가치로 바라본다는 사실에 뿌리를 두고 있다. 구체적인 교환 행위의 외적 요인, 즉 '외부효과'에는 가격이 붙지 않으므로 기본적으로 무료로 간주된다. 기업이 이익을 추구하며 사용하는 이러한 '무료 선물'로는 전통적으로 공기와 물 같은 자연환경 요소를 들 수 있다. 외부효과가 자연환경에 영향을 주는 방식에 대해서는 점차 밝혀지고 있는 반면, 직원이나 여러 지역사회, 소비자에게 끼치는 영향에 대한 이해도는 아직 낮은 편이다. 예컨대 처음 등장했을 때 많이 보도되었던 '긱 경제gig economy(계약직이나 임시직 형태로 고용하는 경제 방식-옮긴이)'는 많은 사람들에게 좋은 것으로 보였다. 긱 경제는 저소득층에게 유연성과 또 다른 기회를 제공했다. 그러나 이런 방식으로 운영되는 대부분의 기업에서는 자신을 위해 일하는 대부분의 사람들에 대해 져야 할 의무를 전혀 인정하지 않는다. 예를 들자면 2017

년에 우버는 세계적으로 200만 명이 넘는 '협력 운전자^{driver-partner}'를 보유하고 있는 것으로 추정됐지만, 그중 겨우 1만 명 정도만 실제 직원으로 인정했다. 기업은 이런 식으로 가차 없이 자신의 성장에만 집중할 수 있다. 사실상 노동 인력의 거의 대부분을 고용하지 않음으로써 기업은 의료비용, 퇴직수당, 보험 등 사업 운영 관련 비용 대부분을 사회에 떠넘기고 있다. 또 이러한 추세로 인해 사람들은 자신의 건강을 담보로 여러 개의 임시고용^{gig} 일자리를 전전하게 되었고, 오늘날 점점 더 많은 미국인들이 그 어느 때보다도 더 여러 일자리에서 일하고 있다.[11]

기업들이 외부효과를 사회에 떠넘긴 방법 중 중요한 한 가지는, 특정 퇴직 소득을 보장하는 확정급여형 연금제도^{defined benefit pension plans}를 401(k)같이 위험과 책임의 상당 부분을 직원에게 떠넘기는 확정기여형 연금제도^{defined contribution plans}로 폭넓게 대체한 것이다. 이러한 제도는 퇴직소득 금액을 보장하지 않기 때문에 은퇴 위기를 고조시켰을 뿐 아니라 일상의 미국인들을 전례 없는 방식으로 '시장'에 노출시켜버렸다. 많은 사람들에게, 특히 1970년대나 1980년대에 직장 생활을 시작한 사람들에게 크고 유명한 회사에 취직하는 것은 좋은 일이었다. 사람들은 "일자리 걱정은 없겠네."라든가, "직원 혜택이 대단할 거야."라며 한마디씩 했을 것이다. 하지만 지난 20~30년간 이 회사들은 이게 정말 같은 회사인가 싶게 연금을 대폭 낮추고 수십 년간 함께 일해온 직원들의 연금을 다른 유형으로 변경시키거나 아예 완전히 동결시켜버리는 일을 해왔다.[12] 한때 미국에서 가장 많은 인원을 고용하던 시어스Sears는 2006년에 연금 제도를 종료시켰지만, 그럼에도 직원과 퇴직자들은 여전히 그 시점 이전에 취득한 수급 자격이 유지된다. 시어스 경영진은 회사가 장기근속자와 기존 퇴직자들에게 현재 제공하고 있는 것처럼 많은 것들을 할 수 있음에 기뻐하는 게 아니라 오히려 불평한다. CEO 에드워드 램퍼트는 퇴직연금제도가 다른 유통 업체들과의 경쟁에서 시어스의 발목을 잡는 짐덩이라며 이렇 게 말했다. "경쟁업체 대다수에는 대규모 연금제도 같은 것이 없기 때문에 우리처럼 골칫덩이 채권자들에게 수십억 달러를 할당할 필요가 없다."[13] 여기서 시어스 측에서 말하는 골칫덩이 채권자들이란 물론 수십 년 동안 기업을 키워온 직원들이다. 이 말은 이익 극대화라는 오늘날의 논리로 보면 합리적으로 들 리지만, 좀 더 깊이 생각해보면 기업을 소시오패스에 빗댄 알 렉산더의 비유가 생각난다.

보편적 소유자에게 이러한 환경적·사회적 외부효과는 불 가피한 것이다. 이러한 외부효과들은 공해, 자연재해, 코로나 바이러스 팬데믹 같은 공중보건의 위기, 불평등으로 인한 불안 정, 그리고 기타 사회적·환경적 현상 등으로 인해 높아지는 보 험료에 반영된다. 누군가가 특정 회사에 투자할 경우에 그는 이러한 요소들을 단기적인 위험이나 비용으로 볼 수 있다. 하 지만 공해나 직원에 대한 경제적 불평등 같은 문제에 대한 회 사의 대응(또는 무대응)은 필연적으로 파급효과를 불러온다. 따라 서 그 회사가 속한 지역사회, 지방, 국가의 다른 여러 개인과 기업들에 영향을 미친다. 회사의 규모에 따라서는 자사 직원이나 환경에 대해 부당한 행위를 하기로 결정하는 것은 세계 경제 전체에도 영향을 미칠 수 있다. 보편적 소유자들은 기업과 사회 간의 근본적인 상호의존성을 인정하며, 따라서 환경이나 지구촌 전체에 끼치는 피해를 완화하는 투자의 가치에 대해서도 인정한다. 우리는 최소한 외부효과를 인정해야 하고, 이상적으로는 이를 내부화해야 한다. 가장 취약한 사람들을 보호하는 공공정책은 필수적이다. 그리고 비콥 모델은 여기에 들어가는 비용을 누가 부담할 것인지에 대해 공개적으로 직접 참여하여 공적 대화를 나눌 수 있게 한다. 이때 기업들은 외부효과에 대해, 그리고 일반인에게 미치는 영향에 대해 투명하게 밝힌다. 결국 기업이 책임을 지게 만드는 것이다.

일부 기업들은 주주 우선주의의 문제점들에 대해 어렵게 학습했다. 홀푸드의 CEO 존 맥키의 경우를 살펴보자. 이제는 북미 사람 누구나 아는 브랜드인 홀푸드는 스물세 살의 대학 중퇴자 맥키가 가졌던 꿈에서 시작되었다. 맥키는 벤처 투자자들의 거절을 극복하고 "히피"라는 오명에 맞서며 1992년 기업을 상장할 수 있었다. 그러면서 지역사회에 자연식품을 대안으로 제시하며 30년 넘게 홀푸드의 사명을 밀어붙여 왔다. 그러나 2010년대에 이르러 홀푸드가 최고 주가를 기록하자마자 도처에서 경쟁자들이 부상했고 상황이 바뀌기 시작했다.[14]

맥키가 운영하는 사업체의 사명과 가치가 비콥 운동과 자연스럽게 일치하는 것처럼 보임에도 그는 일찍이 비콥 운동에 대한 비판자였다. 그는 그동안 "자유 기업 자본주의는 지금까지 사회적 협력과 인간의 진보를 위해 구상된 그 어떤 것보다도 강력한 경제 시스템"이라는 믿음에서 시작된 "깨어있는 자본주의" 운동의 선두에 서왔다. 깨어있는 자본주의 및 그와 관련된 기업의 사회적 책임CSR, 지속가능성, 임팩트 실천 등의 개념과 비콥 운동 사이의 주요 차이점은 성과의 검증, 법적 책임성, 공적 투명성이다. 맥키는 "이해관계자를 챙기는 것"은 좋다며 동의하면서도 "이런 법인 형태는 뭐에 쓰려는 거죠?" 하고 물었다. 그는 2013년에 출간된 자신의 책 《깨어있는 자본주의 Conscious Capitalism》에서 비콥 운동의 결점을 설명하는 데 꽤 긴 분량을 할애했다. 그는 사회적 목적이 분명하고 회사가 계속해서 돈을 벌어들이는 한 주주 가치 극대화라는 원칙을 내버릴 이유가 없다고 말했다.[15]

그러나 그의 회사가 일부 막강한 주주들에게 공격당하자 관점이 바뀌었다. 2017년 봄, 홀푸드의 2대 주주인 자산운용회사 자나파트너스에서 기업 매각 의사를 밝히자 다른 많은 주주들이 이를 따르려 했다. 2017년 6월, 맥키는 오히려 홀푸드를 아마존에 137억 달러에 매각했는데, 두 회사가 지향하는 가치 차이를 감안할 때 이는 대부분의 사람들에게 충격적인 일이었다. 사회적 가치보다 효율성을 중시하는 세계적인 거대 기업 아마존은 유기농 식품과 환경주의에 집중하는 이 대항 문화적 회사에 어울리지 않는 이상한 서식지처럼 보였다. 2017년에 열린 비콥 챔피언스 리트릿 당시 비랩 설립자 코언 길버트와 생중계로 진행한 무대 인터뷰 자리에서 맥키는 자신의 생각에 대해 이렇게 말했다. "그 사람들은 이사회를 장악한 뒤에 회사를 강제로 매각하게 하려고 했습니다. 휴우, 정말로 우리 회사가 비콥 인증 기업이었으면 좋겠다고 생각했습니다." 맥키는 2018년에 열린 '깨어있는 자본주의 CEO 회담'에서 비콥 운동에 대한 자신의 진전된 견해를 다시 밝혔다.[16]

릭 알렉산더는 베네핏 코퍼레이션이 되면 어떻게 해서 홀푸드가 직면한 것과 같은 상황에서 회사를 지킬 수 있는지에 대해 다음과 같이 설명한다. "누군가 회사의 주식을 취득해서 행동주의 투자자^activist shareholder(지배구조 변화, 구조 조정, 주주 배당 확대 등을 적극적으로 요구해 주주 이익을 극대화하거나 기업 매각에 따른 차익을 얻으려는 투자자-옮긴이)로서 행동하려 한다면 회사의 베네핏 코퍼레이션(지배구조 도입) 여부가 의사결정에 영향을 미치는 요인이 될 것이다. 주가 상승 외 다른 목적을 밝히지 않은 회사보다는 이런 회사를 다루기가 더 어렵다. 즉, 강력한 억지력으로 작용할 것이다. CEO가 지속가능성을 포괄하는 장기적 계획을 가지고 있다는 것은, 행동주의 투자자가 불러일으킬 법적 논쟁이 반향을 얻지 못할 것이라는 사실을 의미한다."[17]

매각 이후 맥키는 비콥에 대해 "자본주의 혁신운동의 첨단"이라고 밝혔다. 기존 시스템은 시장을 우선시하게 되어 있지만, 소비자와 직원들은 회사가 시장에서 어떻게 행동하는지에 대해 점점 더 많은 관심을 기울이고 있다. 맥키는 이렇게 말한다. "나는 자본주의에서 가장 병든 부분을 알고 있다. 그것은 바로 금융 부문이다. 금융은 가치의 자이로스코프가 고장 나 균형을 잃었다. 금융은 이제 단지 돈과 이익에 대한 것이 되어버렸다."

맥키와 같은 사람들은, 일단 행동주의 투자자들이 활동하기 시작하면 기업의 가치와 사명은 더 이상 아무것도 아니게 된다는 점을 힘들게 배웠다. 설사 회사가 갈가리 해체되더라도 그들에게 중요한 것은 수익을 극대화할 방법뿐이다. 맥키가 말하듯, 이러한 행태는 자본주의에서 매우 병적인 부분이다.[18] 맥키의 비유대로 비콥 운동은 질병에 대한 치료법을 제공한다.

주주 우선주의 전복하기

주주 우선주의를 전복하고 기업의 상호의존성에 주의를 돌리는 것은 말처럼 쉬운 일이 아니다. 그러려면 법률 체계, 투자자가 회사를 평가하는 방식, 심지어 우리가 기업의 목적에 대해 생각하는 방식 등에서 구조적인 변화가 필요하다. 일각에서는 사회 전체의 여러 가지 가정과 규범을 바꾸는 문화적 변화에서 시작해야 한다고 생각한다. 이는 맥키의 "깨어있는 자본주의" 정신과 통한다. 이 경우 회사가 모든 이해관계자의 이익을 위해, 그리고 좀 더 고결한 목표, 즉 사회적 사명을 설정하여 일하자는 깨어있는 결정을 내리면, 그 회사는 좋은 일을 하는 좋은 회사가 되는 것이다. 그러나 맥키가 얻은 교훈처럼, 그것 만으로는 충분치 않다. 자발적인 CSR 프로그램은 개별적으로 는 칭찬받을 만하지만, 기존의 체계에 내재된 문제들까지 극복 하기에는 충분치 않다. 유니레버의 폴만은 훌륭하게도 장기적 인 지속가능성에 투자하는 일에 집중할 수 있었지만, 사람들은 만일 유니레버가 재무적인 성과도 같이 이루지 못했다면 어떻 게 되었을까 궁금해하기도 한다.

이런 변화가 제대로 자리를 잡으려면 기업을 관할하는 법 률을 개편해야 한다. 전 델라웨어 대법원장 레오 E. 스트라인 주니어는 "거절의 위험The Dangers of Denial"이라는 소논문에서 이 렇게 썼다. "타인의 행동에 적용되는 규칙과 그들을 옭아매는 권력 관계에 대해서는 모른 체하면서 그들에게 옳은 일을 하라 고 설교하는 것은 사회 진보에 책임을 다하는 길이 아니다."[19] 기업의 지배구조 관련 법률로 인해 발생하는 여러 어려운 문제 들에 맞서는 것은 영리 기업이 책무를 다하고 지속가능하도록 만드는 데 꼭 필요한 첫 번째 발걸음일 수 있다.

설립 직후 비랩 팀은 변호사, 공무원들과 협력하여 재무 요 인 외에도 사회적·환경적 요인도 인정하는 세 가지 성과기준 을 베네핏 코퍼레이션이라는 새로운 유형의 회사에 적용하는 법안의 초안을 작성했다. 베네핏 코퍼레이션은 법에 따라 직 원, 고객, 지역사회와 환경의 이익을 고려해야 하며, 또한 주주 의 이익도 고려해야 한다. 이는 기업의 기존 권력 구조 내에서 일어난 법적 구속력이 있는 변화다.

　이런 유형의 법률을 통과시킨 대부분의 주와 국가들에서 베네핏 코퍼레이션은 회사가 끼치는 영향과 관련하여 완전히 투명해야 하며, 회사의 전반적인 사회적·환경적 성과에 대해 신뢰할 수 있는 제3자 표준에 따라 정기적으로 평가를 받아야 한다. 이렇게 투명성을 강조함으로써 노동자와 고객에게, 그리고 전체적인 위험 관리와 수익 외에도 긍정적인 영향을 미치는 데에 관심을 가진 투자자 등의 여러 이해관계자들에게 좀 더 많은 힘이 부여된다. 이는 또한 주주 지배구조와 관련한 영향력 있고 매우 합리적인 비판에 대한 본질적인 해결책이다.

　미국 기관투자자협의회Council of Institutional Investors는 비즈니스 원탁회의의 성명과 관련하여 대외적으로 이렇게 반응했다. "모든 사람에 대한 책임을 얘기하는 것은 아무에게도 책임지지 않겠다는 말과 마찬가지다. … '이해관계자 지배구조'와 '지속가능성'을 부실 경영의 도피처로 삼거나 혹은 필요한 변화를 지연시킬 경우 경제는 전반적으로 더욱 피해를 입게 될 것이다."[20]

　하지만 대법원장 레오 E. 스트라인 주니어가 말하듯, 변화해야 할 것은 시스템이며 회사나 CEO들은 주주 지배구조가 옳다고 믿는다는 소리만 할 수는 없다. "기업이 좀 더 사회적 책임을 다하게 만들려면 제대로 된 방법이 필요합니다. 사람들이 기업법의 틀 안에서 더 보호받아야 한다고 생각한다면, 강제력 있는 권리를 행사할 수 있게 해주는 법규를 채택해야 합니다. 그러나 환경, 노동자, 소비자 같은 이해관계자 보호를 위해 더 효과적이고 직접적인 방법은 외부효과에 대한 규제를 부활시키는 것입니다. 우리는 또한 상장기업 대부분에서 직접 주주 역할을 하는 기관투자자들에 대한 인센티브와 의무의 문제도 다뤄야 합니다. 그래서 이 투자자들이 자신들이 다루는 자본을 소유한 사람들의 장기적 투자 지평investment horizon(투자 시작부터 투자금 회수까지의 시간 - 옮긴이)에 좀 더 부합하는 방식으로 행동하도록 만들어야 합니다."[21]

열정적인 암벽 등반가인 이본 쉬나드는 10대였던 1970년대에 새로운 형태의 피톤을 개발했다. 그렇게 부모님의 차고에서 시작한 파타고니아사는 오늘날 세계적인 인지도를 가진 브랜드로 성장했다. 하지만 그 과정에서 피톤 제품이 등반가들이 사랑하는 자연 암석 경관을 훼손한다는 점이 명백해지자 결국 피톤 사업을 중단한다. 이는 환경보호에 대한 쉬나드의 깊은 헌신을 나타내는 증거다.[22] 2018년 이 회사는 사명을 본격적으로 추구하고 이를 현실에서 구현하기 위해 이렇게 선언했다. "파타고니아는 우리의 터전, 지구를 되살리기 위해 사업을 한다." 심지어 쉬나드는 인사 부서에, 다른 모든 것이 같다면 지구를 되살리는 일에 가장 열정적인 사람을 고용하라는 지침을 새로 전달하기도 했다. 또한 이러한 헌신은 파타고니아가 캘리포니아에서 가장 일찍이 베네핏 코퍼레이션이 된 기업들 가운데 하나가 되도록 이끌었다.

2011년, 기업들이 베네핏 코퍼레이션으로 등록할 수 있게 된 첫날 아침에 쉬나드는 이렇게 말했다. "앞으로 5년 후에, 또

10년 후에 이날을 회상하며 혁명의 시작이었다고 말하게 될 수 있으면 좋겠습니다. 기존의 패러다임은 더 이상 작동하지 않습니다. 그러니 이것이 바로 미래입니다."[23]

요즘 쉬나드는 와이오밍에서 플라이 낚시를 하며 여름을 보내곤 한다. 업무에 복귀하면 CEO인 로즈 마카리오 맞은 편, 일반 유선전화 한 대만 놓여있는 낡은 목제 책상에 앉는다.[24] 회사를 베네핏 코퍼레이션으로 등록한 이유에 대해 설명하는 것을 들어보면 쉬나드가 매우 장기적인 관점을 지녔음을 알 수 있다. "파타고니아를 100년 넘게 가는 회사로 만들려고 노력하고 있습니다. 베네핏 코퍼레이션 법안은 법적 체계를 통해 창업 기업가들이 세운 가치와 문화, 절차, 그리고 높은 기준 등을 제도화하는 것입니다. 그래서 파타고니아처럼 사명 중심인 회사가 승계나 자본 조달, 심지어 소유권이 바뀌는 상황에서도 사명 중심적인 기업으로 남을 수 있게 됩니다."[25]

파타고니아는 여전히 비콥 운동의 선두에 서 있다. 다음은 파타고니아 성과 보고서Benefit Report에 인용된 마카리오의 말이다. "비콥 운동은 기업이 복무하고 영향을 미치는 대상이 주주를 넘어서서 지역사회와 지구에 대해서도 똑같이 책임을 진다는 단순한 사실에 기초합니다. 그렇기 때문에 비콥 운동은 우리의 삶에서 가장 중요한 것 중 하나입니다."[26]

기업 지배구조를 통한 책무의 우선순위 지정

기업과 자본주의를 더 광범위하게 변화시키는 것이 어째서 지속가능하고 평등한 사회를 이루는 핵심 해법이 될 수 있을까? 고양이에게 생선 가게를 맡기는 격이 아닐까? 정부나 사회의 다른 부문에서 좀 더 많은 힘을 갖게 해야 하는 건 아닐까? 대안적 시스템에 기초하여 좀 더 근본적인 변화에 초점을 맞추는 게 낫지 않을까?

비영리조직 또는 비정부조직NGO들은 커다란 유연성을 가지면서 사회적 임팩트를 창출한다. 또한 현대 자본주의와 시장 시스템이 지닌 복잡성을 해소할 필요가 없다. NGO들은 여러모로 사회적 선을 전달하고 사회 변화를 이끌어내는 데 항상 필요한 존재였다. 하지만 이러한 유형의 조직에는 여러 가지 중요한 제약이 있다. 그중 하나는 수익 창출에 관한 것이다. 예를 들어보자. 포용적인 여러 기업과 조직을 대상으로 교육 및 지원 서비스를 제공하는 컨설팅 교육 기관인 '쉬긱스아웃She Geeks Out'의 공동설립자들은 적합한 조직 형태를 찾아 등록하기가 어려웠다며 고충을 토로했다. 이들은 처음에 비영리조직으로 신청했으나 NGO 설립 허가를 받지 못했다. 수익을 창출했다는 이유였다. 501(c)(6)으로 등록할 수 있다는 얘기를 들었지만, 그러한 법적 지위로는 혜택이 거의 없다는 것을 알게 되었다. 이들은 그런 유형 대신 비콥 인증 기업을 선택했다. 사회적이거나 환경적인 임팩트를 만들어내고자 하는 많은 조직들은 보조금을 신청하거나 기금을 모금하는 데 시간을 들이는 비영리조직이 적합할 수 있다. 그런데 자금 제공자의 요구 사항을 충족시키거나 또는 자신들의 임팩트 성과를 보여주는 데 집중할 필요가 있다는 것은, 그 조직이 목적으로 삼은 사회 문제를 해결하기 위해 나서는 데 좀 더 많은 제약이 따른다는 것을 보여준다.

나는 이 책에서 불평등 심화와 지속가능성 감소 추세의 밑바탕에 깔린 주요 문제들을 직접적으로 해결하는 방법과 그 당위성에 초점을 맞추고 있다. 자본주의 시스템의 작동 방식을 근본적인 수준에서 변화시키면 경제는 훨씬 더 포용적으로 될 수 있다. 건강한 사회에는 활발하게 활동하는 NGO 부문이 필요하다. 하지만 우리의 현 상황이 보여주듯이 NGO들은 지속적인 임팩트를 만들어내기에는 자원이 충분치 않은 편이고, 또 극단적으로 수익 내기에 열중하는 시장의 폐해에 효과적으로 대응할 수 없다.

베네핏 코퍼레이션이라는 법적 지위는 사회적 목적을 추구하는 기업이 목적의 달성을 위해 동원하는 방법에서 좀 더 유연성을 갖게 해준다. 예를 들어보자. '프랙티스 메이크스 퍼펙트Practice Makes Perfect'는 여름학교 및 여름철 아카데미 프로그램 제공에 주력하는 비콥 인증 기업이다. 이 기업은 창업하고 몇 년 후에 501(c)3 비영리조직에서 베네핏 코퍼레이션으로 조직을 변경했다. 설립자인 카림 아부엘나가의 설명에 따르면, 비영리조직은 원래 정부로 갔어야 하는 돈, 즉 세금 공제액으로 지원을 받기 때문에 이사회 구성원들은 결국 정부에게 최선의 이익이 되는 행동을 하게 된다. 그러나 아부엘나가는 프랙티스 메이크스 퍼펙트가 성장함에 따라 정부에게 최선의 이익인 것이 회사의 사명과 항상 일치하지는 않는다는 것을 알게 되었다. 또한 그는 할 수 있는 일에도 한계가 있음을 느꼈다. "더 큰 위험을 감수하고서라도 더 크게 도약해 더 많은 학생들에게 서비스를 제공하고 싶은 때가 여러 번 있었지요. 하지만 그저 제가 '좀 더 현실적'이어야 한다거나 '그런 위험을 감수하지 말라'는 얘기만 들었죠."[27] 이 기업은 이런 모든 문제들을 해결하는 동시에 사명에 충실할 수 있는 베네핏 코퍼레이션으로 전환하기로 결정했다.

그렇다면 정부가 주도하는 해법은 어떨까? 앞서 말했듯 기업에 적용되는 법을 바꾸는 것은 현재 일어나고 있는 변화에 필수적인 단계다. 그러나 공공정책과 법적 보호는 공정하고 공평한 경제의 필수 요소이지만 그것이 세계적 위기와 사회 문제들을 모두 해결할 수는 없다. 따라서 정부와 기업의 협업이 필요하다.

2019년 초 알렉산드리아 오카시오코르테스 하원의원과 에드 마키 상원의원이 내놓은 '그린 뉴딜'은 유망해 보인다. 이 결의안은 2030년까지 온실가스 배출량을 줄이고 모든 전력을 청정하고 재생 가능한 것으로 만드는 정책과 인센티브를 개발함으로써 미국의 경제를 전환하자고 촉구했다. 또 기후변화에 가장 직접 영향을 받는 유색인종과 빈곤층, 이민자, 원주민에게 더 많은 일자리를 만들어주고 깨끗한 물과 건강한 음식, 오염되지 않은 공기 등을 제공하려고 한다. 세부 정책 없이 방향성만 제시하고 있지만, 나라와 환경의 상태를 감안하면 칭찬할 만하고 또 확실히 필요한 것이기도 하다.[28]

그러나 어떤 이들에게는 그런 뉴딜이 21세기 문제를 20세기 방식으로 해결하려는 또 하나의 낡은 해결책으로 느껴질 수 있다. 기업이 경제와 사회를 장악하기 이전의 '큰 정부' 시대를 떠올리게 하기 때문이다. 이 정책의 목표에는 지지를 보내지만, 나는 문제의 근본 원인도 해결해야 하며, 그 근본 원인을 현재의 기업 지배구조에서 찾을 수 있다고 말하고 싶다. 근본적 변화는 기업의 행동과 사고방식을 전환시키는 데 초점을 맞춰야 한다. 그리고 이러한 전환은 현명한 공공정책들로 뒷받침하고 가속할 수 있을 것이다.

이 방면으로 기대되는 조치는 앞서 언급했던, 엘리자베스워런 상원의원이 제출한 '책임지는 자본주의 법안'이다. 이 법안은 매출 10억 달러 이상인 모든 기업이 베네핏 코퍼레이션모델을 채택하도록 했다. 그리고 이사진 중 40%를 직원들이 선출하고, 모든 정치 기부금의 공개를 의무화하며, 회사가 불법 행위를 할 경우 연방정부에서 기업의 법인격을 취소할 수있게 했다. 애초에 기업이 만들어낸 여러 문제의 근본 원인들을 해결하기 위해서는 회사의 목적을 본질적으로 바꾸는 변화가 필요하다. 또한 기업, 노동조합, 여러 협회 등의 조직에 언론의 자유를 보장하는 시민연합 대 연방선거관리위원회 판결 이후, 대기업과 특수 이익 단체들이 정책 결정에 점점 더 많은 지배력을 행사하고 있다. 그리고 정치인들은 동시에 여러 이해관계자들의 관심을 끌어야 하기 때문에 그들이 만들어내는 해결책은 차선책인 경우가 많다. 예컨대 담배 산업의 경우 대형 제조업체들이 정부의 정책 수립에 간섭해온 것은 잘 알려져 있다. 2017년 로이터의 조사에서 필립모리스가 전 세계 담배 규제를 최소화하고 지연시키기 위해 대규모 로비 계획을 짰다는 증거가 나왔다.[29] 자본주의 혁신 운동의 전진을 위해 정부에 너무 크게 의존하는 것은 정책 입안자와 기업의 특수 이해관계자 간의 긴밀한 관계를 간과하는 것이며, 미국에서는 특히나 더 그렇다.

'말만 하고 행동 없음'에 대한 방어

대기업들 다수는 자본주의의 '사회적 임팩트'라는 개념과 관련하여 입에 발린 말을 하고 있다. 이미 확보한 시장 지위와 자신을 그 자리에 올려준 시스템을 보호하고 정당화하기 위해서다. 옳은 말을 하는 것과 옳은 행동을 하는 것은 매우 다른 일이다. 말만으로는 충분치 않다. 우리는 지난 수십 년간 '기업의 사회적 책임'이나 '공유 가치shared value' 같은 개념들에 점점 더 주목하면서 이 처방전을 따랐지만, 지금 우리는 처음보다 더 좋지 않은 상황에 처해있다. 처음에는 이런 개념들로 소비자들을 달랠 수 있었지만, 지금 소비자들은 회의적으로 바뀌었다.

아난드 기리다라다스는 2019년에 《엘리트 독식 사회: 세상을 바꾸겠다는 그들의 열망과 위선*Winners Take All: The Elite Charade of Changing the World*》(생각의 힘, 2019)이란 책을 펴냈다. 그는 이 책에서 세상을 더 나은 곳으로 만들겠노라 말하면서 세상에 피해를 주는, 기존의 자본가적 가치를 붙들고 있는 엘리트 기업인과 기업들을 비난한다. 그는 자본주의 도구를 이용하여 세상을 바꾸는 데 초점을 맞추고 있는 신념 체계를 설명하기 위해 '시장 세계Market-World'라는 용어를 사용한다. 그러면서 이 신념 체계는 자본주의 자체가 문제일 가능성이 있음을 무시한다고 주장한다. 기업을 해결책으로 기대하는 것은 부질없으며 그보다는 공공부문을 해결책으로 고려해야 한다고 말한다. 그는 비랩 역시 엘리트가 주도하여 세상을 바꾸려는 또 다른 시도일 수 있다며 비판적 입장을 취하면서도, 비콥 인증이 유용한 혁신이라는 점에 대해서는 인정한다. 하지만 그는 비콥 인증 기업들이 공공정책의 도움을 받아야만 신속하게 규모를 확장할 수 있다고 믿고 있다.[30]

기리다라다스는 틀리지 않았다. 엘리트 기업인들이 보기에도 듣기에도 좋지만 성과는 없는 프로그램들을 중요시한다는 점을 알아차린 사람은 많다. 코언 길버트는 이와 관련하여 노벨 경제학상 수상자인 조지프 스티글리츠의 말을 인용한다. "그들은 게임의 규칙에 근본적인 의문을 제기하기보다는 이런 식으로 유행하는 프로그램 백만 개에 자금을 댈 겁니다. 뒤틀리고 비효율적이며 불공정한 기존 규칙 때문에 생기는 피해를 줄이기 위해 자신의 행동을 바꾸려고 하지는 않죠."[31]

혜지펀드 억만장자인 폴 튜더 존스 2세가 이끄는 '저스트 캐피탈' 역시 이러한 비판의 대상이다. 이 비영리단체는 디팍 초프라와 아리아나 허핑턴 등 여러 유명 갑부들이 공동설립자로 등재되어 있다. 이 단체의 사명은 미국인들이 중요시하는 것들을 반영하여 좋은 일을 하는 회사에 투자하는 것으로 알려져 있다.[32] 그러나 그들이 투자하는 기업 중 상위 기업 목록을 잠깐 살펴보고 나는 약간 혼란에 빠졌다. 저스트 캐피탈이 좋은 회사를 가려내는 데 사용하는 크라우드소싱 방법론에 약점이 있다는 것은 분명하다. 나는 그들의 민주적 의도를 존중한다. 하지만 주주 우선주의가 우리 사회에 너무 깊이 각인되어 있기 때문에 개개인의 의견을 총합하는 것이 책임감 있는 기업 행동을 구별하는 타당한 방법인지 명확하지 않다는 우려가 있다.

예를 들어 2018년에 저스트 캐피탈의 투자처 목록을 처음으로 보았을 때, 그들의 찬사를 받았던 기업 중 하나는 청량음료와 간식을 출시하는 펩시였다.[33] 펩시의 여러 제품은 적당히만 섭취하면 그리 나쁠 것 없다. 하지만 펩시가 (특히 비만과 관련 있는) 고과당 옥수수 시럽이나 잠재적 발암성 화학물질과 기타 제품의 중독성을 높이는 여러 첨가제에 크게 의존하는 사실은 이 회사 핵심 제품의 사회적 가치에 대해 중대한 의문을 갖게 만든다.[34] 펩시는 사회적·환경적 유익함에 초점을 맞춘 여러 프로그램과 캠페인을 시작했고, 심지어 비콥 인증 기업을 인수하기까지 했다. 그러나 이 회사가 제품을 만들어내는 방식은 세계 인구 상당수의 건강을 위험에 빠뜨린다. 경영진이 회사를 근본적으로 바꿀 수 있게 될 때까지 제품이 발생시키는 근원적인 문제를 단순 보상하는 CSR 프로그램을 수행한다고 해서 이를 칭찬해야 하는지는 의문이다.

저스트 캐피탈에서 수년간 상위 20개 기업으로 꼽은 회사 중 대다수는 독성 화학물질 사용으로 비난받아온 반도체 산업 회사들이다.[35] 텍사스 인스트루먼츠에 대해 직원들이 글래스도어(미국의 구인구직 서비스 회사–옮긴이)에 올린 글들을 훑어보면 이 회사의 이윤분배제도가 유익하다는 것을 알 수 있다. 그리고 이 회사는 2018년과 2019년에 가장 공정한 기업 5개 가운데 하나로 선정되었다. 그러나 엄밀히 말해 전현직 직원들은 이 회사의 불공정한 위계, 그리고 일과 삶의 균형을 무시하는 점에 대해 강하게 비판하고 있다.[36] 그리고 수년간 저스트 캐피탈의 목록에서 첨단기술기업들이 차지하는 비중이 매우 높다는 것은 평가 기준이 특정 유형의 기업들 쪽으로 기울어져 있음을 보여준다. 저스트 캐피탈의 "가장 공정한 기업" 목록상의 1백 개 기업들은 인상적인 직원 자원봉사 프로그램을 가지고 있거나, 1주일의 출산휴가를 추가로 제공하거나, 심지어 환경적으로 지속가능한 기업이 되려고 노력하기도 한다. 이들이 속한 업계를 고려하면 모두 훌륭한 시도들이다. 하지만 이들의 활동은 자신들이 사람들과 지구, 그리고 경제에 끼치는 피해를 상쇄할 만큼 충분할까?[37] 이들은 자신들이 내는 수익의 밑바탕에 깔려있는 건강과 환경에 대한 외부효과를 고려하고 있을까?

이런 질문에 자신 있게 답하려면 저스트 캐피탈 100대 기업의 사회적·환경적 성과를 공개하고 B임팩트평가(B Impact Assessment, BIA)와 같은 신뢰성 있는 제3자 표준에 따라 평가를 받아야 하며, 비랩같이 이해관계가 없는 외부자의 검증을 받아야한다. 그렇지 않으면 소비자들은 기업이 제공하는 정보만을 접할 수 있을 뿐이며, 좋은 인상을 줄 수 있는 정보만 공개하려는 기업들의 성향을 감안할 때 그런 정보들은 신뢰할 만한 근거가별로 없다.

보상을 바라는 선행과 본질적인 선행

미디어 이론가 더글러스 러시코프는 저스트 캐피탈에 대해 비평하는 글에서 보상을 바라는 선행과 본질적인 선행 사이에 중요한 차이를 두고 있다.[38] 기업들(사실상 대기업들 대부분)은 종종 자신들이 끼치는 전체적인 피해를 보상하는 것처럼 보이도록 대규모 행동을 취하곤 한다. 예컨대 펩시의 경우 탄소를 전혀 배출하지 않는 감자 칩 공장을 지었다. 그러나 핵심 문제에는 변화가 없다. 펩시는 여전히 비만과 건강에 심각한 문제를야기하고 보건 부문에서 사회가 부담해야 하는 외부효과를 발생시키는 선택을 하는 정크푸드 기업이다. 기리다라다스는 앞서 언급한 책에서 정곡을 찌르고 있다. 너무나 많은 기업과 경영진이 그저 말만 할 뿐 행동을 하지 않는다. 그들은 입으로는자신들이 세상을 나아지게 하는 쪽으로 노력하고 있다고 내세우지만 사실은 이미 너무나 많은 해를 끼쳤던 것과 똑같은 방식으로 여전히 행동하고 있다.

2018년 다국적 투자관리회사인 블랙록의 CEO 래리 핑크는 "기업은 주주, 직원, 고객, 그리고 기업이 활동하는 지역사회 등의 여러 이해관계자 모두를 이롭게 해야" 한다면서 기업들에게 "사회에 어떻게 긍정적으로 기여하는지 보여달라."고 요구해 재계의 많은 사람들을 충격에 빠뜨렸다.[39] 어떤 사람들은 핑크의 발언에 놀라면서 기뻐했지만, 또 다른 많은 사람들은 그가 그린워싱 시류에 편승했다고 비난했다. 핑크는 2019년 연례서한을 통해 오히려 한 발 더 나아갔다. 즉, 기업의 사회적 목적이 중요하다는 점, 밀레니얼 세대들이 기업을 좀 더 책임감 있는 존재로 만들어갈 것이라는 점, 그리고 결정적으로 우리가 이 시스템을 재설계할 때 책임감이 핵심이라는 점 등, 이 책의 주제와 연결된 여러 부분에 대해 언급했던 것이다.[40]

나는 딱히 핑크가 위선적이라 생각하지 않는다. 하지만 투자자들이 기업의 환경적 요인이나 사회적 요인 같은 것들을 고려할 경우에 자신의 이해에 따라 그렇게 하는 것이 사실이다. 미투 운동#MeToo부터 총기 폭력 반대 시위나 기후변화 토론에 이르기까지 언론에서 다루어지는 사회 문제의 비중이 커지면서 대중의 의식에서 이런 문제들이 차지하는 중요도도 높아지고 있다. 환경 측면에서 좀 더 지속가능한 조치를 취함으로써 블랙록은 더 많은 수익을 거둘 수 있다. 앞서 비즈니스 원탁회의의 CEO들에 대해 언급했듯이, 핑크가 말과 행동을 일치시키려면 어떻게 해야 할까? 그러려면 기업들이 상호의존성을 더 많이 고려하고 외부효과를 이용해먹는 행위를 줄여나가는 데 좀 더 집중해야 한다는 점을 인정하면서 주주 우선주의를 이해관계자 지배구조로 대체하는 것에 대해 명백한 지지 의사를 밝혀야 할 것이다. 즉, 기업의 지배구조와 목표가 일치할 때에만 기업의 CEO들이 기업의 목적과 장기적 이익을 염두에 두고 기업을 이끌어갈 수 있다는 점을 인정해야 하는 것이다. 현재 기업의 법적 토대가 주주 우선주의에 너무 매몰되어 있어서 CEO들이 핑크가 요구하는 변화의 방향으로 노력해가는 것은 어려운 일이다. 행동하라는 핑크의 외침은 CEO들을 향한 것이었지만, 그는 자신의 동료 투자자들과 투자자 모임에 대해서도 주의를 기울여야 한다. 만일 행동하라는 자신의 외침에 스스로 부응하고 베네핏 코퍼레이션 같은 새로운 기업 지배구조 형태의 도입을 지지한다면, 그는 정말로 우리 경제의 근본적 변화를 옹호한다고 말할 수 있을 것이다.

기업은 보상을 바라며 선한 일을 하는 것 이상이어야 하며, 그러기 위해 외부효과에 대한 관점을 완전히 바꿀 필요가 있다. 이 책에서 주장하는 바는 비콥 인증 기업들이 투명한 책임성을 보여주면서 본질적인 선행을 실천한다는 것이다. 본질적 선행은 회사의 평판을 높이려는 마케팅 전략의 부수적 효과를 겨냥한 행동이 아니다. 반대로 기업의 핵심적인 측면이 세상에 긍정적 임팩트를 만들어내는 방향으로 향해있을 때 나오는 것이다. 본질적 선행은 기업의 중심에 놓여야 하며 기업의 사명과 직접 연결되어 있어야 한다. 기업이 세상을 위한 본질적 선행의 실천으로 초점을 옮긴다면, 그 회사는 정말로 선을 위한 기업이 되는 것이다.

일상 속에서 본질적으로 선한 일을 실천하는 비콥 인증 기업을 찾는 것은 그리 어렵지 않다. 고급 브라우니와 쿠키, 그리고 동료 비콥 인증 기업인 벤앤제리스 아이스크림에 들어있는 그 멋지고 땅딸막한 과자를 만드는, 뉴욕주 용커스에 있는 그레이스톤 베이커리가 떠오른다. 그레이스톤은 열린 채용 정책을 가지고 있어서 누구든 일자리에 지원할 수 있고 자리가 생기는 즉시 채용될 수 있다. 이는 이민자, 난민, 경제적 소외계층, 전과자는 물론이고 종교나 성적 지향과 상관없이 누구나 마찬가지다. 그리고 이런 채용 정책의 이면에는 회사의 큰 그림이 있다. "열린 채용은 주요 일자리에서 배제된 개인에게 기회를 만들어줍니다. 열린 채용은 직원과 그 이웃들이 계속 일자리를 갖도록 돕는 부가 서비스를 제공하는 지역사회 프로그램으로 보완되었습니다. 이런 식으로 사람들이 노동의 존엄성을 경험하고 자신의 삶과 공동체의 발전을 도모할 수 있는 기회를 제공합니다."[41]

이러한 방침이 만들어내는 임팩트는 작지 않다. 전과자들의 실업률이 27퍼센트라는 믿기 어려운 수치에 달하고, 이는 주로 이 사람들과 관련된 낙인 때문이다.[42] 이러한 상황은 당연하게도 재범률과 사회복지 프로그램에 대한 압박 증가와 같은 사회적 비용으로 이어진다. 현재 미국의 구치소나 교도소에는

2백만 명 이상이 수감되어 있다.[43]

더욱이 난민과 이민자 인구가 미국 경제에 필수적이라는 것은 반복해서 증명되어 왔다. 그리고 경제적 소외계층에게는 다시 일어설 기회가 거의 주어지지 않는다. 이런 사람들이 일자리를 찾기 어려운 것은 무능력하기 때문이 아니라 그들에게 찍힌 낙인 때문이다. 그레이스톤의 열린 채용 방침이 확대되어 전국 규모에서 영향력을 발휘한다면 관련 개인들뿐 아니라 그 가족은 물론 그들이 속한 지역사회에까지 장기적으로 긍정적 효과를 낼 수 있을 것이다.

규모는 작지만 본질적인 선함에 있어서는 동등한 뉴잉글랜드 소재 부리토 체인인 비콥 볼로코에 대해 살펴보자. 이 회사는 숙련도가 낮은 소외계층 직원들의 사회 진출을 돕는다는 회사 사명의 일환으로 대부분 스페인어를 사용하는 직원들에게 영어 교육과 리더십 교육을 시킨다. 주로 유색인종과 이민자를 고용하는 업계에서 볼로코는 모든 직원에게 생활임금을 제공하는 것을 회사의 사명으로 삼았다. 노동자 전체의 1인당 평균임금이 오르듯이 볼로코의 최저 임금도 매년 상승하여 2019년에는 시간 당 약 15.25달러였다. 오늘날 거의 90%의 비콥 인증 기업에서 직원들에게 생활임금을 지급하고 있다. 전국의 모든 회사에서 이렇게 했다면 1,500만 명이 넘는 사람들이 생활임금을 벌고 있을 것이다. 이러한 대규모의 사회적 변화가 가져오는 유익은 믿을 수 없을 정도로 엄청날 것이다.[44]

일반적으로 소외계층에게 들어가는 비용은 납세자들에

게 전가된다. 그러나 볼로코와 그레이스톤 베이커리는 자신들의 사업을 통해 중요한 인적 자본을 만들어내고 있으며, 사실상 이것이 두 회사가 존재하는 이유다. 그레이스톤 베이커리는 "우리는 브라우니를 굽기 위해 사람을 고용하는 게 아니라 사람을 고용하기 위해서 브라우니를 굽습니다."라는 구호를 표방하고 있다.[45] 또한 볼로코는 "우리의 사명은 사람들의 삶과 미래가 더 좋아지게 하는 것입니다. 그러기 위해 우리는 말도 안 되게 맛있는 부리토를 이용하고 있습니다."라는 구호를 내걸고 있다.[46]

물론 본질적으로 선한 일이라는 게 항상 직원에게만 초점을 맞추는 것은 아니다. 소비재 생산업체라면 무분별한 소비를 조장하는 대신 의식 있는 생산 공정을 거친 고품질 제품을 내놓음으로써 본질적 선행을 실천할 수 있다. 여러 의류회사 중에서 두드러지게 부각되는 파타고니아는 고객들에게 "적게 사기"를 장려한다. 소비자들의 과소비를 막기 위해 블랙 프라이데이에 뉴욕타임스에 "이 재킷을 사지 마세요."라든지 "이 셔츠를 사지 마세요."라는 식의 광고를 실었다. 이 회사는 또한 블랙 프라이데이에 매장 판매로 얻은 수익의 100%를 풀뿌리 환경단체에 기부한다.[47] 자사 제품의 폐기물을 줄이기 위해 의류 반납 및 수선 프로그램인 '원웨어The Worn Wear' 프로그램을 마련해 "망가졌으면, 고쳐 써!"라는 회사의 좌우명을 지키고 있다. 이 회사는 리노Reno(네바다 주 서부의 도시 - 옮긴이)에서 미국 최대의 의복 수선점을 운영하고 있다. 파타고니아는 묻고 따지지 않는 반납 및 수선 정책 외에도, 전국에 걸쳐 워크숍과 순회 프로 그램(원웨어 투어(The Worn Wear Tour))을 조직하여 사람들에게 집에 서 스스로 의류를 수선하는 방법을 가르치기도 한다. 또 상태 가 괜찮은 옷을 되사들여 재판매하기도 한다. 고객들은 이 회 사의 가치를 인정하고 품질과 서비스에 기꺼이 대가를 지불한 다. 설립자 이본 쉬나드는 "우리 고객들은 품질이 좋다면 돈을 더 지불하는 것에 개의치 않습니다. 모든 사람이 우리 고객들 이 하는 것처럼 덜 소비하고, 더 잘 소비해야 합니다."라고 말한 바 있다.[48] 2019년 파타고니아는 (많은 회사에서 갖고 싶어 하는 고수익 사업인) 브랜드 로고 부착 의류를 생산하여, 책임지는 자본주의 라는 미래 전망을 공유하는 기업, 즉 비콥에게만 제공하겠다고 발표했다.[49]

신생 신발 제조업체인 올버즈는 제품의 환경 비용에 대해 거의 아무 관심도 기울이지 않는 업계의 대기업들에 대한 대 안으로서 설립되었다. 올버즈는 두 가지의 매우 편안하고 세련 된 신발을 만드는데, 하나는 메리노 양모로 만들고 또 하나는 나무로 만든다. 그렇다. 나무 맞다. 공동설립자인 조이 즈윌링 거는 나에게 "우리는 나무 같은 신발을 만들고 싶었습니다. 무 슨 말이냐면, 환경적 관점에서 그리고 특히 탄소 배출량을 기 준으로, 신발이 지구에게서 가져가는 것보다 주는 것이 실제로 더 많다는 거죠."라고 말했다. 천연 소재로 지속가능한 신발을 만드는 일에 주력한 올버즈는 완전히 재생 가능한 자원인 사탕 수수로 만든, '스위트폼SweetFoam'이라 불리는 신발 밑창 재료를 연구하여 출시했다. 스위트폼의 기본 수지樹脂는 마이너스 탄소 배출carbon negative로 생산되며, 이는 마치 나무가 그러는 것처럼 대기를 깨끗하게 한다는 것을 의미한다.[50] 올버즈의 설립자들은 다른 많은 회사들과는 달리 이 재료를 독점 사용하지 않고 누구든 사용할 수 있도록 개방했다. 즈윌링거는 "모두가 이재료를 사용한다면 지구의 앞길이 좀 나아지겠죠."라며 이렇게 덧붙였다. "쓰는 사람이 많아질수록 비용이 내려갑니다." 하지만 올버즈가 하는 일은 여기서 끝이 아니다. 이 회사는 최근 탄소상쇄 배출권carbon offset(배출총량거래제의 대상이 아닌 탄소저감 프로젝트나 활동에서 얻은 탄소배출권 - 옮긴이)을 구매하는 동시에, 일반적으로는 회계에서 무시되는 외부효과를 재무적으로 반영하기 위해 신발 1켤레당 10센트의 내부 탄소세를 설정하여 자체적으로 부과함으로써 2019년까지 완전한 탄소 중립을 달성할 것이라고 발표했다.[51] 2018년 올버즈는 T. 로우T. Rowe, 피델리티, 타이거 글로벌 등 주요 투자회사들에게서 5천만 달러를 투자 받았다. 이 회사의 가치는 14억 달러로 평가되었다.[52]

아프가니스탄 최대의 통신사업자 로샨Roshan은 매년 거의 6백만 명에게 서비스를 제공한다. 이 회사는 2012년 이래 계속해서 비콥 인증 기업이며 전 세계 비콥 인증 기업 중 최상위 10%에 속한다. 전쟁으로 황폐해지고 산산조각 난 경제 속에서 국가 최대의 고용주인 로샨은 통신 기간망 개선 사업을 통해 아프가니스탄의 사회적·경제적 발전에 기여하는 것을 목표로 삼고 있다. 이 회사는 의사를 교육하고 병원에 통신 수단을 제공함으로써 아프가니스탄의 의료 서비스를 개선했다. 아이들을 위해 학교와 놀이터를 짓고, 스포츠 프로그램과 청소년 육성 사업을 장려했다. 중요한 것은 로샨이 여성에게 특별히 초점을 맞추어 회사의 힘을 집중하여 일자리와 교육의 기회를 제공했다는 점이다.[53]

우리가 알고 있는 기존 자본주의의 종말

2006년 6월, 비랩의 공동설립자 3인은 사회적기업, 투자자, 선도적 사상가 등에게 다가가 그들의 공동 관심사와 기술을 이용할 방안에 대한 지침과 통찰을 얻고자 했다. 설립자들은 이들과의 대화를 통해 자본주의를 세상에 긍정적인 영향을 미치는 힘으로 발전시키려면 '좋은 기업'이 무엇인지에 대한 객관적인 기준, 이해관계자를 인정하는 법적 체계, 그리고 이러한 개념을 세상에 퍼뜨릴 집단적 의견 표명이라는 세 가지의 기본 바탕이 필요하다는 결론을 내렸다. 그렇게 비콥 운동이 시작되었다.

상호의존의 날

2005년 5월, 농구화 및 농구의류 회사 앤드원의 설립자들은 회사를 아메리칸 스포팅 굿스에 매각하는 일을 마무리했다. 회사를 이끌던 제이 코언 길버트, 바트 홀라한, 그리고 그들의 대학 친구이자 앤드원의 초기 투자자 앤드루 카소이에게 이 순간은 전환점이었다.

앤드원은 약간 신데렐라 이야기 같은 면이 있다. 데이비드 딘킨스 시장의 약물남용방지정책실에서 일하기 전, 코언 길버트는 공직에 관심을 두고 스탠퍼드 졸업 후 뉴욕 시에서 몇 년간 맥킨지의 분석가로 일했다. 1993년 나이 스물다섯에 그는 자신의 고등학교 친구 세스 버거와 톰 오스틴과 함께, 차 뒤에서 기발한 구호가 적힌 티셔츠를 팔자는 사업 구상에 의기투합했다. 버거가 와튼 경영대학원 2학년 말 무렵에 구상한 사업이었다. 제품 수요가 상당하다는 것을 알게 되자 이 사업 구상을 벤처 사업으로 빠르게 발전시켰고 2년차에는 전국에 1,500개 매장을 둔 수백만 달러 상당의 농구 의류 브랜드가 되었다.[1]

앤드원AND1은 선수가 반칙을 당하면서 골을 넣을 경우 얻게 되는 추가 자유투를 가리키는 농구 용어에서 따온 이름이다. 앤드원은 간결하면서도 맛깔 나는 문구와 세상사에 밝아 보이는 태도로 유명해졌다. 이 회사에서 처음 내놓았던 것은 "난 버스 운전사야. 내가 모두를 학교로 데려가지."라든가 "여기 덥지 않아? 나만 그런가?" 혹은 "패스해. 어리바리 헤매지 말고." 같은 도발적인 문구가 적힌 티셔츠였다. 설립자들은 브랜드를 탄생시킨, 티셔츠에 박힌 첫 문구들을 휘갈겨 썼던 냅킨을 여전히 가지고 있다.[2]

벤처 시작 6개월 후 코언 길버트는 어느 결혼식에 참석했다가 스탠퍼드 대학 시절의 옛 친구 바트 홀라한과 마주쳤다. 당시 홀라한은 작은 투자은행에서 일하고 있었다. 홀라한의 표현은 이랬다. "내가 하는 일은 좋은데, 사람들이 싫어." 서로 밀린 얘기를 하는 동안, 코언 길버트는 브랜드를 기업화하기 위해서 이 신생 회사에 최고재무책임자CFO가 필요하다고 말했다. 홀라한은 당시를 이렇게 회상한다. "저에게 연락하지 않았다는 걸 믿을 수가 없었어요. 그리고 내 기억이 맞다면 대학 다닐 때 내가 그 친구를 여러 짓궂은 말로 불렀던 거 같아요. 당시는 하버드 경영대학원에 다니기 시작한 지 6개월 정도 된 때였는데, 결혼식이 끝나고 바로 하버드에 전화해서 예치금을 보관해달라고 했습니다. 50만 달러짜리 티셔츠 회사에 합류할 거였거든요."[3]

이후 12년 동안 그들은 회사 매출을 약 2억5천만 달러로 늘렸다. 홀라한은 앤드원의 CFO로 재직하다가 나중에는 사장을 역임했으며, 코언 길버트는 제품과 마케팅 책임자였다가 나중에 CEO를 맡았다. 홀라한과 코언 길버트는 서로 긴밀히 협력하여 일하면서 편하고 서로를 잘 이해하는 관계가 되었다. 코언 길버트는 홀라한에 대해 이렇게 말한다. "바트는 제가 함께 일했던 사람들 가운데 가장 완벽한 사업가입니다. 그는 전략적 사고의 소유자이며, 강력한 지도자이고, 재능 있는 관리자이며, 무엇보다도 예산과 시간을 감안하면서 모든 조각을 어떤 순서로 어떻게 맞춰야 하는지를 아는 경이로운 경영자입니다."[4]

앤드원은 지역의 선수들이 새벽부터 황혼까지 아스팔트 위에서 연습하며 기량을 키워가는 길거리 농구 문화를 토대로 성공을 거두었다. 그들의 제품과 독특한 마케팅 전략은 전설적이었다. 예를 들어, 앤드원의 믹스테이프(손으로 들고 찍는 소형 카메라로 촬영해서 어설프게 편집한 거친 비디오)는 농구광들 사이에서 하나의 문화 현상이 되었다. 몇 년 지나지 않아 앤드원에서 고용한 길거리 농구 선수들이 전국에 걸쳐 '믹스테이프 투어'를 하며 그들의 재능과 앤드원의 제품을 과시하면서 엄청난 팬들을 만들어냈다.[5]

1990년대 말에서 2000년대 초에 앤드원은 (나이키 다음으로) 세계에서 두 번째로 큰 농구화 및 농구의류 회사였다.

앤드원의 업무 환경은 회사의 기풍이 반영되었는데, 지나고 보니 이는 이후 비랩 설립의 근간이 된 상호의존의 철학을 무엇보다 잘 보여주는 사례였다. 홀라한은 이에 대해 자신들은 "그냥 사람들이 있고 싶은 장소를 만들고 싶었을 뿐"이라고 회상했다. 회사는 동료가 모여 한 식구가 되었고 또 식구가 동료가 되기도 했다. 스탠퍼드 대학에서 교육받은 기술자이자 전직 해군장교였으며 현재는 미국의 하원의원인 홀라한의 아내 크리시 홀라한은 최고운영책임자COO였다. 홀라한의 회상에 따르면 "사무실에는 개 8마리가 뛰어다니고, 뒷마당에는 아이들을 위한 방과 정식 규격의 농구장을 갖추어서 (점심때는 농구 한 게임 뛰고) 아침마다 요가 수업도 받고 육아도 할 수 있는 … 직원 중심인 곳"이었다. 당시에 코언 길버트와 홀라한은 수익 이상의 것을 염두에 두고, 사업을 하는 올바른 방법이라고 자신들이 느끼는 대로 만들어갔다.

홀라한의 말에 따르면, 앤드원은 또한 지역사회에 깊이 관여하여 매년 수익의 5% 이상을 자선단체에 기부하고 "활발한 직접 서비스 프로그램"을 운영했다. 현재 비콥 철학 중 유일하게 이 회사가 처음에 완전히 수용하지 못했던 것은 환경 측면이었다. "당시 우리에게 친환경이나 환경적 요소는 생소한 것이었습니다. 팀버랜드나 파타고니아 같은 조직이 신발과 의류 분야에서 이미 새로운 길을 개척하는 동안 우리는 겨우 그 분야에 눈을 떠가고 있었죠. 그러나 이는 우리가 지구는 물론 우리 사업에 연관된 사람들과 지역사회에 정말로 좋은 회사가 되기 위해 기울이던 노력에서 중요한 요소가 되었습니다."

앤드원의 서비스 지향적 사명은 코언 길버트가 걸어온 어두운 삶의 행로에서 비롯되었다. 그의 절친한 친구 두 명이 2001년 9월 11일에 세계무역센터에서 일하고 있었고, 지역 TV 뉴스에서 일하던 그의 누이는 두 번째 빌딩이 무너지기 전까지 현장에 있었다. 그들 모두 살아남았지만, 그날의 두려움은 오래 지속되었다. 3일 후에는 코언 길버트의 아버지가 폐암으로 세상을 떠났다. 그로부터 2주 뒤에는 앤드원의 구성원이었던 진 버나드 저스가 출근길에 교통사고로 사망했다. 회사의 모든 사람들이 그의 죽음으로 충격에 휩싸였다. 짧은 시간 동안 연이어 겪은 이 세 가지 비극적 사건은 코언 길버트를 휘청거리게 했다.[6]

회복에 도움을 받기 위해 코언 길버트는 요가 지도자로 오랫동안 활동해온 아내 랜디와 함께 매사추세츠의 레녹스에서 주말 묵상회에 참석했다. 그의 아내는 이 명상과 요가 묵상회가 당시 남편에게 필요하다는 것은 알았지만, 이것이 향후 그들의 인생에 얼마나 큰 영향을 끼치게 될지는 짐작도 못했을 것이다. 묵상회에 참석하며 코언 길버트는 자기 회사의 총체적인 사명, 바로 세계 최고의 농구 관련 회사가 되는 것에 대해 생각했다. 하지만 그 이상일 순 없을까? 앤드원의 사명은 이렇게 해서 생겨났다. 심사숙고 끝에 지도부는 앤드원의 주된 기풍을 "공감하는 기업 경영"에서 선도자가 되는 것으로 정했다.[7] 회사는 이런 경영을 해를 끼치지 않는 것을 넘어 선한 일에 전념하는 것으로, 즉 사업의 모든 요소를 보상을 바라지 않고 지역사회에 봉사할 기회로 간주하는 것으로 정의했다. 이때는 아직 아무도 깨닫지 못했지만, 어떻게 보면 비콥 운동이 탄생하는 순간이었다. 지역사회에 공헌하겠다는 앤드원의 마음가짐은 결국 해외 공장으로까지 확대되었다. 홀라한은 이렇게 말한다. "그때 중국과 대만 공장의 직원이 1만 명이 넘었는데, 1년에 두 번 제3자 감사를 통해 꽤 엄격한 행동지침을 지키도록 했습니다." 회사 경영진에게 그 공장의 노동자들은 필라델피아 교외의 앤드원 사무실에 있는 직원들과 똑같이 중요했다.

앤드원은 또 지역사회에 대한 참여를 집중해야 할 중요한 초점으로 삼았다. 홀라한은 "우리는 열여덟 살 먹은 아이들에게 농구화와 농구 의류를 팔고 있는데 그 아이들 대부분은 절대 NBA 선수가 될 수 없을 거라는 사실을 깨달았습니다. 그래서 교육 관련 비영리단체들에 기부하여 그 또래 집단에 수익을 환원했지요." 하고 회상했다. 이 회사는 또한 모든 사람이 기회를 잘 활용할 수 있도록 장려하며 각 직원에게 매년 40시간의 유급 휴가를 주어 직접적인 편의를 제공했다. 홀라한은 앤드원이 "사회공헌 활동 설명회를 열곤 했는데, 회사 체육관을 메운 사람들이 우리에게 어떻게 해야 지역사회에 참여하고 공헌 활동을 할 수 있는지 알려주기도 했고, 우리는 지역의 비영리단체를 돕기 위해 우리의 재능을 활용하기도 했습니다." 하고 말했다.

하지만 사업을 시작한 지 10년이 되었을 때, 코언 길버트와 홀라한이 개척하여 그들 사업체에 깃들게 했던 가치들이 위험에 처하게 되었다. 나이키, 아디다스, 리복 등과의 끈질긴 경쟁,

업계 내의 시장통합 경향, 그리고 소소한 경영 실수 등이 매출 감소로 이어졌다. 홀라한은 나이키의 전국 영업회의에서 과녁이 부착된 열쇠고리가 배포되었던 일을 떠올렸다. 과녁의 중심에는 앤드원 로고가 있었다.[8]

경쟁에 대응하기 위해 앤드원은 사모펀드 회사인 TA 어소시에이츠로부터 상당한 금액의 외부 투자를 유치했다. 홀라한은 "그들은 굉장한 투자자들이었고, 솔직히 우리는 이제 우리 돈으로 게임을 하지 않게 되었습니다. 우리에겐 그들이 투자한 돈 3천5백만 달러가 있었고, 그들에게 신인의무를 지게 되었던 거죠."라고 말한다. 앤드원은 수익 2억2천만 달러로 정점을 찍은 다음 곤두박질 쳐 18개월 만에 1억 달러의 손실을 보았다. 홀라한은 "이건 벤앤제리스나 스토니필드에 대한 이야기가 아닙니다. 우리의 자본 투자자들은 사회적 책무를 정말로 가치 있게 여기는 유니레버나 다논이 아니었습니다. (재무적인 동업자를 받아들였을 때) 우리는 우리가 무슨 일을 하고 있는지 알고 있었죠." 하고 말했다.

최종적으로 앤드원을 인수한 회사의 CEO인 제리 터너는 상하이에 있는 공장주의 딸과 결혼한 사람이었다. 앤드원 팀은 자신들이 상대하는 사람에 대해 처음부터 감을 잡고 있었다. 코언 길버트는 이렇게 설명한다. "그 공장은 우리가 거래를 할 만한 곳이 아니었습니다. 그 공장에서 만든 신발의 품질이나 노동기준 둘 다 수준 이하였습니다."[9] 터너는 그 업계에 수년간 종사했기 때문에, 신발의 판매가는 가능한 한 유지하면서 생산

원가는 줄이는 방법에 대해 잘 알고 있었다. 그는 소비자들은 그 차이를 알아차리지 못할 것이고, 이윤 폭은 커질 것이라 확신했다.

매각하고 약 한 달 뒤, 앤드원은 밴쿠버에서 글로벌 영업회의를 열었다. 홀라한과 코언 길버트는 그 자리를 직원들에게 감사를 전하고 작별 인사를 한 다음 회사를 새 주인에게 넘길 기회라고 보았다. 홀라한은 터너와의 질의응답 시간에 청중 가운데 누군가가 다음과 같이 질문했던 것을 기억한다. "앤드원은 창립 이래 자선단체에 수익의 5%를 기부하는 정책을 시행해왔습니다. 그 프로그램을 진전시킬 생각이 있으신지요?" 그러자 터너가 이렇게 대답했다고 한다. "시내에 새 자선단체가 하나 생겼습니다. 이름은 제리 터너라고 하지요."

그 후 몇 달 간 앤드원이 구축했던 회사 문화는 완전히 해체되었다. 코언 길버트는 이렇게 회상한다. 터너는 "앤드원의 사회적 책임 기업으로서의 관행을 모두 없애버렸습니다. 우리는 해고될 직원들에게 좀 더 후한 퇴직금을 지급하도록 협상할 수는 있었지만, 다른 모든 것들은 깨끗이 사라져버렸습니다." 예상할 수 있었던 일이었지만 설립자들은 자신들에게 다른 대안이 없다고 느꼈다. "한 곳을 제외하고 다른 모든 가능성 있는 전략적 구매자는 다 사라졌고, 그저 수완을 발휘해 경주에서 마지막 남은 말 두 마리로 결승선을 통과하는 거래를 잘 처리하기 위해 최선을 다하고 있었습니다." 코언 길버트는 계속해서 말했다. "터너는 '고액 급여를 받는' 영업직 사원과 마케팅에

'낭비되는' 돈을 특히 경원시했습니다." 터너는 몇 년 되지 않아 "브랜드에서 할 수 있는 한 모든 이익을 쥐어짜냈습니다." 제품의 품질은 급속히 저하됐고 앤드원은 프리미엄 브랜드에서 저가 브랜드로 바뀌었다.[10]

앤드루 카소이가 코언 길버트와 홀라한을 만난 것은 1980년대 후반 스탠퍼드 대학교였다. 코언 길버트는 이렇게 회상한다. "카소이는 2년 후배였지만 다른 대부분에서는 저를 앞서는 친구였습니다. 그는 저와 바트하고는 대학 친목 클럽 친구였고, 제 뒤를 이어 클럽의 회장직을 맡았죠. 볼더 출신 운동선수였고, 음악회 연주자만큼이나 실력 좋은 바이올리니스트였으며, 트루먼 재단 장학생이었고, 공직자가 되고 싶어 했는데 아마 선출직 관리를 원했던 것 같고, 맥킨지에서 컨설턴트로 첫 직업을 가졌던 저처럼 월스트리트에서 '결국에는' 세상에 도움이 될 만한 민간부문의 기량을 쌓고 인간관계를 만드느라 바빴던 그런 사람이었습니다."[11] 앤드원의 초기 투자자였던 카소이는 결국 공동설립에 참여했고, 수년간 DLJ 부동산 캐피털 파트너스의 경영 참여 파트너였다. 그 후 그는 마이클 델의 개인 투자회사인 MSD 캐피털의 계열사인 MSD 부동산 캐피털에서 파트너가 되었다.

9·11 테러는 카소이에게도 개인적인 전환점으로 작용하여 자신의 뿌리를 되돌아보는 계기가 되었다. 그 즈음 공공정책 쪽은 더 이상 선택할 생각이 없었다며 이렇게 말했다. "그 시점

에는 정치에 별로 관심이 없어졌어요." 하지만 그는 자신이 개인적으로 관심이 가는 것과 경력을 위해 하던 일을 조화시키기 위해 애쓰고 있었다. 이 무렵 카소이는 신생 사회적기업에 초기 자금을 융통해주는 에코잉그린이란 비영리단체를 통해 사회적기업가 정신의 개념을 알게 되었다. 그는 이 신생 사회적기업들의 사업 모델 개발을 돕고 그러한 사회적기업가들과 협력하며 자문을 해주기 시작했다. 그가 하룻밤 사이에 깨달음을 얻은 것은 아니었다. 성취감을 느끼지 못하는 자신을 보며 한동안 무언가 잘못되었다고 느끼고 있었다. 그는 "제가 정말 열정적으로 할 수 있는 다른 뭔가가 있다는 걸 우연히 깨닫게 되었습니다. MSD에서 보내는 하루 동안 저는 본업보다도 사람들이 사회적기업을 구조화하는 방법을 알아내도록 돕는 데 더 많은 시간을 쓰고 있었고 그 일에서 더 큰 만족을 느끼고 있었습니다."라고 말한다.

　카소이는 사회적기업가가 묻는 모든 질문에 답을 가지고 있지는 않았지만 그게 중요하다는 것은 알고 있었다. 주로 받았던 질문 중 하나는 어떻게 해야 적절한 투자자를 만날 수 있을까 하는 것이었다. 카소이는 이렇게 말한다. "그 질문이 정말로 의미하는 것은, 신용평가회사든 투자전문기관이든, 일련의 창의자본 유형 사모펀드든, 아니면 이런 기업들을 실제로 인수하면서 기업의 사명을 그대로 유지하게 해줄 수 있는 LBO(leveraged buyout, 기업담보 차입매수) 유형의 펀드든, 기반을 갖추는 데 필요한 여러 요소들을 한데 모으자는 것이었고, 그들을 상대해줄 수 있는 자본시장을 구축할 방법을 알아보자는 것이었습니다." 이런 개념이 카소이의 마음속에 떠오르기 시작할 때, 친구인 코언 길버트와 홀라한을 다시 만나게 되었다.

2005년 앤드원 매각 작업이 한창일 때 카소이는 그들을 방문했다. 카소이의 말에 따르면 두 사람은 "제 정신이 아니"었다.[12] 그들은 터너가 회사의 사명을 산산조각 낼 것을 알았지만 다른 길이 없었다. 매각을 하지 않는다면 또다시 10년의 세월을 바쳐야 할 것이 뻔했고, 그렇게 되면 경영권 유지를 위한 원치 않는 희생이 필요해지고 친구들 사이에 힘든 협상을 해야 했을 것이다. 코언 길버트는 이렇게 말했다. "우리는 회사의 장기적인 가치 극대화보다는 우리의 우정을 극대화하기로 했습니다."[13]

매각이 진행되는 동안 코언 길버트와 홀라한은 어떻게 해야 사람을 우선시하는 기업들이 더 나은 지원을 받을 수 있을지에 대해 근원적인 질문을 하고 있는 자신들을 발견했다. 코언 길버트는 임팩트 투자와 세 가지 성과기준을 지키는 기업에 초점을 맞춘 투자자서클Investor's Circle, IC과 소셜벤처 네트워크 SVN의 행사들에 참석하면서 이 여정을 이때 이미 시작했다. 카소이는 점차 그들의 대화에 동참하기 시작했다.

매각 후 코언 길버트는 1년간 안식년을 가지며 대부분의 시간을 코스타리카에서 보냈지만 홀라한과 카소이에게 정기적으로 연락을 취했다. 홀라한은 이렇게 회상한다. "우리는 두 가지를 깨달았습니다. 첫째, 엄청난 힘을 발휘할 가능성이 있는 기업을 지원할 수단이 있다는 겁니다. 둘째, 기업을 지원하기 위해 만들어진 기관들은 우리가 그 수단을 이용하도록 반드시 허락하지는 않는다는 겁니다. 기업을 운영할 때에는 여러 가지 특정한 법적·문화적 제약과 부딪힙니다. 그런 상황에서 사업을 확장하고, 외부 자본을 조달하고, 어느 정도 유동성을 가지고, 그러면서 사명을 유지할 수 있는 방법이 필요합니다."

이러한 대화를 통해 이들은 더 나은 시장을 위해 다음의 세 가지가 필요하다는 결론을 내렸다. 첫째, 소비자, 투자자, 정책 입안자에게 좋은 회사와 마케팅만 잘하는 회사를 구분하는 데 필요한 정보를 제공하는 일련의 표준, 둘째, 설립을 허가받은 회사들로 하여금 지속가능성을 포용할 수 있게 하고, 사회적기업이라는 것을 경쟁의 우위 요소로서만이 아니라 기업의 핵심 목적과 책임성으로 수용할 수 있도록 하는 법적인 체계, 셋째, 좋은 기업이 된다는 것이 무엇을 의미하는지에 대한 집단적 의사 표명이었다.

이 세 가지 기본 토대의 확립은 비랩의 설립과 비콥 운동의 탄생으로 이어졌다. 세 사람은 앤드원이 비콥이었다면 회사 매각 결과가 달라졌을지 종종 궁금해했다. 협상은 힘의 형세에 따라 달라지는 것이고, 코언 길버트가 말하듯 앤드원의 힘은 크지 않았다. "우리 회사가 기업으로서 기본이 좀 더 탄탄했거나, 협력 관계가 더 강력했거나, 또 다른 합당한 구매자가 있었다거나, 앤드원의 사명 또는 그러한 사명의 '양보할 수 없는' 특정 부분이 기업의 법적 DNA에 각인되어 있었다거나, 앤드원이 비콥 인증 기업 로고를 달고 있어서 소매업체나 고객들이 그에 대해 관심을 가졌다면, 아마도 우리의 협상력은 우리의 이해관계자들을 위해 조금이라도 더 많은 가치를 이끌어낼 만큼 충분히 강했을 것입니다."[14] 하지만 더욱 중요하게 염두에 두어야 할 점은 앤드원이 가치 중심의 기업이었다는 점이고, 홀라한의 말처럼 "이러한 사명을 품고 있었기 때문에 더 나은 회사"였다는 점이다.

코언 길버트는 가치 중심의 기업 운영에 있어 중요한 또 다른 측면을 깨달았는데, 이것은 회사에서 좋은 직원을 채용하는 데 도움이 된 바 있었다. "우리는 놀랍도록 재능 있는 사람들을 매혹시킬 수 있었고 직원 이직률도 아주 낮았습니다. 이는 우리가 멋지고 고속으로 성장하는 도전적 브랜드였기 때문만이 아니라 사람에 대한 배려를 핵심 가치로 삼아 사업을 운영했기 때문입니다. 사람들이 앤드원에서 일하는 것에 매료됐던 것은 이 회사가 일하기 좋은 곳이고 우리 모두가 함께 일구어낸 재정적 성과를 나누었기 때문만은 아니었습니다. 우리 공장에서 일하는 1만여 명의 젊은 여성들을 우리라는 대가족의 일원으로 공정하게 대우하는 것에, 또한 청소년과 교육 프로그램에, 그리고 9. 11 테러 희생자의 가족들을 돕기 위해 2백만 달러를 기부한 것에 자부심을 느꼈기 때문입니다."[15] 공급업체부터 라이선스 소유자에 이르기까지, 자신들이 속한 커뮤니티의 사람들이 대금 지불기한을 연기해주거나 여러 편의를 봐주면서 곁에 있어준 덕에 이들은 위기가 닥치는 순간에도 그들에게 기댈 수 있었다. 이는 앤드원이 사람들이 진정으로 자신들의 일부라고 느끼는 기업을 만들었음을 보여주는 가장 분명한 증거였다.

세 친구들의 대화는 이내 하나의 계획으로 모아졌다. 훌라한과 코언 길버트는 좋은 기업이 지닌 확고한 사명의 중요성을 강조하면서 그런 기업에 더 많은 자금을 끌어들일 수 있는 방안에 대해 집중해서 논의했다. 카소이는 사회적기업가들과 협력하면서 좋은 기업에 대한 개념을 확립하게 되었고, 그 부문에 일종의 빈틈이 있다는 것도 발견했다. 종합하자면, 그들은 "좋은 기업을 위한 브랜드를 만들자. 그리고 이 모든 것을 북돋고 또 밝은 빛이 될 수 있는, 뭔가 훌륭한 일을 하는 회사를 만들자."는 결론에 도달했다. 하지만 그들은 선을 위한 힘이 될 수 있는 기업을 만들어 그것을 얼마나 크게 키우든, 세계에 닥친 여러 급박한 문제들을 해결할 수는 없을 거라는 사실을 깨달았다. 카소이는 이렇게 설명한다. "세상에는 또 다른 사회적기업이 필요한 게 아니에요. … 그런 기업은 이미 많이 있습니다. 이 이야기를 시작한 뒤로 우리가 깨달은 건, 그런 기업들이 모두 어느 지점까지는 성장이 가능하지만 그 이후로는 외부 자본이나 계속해서 한 단계 더 나아가는 계획이 필요하다는 것이었습니다." 사회적 책임 기업 부문에서는 이 세 사람이 개요를 잡기 시작했던 세 가지 기본 토대, 즉 표준, 법적 체계, 집단적 목소리 등이 크게 부족했다.

처음에 그들은 회사의 모든 수익을 자선단체에 기부하겠

다는 폴 뉴먼의 약속을 본받아 펀드를 만들어보려 했다. 이 뉴먼벤처펀드는 오직 좋은 일을 하는 회사에만 투자하고 그들의 모든 수익을 기부하겠다고 약속했다. 생각이 구체화되면서 코언 길버트는 많은 모임과 행사와 회의에 참석했다. 그는 이 생각을 투자자서클의 회원 모임에서 발표했고, 한 달 후에는 투자자서클에서 소셜벤처 네트워크와 공동으로 모임을 조직하여 뉴먼벤처 같은 기업가들과 만나는 자리를 가졌다.

이와 같은 여러 회의를 통해 코언 길버트와 그의 동료들은 이제 막 시작하려는 여정의 여러 가지 측면을 미리 예상할 수 있었다. 그들은 관심에서 행동으로 이어지는 움직임이 가장 느린 사람들이 투자자들이고, 반면 가장 빠른 사람들이 기업가들이라는 것을 알게 되었다. 또한 그들은 기업가들이 자신들에게 제시된 기회를 잡고 실제로 앞서 나아갈 것으로 보았다. 투자자서클이나 소셜벤처 네트워크같이 열정을 중심으로 형성되는 관계망을 탐색하는 동안, 코언 길버트는 기업가들이 공동작업과 집단행동을 잘 수용한다는 또 다른 사실도 알게 되었다. 그는 그들이 시스템과 관계망을 이해하는 능력, 그리고 공동의 목적에 뿌리를 둔 관계에 투자함으로써 이를 지역사회 내부에 구축하려는 열망이 있음을 알게 되었다. 이 기업가들에게 뉴먼벤처펀드의 개념에 대해 설명했을 때의 반응은 긍정적이었다. 이는 구성원들이 서로를 돕고 공동의 경험과 자원을 바탕으로 구축되는 관계망을 찾았다는 명백한 증거였다.[16]

최종적으로 세 사람은 지주회사가 할 수 있는 것과 동일한 방식으로는 벤처펀드가 주주 우선주의를 무너뜨릴 수 없다는 점을 깨달았다. 벤처펀드는 결국 유동성 이벤트^{liquidity event}(투자자가 투자를 통해 이익을 실현할 목적으로 벤처기업에 참여하는 것을 끝내는 일-옮긴이)가 진행되도록 구성되며, 자본 유치에 필요한 수익을 창출하기 위해 매각이나 통제권 변경이 상당히 빠르게 이루어져야 한다. 지주회사라면 그런 걱정을 할 필요가 없는데, 이는 지주회사는 매각이 아니라 보유를 위해 매입하기 때문이다. 카소이는 이렇게 설명한다. "지주회사는 기업을 장기간 보유하려는 관점을 가집니다. 이런 장기적 관점은 단기적 이익과 유동성보다 장기적 사명과 가치 창출을 우선시하는 여러 방안들을 통해 단기적인 결정을 제어합니다." 그들이 펀드 말고 지주회사 쪽으로 갔으면 어땠을까. "단기적인 관점의 펀드 대신 지주회사 쪽으로 갔다면, 장기적인 관점을 가지도록 만들어서 지주회사의 주식을 통해 기업가에게 유동성을 창출시켜줄 뿐 아니라 그런 훌륭한 기업들이 성장하도록 계속해서 도울 수 있었겠죠."

그래서 B홀딩스가 탄생했다. 하지만 카소이가 예전 투자자들에게 연락하자 그들은 공통적인 질문을 던졌다. "어떤 기업에 투자할지 어떻게 결정할 건가요?" 그들이 '좋은 회사'와 '마케팅을 잘하는 회사'의 차이를 구분할 방법은 무엇일까? 세 사람은 기업의 재정적 임팩트보다 더 큰 효과를 볼 수 있는 어떤 평가체계나 기준이 있을 거라고 생각했다. 하지만 그들은 곧 현실에 그런 시스템 같은 건 존재하지 않는다는 것을 알게 되었다. 회사들이 종종 '친환경'이나 '지속가능한' 같은 단어들을 쓰긴 했지만, 객관적인 기준이 없으니 소비자와 기업들이 그 단어가 뜻하는 것에 대해 서로 다르게 이해하고 있을 것이다. 이는 또한 회사들이 무엇인가에 대해 그것이 '친환경'적이든 아니든 혹은 '지속가능한' 것이든 아니든, 그렇다고 주장할 수 있음을 의미하기도 했다. 공정무역이나 산림인증위원회 등 여러 산업 특화 혹은 제품 특화 인증제가 사회적 책임을 검증하기 위해 운영되고 있지만, 사회적 책임 기업에 대한 일반적 인증 제도는 없었다. 세 사람은 "우리에게 정말로 필요한 것은 기업에 대해 표준을 만드는 비영리단체"라고 인식을 같이하게 되었다.

그들은 이후 오래지 않아 그들이 이전의 벤처 사업에서 배운 것들, 주요 투자자 및 사회적 책임을 다하는 기업가들과의 만남에서 배운 것들, 그들의 개인적인 철학과 많은 컨퍼런스와 모임에 참석하여 배운 것들을 발판으로, 사업을 하는 새로운 방식을 위한 기반을 만드는 야심차고 벅찬 도전을 감행했다. 표준이 없다는 것 외에 또 다른 문제는, 이미 정립된 회사의 사명과 가치를 사실상 미래의 경영진이 바꿀 수 없게 필수적이고 손댈 수 없는 것이 되도록 하는 것이었다. 코언 길버트는 이렇게 말한다. "우리는 사회적 책임 기업 운동의 첫 단계는 큰 성공을 거두었지만 안타깝게도 거기에 그치고 있다고 생각합니다. 벤앤제리스, 스토니필드, 더바디샵에서 톰스오브메인, 오드왈라에 이르기까지, 가치 중심 기업들이 시장에서 상당한 주주 가치를 창출할 수 있는 기회가 있다는 점을 보여주는 증거는 수없이 많습니다. 가치 중심의 기업가들과 투자자들은 유동성을 원하고 기업을 확장하여 더 큰 임팩트를 창출하길 바랐습니다. 하지만 그 때문에 사명을 두고 타협하고 싶어 하지는 않았습니다. 비랩과 B홀딩스가 이 문제에 해결책을 줄 수 있을 것이라 생각했습니다."[17]

비랩을 만들다

2006년 5월, 코언 길버트와 카소이는 사회의 가장 어려운 문제들을 해결하는 데 전념하는 싱크탱크인 아스펜연구소의 모임에 참석했다. 그들은 '비콥' 브랜드를 명시하면서 다른 사회부문의 지도자들에게 비랩의 개념을 공유했다. 이 모임에서 그들은 공동체이익회사community interest company, CIC라는 영국의 새로운 기업 구조에 대해 알게 되었다. 2005년 도입된 공동체이익회사 제도는 수익을 선한 일에 사용하는 회사가 사회적기업으로 설립될 수 있도록 하는 것이었다. 이러한 신개념은 비랩 설립자들과 그 협력자들에게 이런 유형의 회사가 존재할 수 있고 신뢰 받을 수 있다는 사실을 알려주었고, 그들은 이에 고무받아 곧바로 행동에 나섰다!

다음 달이 되기 전에 그들은 비랩을 만들기 시작했다. 코언 길버트는 자택의 방 하나를 사무실로 개조했다. 그는 홀라한이 이 여정에 함께 해준 것에 대한 고마움의 표시로 그에게 작고 튼튼한 접이식 카드놀이용 탁자를 내주었다며 농담조로 말했다. 코언 길버트 자신은 몇 년 전에 만든 작은 자작나무 탁자를 사용했다. 당시에 그들이 가진 거라곤 각자의 전화기와 노트북이 전부였다.[18]

그 후 그들은 다른 사람들이 따르고 싶어 할 만한 지도자들을 설득하기 시작했다. 다양한 업계, 지역, 임팩트 분야에서 대표성을 가지는 것이 중요하다고 생각했기 때문이다. 2006년 6월 그들은 투자자서클 회원 수련회에서 푸라비다 커피Pura Vida Coffee, 기브섬싱백 비즈니스Give Something Back Business, 베터월드 텔레콤Better World Telecom, 워킹투데이/프리랜서 보험 등 몇 개의 예비 비콥들을 선보였다.[19]

그들이 다음으로 할 일은 카소이가 비랩에 정규직으로 참여하게 하는 것이었다. 당시 카소이는 여전히 MSD 캐피털에서 일하고 있었다. 그러면서 일주일에 하루를 코언 길버트와 홀라한과 함께 일하며 보내고, 다른 날에는 그들의 조그만 '가정 사무실'과 매일 전화로 통화했다. 코언 길버트는 카소이가 상근으로 팀에 합류하는 것이 얼마나 중요했는지에 대해 다음과 같이 회상한다. "그가 오지 않는 날에 바트와 저는 틈틈이, 우리의 신중하기 그지없는 이 투자자 친구가 우리에게 완전히 합류하게 하려면 뭐가 필요할지에 대해 농담을 하곤 했습니다. 우리는 앤드루가 자본시장에서 우리 팀의 신뢰도를 엄청나게 올려줄 줄은 알고 있었지요. 사실 우리가 대학 시절부터 알고 지내긴 했어도 바트와 제가 같이 일한 게 10년이 넘기 때문에 세 사람이 같이 일하는 것이 어떤 건지에 대해서는 이제 막 감을 잡고 있었어요. 근데 느낌이 좋았죠. 우리는 서로가 서로를 잘 보완해줬고, 그게 물 흐르듯 꽤 매끄러웠어요."[20]

설립자들이 일하는 방식은 각자가 서로 다른 사람을 보완하는 방식으로 이루어지고 있다. 코언 길버트는 보통은 일단 덮어놓고 상황에 뛰어드는 선도자 형인 반면 홀라한과 카소이는 그보다는 주로 분위기를 읽고, 사람들의 말을 듣고, 그 사람들이 어떤 사람들인지에 대해 알아보는 편이다. 둘은 인내심이 있으며, 사람들이 편안함과 존중받는 느낌을 갖게 하는 방법을 알고 있다. 코언 길버트의 대담함은 종종 다른 사람들의 에너지를 분출시키는 촉매 역할을 한다. 이에 대해 그는 이렇게 표현한다. "우린 우리가 대담한 전망을 공유하고 있으며, 상당히 강력한 팀이 될 것이고, 함께 즐겁게 일할 거라는 점을 알고 있었습니다. 그래서 바트와 저는 앤드루가 비랩 상근직으로 오겠다고 했을 때 서로 주먹을 맞대면서 웃었죠. 하지만 그 친구 특유의 신중한 태도 때문에 적응하려면 시간이 필요할 거라는 이야기를 나눴습니다."[21]

2006년 7월 5일, 세 사람은 비랩에서의 정식 근무 첫날을 맞이했다. 이날은 '상호의존의 날'로 알려질 것이고 매년 비랩에서 기념할 것이며, 점차 많은 비콥이 그렇게 하게 될 것이었다. 처음에 그들은 십계명과 십서약Ten Commitments을 섞어서 사명 선언문을 만들려고 했다. 하지만 결국엔 미국 독립선언문을 따라 하면서 좀 더 직접적이고 강력한 방식으로 상호의존의 개념을 결부시키기로 결정했다. 이 선언문은 2006년 이후로 거의 바뀌지 않았는데, 2020년 비랩의 상호의존 선언문은 다음과 같다.

우리는 기업을 선을 위한 힘으로 이용하는 세계 경제를 상상한다.

이 경제는 목적 지향적이며 주주만이 아니라 모든 이해관계자를 위한 편익을 창출하는 새로운 유형의 기업인 B 코퍼레이션으로 이루어진다.

B 코퍼레이션으로서, 또 이런 신생 경제의 주역으로서 우리는 이렇게 믿는다.

· 우리는 우리가 세상에서 추구하는 바로 그 변화가 되어야 한다(be the change).

· 모든 사업은 사람이 중요하다는 전제 하에 수행해야 한다.

· 기업은 제품, 사업 수행, 수익 행위 전반에서 어떠한 해도 끼치지 않고 모두에게 이익이 되기를 염원해야 한다.

· 그러기 위해 우리는 우리가 상호 의존적인 존재이며 따라서 서로와 미래 세대에게 책임을 다해야 한다는 것을 이해하고 행동해야 한다.

이후 30일 동안, 세 사람은 비랩과 B홀딩스에 대한 사례 진술서case statement(조직이나 기업의 주요 사항에 대해 간략히 정리한 문서. 주로 자본 조달에 활용한다.-옮긴이), 실행 개요서, 전체 사업계획서 등을 작성했다. 그들은 운동의 확대 시에 'B'를 중심에 놓기로 결정했다. 코언 길버트는 이렇게 설명한다. "비랩은 비영리단체로서 '영리' 부문의 구축을 사명으로 가졌습니다. 그리고 B홀딩스는 가치 중심의 지주회사를 통해 가치 중심 기업들에 투자하는 것으로 현장 업무를 시작하려는, 영리 비콥이었습니다."[22]

둥근 구멍에 사각형 말뚝 맞추기

비랩은 시기를 잘 선택했다. 지속가능하면서 책임감 있는 기업에 대한 논의가 소셜벤처 영역에서 이루어졌다. 벤앤제리스는 유니레버가 인수했고, 톰스오브메인은 콜게이트에서 인수하려고 했다(톰스오브메인은 2019년에 비랩 인증을 받음). 많은 사람들은 그런 회사들이 새 소유주 아래에서도 여전히 사명과 목적을 유지할 수 있을지 궁금해했다. 이에 대해 카소이는 이렇게 말한다. "두 가지 문제가 있는데, 하나는 표준이었습니다. 톰이 실제로 사명을 유지하는지, 벤앤제리스나 또는 이런 기업들이 어떤지 정말로 어떻게 알 수 있을까요? 두 번째 문제는 기업을 어느 지점까지 성장시키고 나면 매각하라는 압력을 받게 되는데, 사실상 이들에게는 다른 선택지가 없습니다. 다른 대안이 없다 보니까 신인의무의 문제로까지 번집니다. 이게 문제라는 걸 보여주는 분명한 사례들이 꽤 있습니다. 이런 종류의 기업을 성공시키려면 다른 방법이 필요합니다."

벤앤제리스의 매각은 시작부터 험난했다. 유니레버가 사람들의 사랑을 받는 아이스크림 회사를 인수하는 작업은 생산공장을 폐쇄하고 직원 대다수를 해고하면서 시작되었다. 많은 이들은 이사진에게 수익을 극대화하도록 요구하는 신인의무를 규정하는 기업법이 문제의 원인이며, 이 사례는 기존의 기업들이 사회적기업과 얼마나 상반되는지 명확히 보여준 사례라고 생각했다.

당장에 명확한 해결책이 보이지 않았다. 홀라한은 그들이 앤드원을 운영할 때를 돌이켜봐도 "둥근 구멍에 사각형 말뚝을 맞추고 있는 것 같았다."고 회상했다. 그들은 자신들의 회사가 기존의 자본주의 경제에 잘 맞지 않는다는 것을 알고 있었다. 수탁자의 입장에서 보면, 회사는 주주 가치 극대화라는 오직 한 가지 의무만 가지고 있었다. 사회적 의식이 있는 사회적 책임 기업의 경영자들은 최소한 두 가지 목적을 가지고 사업을 시작했고, 대부분의 경우 그들의 최상위 목적은 주주 가치가 아니었다. 기업에서 주주 우선주의를 뒤집으려면 기업 구조에 대한 법적 체계를 바꿔야 했다.

그들이 원래 생각하고 있던 '지주회사'는 좋은 평가를 받았지만, 이 세 사람은 "누구에게 투자할지 어떻게 결정할 건가요?"라는 질문을 자주 받았다. 그간 '친환경'과 '지속가능성' 같은 말들은 마케터들의 전유물이었다. 홀라한은 이렇게 말한다. "그런 단어들을 뒷받침하는 표준이 없었기 때문에, 우리가 그런 말들을 사용할수록 의미가 없어졌습니다."

좋은 기업을 위해 '비콥'이라는 브랜드를 만들자는 생각이 이 시점에서 크게 부각되었다. 카소이에 따르면, 점점 더 많은 기업들이 비콥을 채택했고 이들은 "정책적 해법의 옹호자이자 자본시장의 이용자"가 되었다. 많은 기업가들이 사람과 환경에, 또는 둘 모두에 초점을 맞춰 조직을 운영하고 있었다. 비슷하게, 투자자 중에서도 후에 '임팩트 투자'로 알려지게 될 방식으로 자본을 투자하려는 사람들이 늘어나고 있었다. 이들은 재무적 이

익뿐 아니라 사회적 이익과 환경적 이익도 추구하는 사람들이
었다. 끝으로, 경영대학원 교수들 같은 선도적 사상가들 중에서
도 이 영역에 대해 연구하는 사람들이 점차 늘어나고 있었다.

홀라한이 말하듯 기업가, 투자자, 선도적 사상가라는 세 부
류의 강력한 집단을 하나로 모음으로써 마치 팀의 세 갈래 가
지가 함께 전진하기로 결정했을 때 그랬던 것처럼 엄청난 변화
의 기틀이 마련되었다. "좋은 기업을 위한 브랜드라는 건 다양
한 움직임을 포괄하는 우산과 같은 것이고, 실제로 우리는 그
런 움직임 전부를 기업의 힘을 통해 사회적·환경적 변화를 창
출하려는 노력이라는 동일한 취지의 발현으로 보았습니다." 이
브랜드에는 강력하면서 확장 가능한 사명이 내포될 수 있다.
이 브랜드로 여러 회사들과 함께 새로운 법적 체계를 만들어
내거나 혹은 기존의 법을 조정하여 회사들이 지속가능성과 사
회적기업을 유리하고 경쟁력 있는 방식으로 끌어안을 수 있다.
마지막으로, 이 브랜드는 선을 위해 사업을 영위하는 회사로
인정받기 위해 충족해야 할 일련의 표준을 도입할 수 있다. 홀
라한은 이렇게 말한다. "우리는 서로 다른 비즈니스 단체들을
몽땅 양동이에 넣고서 말했죠. '양동이가 얼마나 큰가요?' 세 가
지 성과기준을 만족한다고 자체 선언한 기업들이 최소 3만 개
에서 4만 개 기업에 이르렀습니다. 이 분야에 대한 인식이 어
떤지의 맥락에서 그 규모를 살펴보았는데요, 이들 기업이 완전
히 서로 떨어져 있는지라 집단적인 목소리를 낼 필요가 있어
보였습니다."

3

상호의존성에 대한 뜨거운 관심

2006년 가을, 코언 길버트와 홀라한은 유망한 협력자, 투자자, 비콥 등과의 회의를 위해 샌프란시스코로 갔다. 코언 길버트의 말에 따르면, 몽고메리 가를 걸어 내려가다 위를 쳐다봤을 때, 메소드 사의 로고가 새겨진 작은 간판이 건물에 매달려 있는 것이 보였다고 한다. 메소드는 회사의 상징과도 같은 투명한 빗방울 모양의 병에 담긴 손 세정제로 사회적 책임 기업 가운데 가장 빠르게 성장하는 회사 중 하나로, 침체된 가정용품 업계를 떠맡고 있는 차세대 혁신기업으로 널리 알려져 있었다. 코언 길버트와 홀라한은 안으로 들어가서 회사 경영진을 만날 수 있을지 알아보기로 했다. 접수원은 당연히 그들을 돌려보냈고, 그래서 그들은 점심이나 먹기로 했다. 같은 블록에 있는 식당에 앉아 토르티야 칩과 과카몰리를 우적거리고 네그로 모델로스^{Negro Modelos}를 홀짝거리며 코언 길버트는 메소드의 공동설립자인 애덤 로리와 에릭 라이언에게 재빨리 이메일을 보냈다. 자신과 바트를 (신뢰성을 위해 앤드원을 맨 위에 언급하며) "스탠퍼드 시절 친구이자 동업자이며, 환경과 디자인 측면에서 보여준 메소드의 리더십을 존경하고 있다."는 내용이었다. 그는 비콥에 대해 조금 언급하면서, 자신들이 인근의 식당에 있으며 짧게 인사라도 나누기 위해 다시 찾아갈 의향이 있다고 말했다. 코언 길버트는 이때를 이렇게 회상한다. "메소드의 CEO 알라스테어 도워드가 채 10분이 지나기 전에 들러주면 좋겠다고 답장을 보내왔습니다." 그들은 약 20분 정도 담소를 나누었고, 도워드는 대화 내용을 메소드 공동설립자들에게 전달하겠다고 약속했다.[1]

코언 길버트와 홀라한이 도워드와 처음 만나 대화를 나누던 당시를 애덤 로리는 이렇게 회상한다. "저는 우리 회사의 법인 형태인 기존 C콥C-Corp 구조의 문제를 극복할 방안을 찾기 위해 여러 가지 일들을 하고 있었습니다." 도워드가 전화해서 비랩에 대해 말했을 때 로리는 속으로 "이게 내가 찾고 있던 해답일지도 모르겠다."고 생각했다고 한다. 샌프란시스코에서의 우연한 만남 후 한 달이 채 안 되어 코언 길버트는 필라델피아에서 로리를 만나 메소드가 비콥이 되는 데 관심이 있다는 사실을 놓고 서로 상의했다. 로리는 비랩이 설정한 표준에 대한 자신의 생각을, 특히 그 표준을 어떻게 관리하고 통제할 것인지에 대한 생각을 공유했다.

그들의 브레인스토밍은 창의적이고 협력적이었으며, 매우 조화롭게 이루어졌다. 로리는 이렇게 회상한다. "대화를 하다가 자신이 누군가 다른 사람과 똑같은 방식으로 세상을 바라보고 있다는 걸 문득 알아차리는 경우가 있잖아요?" 그들의 지난 경험에는 특히 한 가지에 분명한 공통점이 있었다. 메소드와 앤드원은 제품 개발 방식이 비슷했고, 특히 둘 모두 비콥 운동의 초석이 되는 지속적인 개선에 뿌리를 두고 있었다.

비랩 입장에서 가장 어려운 작업은 B임팩트평가^{BIA}를 위한 1세대 표준을 만드는 것이 아니었다. 사회적 책임 기업의 경영자들이 쓴 여러 책과 그 외에도 제품 특화 표준이나 사업관행 특화 표준 등 좀 더 좁은 범위의 표준이 많이 있어서 찾아보고 유용하게 참조할 수 있었다. 더 어려운 작업은 모든 목소리와 관점을 수용할 수 있는 역동적인 절차와 관리 구조를 만드는 것이었다. 이 표준은 시간이 지남에 따라 새로운 산업, 새로운 관점, 새로운 개념을 통합할 수 있도록 진화가 가능해야 했다.

B임팩트평가 만들기

유기농 식품과 '친환경' 제품에 대해서는 이미 제3자 인증이 존재했으며 소비자들은 그 로고와 그것이 의미하는 바가 무엇인지를 인지하고 있었다. 그러나 홀라한이 회상하는 것처럼, 사회적 의식이 있는 기업 부문은 처음에는 "약간 정체된 것처

럼 보였다." 비랩의 설립자들은 사람들이 알고 이해할 수 있는
일련의 표준을 만들어 소비자 인식을 높이는 것뿐 아니라 임팩
트를 만들어낼 수도 있게 되기를 원했다. 홀라한은 이렇게 말
한다. "특히 사람들이 '친환경', '지속가능성', '책임감', '자선',
'지역' 같은 단어들을 계속해서 사용하기 때문에 … 우리가 그
단어들을 사용하면 할수록 그 의미가 없었습니다. 그런 단어들
을 뒷받침하는 표준이 없기 때문이죠."

비콥 설립자들은 기업이 스스로 운영하는 사업의 진정한
사회적·환경적 영향을 평가하여 이를 개선할 수 있게 하고, 소
비자와 투자자들에게 기업의 책임을 물을 수 있는 수단을 주면
서, 자신들이 만든 인증 절차가 다양한 규모의 회사들과 여러
비슷한 업계에 걸쳐 표준이 되기를 바랐다. 이런 수준의 투명
성은 소비자들이 가질 법한 의심과, 기업이 자신이 만들어내는
다른 문제들을 희석시키고 단지 사회적·환경적으로 잘한 일만
내세우면서 '그린워싱'을 저지른다는 우려를 완화시키는 데 도
움이 된다.

앞서 보았듯이 선한 일을 하는 것과 달리 그냥 선하게 보이
는 것은 쉽고 비용이 적게 든다. 예를 들어, 독일의 자동차 제
조업체 폭스바겐은 자사 제품의 낮은 배출량을 내세우면서 미
국에서 디젤 자동차 판매를 밀어붙였는데, 이때 친환경 요건
을 충족시키는 장치를 테스트 받을 때에만 자동차에 설치했다.[2]
화장품 및 신체 관리 업체들은 마케팅을 할 때 '천연'이라는 단
어를 사용하지만, 그 의미에 대해 합의된 내용은 아무것도 없

다. 앞서 언급했듯 러쉬 코스메틱스는 자사의 '천연' 제품에 방부제와 파라벤 그리고 향수를 사용한다.[3] 일반 소비자는 기업의 제품군과 역사를 파헤쳐 회사의 주장이 사실인지 아닌지를, 좀 더 솔직히 말하면 진실 그 자체를 확인할 시간이나 의향이 없다.

비랩이 설립되었을 때, 사회책임투자socially responsible investing, SRI 영역은 분열되고 주류에서 밀려나 있었다. 이는 상당 부분 SRI 투자자들이 자신들의 심사 방법을 그들의 독점적 투자 모델의 일부를 구성하는 대중과 공유하지 않은 것과 관련이 있었다. 한편, 주로 공개 상장기업인 대기업에 대해 규정하는 보고 지표에 초점을 맞추는 NGO인 글로벌 리포팅 이니셔티브Global Reporting Initiative, GRI는 2000년에 첫 번째 지침을 발표했다. 그것은 탄탄한 보고 체계였지만 등급 체계로 활용하도록 설계되지는 않았다. 예를 들어, GRI 지침을 이용하는 모든 회사들에서 탄소 배출에 대해 보고했지만, 그 보고된 수치가 양호한 것인지 아닌지에 대해 대중에게 알려주는 구조도 없었고, 한 회사의 측정치를 다른 회사의 측정치와 비교할 수 있는 수단도 없었다. 코언 길버트는 이렇게 설명한다. "그 보고서에는 판단 요소가 없었습니다. 또 기업들이 모든 GRI 지표에 대해 보고하도록 하지도 않았기 때문에 보고가 계속해서 선택적으로 이루어지고 있었습니다."[4] 소셜벤처 네트워크 및 기타 그와 비슷한 모임들의 경우, 회비 외에 실질적인 회원 자격 요건이 아무것도 없었다. 즉, 아무나 가입이 가능하다는 의미였다. 비콥을 위해 개발된 것 같은 표준은 그들이 가진 사명의 핵심인 공동체의 구축과 협력에 역효과를 낳을 수도 있지만, 표준을 기반으로 하는 인증은 어수선한 시장에서 그들의 구성원을 두드러져 보이게 해줄 수 있다. 그것이 바로 그렇게나 많은 소셜벤처 네트워크 회원들이 비콥 인증의 초기 수용자가 된 이유였을 것이다.

B임팩트평가를 개발했을 때, 비랩의 세 사람은 GRI 보고 표준을 염두에 두었는데, 그것이 시장에서 가장 비슷한 비교 대상이었기 때문이다. 처음에 그들은 어떻게든 다른 누군가의 표준(또는 복수의 표준)이 설정한 기준 점수를 비콥 인증 요건으로 사용할 수 있게 되기를 바랐다. 그러나 이 바람은 현실화되지 않았는데, GRI 설립자 중 한 명이 자기들은 등급 체계 추진에 관심이 없다는 점을 분명히 했기 때문이다. 코언 길버트에 따르면, 그들은 "자신들이 규정한 신뢰할 수 있는 표준에 믿을 만한 제3자 심사 구조를 추가한 등급 체계의 가치를 인정했지만, 우리 같은 다른 사람들이 그 일을 해주기를 바랐습니다." 세 사람은 이러한 작업에 초점을 맞춘 NGO나 비영리단체들조차 사회적 또는 환경적 성과의 특정한 좁은 측면만을 다룬다는 것을 금세 깨달았다. 당시 그들이 수정하여 사용할 만한 공개적으로 이용 가능하고 포괄적이며 상세한 등급 체계가 없었으므로, 그들은 스스로 직접 만들어야만 했다.

쓸 만한 수준이 되기까지 이 팀은 B임팩트평가를 몇 번이고 고쳤다. 코언 길버트는 이때를 기분 좋게 회상하며 이렇게 말한다. "처음엔 엑셀 스프레드시트로 시작했어요. 좀 더 정확히 말하자면 제가 늘 하던 식인데, 바트를 붙잡고 길고 장황하게 여러 가지 이야기를 하면서 시작했고, 바트는 금방 피곤해하며 이렇게 말했죠. '나한테 하루나 이틀 정도 시간을 주면 뭔가 같이 살펴볼 만한 자료들을 취합해볼게.' 그래서 제가 '좋은데?' 그랬죠. 이틀 후에 바트가 B임팩트평가의 첫 베타버전을 저와 앤드루에게 공유했어요." 코언 길버트의 표현대로 홀라한은 "뼈대에 살을 붙여" 왔다. 첫 번째 B임팩트평가는 "인류 최초의 도구처럼" 둔탁한 것이었지만 동시에 독특하고 쓸 만한 정도로 완성할 수 있었다. 코언 길버트는 이렇게 말한다. "구석기시대 엑셀 스프레드시트 같은 수준이긴 하지만 B임팩트평가는 기업의 사회적·환경적 성과를 종합적으로 평가할 수 있는 최초의 도구였습니다."[5]

비랩의 첫 표준은 벤앤제리스의 공동설립자 벤 코헨과 소셜벤처 네트워크 의장 맬 워윅이 자신들이 쓴 《가치 중심의 기업:세상을 바꾸고, 돈을 벌고, 즐기는 방법Values-Driven Business: How to Change the World, Make Money, and Have Fun》이라는 책에서 옹호했던 사례들에 크게 의존하고 있었다.[6] 첫 표준은 또한 GRI의 소기업 지속가능성 보고표준, 시스템 사고 기법을 활용한 기업가인 벳시 파워Betsy Power가 종합해 놓은 사업 실행 사례들, 그리고 앤드원에서 겪은 자신들의 여러 경험 등을 참고했다. 홀라한의 베타버전 스프레드시트는 본래의 상호의존 선언문에서 제품, 사업관행, 수익의 바구니buckets를 채택한 후 그것을 다시 10여 개의 하위 범주로 나누었다. 이 도구로 회사의 사회적·환경적 성과를 전체적으로 그리고 적절하게 평가할 수 있도록 각 하위 범주와 그에 속한 개별 측정지표들에는 가중치가 부여되었다.

그들이 존중하고 동의하는 출처에서 빌려왔음에도 그런 다른 사람들의 도구가 그들이 원하는 모든 측면을 다 포괄하지는 못했다. 세 사람은 "좋은 표준에는 무엇이 필요할까?"를 자문한 후, 독립적으로 관리되면서 투명하고 역동적이어야 한다고 자답했다. 그리고 다른 것들과 크게 다른 요소 한 가지를 더 염두에 두었는데, B임팩트평가는 포괄적이어야 한다는 것이었다. 홀라한은 이에 대해 이렇게 설명한다. "우리의 관점은 회사 전체를 살펴봐야 한다는 겁니다. 소비자나 공급망만 봐선 안 됩니다. 우리가 비교 분석하려는 건 이런 기업들이 사회에 미치는 긍정적인 영향입니다." 그들이 만든 비콥 표준은 노동자, 회사의 제품, 지역 공동체, 공급망 그리고 환경과 지배구조 등을 포함해 회사를 전체론적 관점에서 심사한다. 홀라한은 이에 대해 이렇게 설명한다. "이건 기업을 대상으로 하는 인증입니다. 무슨 말이냐면, 완벽하게 친환경적이라고 해도 직원을 쓰레기 취급하거나 지역사회에 전혀 관심을 두지 않는다면 통과할 수 없다는 겁니다. 혹은 훌륭한 노동환경을 갖추고 종업원지주제도ESOP를 운영하는 회사라 해도 뒤로는 오폐수를 방류한다면 통과할 수 없습니다. 결론적으로 제한적인 제품 인증이나 사업 관행 인증에 머물지 않는다는 겁니다. 기업 전체에 대해 인증하려면 기업 전체를 평가해야 합니다."[7]

세 사람은 작업한 엑셀 스프레드시트를 가지고 현재 운영 중인 실제 회사에 대해 B임팩트평가 첫 번째 버전의 베타 테스트를 할 준비가 되었다. 이들은 여러 업계의 다양한 경험을 지닌 회사들에 연락해 평가를 실행해보자고 요청했다. 그중에는 파타고니아도 있었고, 커피 재배자에게 공정하게 돈을 지불하고 그들의 지역사회에 수익을 재투자하는 일을 하는, 사회적 의식이 있는 커피 회사인 푸라비다 커피도 있었다. 이 첫 테스트 기간에 그들이 받은 반응과 의견은 매우 유용했는데, 특히 그들의 질문 작성 방식과 관련해서 그랬다. 코언 길버트는 메소드의 애덤 로리와의 첫 대화를 회상하며 가장 중요한 것은 그들이 "우리 표준이 언제나 개선되어 나아갈 거라는 사실을" 알게 해준 것이라고 말한다.

B임팩트평가

B임팩트평가는 발전해가면서 회사의 운영과 사업 모델 모두에 초점을 두게 되었다. 평가는 지배구조, 노동자, 고객, 지역사회, 환경의 5개 주요 부문으로 나뉜다. B임팩트평가는 여섯 번의 수정을 거쳐 2019년 1월에는 최신 버전이 공개되었다. 비랩은 매번 새 버전이 나올 때마다 평가를 개선, 심화, 확장한다. 질문은 회사의 규모와 부문, 지리적 위치에 맞추어 답하도

록 구성되어 있다. 인증을 통과하려면 200점 만점 중 최소 80점 이상을 받아야 한다.

B임팩트평가가 기업 운영의 전반에 대해 유례가 없는 평가를 제공한다는 점을 크게 강조할 만하다. GRI는 기업과 정부 그리고 투자자들이 회사가 환경 및 세계의 지역사회에 미치는 영향에 대해 이해하고 설명할 수 있게 도와주는 일련의 척도를 제공하지만, 회사의 성과를 평가하지는 않는다. 이와 비슷하게 지속가능성 회계기준 위원회Sustainability Accounting Standards Board, SASB 는 업계 유형을 고려하고 주요한 관심사를 반영한 보고 지침을 제공하지만 이 체계는 상장회사에 특화되어 있는 반면, B임팩트평가는 어떤 회사에든 사용할 수 있다. 마지막으로, B임팩트평가는 탄소정보공개 프로젝트Carbon Disclosure Project, CDP처럼 이름에서 정확히 연상되는 바와 같이 기업이 탄소, 물, 삼림에 미치는 영향에 대해 조사하고 등급을 매기는 좀 더 구체적인 평가 도구와는 다르다.

회사가 처음에 자체 평가서를 제출한 후, 평가와 관련하여 답변을 선택하는 문서가 제공된다. 그 후 비랩의 표준 분석가가 답변을 검토하고 일관성이나 정확성 문제를 확인하기 위해 회사와 전화 통화를 한다. 이 검토 후에 점수가 80점 아래로 떨어지는 회사가 종종 나온다. 많은 경우 이는 회사 입장에서 방해 요소라기보다 기회라고 할 수 있는데, 80점이라는 최소 점수의 문턱을 넘기 위해 회사에서 실행할 수 있는, 임팩트를 만들어낼 수 있는 새로운 영역을 확인하는 데 도움이 되기 때문이다. 비랩 심사팀Standard Review Team의 책임자 크리스티나 포워드는 기업에서 할 수 있는 개선에는 매우 여러 가지 유형이 있다고 설명한다. 예컨대 어떤 회사는 "만성적 고용 불안을 겪는 개인을 고용하기 위해 협력 관계에 있는 비영리단체와 함께 산업인력개발 프로그램을 만들어 양질의 일자리와 교육을 제공하면서 노동통합을 지원"했다. 다른 회사들의 경우 80점 기준에 맞추려고 재생에너지 공급인증서를 구입했다. 평가 이면에 자리한 정신은 교육적이고 열망을 불러일으키며 개선을 이루는 것에 초점을 맞춘다. 표준 책임자 댄 오서스키는 이렇게 설명한다. "우리는 회사가 어떤 일을 하느냐 아니냐에 초점을 맞추지 않습니다. 아직 준비가 되지 않았다면 어떻게 시작할 수 있을지에 초점을 두고 있으므로 실제로 기업들이 스스로 개선할 수 있는 안내도를 제공하는 셈입니다."[8]

어떤 비콥 인증 기업의 경우 비교분석 결과 80점의 점수를 얻는 것은 쉬웠지만, 인증 표준이 진화함에 따라 인증 이후에도 지속적인 개선이 과제가 되었다. 킹 아서 플라워는 직원들이 소유하고 있는 회사이기 때문에 시작부터 노동자 부문과 지배구조 부문의 점수가 매우 높아서 첫 인증 시도에서 80점을 기록했다. 하지만 이 회사는 그 점수를 계속 개선해가며 노력하기로 결정했다. 버몬트주 노리치에 있는 킹 아서 플라워의 본사 캠퍼스는 현대의 카멜롯이라 불린다(카멜롯은 아서왕의 궁전이 있었다고 전해지는 전설 속의 마을이다─옮긴이). 드넓게 펼쳐진 이 캠퍼스에 킹 아서 플라워의 주력 상점과 제과제빵 교육장이 함께 들어서 있기 때문이다. 회사를 방문해 구내식당에서 공동 CEO인 랄프 칼튼을 만났을 때 그는 내게 이렇게 말했다. "그게 B임팩트평가의 훌륭한 점이죠. 성공적으로 완료하는 게 어려울 수는 있지만 일단 끝내고 나면 사업에 대해 놀라운 통찰을 얻을 수 있습니다. 그뿐 아니라 더 강한 기업으로 발전하는 데 무엇이 부족한지, 어떤 점을 해결해야 하는지를 경영진이 알게 해줍니다." 이 회사는 첫 번째 시도에서 환경 부문에서 좋은 점수를 얻지는 못했다. 하지만 2019년에 이 회사의 점수는 116점으로 올라갔다.

재활용 플라스틱을 멋진 소비자 제품으로 탈바꿈하는 선구적 회사인 프리저브에서는 B임팩트평가에 대한 마무리 작업을 하다가 사업의 어떤 부분들이 팀 구성원들에게 잘 전달되지 않았다는 점을 알게 되었다. 이에 대해 CEO 겸 설립자인 에릭 허드슨이 이렇게 설명했다. "이런 문제들에 대해 서로 대화를 나누지 않았을 여러 집단이 얘기를 하도록 하는 것은 정말 흥미로운 과정입니다." 프리저브의 임원들은 첫 평가를 끝내고 나서 자신들의 회사에서 곧바로 개선에 착수해야 할 몇 가지 사항들이 있음을 깨달았다. 예를 들어, 이 회사에는 알맞은 출산육아 휴가제도가 없었다. 허드슨은 이렇게 말한다. "일과 가정 사이에서 어려운 결정을 내려야 하는 상황에 사람들을 밀어 넣고 있다는 걸 알아차렸고, 우리는 이런 상황을 그대로 둘 수 없었습니다." 애니멀 익스피리언스 인터내셔널의 노라 리빙스턴은 이렇게 말한다. "모르는 게 뭔지를 모르잖아요. 비콥 인증 절차는 회사를 기획하고 관리하면서 바라보았던 렌즈를 벗어나 사고할 수 있게 해줍니다. 이 절차를 거치면 전에는 생각지도 못했던 방식으로 상황을 이해할 수 있고, 큰 영감을 얻을 수도 있으며 창의력이 솟아나기도 합니다."[9]

벤앤제리스의 본사는 아이스크림 맛이 날 듯한 이름만큼이나 입구에 설치된 2층짜리 미끄럼틀과 도처에 있는 화려한 그림들로 인기를 끈다. 이곳에서 만난 사회적 임팩트 책임자 롭 미칼락은 회사가 B임팩트평가를 내부 평가 및 자체적인 시험의 기회로 활용했다고 상기했다. 모든 걸림돌을 해결하고 B임팩트평가를 제대로 끝마치기까지 거의 2년이 걸렸다. 그는 이렇게 말했다. "그 과정을 거치면 조직과 경영진이 회사의 실체를 여실히 파악하는 데 큰 도움이 됩니다. 회사를 둘러싸고 있던 신화가 일부 벗겨지는 거죠." 개선 과정은 또 양방향으로 진행된다. 예를 들어, 벤앤제리스는 B임팩트평가가 환경적 영향을 다른 접근으로 평가하는 바람에 포착하지 못했던 환경 관련 작업을 이미 수행하고 있었다. 이 일로 벤앤제리스 경영진은 비랩의 접근 방식이 더 나은 것이었는지에 대해 숙고하게 되었다. 만일 아니라면, B임팩트평가의 다음 버전에 포함할 수 있도록 비랩에 여러 가지를 제안할 것이다.

B임팩트평가는 더 강력한 도구가 되기 위해 끊임없이 진화 중이다. 비랩은 기업들에게 인증 수수료를 받기 때문에 이해의 충돌이 발생할 수 있으며, 잠재적으로는 규모가 크고 더

많은 돈을 지불하는 회사들이 인증을 통과하도록 일부 기준을 낮출 가능성이 있다. 그래서 2007년 9월에 비랩은 B임팩트평가를 관리할 독립적인 표준자문위원회Standards Advisory Council를 설치했다.

신규 버전은 2년마다 공개되며 참가자의 응답과 연구에 기초하여 개선과 변경 사항들이 반영된다. 예를 들어 2010년에 뉴리소스 은행이 300번째 비콥 인증 기업이 되었는데, 이때 B임팩트평가를 조정할 필요가 있었다. 이 은행의 CEO 빈스 시칠리아노는 평가가 "지역개발 금융기관CDFI 유형의 은행에 더 적합했다"고 설명한다. 뉴리소스 은행이 인증을 추진하는 동안, 시칠리아노와 비랩 팀은 "일반 상업 은행과 CDFI 은행에 대해 이야기하며 많은 시간을 보냈고, 결국 더 광범위하고 다양한 금융기관에 적합한 질문을 찾아냈다. 다양한 유형의 회사들이 내는 목소리를 더 많이 수용하여 결국 이 운동의 일원이 되도록 하기 때문에 B임팩트평가의 지속적인 개선은 가장 훌륭한 자산 중 하나다."

표준자문위원회 초기 위원이었던 애덤 로리는 지속적인 개선과 함께 실용주의의 중요성을 강조했다. "완벽함은 우수함의 적이다." 즉, 표준은 우수해야 하지만 완벽할 수는 없다는 것이 팀의 좌우명이 되었는데, 이는 임팩트 측정이 아직도 초기 단계에 있었기 때문이다. 널리 인정받는 기업가조차 달성하지 못할 정도로 충족하기 어려운 표준은 대부분의 기업에서 인증을 시도할 엄두도 못 내고 포기하도록 만들 수 있기 때문에 이용

편의성 또한 중요했다. 코언 길버트는 이렇게 말한다. "엄격하고 유용한 표준을 구축하기 위한 실용적 접근 방식은 이 표준의 최초 사용자가 될 선도적 기업가들이 비랩을 신뢰하도록 하고, 이는 다시 표준의 신뢰성을 강화하여 다른 회사들도 따라 하고 싶어질 만큼 이 표준을 더욱 매력적으로 만듭니다."[10] 로리는 이 사회적 지표를 만들 때 겪게 될 어려움에 대해 "일찌감치 그 친구들에게 상담을 해주었다"고 회상한다. 로리가 그들에게 이렇게 말했다고 한다. "가장 중요한 것은 시간이 지나면서 표준을 개선하고 더 낫게 만들기 위한 과정입니다. 왜냐하면 오늘 무엇을 선택하든 나중에는 당연히 틀린 답이 될 테니까요."

2019년 현재, 표준자문위원회는 두 분과로 나뉘어 있다. 하나는 신흥 시장을, 또 하나는 선진국 시장을 대상으로 한다. 각 분과에서는 10명이 일하고 있다. 위원회는 B임팩트평가의 구성과 관련한 모든 결정 사항을 감독한다. B임팩트평가는 평가를 완료하면서 의견을 남길 수 있도록 설정되어 있는데, 이에 대해 오서스키는 이렇게 말한다. "해마다 이 도구를 통해 받는 의견이 약 3천 개 정도 되는데, 계속 늘고 있습니다." 위원회는 이 의견을 검토하고 종합하며, 다른 표준 기구들과 협력하여 그들의 귀중한 전문성과 체계의 도움을 받는다. 또 위원회는 예컨대 고객, 직원, 또는 공급업체 등이 비콥 인증 기업에 대하여 제기하는 모든 구체적이고 중대하며 설득력 있는 항의에 대한 처리를 책임지고 있다. 이러한 항의를 처리할 때 위원회는 비콥 상호의존성 선언에 명시된 공동체 정신에 해당 비콥이 여전히 충실한지 여부를 평가한다. 오서스키는 비랩의 사명은 "개선을 이끌어내는 것"이며, 따라서 기업에게서 비콥 지위를 박탈하는 것보다 교정하는 조치가 훨씬 더 중요하다고 언급한다.[11]

B임팩트평가 최신 버전에서 강조된 중요한 특징은 정책과 성과 간의 차이다. 비콥 커뮤니티의 디지털 미디어 플랫폼인 '비 더 체인지'B the Change(상호의존 선언문의 정신에 따라 '변화의 주체가 되자'는 의미를 담고 있다.-옮긴이)'에 기고한 글에서 댄 오서스키가 이 문제에 대해 논한 적이 있다. "많은 사람들이 B임팩트평가가 그 회사가 실제로 만들어내는 성과가 아니라 회사의 사업 관행에 더 비중을 두기 때문에 사실상 '임팩트 평가'가 아니라고 주장하는데, 이런 주장은 정당합니다." B임팩트평가 최신 버전은 이를 바꾸는 것을 목표로 하고 있다. 많은 질문이 회사의 정책과 사업 관행에 대한 것이지만, 성과 관련 질문에 매우 큰 가중치가 주어진다. 바로 이런 식이다. 회사의 재활용 정책을 공식적으로 작성하여 가산점을 얻을 수 있을까? 그렇다. 탄소 발자국을 완전히 없애는 것과 같은 만큼의 가산점을 얻을 수 있을까? 아니다. 이에 대해 오서스키는 이렇게 설명한다. "우리는 특징적인 정책과 사업 관행 같은 것들을 포함해 질문을 설계할 때, 가능한 한 실제로 긍정적인 성과를 만들어낼 가능성이 가장 큰 관행과 정책이 무엇인지 알려줄 수 있는 객관적인 조사와 사례를 바탕으로 합니다."[12]

첫 비콥 동료 집단 모집

2006년 아직 B임팩트평가를 만들고 있을 때, 지속가능한 소비자 제품 브랜드인 세븐스 제너레이션의 CEO이자 공동 설립자인 제프리 홀렌더가 코언 길버트와 훌라한을 만나 비랩과 비콥이라는 발상에 대해 논의하기로 했다. 이것은 비랩 팀에게는 큰 진전이었다. 세븐스 제너레이션은 벤앤제리스, 파타고니아와 함께 사회적 책임 기업의 상징적 존재였다. 홀렌더는 사회적 책임 기업의 경영자이면서, 《가장 중요한 것은 무엇인가: 적은 수의 개척자들이 대기업에게 사회적 책임감을 가르치는 방법, 그리고 대기업이 귀를 기울이는 이유*What Matters Most: How a Small Group of Pioneers Is Teaching Social Responsibility to Big Business, and Why Big Business Is Listening*》라는 책을 막 출간한 상태였다.[13]

그들은 에너지 및 환경 디자인 리더십*Leadership in Energy and Environmental Design, LEED* 인증을 받은 세븐스 제너레이션의 새 브랜드 사무실에서 만났는데, 그곳은 버몬트 벌링턴의 샴플레인 호수가 내려다보이는 곳이다. 버몬트는 향후 비콥 활동의 중심지가 될 곳이었다. 그 회동은 매우 큰 그림을 위한 것이었고 긍정적이었다. 홀렌더와 세븐스 제너레이션의 기업의식 책임자인 그레고르 바넘 두 사람은 비콥 개념의 잠재력에 대해 이해하고 있었다. 기업의식 이사가 있는 기업이니 놀랄 일은 아니었다. 하지만 홀렌더는 비랩 팀이 기업에 대해 사회적으로 책임감이 있는지 어떤지 제대로 평가할 수 있을까 하고 다소 냉소적으로 생각하고 있었다. 같은 맥락에서, 그는 사회적 책임 기업 운동이 전진하고 성장하려면 좀 더 제도화될 필요가 있다는 점도 알고 있었다. 또 홀렌더는 당시에 기업의 책임은 환경 문제에만 과도하게 집중되어 있고 사회 문제에 대해서는 거의 논의되지 않고 있었다고 회상한다. 그는 코언 길버트와 홀라한에게 측정하기 쉬운 환경 지표만 과도하게 지수화하고 사회 지표는 무시할까 봐 우려하고 있다는 것을 알렸다. 그리고 정말로 포괄적인 평가 체계를 만들어보라고 촉구했다.

홀렌더는 인증 비용이 얼마나 들지 물었다. 비랩 팀은 이미 인증 수수료를 회사의 매출과 연동시켜 1퍼센트의 10분의 1로 정해두었다. 이에 따르면 대략 1억 달러 규모인 세븐스 제너레이션의 경우 연간 인증 수수료로 10만 달러를 지불할 것이다. 비랩 팀이 예비 비콥을 대상으로 이렇게 고액을 제시한 것은 이번이 처음이었다. 바넘은 홀렌더를 바라보았다. 홀렌더는 미소를 지으며 대답했다. "큰돈이군요." 코언 길버트와 홀라한은 커다란 미래 전망을 그리고 있기 때문이라고 대답했다. 홀렌더는 "좋습니다"라고 말했고, 세븐스 제너레이션이 한 배를 타게 되었다. 홀렌더의 리더십 활동은 판도를 바꾸었다. 이 때부터 비랩은 다른 CEO들에게 홀렌더와 세븐스 제너레이션이, 그것도 연간 10만 달러의 가격으로 합류했다고 말할 수 있었다.

비랩 팀이 어떻게 기존 기업들로 하여금 검증도 안 된 제안에 서명하도록 설득했는지 회상하며 홀라한은 이렇게 말한다. "우리는 리더십에 대해 아주 단순하고 색다른 메시지를 갖고 있었습니다. 우린 이렇게 말했죠. '당신이 사업을 시작한 이유는 세상에 임팩트를 가져오고 다른 사람들이 따라 할 수 있도록 하나의 본보기를 제시하는 거였죠. 그 본보기를 전파할 수 있도록 우리가 플랫폼을 제공하겠습니다. 우리는 그것에 이름을 붙일 겁니다. 그리고 당신의 편에 서게 될, 비슷한 뜻을 가진 기업가들을 하나의 공동체로 모을 겁니다.'"[14]

홀렌더는 2011년에 자신이 세운 회사에서 해고되었다. 그 회사가 사회적 사명보다 기업 이익을 더 중요시하게 되었고, 사회적 사명의 가장 주요한 지지자인 그가 방해물이 되었기 때문이다. 홀렌더는 자신의 해고에 대한 첫 공개 답변에서 이렇게 말했다. "세븐스 제너레이션은 내가 정말로 관심을 가졌던 문제의 핵심에 내 기대만큼 미치지 못했습니다다. 내가 관심을 가졌던 것은 정의와 공평의 문제였죠."[15] 하지만 당시에는 홀렌더를 해고하고 비콥의 이상을 거부하는 것처럼 보였음에도, 세븐스 제너레이션이 사실은 계속해서 비콥 인증 자격을 유지했다는 사실에 주목해야 한다. 이 회사는 B임팩트평가 점수를 계속해서 높이더니 나중에는 사명을 유지하며 유니레버에 매각하는 작업을 성공적으로 진행했다.

처음에 인증받은 19개 비콥들은 비랩 설립자 3인의 특별한 관심의 대상이었다. 세 사람은 다른 회사들이 따라 할 만한 기업들을 유치하고 싶어 했고, 그래서 투자자서클과 소셜벤처 네트워크 같은 기업 관계망의 유명 지도층에게, 그리고 업종 및 지역별로 다양한 기업들에 접근했다. 홀라한에 따르면 뉴리프 페이퍼는 "가장 어렵고 환경적으로 도전적인 업계 중 하나를 '환경친화'적으로 만들려고 노력" 중이었고, 반면 기브섬싱백의 사업 모델은 "수익의 전부를 자선단체로 기부하는" 것이었다. 다른 관심 기업들은 가정용품 업계(메소드와 세븐스 제너레이션 등), 커피숍(모카조 커피, 푸라비다 커피 등), 의류(인디제너스 디자인), 주택건설(A-1 빌더스) 등 여러 업계에 걸쳐 있었다. 미국의 태평양 연안 지역은 진보적인 정신으로 유명하며, 초창기 비콥 여럿이 캘리포니아나 워싱턴 주에서 출발했다. 활기를 띠었던 또 다른 지역은 설립자들의 고향인 필라델피아였다.

오늘날 많은 회사들이 비콥 커뮤니티에 합류하는 주된 이유는 그들 자신의 개별적 성공을 넘어 시장에 영향을 미치고 싶어 하기 때문이다. 그러나 이들 최초의 비콥들은 비콥 브랜드의 덕을 보는 게 아니라 반대로 그들이 비콥 브랜드에 가치를 더해주고 있었다. 이 기업들의 경영자들은 사명을 강하게 믿었고, 그래서 사실상 아무런 보장이나 기대 없이 이 운동에 합류했다. 초기에는 실제 관리 사례나 기업 사례가 아무것도 없었지만, 그럼에도 그들은 이 위험이 감수할 가치가 있다고 판단했다. 홀라한은 이렇게 회상한다. "초기의 발표들 중 하나에는 … 이 커뮤니티에 합류한 이유에 대한 그들 각자의 언급이 거의 없었습니다. 다양한 사람들이 서로 다른 것에 집중했죠. 어떤 사람들은 법적 측면에, 또 다른 사람들은 표준에 초점을 맞췄습니다. 하지만 무엇보다도 중요한 건 리더십이었습니다."

경쟁을 뛰어넘는 커뮤니티

기업들이 처음 인증 절차를 밟기 시작한 초창기, 이미 비콥 인증을 받은 기업들의 존재는 일부 기업을 설득하는 데 도움이 되기도 하고 또 다른 경우에는 단념시키는 데 도움이 되기도 했다. 비랩에서 사업개발 업무를 담당하는 앤디 파이프는 다음과 같이 설명한다. "우린 항상 파타고니아, 아일린피셔, 뉴 벨지엄 브루잉, 벤앤제리스 같은 회사들과 함께 업계의 선례를 남길 거라고 생각했어요. 한 번 해놓고 나면 도미노 효과가 생겨서 업계의 다른 모든 회사들이 따라올 거라고, 그렇게 생각했죠. 때로는 역효과가 생길 수도 있겠지만요." 이 운동에 관심이 있었던 일부 소규모 회사들은 파타고니아 같은 회사를 보고는, 인증을 받으려면 저 정도 수준까지 가야겠구나 하는 생각을 한다. 파이프가 지적하는 것처럼, 종종 이런 소규모 회사들은 더 민첩하게 움직일 수 있기 때문에 "실제로는 파타고니아보다도 더 높은 점수를 받을 수도 있겠지"만, 그들은 직접 확인하기 전까지는 아마도 이를 믿지 않을 것이다.

이러한 상황은 부정적이거나 해로운 경쟁을 뛰어넘는 커뮤니티에 대한 강조로 이어졌다. 비콥 운동은 규모가 크든 작든 긍정적인 경쟁을 장려하면서 회사들이 나란히 전진할 수 있게 해준다. 다른 인증의 경우, 가장 높은 점수를 받은 경쟁업체가 "우리 제품이 타사의 것보다 우수하다."고 말할 수 있다. 하지만 비콥 운동에 대해 파이프는 이렇게 말한다. "우리의 시야는 이 쪽 비누냐 저쪽 비누냐를 견주는 것보다 훨씬 넓습니다. 그리고 전과자를 고용하는 인력개발 프로그램을 보유한 회사, 또는 넷포지티브 에너지net positive energy 시설(사용하는 에너지보다 만들어내는 에너지가 더 많은 시설 - 옮긴이)을 새로 짓는 회사들에 관련된 것이기도 합니다. … 점수 그 이상, 제품 그 이상, 이건 커뮤니티의 힘에 대한 것입니다."

비랩 팀에서 중점을 두는 것은 비콥들이 스스로에게 이런 질문을 던지도록 하는 것이다. "혼자서는 할 수 없는데 우리가 함께 함으로써 할 수 있는 일이 뭐가 있을까? 어떻게 하면 함께 더 멀리 갈 수 있을까?" 일찍이 비랩이 순위 매기기를 하지 않겠다고 결정한 것은 이와 관련한 두드러진 사례다. 어떤 회사가 인증을 받았다면, 그것은 기준을 충족했다는 의미일 뿐이다.

초창기 비콥들의 성장

코언 길버트는 킹 아서 플라워를 아주 "평균적이어서 … 이들의 제품은 미국 전역의 모든 식료품점에서 팔린다."는 말로 묘사한다. 그는 이 회사가 비콥으로 매우 적합하다는 것을 알아챘다. "이 회사에는 메소드나 세븐스 제너레이션과는 뭔가 다른 관심 요소가 있어요. 최신 유행에 민감하고, 벤처 캐피털의 지원을 받으며, 파괴적 혁신을 이끄는 비누 회사 메소드와 친환경적으로 '지구를 지키자'고 목소리를 높이는 세븐스 제너레이션과 다른 거죠." 그는 킹 아서 플라워가 더 광범위한 계층에 호소력을 가질 것이라는 사실을 감지했던 것이다.

코언 길버트는 2006년에 킹 아서 플라워의 CEO였던 스티브 보이트Steve Voigt의 사무실에 앉아있던 일을 회상한다. 보이트는 그들 사이에 있던 "작은 원탁에 종이 한 장을 반쯤은 장난삼아 쿵 내려놓았습니다." B임팩트평가 서류였다. 보이트는 자신의 회사를 평가해보기 위해 B임팩트평가를 받았던 건데, 결과에 그리 기분이 좋지 않았다. 보이트는 소수민족 직원을 많이 고용하고 있지 않은 것 때문에 점수를 깎인 것이 부당하다고 생각했다. 이 회사가 있는 곳은 버몬트였고, 어쨌든 이곳에는 소수민족 인구가 많지 않았기 때문이다. 코언 길버트는 전과 기록이 있는 사람들, 그리고 (어떤 일이든 간에) 경력이 거의 없거나 정식 교육을 받지 못한 사람들에게 기회를 주는 열린 채용 정책을 펼치는 그레이스톤 베이커리의 이야기를 들려주었다. "그레이스톤이 있는 용커스에는 유색인종이 많습니다. 그런데도 이 회사가 이러한 정책에 대해 점수를 받을 자격이 있을까요? 물론 그렇습니다."[16] 코언 길버트는 바로 이것이 B임팩트평가의 훌륭한 점이라고 설명했다. 어떤 회사도 만점을 받을 수 없을 것이다. 특히 이 표준이 변화하는 세상에 맞춰 계속해서 조정되어 가야 하기 때문에 더욱 그렇다.

코언 길버트는 200점 만점 중 80점을 얻으려면 노동 관행이나 환경 등 적어도 한 분야에서는 탁월함을 보여주고 나머지 분야에서는 높은 수준을 보여야 한다고 강조했다. 또한 킹 아서 플라워는 다른 회사들과 달리 직원 소유의 회사라는 점에서 점수를 얻었다고 강조했다. 보이트가 "우리 회사는 비콥이 되겠습니다."라고 말하기까지는 오래 걸리지 않았다.[17] 보이트는 2014년에 킹 아서 플라워에서 은퇴했지만 비콥 운동의 정신이 그에게 깊은 반향을 불러일으켰다는 점은 명백했다. 그는 계속해서 전국에 걸쳐 직원 소유권과 베네핏 코퍼레이션 입법을 확대하려고 노력하고 있다.

초기 비콥의 경영자들은 대부분 비랩 팀에서 한 명 이상이 투자자서클, 소셜벤처 네트워크, 지역 생활경제를 위한 기업연합Business Alliance for Local Living Economies, BALLE의 모임을 통해 만났던 사람들이었다. 예를 들어, BALLE의 공동설립자인 주디 윅스는 비콥이라는 아이디어를 좋아했고 자신의 카페 화이트독이 초창기 비콥 중 하나가 되어주겠다고 굳게 약속했다. BALLE의 상임이사 돈 셰퍼Don Shaffer는 카미트 스케이트보드Comet Skateboards의 파트너였으며, 비콥 팀을 CEO인 제이슨 살피Jason Salfi와 연결시켜 주었다. 살피 역시 빠르게 합류했다.[18]

비콥, 대중 앞에 모습을 드러내다

비랩 설립자들은 2007년 6월에 열린 전국 BALLE 컨퍼런스에 초대받아 비콥의 개념을 소개하게 되었다. 그것은 참가자 모두에게 기억할 만한 행사였다. 셰퍼가 그들을 소개하자 훌라한이 무대 뒤편에서 그들의 새 웹 사이트 생중계에 문제가 없도록 점검하는 동안, 카소이와 코언 길버트는 초창기 19개 비콥 리더들에 둘러싸여 무대에 올랐다. 코언 길버트는 자신이 짧게 연설을 끝낸 후의 상황을 이렇게 묘사한다. "이 리더들 모두가 자기 회사가 비콥이 된 이유를 말하기 위해 연단에 올라서고 싶어서 반쯤은 장난으로 팔꿈치로 서로를 밀쳐냈습니다."[19]

기브섬싱백의 설립자 마이크 해니건이 '인민에게 권력을 power-to-the-people' 논조의 연설로 첫 테이프를 끊었다. 그 뒤를 이어 뉴리프페이퍼의 제프 멘델슨이 파괴적 혁신 산업과 차세대 기업가에 대해 연설을 했다. 그 다음으로 웍스가 연단에 섰다. 코언 길버트는 그녀에 대해 이렇게 회상한다. "그녀는 이 특별한 청중들에게 비콥이라는 아이디어에 대해 더할 나위 없는 신뢰감을 심어주었습니다. 솔직히 말해 비콥이 된 이유 자체는, 그걸 누가 말하고 있느냐보다 덜 중요했던 게 사실입니다. 이는 비콥 운동을 성장시키는 데 있어 우리에게 가장 중요한 통찰이었습니다. 기업가들에게 영향력을 발휘하는 것은 비랩이 아니라, 동료 기업가들인 겁니다."[20] 카소이는 메소드와 세븐스 제너레이션의 발표를 특히 좋아했는데, 세븐스 제너레이션은 독창적 시도의 상징이었고 메소드는 그것의 새롭고 좀 더 세련된 형태였기 때문이다. "두 경쟁자가 같이 서있는 게 정말 좋았는데요, 그 상황이 '이 공간에 아직 자리가 넉넉하게 있어요'라고 말하는 것 같았기 때문입니다."[21]

메스드의 로리도 그 순간을 잘 기억하고 있다. "바라던 결과에 미쳤다고 할 순 없겠지만, 지지자들과 표준 그리고 이 생태계에서 살아가게 될 기업들을 중심으로, 정말 모든 것이 하나로 모였습니다. 그건 '어이, 이건 꼭 해야 하는 일이야'라고 말하는 공동의 선언이었습니다." 발표 전에 코언 길버트는 각 참여자에게 자신의 회사에서 인증을 받기로 한 이유를 설명해 달라고 요청했다. 그는 이렇게 회상한다. "내 경우에는, 21세기에 세상 사람들의 요구를 충족하기 위해 기업에 필요한 것과 우리가 이용할 수 있었던 지배구조 간에 불일치가 있었습니다. 그걸 바꿀 필요가 있었습니다. 단지 몇 가지 문제를 다루는 그런 게 아닌 무언가, 단순히 친환경 라벨이나 특정 상황에 필요한 게 아니라 뭔가 역동적인 것이 필요했습니다." 수백 년 된 대형 종업원지주회사부터 소규모의 지역 기업에 이르기까지 그 방에 있던 모든 사람들에게 이 운동의 원동력이 사명과 목적, 그리고 이 운동을 추진하는 사람들의 열정이라는 것은 명백했다.

비랩 팀은 이 컨퍼런스의 기세를 살려 모든 초창기 비콥들에게 최초 2년간의 인증 수수료를 면제해주고, 2007년 12월 필라델피아의 화이트독 카페에 그들을 초대하여 비콥 상호의존성 선언의 단체 서명부에 서명하게 함으로써 이 운동을 전진시켰다. 이 선언에 81개 회사가 서명했다. 해리 할로란과 케이 할로란 부부 그리고 할로란 자선재단Halloran Philanthropies의 CEO 토니 카Tony Carr는 그날 밤의 기운에서 고무 받아 비랩에 50만 달러의 자선기금을 기부했고, 이는 비랩이 처음으로 외부 자금을 모금한 기념비적 사건이었다. 그때까지 비랩의 창업 자금은 첫해 급여를 받지 않기로 한 공동설립자들이 내놓은 1백만 달러의 융자금으로 조달했었다.

코언 길버트는 그 초창기 기업들을 떠올리며 "여성이 너무 적고 유색인종도 없었다."고 언급한다. 비콥이 이 나라의 다양성 그리고 궁극적으로는 세계의 다양성을 반영하려는 의도를 가졌다면 "이미 사회적 책임 기업 운동에 몸담은 기업가 집단을 압도적으로 주도하던 것은 백인 남성들이기 때문에, 지속적이고 유의미하며 의도적인 노력"이 필요하다.[22] 하지만 당시 세 설립자들은 카미트 스케이트보드 같은 새롭고 혁신적인 브랜드부터 1790년에 설립된 킹 아서 플라워 같은 기존 기업에 이르기까지, 그들이 끌어들인 업계의 다양성뿐 아니라 문화, 사명, 목표 측면에서의 유사성을 자랑스러워했다. 홀라한은 이렇게 회상한다. "돌이켜 보면, 여기에 누군가가 정말로 서명을 했다는 것이 놀랍네요. 우리 브랜드에는 의미가 없었고, 유일하게 중요했던 건 어느 회사가 비콥 인증 기업인지에 대해서 이야기를 할 수 있었다는 겁니다."

이해관계자 측면의 법률 확보하기

엘리자베스 워런 민주당 상원의원은 2018년 월스트리트저 널 논평에서 베네핏 코퍼레이션 법안을 본받을 만한 모델이라 고 언급했다. 그 후에 코언 길버트는 이 법안이 통과된 주 가운 데 다수는 보수 공화당 주지사들이 이끄는 곳이었다는 사실을 언급하는 기고문을 포브스지에 실었다. 그리고 추가로 12개 주에서 만장일치로 이 법안이 통과되었다. 코언 길버트는 이렇 게 썼다. "진보주의 진영의 상징과도 같은 워런 의원이 '책임지 는 자본주의 법안'을 홍보하면서 그런 말을 하는 것은 놀랄 일 이 아닐 수도 있다. 하지만 베네핏 코퍼레이션이 떠오르는 것 을 주시하지 않았던 사람들은 수년간 세계 최대의 투자자인 공 화당원들 그리고 점점 더 많은 사업가들이 이것과 비슷한 발상 에 대해 홍보해왔다는 것을 알면 놀랄지도 모르겠다."[1] 사람과 지구 그리고 이익을 중심에 둔 새로운 경제를 만들어나가는 것은 공화당이냐 민주당이냐의 문제가 아니다. 이 문제는 인간에 대한 것이다. 그리고 망가진 경제체제를 고칠 유일한 방법은 우리의 법을 바꾸는 것이다.

비콥 인증은 처음부터 법적 구성요소를 가지고 있었다. 인증을 받으려면 기업은 노동자, 지역사회, 환경 등 모든 이해관계자의 이익을 고려한다는 내용을 포함하도록 신인의무를 확장하기 위해 관리 문서 전반을 수정해야 한다. 법적으로 대다수가 유한책임회사ㅃ로 등록된 소기업들의 경우, 이러한 내용을 신인의무에 반영할 때 기존의 운영계약서만 수정하면 됐기 때문에, 이러한 변화를 처리하는 것이 쉬웠다. 기업 입장에서는 목적 부분이 더 어려웠다. 이사진이 비재무적 이해관계자의 이익을 고려할 재량을 허용하는 이른바 이해관계자 고려법constituency statutes이 있는 31개 주에서 비랩은 기본적으로 해당 법령이 유한책임회사에 대해 규정하는 것과 동일한 표현과 용어를 제시할 수 있었고, 회사들은 그에 따라 정관을 수정할 수 있었다. 그러나 캘리포니아나 델라웨어 같은 매우 중요한 몇몇 주를 포함하는 19개 주에는 이해관계자 고려법이 없었기 때문에, 모든 수정안이 기초적인 기업법과 충돌할 것으로 보였다. 만일 기업이 기본 법안을 따를지 수정안을 따를지 선택해야 하는 상황에 처한다면, 이러한 충돌은 법적 위험을 야기할 수 있다.

이런 법률 변경은 특히 '출구 문제exit problem'를 고려할 경우 중요했다. 앞서 언급했듯, 벤앤제리스나 스토니필드 같은 가치 중심의 기업들은 매각 시에 곤경을 겪었다. 홀라한은 이렇게 설명한다. "이런 전형적인 회사들은 각기 다국적 대기업들이 거액을 주고 인수했습니다. 이는 일부에게는 아주 기쁜 소식이었죠. 하지만 때로는 매각이 곧 신념의 포기를 의미하게 될 것을 두려워한 그 회사의 설립자들, 그리고 종종 가장 열성적인 소비자들에게는 매우 큰 실망을 안겨주는 일이었습니다. 강제 매각의 두려움, 또는 기분 좋은 매각이 불행한 결합으로 바뀌어버리지 않을까 하는 두려움은 차세대 가치 중심 기업가들의 사기를 저하시키고 있었습니다. 그리고 이들은 기존 벤처 캐피털로부터 자금 유입을 늘리거나 기존의 전략적 매각 선택권을 행사하는 것이 애당초 그들로 하여금 사업을 시작하도록 이끈 가치와 전망을 훼손하는 일로 이어질까 봐 걱정했습니다." 이런 기업들은 성장해서 더 큰 임팩트를 만들어내기를 원했지만, 그 대가로 자신들의 사명을 희생시키려는 것은 아니었다.

명시적으로 주주 가치와 사회적 가치 모두를 창출하는 회사를 창업하려는 기업가와 그런 기업에 투자하고자 하는 투자자들에게 법적으로 유효한 플랫폼을 제공하기 위해, 비랩은 새롭게 통과된 주들의 법안을 옹호했다. 이 법은 기업의 이사와 임원이 갖는 신인의무에 공익의 창출이 포함되며, 이는 회사가 매물로 나왔을 때에도 마찬가지라는 점을 기업가와 법률 자문가, 투자자에게 명확히 해줄 것이다. 미국에서는 법인 설립 절차에 대해 주정부가 관할권을 가진다. 따라서 새로운 법인 형태를 만들려면 주정부 단위에서의 입법 조치가 필요하다.

아래에서 더 자세히 살펴보겠지만, 제출된 법안은 더 엄격한 투명성 기준, 주주와 일반 국민 대상으로 하는 회사의 사회적·환경적 성과의 연례 보고, 이러한 엄격한 표준을 없애기 위해서는 주주 3분의 2 이상의 의결을 요구하는 것 같은 체계를 의무화했다. 그래야만 이러한 회사와 그 회사가 창출하는 긍정적인 사회적·환경적 임팩트가 지속될 수 있기 때문이다.

2020년 초 현재, 35개 주와 워싱턴 DC에서 베네핏 코퍼레이션 법안이 통과되었고, 여섯 개 주에서는 진행 중이었다. 이탈리아, 콜롬비아, 에콰도르, 브리티시컬럼비아 등에서도 베네핏 코퍼레이션 법안이 통과되었고, 세계 여러 나라에서도 추진 중에 있다.

법과 주주 우선주의

지금까지 살펴본 바와 같이, 주주 우선주의는 미국의 기업법에 깊이 박혀 있다. 기업이 잠재적 매각자 지위에서 기업을 운영할 때 사회적·환경적 영향을 고려할 권리를 법에서 명시적으로 거부하는 경우는 거의 없다. 하지만 회사가 복수의 매수 제안을 받을 경우 그 회사는 역사적 사건의 명칭을 따서 명명한 '레블론 모드Revlon mode'에 들어간다. 1986년 델라웨어 대법원은 레블론과 맥앤드루스 앤드 포브스 홀딩스MacAndrews & Forbes Holdings 사이에서 벌어진 소송에서, 회사에는 최고 금액 입찰자에게 매각할 의무가 있다는 의견을 발표했다. 즉, 일단 회사의 매각이 불가피해질 경우 이사진의 신인의무는 오직 즉각적인 주주 가치를 극대화하는 것이며, 이것이 의미하는 바는 가장 높게 주가를 매겨 인수금을 지불하겠다고 제안한 입찰자에게 회사를 매각해야 한다는 것이다. 이사진이 이를 이행하지 않을 경우, 법원 명령에 의한 분쟁 공시부터 최고 입찰자 이외의 구매자가 연관된 거래 제안에 대한 가처분 명령에 이르기까지 처벌이 가해진다.

논란의 여지가 남아 있지만, 레블론 판결은 전례 없는 것이었다. 1919년 닷지Dodge 대 포드Ford 사건으로 거슬러 올라가면, "회사 법인은 주로 주주의 이익을 위해 설립되고 운영된다. 이사진의 권한은 그것을 목표로 사용되어야 한다."고 판시되었다.[2] 2010년 이베이eBay 대 크레이그 리스트Craigslist 소송의 경우, 델라웨어 형평법원Delaware Chancery Court은 "주주의 이익을 위해 델라웨어에 설립된 영리기업의 경제적 가치 극대화를 추구하지 않는" 기업 사명은 이사의 신인의무에 부합하지 않으므로 무효라고 판결했다. 기업이 부가적인 사명을 추구할 경우에도 그것은 경제적 이익으로 이어져야만 한다고 법원은 판단한 것이다.[3]

비랩 팀은 레블론 모드와 주주 우선주의에 입각한 기업법의 좀 더 일반적인 초점이 기업가, 경영자, 투자자, 소비자가 사회를 위해 장기적인 편익을 창출하는 기업을 설립하고 그 기업에 투자하거나 지원할 자유를 부정한다고 생각했다. 코언 길버트는 이렇게 말한다. "사회적 효과와 사업적 효과 사이의 균형을 용케도 효과적으로 관리하는 데 성공한 기업은 수없이 많습니다. 그럼에도 우리는 기업이 그렇게 할 수 있도록 뒷받침하는 가치, 표준, 책임성을 제도화해야 합니다. 우리는 시스템을 갖춰야 합니다. 계속해서 엉망인 상황을 정리만 할 게 아니라 게임의 규칙을 바꿔야 합니다."[4]

캘리포니아의 교훈과 빌 클라크의 도움

캘리포니아는 비랩 설립자들이 목표로 삼은 첫 번째 주였다. 사업이 계획대로 진행되지는 않았지만 가장 합당한 출발지로 보였다. 카소이는 이렇게 기억한다. "기본적으로 이것저것 고려한 후에 이렇게 결론을 내렸죠. 'B 코퍼레이션이 집중되어 있고, 활동 중인 지속가능성 기업들이 여럿 있으며, 바람직한 입법 환경이 있고, 우리가 아는 변호사 중에서 제안을 받아들일 만한 사람이 있는 곳은 어디인가?' 명확히 들어맞아 보이는 곳이 캘리포니아였습니다."

앞서 언급했듯, 이해관계자 고려법은 기업의 이사진이 의사결정을 할 때 모든 이해관계자의 이익을 고려하는 것을 요구하지는 않지만 허용은 하는 규정이다. 카소이에 따르면 2008년에 캘리포니아 법률사무소 핸슨 브리짓Hanson Bridgett, 몽고메리 앤 핸슨Montgomery & Hansen, 웬델 로젠Wendel Rosen 등에서 온 변호사들과 협력해서 "캘리포니아 변호사협회와 대규모로 공방을 벌이긴 했지만 입법부에서 이해관계자 고려법을 통과시킬 수 있었다"고 한다. 카소이는 이어서 "이 법안은 주 의회에서 양당이 거의 만장일치로 통과시켰다."고 회상했다. 불행히도, 슈워제네거 주지사는 캘리포니아 변호사협회 기업위원회의 격렬한 반대로 인해 거부권을 행사했다. 그러나 그는 이 법안의 옹호자들이 계속 노력하도록 격려했다. 카소이는 이렇게 설명한다. "변호사협회 사람들과 얘기를 나눈 후에 결국 법안에 대해 거부권을 행사하게 되었지만 이런 편지를 썼습니다. '새천년 시대의 기업 지배구조에 대한 대안적 형태를 고려함에 있어 캘리포니아는 모든 주의 선두에 서야 합니다. 이것은 캘리포니아가 다시 한 번 혁신의 새 시대를 열기 위한 또 다른 가능성 있는 기회입니다. 저는 캘리포니아를 세계 경제의 중추가 되게 해준 중요한 가치인 주주 보호를 유지하면서 동시에 현재 모델의 대안을 제시할 수 있는 새로운 형태의 기업 지배구조를 고려하고 연구해줄 것을 의회에 촉구합니다.'"

코언 길버트는 이렇게 말한다. 슈워제네거는 "후원자들에게 단순히 이해관계자 고려법을 법제화하는 것뿐 아니라 별개의 법인격을 만드는 일에 힘써달라고 요청했습니다. 이것 역시 우리가 선호하는 해법이었습니다. 하지만 우리 스스로가 꽤 급진적 혁신이라고 여기는 것을 지지할 사람이 있을 거라고는 생각하지 못했죠."[5] 빌 클라크가 등장하기 전까지는 그랬다.

빌 클라크는 독실한 기독교 신자로, 자신이 비랩과 연관된 것을 "신이 내린 사명"으로 보았다. 클라크는 대학을 졸업하고 곧 결혼했다. 그의 아내는 휴학을 했지만 생활 때문에 포기하게 될 상황이 오게 될 것을 우려하여 그러기 전에 곧장 대학으로 돌아가야 한다고 서로 염두에 두고 있었다. 클라크는 고대 언어를 배울 요량으로 웨스트민스터 신학교에 진학할 계획이었다. 하지만 그의 아내가 대학으로 복귀하면서 그 계획은 보류되었고, 그는 아내와 자라는 아이들을 부양할 수 있을 만한 일자리를 찾았다. 그리고 필라델피아에서 가장 큰 법률사무소인 모건, 루이스 & 보키우스Morgan, Lewis & Bockius의 정부규제 영역에서 변호사 보조원으로 일하게 되었다. 아내가 졸업한 후 그는 자신의 꿈을 이루기 위해 신학교로 향했다. 그는 열심히 공부했고 결국 신학 학위를 받았지만 매년 여름에는 모건, 루이스 & 보키우스에서 일했다. 그는 진정으로 열정을 느끼는 일을 찾았음이 분명했다. 바로 법이었다. 우선순위를 바꾸는 것이 마땅해 보였다.

클라크는 로스쿨에 입학했고 마침내 모건, 루이스 & 보키우스에 합류하게 되었다. 당시 그의 스승은 자신이 저술한 펜실베이니아 기업법을 수정하던 중이었다. 클라크는 법률 초안 작성과 기업법에 집중했으며, 이로써 그는 동업회사관계법 및 합자회사, 유한책임회사, 비영리법인, 주식회사, 보험회사, 신용조합 등에 관한 법률을 작성하거나 책임지게 되었다. 그는 국가 법령 작성을 수행하는 위원회에도 참여했다.

마침내 그는 앤드원의 법률사무소인 드링커비들 앤 리스 Drinker Biddle & Reath로 이직했다. 클라크는 앤드원의 매각과 비랩 설립 소식을 듣긴 했지만, 당시에는 그 세 사람이나 관련 조직들과 아무런 연관이 없었다. 캘리포니아에서 비랩의 계획이 무산된 후에야 그들은 하나로 모였다. 클라크는 당시를 이렇게 회상한다. "저는 완전히 회의론자였어요. 전혀 이해할 수가 없더군요. 저는 평생을 펜실베이니아에서 설립된 것 중 가장 큰 상장회사인 더맨the man에서 일했습니다. 애트나, 컴캐스트 이런 회사들이 고객이었고요. 저는 완전히 다른 세계에서 일하는 데 익숙한 그런 사람이었습니다. 하지만 그들과 몇 차례 회의를 해보고 그들의 문제가 무엇인지 파악한 다음엔, 우리가 어떤 해결책을 도출할 수 있을지 알아보겠다고 말했습니다." 일단 비랩 팀과 만나기 시작하고서 그가 이 운동에 완전히 전념하게 되기까지는 그리 오래 걸리지 않았다. 클라크는 그때를 되돌아보며 이렇게 말했다. "제 직장 경력은 전부 비랩과 함께 일하기 위한 준비였습니다. 제가 드링커비들 앤 리스로 이직한 것은 제 경력의 초점을 잡게 해준 마지막 경력 개발이었습니다. 그때 이직해서 비랩을 만나게 됐으니까요."

클라크는 퍼즐의 빠진 조각이었다. 카소이는 이렇게 회상한다. "클라크는 신인의무를 확장하는 데 있어 일반 기업이 더 많은 일을 할 수 있도록 대안적 회사 형태 또는 선택권이 있어야 한다는 이 개념을 접하고는 굉장히 흥분했습니다. 그는 우리에게 자기와 같이 앉아서 기업법을 새롭게 써보자고 부추겼습니다. 우리가 기업이 주주 가치 외에도 공익을 창출하고자 할 경우 어떤 모습이어야 하는지 정할 때, 그가 우리와 함께 있었습니다."[6]

설립자들은 캘리포니아에서 베네핏 코퍼레이션 법안의 초기 모델 개발을 위해 클라크와 함께 6개월 이상을 갈팡질팡하며 보냈다. 카소이는 미국의 다른 단체들도 비슷한 방식으로 여러 가지를 시도하고 있었다고 회상한다. "미네소타에는 어느 시점인가부터 사회적 책임 기업 관련 규정을 만들려고 노력하던 시민 집단이 있었습니다. 하와이에서도 비슷한 것을 시도했죠. 31개 주에는 이해관계자 고려법이 있습니다. 그래서 그로부터 많은 발상이 마구 떠올랐죠. 기초적인 입법 모델을 작성하며 법안과 씨름하는 데 많은 시간을 들였습니다. 그 후 우리와 얼마간 관계를 맺고 있는 몇몇 다른 주들로 가서 얘기를 나누기 시작했습니다."

클라크는 이렇게 말한다. 자신들이 구상하던 모델은 "신인 의무의 내용을 강제적으로 확장하는 특별 조항을 제외하고는 기본법의 모든 일반적 규칙이 적용되도록 설정할 것입니다. 사전동의opt-in 방식은 슈워제네거가 제시했던 것과 다르지 않을 것입니다. 그러니 기본 기업법 규정에 비슷한 변경을 가하면서 정치인들에게 투표 좀 부탁한다고 할 때보다는 걱정이 훨씬 덜 됩니다."

메릴랜드주가 앞장서다

2009년 가을 카소이는 워싱턴 DC의 웨이터 보조들과 시인들Busboys and Poets이라는 커뮤니티 모임 공간에서 투자자서클이 개최한 파티에 참석했다. 오랫동안 지속가능한 기업 운동을 해왔으며 비콥 운동의 옹호자이자 블루릿지 프로듀스Blue Ridge Produce의 설립자인 짐 엡스타인Jim Epstein이 카소이를 당시 메릴랜드주 상원의원이었던 제이미 라스킨에게 소개시켜 주었다. 카소이는 이렇게 회상한다. "저는 그에게 우리가 하는 일에 대해 설명하기 시작했습니다. 그러자 그가 말했죠. '오, 완벽하네요! 이거야말로 바로 우리 메릴랜드에 필요한 겁니다. 이 운동이 우리 주를 지속가능한 기업과 관련해서 (기존 기업들의 중심지인) 델라웨어처럼 만들어주겠네요!' 그리고 대화가 끝나자 뜻밖에도 '명함 좀 주시겠어요? 다음 주에는 법안을 작성해 두겠습니다.' 이렇게 말하는 거예요."

카소이는 비랩의 장기 목표에 도움이 될 수 있는, 생각이 비슷한 사람을 만나서 흥분했지만, 일이 꼭 라스킨이 말한 것처럼 빨리 처리될 거라고는 믿지 않았다. "다음날 바트와 제이에게 전화를 걸었는데, 우리 모두 좀 웃었던 게 기억납니다. 이틀 후 라스킨의 보좌관에게서 전화가 왔는데 이렇게 말하는 거예요. '의원님과 통화 가능하신가요? 다음 주에 법안 제출할 거라서요.' 한 주가 아니라 두 주가 걸렸을 수도 있습니다. 하지만 그는 정말로 법안을 제출하고, 공동 발의자를 찾으면서 입법을 추진했습니다."

라스킨이 긴급하게 일을 추진한 것은 세 가지 주요 사건 때문이었다. 그는 이렇게 회상한다. "하나는 웨스트버지니아의 어퍼빅 브랜치 광산 붕괴 사고였고, 두 번째는 BP의 기름 유출 사고, 세 번째는 주택시장 담보대출 붕괴 사건이었습니다. … 기업들이 일으킨 이런 대재앙을 생각해보세요. 그때는 참 어려운 시간이었습니다."[7] 13명의 목숨을 앗아간 광산 붕괴 사고는 ICG 코퍼레이션에 내려진 안전 인용문을 아무도 따르지 않았던 것이 주원인이었다. 라스킨은 이렇게 말한다. "마치 탐욕스럽고 아무런 통제도 받지 않는 고삐 풀린 자본주의 사회로 되돌아간 것 같았습니다. 기업들이 법의 통제를 받지 않는다면 기업설립 허가서는 도둑질하라는 면허나 마찬가지입니다."

라스킨은 애덤 스미스의 저서를 다시 읽고 그의 생각과 현대 세계의 상황을 비교했다. 그는 이렇게 회상한다. "저는 현대 우익 정치 세력에 의해 애덤 스미스가 근본적으로 왜곡되어 잘못 이해되고 부당하게 이용당하고 있다는 결론에 이르렀습니다." 라스킨은 스미스가 시장이 모든 것을 지배해야 한다고 생각하지도, 자본주의가 합리적 선택에 따른 우연의 산물이라고 생각하지도 않았다고 이해했다. 사실, 그는 주주 우선주의의 만연이 초래한 것, 즉 "특정 대기업들이 권력을 얻어 정치권을 장악하고 그 영향력으로 나머지 사회 구성원들을 위한 공공정책의 필수 조건을 좌지우지하는 독점자본과 약탈적 기업 활동의 발전"에 대해 우려를 느꼈을 것이다.

2008년 대통령 선거 직전, 보수적인 비영리단체인 시민연합[Citizens United]은 힐러리 클린턴에 반대하는 영화를 상영하려 했다. 하지만 선거 전 기업의 '선거운동 광고' 제작이나 입후보자의 성패를 위해 지출하는 것을 금지한 연방법, 즉 맥케인-파인골드[McCain-Feingold] 법에 따라 상영이 금지되었다. 이에 대해 2010년에 대법원은 시민연합에 우호적인 판결을 내려 기업이 사람처럼 자체 의견을 가지고 그에 따라 행동할 수 있도록 허용하는 선례를 만들었으며, 일각에서는 이를 충격적인 조치로 받아들였다. 라스킨은 이렇게 말한다. "법원이 한 일은, 기본적으로 CEO들이 기업 자금으로 수표를 발행해서 지지하는 정치인들이 당선되도록 힘을 쓰거나 자신의 이익에 반하는 정치인들을 패배시킬 수 있다고 말한 것입니다."

라스킨은 또 이렇게 설명한다. "새로운 유형의 법인을 설립함으로써 이 회사들은 잠재적인 투자자, 직원, 고객들에게 자신들의 회사 정관에는 사회적 강령이 있기 때문에 기존의 기업과 다른 유형의 기업이라는 신호를 보낼 수 있을 것입니다. 이들은 가능한 한 많은 돈을 벌기 위해 노력하는 일반적인 델라웨어 법인 모델 외에 특정한 공익적 목적을 지니고 있습니다."

함께 일하기 시작했을 때 라스킨은 비랩 팀에 "실질적인 계획"이 있는지 물었다. 세 사람은 그에게 베네핏 코퍼레이션에 대한 작업이 5~10년 정도 걸릴 걸로 예상한다고 말했다. 라스킨은 이건 10주짜리 계획이어야 한다고 대답했다. 그는 동료들에게 베네핏 코퍼레이션 법안에 대해 다음과 같이 짧고 간결하게 설명했다. "기업이 처음 생겼을 때, 기업들은 매우 엄격하게 통제를 받으면서 특정한 사회적 목적을 염두에 두었습니다. 이 목적이 달성되고 나서야 그들은 다른 일을 할 수 있었습니다." 그는 계속해서, 델라웨어 기업 모델이 이를 급격히 바꾸어, 기업들은 모든 위험을 사회와 소비자 또는 직원들에게 전가하면서 원하는 일은 무엇이든 할 수 있었고, 그렇게 지속하면서 주주들에게는 제한적인 책임만을 지도록 하게 되었다고 말했다. 그는 기업의 막대한 부 때문에 이제 "램프의 요정 지니를 다시 병에 집어넣는 것"은 불가능하다고 말했다. 기업이 사회적 도덕성을 자발적으로 지니도록 설득하는 것은 해결책은 아니지만 그래도 커다란 진전이었다.

그는 메릴랜드주 의회에서 의원들에게 기업들이 메릴랜드에서 베네핏 코퍼레이션으로 등록하고 메릴랜드에서 등록비를 낼 것이며, 그러면서도 주에서 지출하는 돈은 전혀 없기 때문에, 베네핏 코퍼레이션 법안이 주에 재정적 이익을 가져다줄 것이라는 점을 상기시켰다. 그는 민주당 의원들이 이 발상을 곧바로 마음에 들어 했다고 회상한다. 대부분의 공화당 의원들은 약간은 미심쩍어했지만 이 법안에서 잘못된 점을 찾아내지 못했다. 소수이긴 하지만 이 계획에 반대하는 사람들은 목소리를 높였다. 라스킨은 몇몇 사람들은 이 법안을 진보주의자들 편에서 자본주의의 모든 규칙을 뜯어고치려는 조지 소로스의 음모라고 생각했다고 회상한다. 또 어떤 사람들은 이 법안이 그저 기분을 달래주는 시도일 뿐 아무것도 달라지지 않을 것이라 여겼다. 이런 비판들이 제기되자 라스킨은 비랩 팀을 메릴랜드로 초청하여 제출된 법안에 대해 더 상세히 설명하게 했다. 베네핏 코퍼레이션에 세금 감면 같은 우대책과 유인책이 있어야 하는지 여부에 대해서도 많은 토론이 있었다. 라스킨은 다음과 같이 말하며 이 논쟁을 끝냈다. "그 얘기는 훗날 합시다." 라스킨은 이렇게 말한다. 마침내, "우리는 거의 만장일치로 지지를 얻었습니다."

2010년 4월 13일, 메릴랜드 주지사는 이 법안에 서명했다. 이 법률이 발효된 2010년 10월 1일, 메릴랜드 주정부 평가사 정세무국Department of Assessment and Taxation 사무실 바깥에는 세계 최초의 베네핏 코퍼레이션 등록의 영예를 차지하기 위해 11개 기업이 대기했다. 친환경 유기농 반려동물 용품 가게 빅배드우프Big Bad Woof가 첫 번째로 등록했고, 공정무역 커피 수입업체인 블레스드 커피가 바로 그 뒤를 이었다.

베네핏 코퍼레이션이 되는 것의 의미

베네핏 코퍼레이션으로 등록되면 기업가는 주주의 이익 외에 다른 이해관계도 고려할 수 있을 뿐 아니라 외부 자본의 유입으로도 회사가 원래의 사회적 사명에서 "어쩔 수 없이" 벗어나지 않도록 보호받기도 한다. 베네핏 코퍼레이션 법안 기본 모델에 따르면 기업은 다음과 같아야 한다.

- 사업과 운영을 통해 재정적으로 수익을 낼 뿐 아니라 사회와 환경에 중요한 긍정적 영향을 창출하려는 목적을 가지고 있어야 한다.
- 이사진의 신인의무를 확대하여 그들의 결정이 주주뿐 아니라 광범위한 영역의 이해관계자들에게 미치는 영향까지 고려해야 한다.
- 독립적이고 투명하며 신뢰할 수 있고, 포괄적인 표준을 이용하여 회사가 환경, 직원, 회사의 고객, 회사와 관련 있는 지역사회 등에 대해 미치는 긍정적 영향을 평가하기 위한 공개 보고서를 정기적으로 준비하여 회사의 전반적인 목적에 대한 정보를 제공해야 한다.

베네핏 코퍼레이션은 사회와 환경 전반에 중요한 긍정적인 영향을 창출한다는 목적 외에, 특정한 지역사회나 환경적 문제에 대해 구체적인 공익을 창출하겠다고 결정할 수도 있다. 책임성에 대한 요구는 회사의 이사진이 주주, 직원, 고객, 지역사회 등의 이해관계를 고려하도록 한다. 사회적·환경적 지표에 관한 평가와 보고를 위해 B임팩트평가 등의 제3자 표준을 따르는 연간 '편익 보고서benefit report'를 완전한 투명성을 위해 모든 주주에게 배포하고 또한 회사의 공식 웹사이트에 공개해야 한다. 비랩은 특히 최근 몇 년간 회사의 소송 여부에 대해 공개하는 등 부정적 관행에 대한 투명성에도 초점을 맞추고 있다. 이것이 이해관계자들이 정보에 근거하여 현명한 결정을 내릴 수 있는 유일한 방법이기 때문이다. 일부 주에서는 베네핏 코퍼레이션이 평가의 진실성을 감독하는 독립적 존재인 편익 이사를 선임할지, 혹은 보고서 준비를 이끌 편익 담당 임원을 둘지 선택할 수 있다. 이사는 일반적으로든 또는 공익을 창출하지 못해서 생기는 금전적 손실에 대해서든 아무런 개인적 책임도 지지 않는다.[8]

일부 베네핏 코퍼레이션의 경우 결국 비콥 인증을 추진하게 된다. 또 베네핏 코퍼레이션 법안이 통과된 주에 설립된 비콥은 인증 후에 베네핏 코퍼레이션이 되라는 요구를 받게 된다. 베네핏 코퍼레이션과 비콥은 여러 가지로 비슷한 면이 있다. 둘 다 제3자 표준(비콥 인증 기업의 경우에는 반드시 B임팩트평가라야 함)에 대한 회사의 전반적인 사회적·환경적 성과를 평가하고 공개해야 하며, 둘 모두 이사진의 의사결정 시 모든 이해관계자를 고려해야 한다. 하지만 이 둘의 차이점을 살펴보는 것은 유용하다. 물론 근본적인 차이점은 하나는 법적 형식이고 다른 하나는 인증이라는 점이다. 비콥 인증 기업과 베네핏 코퍼레이션은 실행performance 측면에서 가장 크게 다르다. 비콥 인증 기업은 B임팩트평가에서 최소 기준 점수를 넘어야 하며 3년마다 재인증을 받아야 한다. 반면 베네핏 코퍼레이션은 최소 평가 점수를 유지할 의무가 없고 지속적인 검증이나 감독도 없다. 또한 비용 측면에서도 차이가 있다. 비콥 인증 기업은 매출에 따라 비랩에 연간 인증 수수료를 지불하지만, 베네핏 코퍼레이션은 주정부에 신고 수수료만 내면 된다.

베네핏 코퍼레이션 법안은 필요한 것인가?

일부 법학자들은 베네핏 코퍼레이션 법안이 필요하지 않다고 생각한다. 2012년 자신의 책《주주 가치의 신화》에서 린 스타우트는 기업법의 '경영판단의 원칙'은 자신의 지위나 권력을 악용하지 않는 한 경영자와 임원진이 자신이 온당하다고 생각하는 대로 기업을 이끌어갈 수 있도록 상당한 여지를 주고 있다고 주장했다.[9] 〈유러피언 파이낸셜 리뷰〉의 기사에서 그녀는 다음과 같이 썼다. "틀림없이 그들은 수익을 극대화하는 선택을 할 수 있습니다. 하지만 동시에 그들은 법에 저촉되지 않는 한 다른 목표를 추구하기로 선택할 수도 있습니다. 자신의 직원이나 공급업체를 챙기고, 고객을 기쁘게 하고, 지역사회와 더 큰 차원의 사회에 편익을 제공하고, 기업이라는 존재 자체를 보존하고 보호하는 것 같은 일들 말이죠. 주주 우선주의는 경영상의 선택입니다. 법적 요건이 아니에요."[10] 델라웨어에서 베네핏 코퍼레이션 법안이 통과된 후 가디언 지와 가진 인터뷰에서 다시 한 번 이 얘기를 이어가며 스타우트는 이렇게 말했다. "대중들이 보통 생각하듯이 주주 가치 극대화에 실패하면 이사진을 고소해서 대가를 치르게 할 수 있다는 것은 완전히 잘못 알고 있는 겁니다."[11] 달리 말해 스타우트에 따르면, 레블론 모드나 주주 우선주의의 위험성과 관련해 비랩에서 하는 주장은 원인 무효이다.

하지만 전 델라웨어 수석재판관 레오 E. 스트라인[Leo E. Strine]

은 스타우트의 견해에 동의하지 않는다. 그는 자신의 소논문 "거부의 위험The Dangers of Denial"에서, 기존 기업에서 이사진이 다른 이해관계자들의 이해를 쉽사리 증진할 수 있다고 결론짓는 여러 생각들의 허점을 폭로한다. 그의 요점 중 하나는 주주는 이사를 선임하고, 조건을 강제하고, 이사진에게 책임을 묻고, 거래를 승인하고, 그 외에도 여러 가지 일을 할 수 있는 법적 권한을 가진 유일한 존재라는 것이다. 다른 이해관계자 집단에게는 아무 권한도 없다. 그는 글에서 이렇게 쓰고 있다. "이사들이 주주의 이해 외에 다른 이해관계를 증진하여 옳은 일을 할 수 있고 또한 해야 한다고 주장하는 것은 공허할 뿐 아니라 사회복지에 해가 되기까지 한다. 이 주장은 다른 이해관계자 집단을 보호할 능력이 있는 사람들에게 (주주 가치 극대화 이외에 - 옮긴이) 다른 이해관계자들을 지킬 권리를 줌으로써 그 이해관계자들을 보호하도록 압박하는 게 아니라, 오히려 그러한 압박을 완화시킨다."[12]

이 책의 초반부에서 만난 "기업 회생 변호사" 릭 알렉산더는 훨씬 더 직설적으로 반박한다. "이 나라에서 법이 작동하는 방식은 말이죠, 판사가 뭐라고 말을 하면 그게 바로 법인 겁니다. 저에게 법은 복잡하지 않습니다. 레블론 소송을 보세요. 그 판결은 델라웨어 대법원이 내린 건데, 거기서 주주 우선주의를 말하고 있어요." 즉, 변호사나 법학 교수는 레블론 모드를 피할 수 있다거나 이론적으로 그건 법이 아니라고 말할 수 있겠지만, 기실 델라웨어 대법원 판사들은 자신들의 판결을 통해 명시적으로 그것을 사실상의 법으로 만든 것이다.

주별 진행

　메릴랜드의 베네핏 코퍼레이션 입법 과정이 한 사람에 의해 추진되었다면, 그 다음에 법안이 통과된 버몬트는 버몬트 주 변호사협회의 입법적 관심과 지원을 얻어내는 데 중요한 역할을 한 버몬트 사회적 책임 기업 협회Vermont Business for Social Responsibility, VBSR, 버몬트 직원소유제 지원센터Vermont Employee Ownership Center, VEOC를 포함하여 일군의 사회적 책임 기업과 여러 개인의 노력에 힘입었다. 버몬트주에서 베네핏 코퍼레이션 법안은 상당히 쉽게 통과되었는데, 이는 메릴랜드에서 길을 트고서 약 한 달만이었다. 카소이는 버몬트가 법안을 통과시킨 첫 번째 주가 아니라 두 번째 주인 점이 이상적이었다고 생각한다.

　그런 일이 일어난 건 행운입니다. 만일 버몬트가 첫 번째였다면 "저 북부 사회주의자들 미쳤구만, 저런 게 무슨 기업이야."라며 쉽사리 묵살 당했을 겁니다. 메릴랜드에는 델라웨어 바로 다음으로 두 번째로 많은 상장기업이 있습니다. 상대하기 만만찮은 기업 변호사 집단과 꽤 유명한 중도 성향 주지사가 있지요. 델라웨어 바로 옆에 위치해 있고 워싱턴DC와 가깝다는 사실 덕분에 신뢰성과 진지함을 어느 정도 만들어내긴 했지만, 그래도 제 생각에는 버몬트주가 첫 번째였다면 아마도 어려웠을 겁니다. 그래도 한 달도 채 되기 전에 두 주에서 원투펀치를 날릴 수 있었다는 건 놀라운 일이었습니다.

코언 길버트는 메릴랜드와 버몬트에서 일어난 일에 팀이 놀라워했다며, 이런 빠른 성공은 비랩이 원래 계획했던 건 아니었다는 점을 인정한다. "예, 우리의 원래 사업 계획에서 법제화는 최종 목표였습니다. 우린 그걸 5년이나 10년 안에 할 일로 생각했어요. 그런데 기회가 왔고, '아, 우리가 세운 계획에는 이걸 3년 안에 하라는 말이 없는데요.' 이렇게 말할 수는 없었죠. 그냥 '좋습니다, 합시다!'라고 할 밖에요."[13]

뉴욕, 펜실베이니아, 콜로라도, 오리건, 노스캐롤라이나 모두 2010년 베네핏 코퍼레이션 법안에 관심을 표했으며, 비랩의 세 사람은 이 주들에서 법안을 도입하도록 하기 위해 일하기 시작했다. 팀의 자원에는 한계가 있었고, 세 사람은 동시에 모든 곳에 갈 수는 없었다. 이들은 특정 주에 머물면서 관심을 보이는 정책 입안자들에게 공유할 문서 꾸러미(빌 클라크의 캘리포니아 원안에 기초한 모델)를 제공하는 데 초점을 맞췄다. 클라크는 이렇게 말한다. 원안을 수정해나갔는데, "이 과정에서 이 일을 해나가는 데 가장 좋은 방법이라고 생각했던 것을 정확히 담아낼 수 있었습니다." 초기에 작업한 주의 법안에 있는 표현은 나중에 관심을 가지게 된 주들만큼 일관성이 없는데, 이에 대해 클라크는 이렇게 말한다. "모든 법안은 회사의 목적 변경, 이사의 의무 변경, 목적과 관련한 보고 강화 요구라는 세 가지 기본 특성을 공유합니다. 이는 베네핏 코퍼레이션의 세 가지 주요 특성입니다."

이 운동은 종종 풀뿌리 운동가들이 이끌었으며, 각 주의 지역 경제계는 서로 다른 반응을 보였다. 사우스캐롤라이나 상공회의소에서는 곧바로 이것이 좋은 발상이라고 생각했다. 미시간 상공회의소는 이와 대조적으로, 이 모델을 채택하지 않은 기업이 부끄럽게 느끼게 될 것을 매우 우려했다. 즉, 베네핏 코퍼레이션 선택이 가능하도록 법안을 통과시키면 왠지 베네핏 코퍼레이션이 아닌 모든 회사가 마치 "나쁜 회사"인 것같이 낙인이 찍히게 될 것을 걱정했다. 클라크는 이렇게 회상한다. "두려움에 대한 굉장히 흥미로운 개념 아닌가요? 그게 성공적인 것으로 판명이 나면 나도 해야 되는 거 아닌지 갑자기 걱정이되겠네요." 이런 다양한 반응의 요점은, 주의 수준에 맞춰 적합한 사람들을 찾아 빠르게 그들의 지원을 얻어내는 것이 비랩에게 중요하다는 것이었다.

비랩 설립자들은 이러한 활동이 초당적으로 이루어지도록 열심히 노력했다. 비랩의 이해관계자 지배구조 및 정책 책임자인 홀리 엔선바스토우Holly Ensign-Barstow는 이렇게 말한다. "우리에겐 아주 보수적인 후원자와 아주 진보적인 후원자가 모두 있었고, 모든 원내 투표에서 90%의 지지율을 확보했습니다." 처음에 비랩은 수동적이었다. 설립자들은 주 측에서 먼저 관심을 보이지 않으면 그 주에 다가가지 않았다. 그들은 일반적으로 주의회와 지역 경제계 관계망, 그리고 기업 변호사들과 이미 관계를 맺고 있는 지역 내 비콥과 함께 시작했다. 일단 관심이 있다고 하면 비랩은 양당이 동의하는 법안 추진을 위해 다음 단계를 밟는다. 엔선바스토우는 이렇게 설명한다. "누구냐에 따라 다르지만, 일반적으로 우리는 상대방과 통화를 합니다. 기본적으로 그들이 법안 제출과 진행에 대해 어떻게 생각하는지를 고려하며 그들에게 우리의 권고안에 대해 상세히 이야기합니다. 보통은 공화당 측이 후원자가 되기를 바랍니다. 민주당 쪽에서 관심을 보일 경우에는 최소한 공동 후원에 관심을 가질 만한 공화당 쪽 사람을 찾으라고 권합니다. 또 여러 사업조직과 변호사협회에도 접촉할 것을 권합니다. 불행히도 변호사협회는 때로는 참여시키기 가장 어려운 주체일 수 있습니다."

클라크는 이 법안을 통과시키려면 많은 설득이 필요하다고 이야기한다. 그가 주로 하는 일 중 하나는 말이 통할 만한 괜찮은 지역 변호사들을 찾아 법안을 진행시키라고 설득하는 것이다. 이 변호사들은 그 주의 기업법과 기타 사업조직 관련법을 책임지고 있어서, 종종 자신들에게 이래라 저래라 하는 외부인의 생각을 밀쳐내곤 한다. 또 그들은 이 법안이 왜 필요한지, 그리고 이 법안이 기업들에게 특정 사명을 채택할 것을 요구하지 않을 것이라는 점을 이해하기 어려워할 수 있다.

이러한 진행 과정의 초기에 일부 주의회에서도 저수익 유한책임회사low profit limited liability corporation, L3C, 캘리포니아의 유연목적회사flexible-purpose corporation, 워싱턴의 사회적목적회사social purpose corporation 등 비슷한 법인 형태를 도입하는 법률이 통과되고 있었다. 하지만 비랩의 모델이 표준이 되고 있는 것이 점점 분명해졌다. 비랩의 주요 성공 요인은 법안 통과로 인해 추가 비용이 발생하지 않을 거라는 점을 규제기관에게 약속할 수 있다는 점이었다. 게다가 라스킨이 지적하듯 일각에서는 베네핏 코퍼레이션이 "기업을 선거정치와 분리하는 벽을 복구하는 데 도움이 될 것"이라는 희망을 가지고 있다. 라스킨은 이렇게 설명한다. "저는 베네핏 코퍼레이션이 시민연합에 도전하는 데, 그리고 기업 자금이 CEO의 개인적 이익이나 심지어는 주주들의 집단적 이익을 위해 쓰이는 정치적 비자금이라는 생각에 도전하는 데 도움이 되기를 바랍니다. 바이런 화이트 대법관의 논평과 같이, 기업은 국가의 피조물이며, 국가는 자신의 피조물이 자신을 깎아내거나 집어삼키도록 놔둘 이유가 없습니다. 기업인들이 진정으로 사회의 평온과 안녕을 증진하고자 한다면, 선거에 개입하고 정치 활동에 자금을 댈 게 아니라 기업 자신이 속한 지역사회에서 그러한 활동을 직접 해야 합니다. 그들이 필요한 바로 그런 곳에 말이죠."

델라웨어와의 갈등

델라웨어는 사실상 미국 기업법의 중심이다. 포춘500 기업 중 65% 이상이 법인 등록지로 델라웨어를 택했으며 주 연간 예산의 3분의 1 정도가 기업의 등록과 관리에서 나온다. 비랩 설립자들은 델라웨어는 다른 주와는 약간 다르게 접근해야 한다는 것을 알고 있었고, 그곳 법전에 비콥 법령을 추가하는 작업은 실제로 특별히 어려운 일이었다. 델라웨어에서 베네핏 코퍼레이션 법안을 옹호하는 사람들은 기업법 및 기타 법령을 자체적으로 제정하는 델라웨어의 일반적인 접근 방식 때문에 성공 가능성이 희박하다는 것을 알고, 클라크의 법안을 이용하지 않았다.

릭 알렉산더는 25년간 전통적인 기업법을 다뤘고, 델라웨어 법전에 관련 법안을 담으려는 운동의 지도자였다. 그의 과거 작업 대부분은 델라웨어 법령에 초점을 두고 있었고, 그는 항상 주주 우선주의를 굳게 믿고 있었다. 알렉산더는 비랩의 공동설립자들이 접근했을 당시 기본적으로 기업법의 수호자였던 델라웨어 변호사 집단의 일원이었다. 알렉산더는 이렇게 회상한다. "우리는 그들이 좀 멍청하고 순진하다고 생각했고, 별로 얽히고 싶지 않은 사람들이라고 생각했습니다." 그는 수년간 변호사들이 여러 형태의 이해관계자 고려법을 접했지만 전부 거부했다고 설명했는데, 그 법안들은 원래 비랩 팀이 캘리포니아에서 통과시키려고 노력했던 유형과 비슷한 법률 변경안이었다. "정치적 성향이 뭐든 기업은 이윤을 만들어내야 하고 기업에 돈을 투자한 사람들이 그 뒤를 받쳐주는 겁니다. … 외부효과가 지나치다고 생각되면, 의회에 가서 기업이 그런 비용들을 내부화하도록 만드는 법안을 만들라고 로비를 하면 됩니다."[14]

　　비랩 설립자 3인은 대법원장 레오 스트라인, 당시 주지사 잭 마켈 등 현지 주요 인사들의 지원을 받아 델라웨어 변호사 협회에 조심스럽게 접근했다. 마켈이 델라웨어 변호사협회 기업법 부서에 이들과의 만남을 주선했다. 알렉산더는 깊이 파헤칠수록 깊은 관심을 가지게 되면서 이 프로젝트에 앞장을 서게 되었다. 그가 린 스타우트의 책을 읽고 나서는 모든 것이 달라졌다. 앞서 언급했듯이, 이때가 그의 전환점이었다.[15]

　　2012년 9월, 비랩은 신빙성을 더하기 위해 엣시의 채드 디커슨, 워비파커의 닐 블루멘탈, 캐스케이드 엔지니어링의 프레드 켈러, 댄스코의 맨디 캐벗 등 다양한 비콥의 CEO와 설립자들을 불러 모았다. 또 중요한 지점으로, 신뢰할 만한 투자자들, 즉 유니온 스퀘어 벤처스의 앨버트 웽어, 프루덴셜의 오미드 새스Ommeed Sathe 같은 사람들도 참석하게 했다. 카소이는 한 대형 법률회사에서 모여 회의를 했다고 회상한다. "회의실로 내려가자 델라웨어의 정말 큰 대형 법률사무소들에서 온 중년 백인 남성들 18명이" 커다란 탁자에 빙 둘러 앉아 있었다. "우리는 이 대화를 하며 참석한 기업가와 투자자들에게 다른 기업 형태가 왜 중요한지 이해를 도우려고 노력했습니다. 매우 중요한 순간이었습니다. 그 후, 이날 참석했던 변호사 중 누군가와 회의를 할 때면 매번 그들은 '이것이 바로 델라웨어에서 이 법안이 필요한 이유'라고 말하면서 그날 회의 중에 언급됐던 특정 사례에 대해서 얘기하곤 했습니다. 정말 멋진 경험이었죠."

　　법안 문서를 작성하는 협상은 매우 팽팽한 긴장이 감돌았다. 한때 클라크는 델라웨어가 비콥 브랜드와 충분히 조화되지 않고 운동의 임팩트를 감소시킬 것이므로 델라웨어의 법안명을 바꿔야 한다고 생각했다. '위장환경주의green-washing'의 위협이 계속해서 제기되었다. 또 다른 국면에서 비랩 팀은 비콥 커뮤니티에 연락하여 도움과 조언을 요청했다. 만일 델라웨어가 시장을 교란할 위험이 있는 김빠진 형태의 베네핏 코퍼레이션을 추진하겠다고 결정을 내린다면, 비랩이 델라웨어주에 영향을 미치기 위해 광범위한 홍보활동을 하기로 결정했다. 훌라한은 스트라인과 마켈이 이 계획에 대해 들었을 때의 반응을 이렇게 회상한다. "정말로 안 좋았어요. 신념을 가지고 우리와 함께 답을 찾기 위해 노력해온 사람들인데, 우리가 잠재적으로 주에 큰 피해를 줄 수 있는 대응을 계획하고 있다고 느꼈으니, 아주 안 좋은 순간이었죠."16 2013년 2월, 스트라인은 변호사협회의 또 다른 핵심 지도자인 알렉산더와 비랩의 공동설립자들에게 회의 소집을 요청했다. 스트라인은 모두가 같은 방에 모였을 때 변호사협회를 초대하여 법률 초안을 공유하고, 법안에 모두 합의할 때까지 아무도 방을 떠날 수 없노라고 선언해버렸다. 그날 참석자들이 자리를 뜨기 전에 델라웨어 변호사협회 관계자는 델라웨어에서 베네핏 코퍼레이션 법이 통과되면 미국 기업법상의 "엄청난 변화"를 상징하게 될 것이라고 말했다. 2013년 8월 1일, 이 법안에 서명이 이루어졌다.17

델라웨어 법안은 특정 영역에서 다른 주의 것과 다르다. 예컨대 회사의 이해관계자를 정의하는 대신 이사진이 주주의 이익과 실질적으로 회사의 영향을 받는 다른 이들의 이익 간에 균형을 맞춰야 한다고 말한다. 비랩이 다른 주에서 개발한 베네핏 코퍼레이션 법안에 따르면 반드시 제3자 표준을 이용해서 평가를 실행하고 그 결과를 일반 대중에게 투명하게 공개해야 한다. 델라웨어에서는 제3자 표준을 이용해서 베네핏 코퍼레이션의 전반적인 사회적·환경적 영향을 평가해야 할 의무가 없다. 이는 거의 틀림없이 위장환경주의의 위험에 노출되도록 방치된 것이다. 또한 '공익기업public benefit corporations, PBC'으로 등록된 회사는 델라웨어주 법에 따라 (베네핏 코퍼레이션 법안 기본 모델의 연례 보고 요건과 달리) 2년마다 (일반 대중이 아니라) 주주에게만 보고서를 투명하게 공개해야 한다.

법안의 기본 모델과 달리, 델라웨어의 것에는 알렉산더가 말하듯 "회사가 편익 창출의 의무를 달성하지 못했음을 드러내기 위해" 주주가 사용할 수 있는 '편익집행절차benefit enforcement proceeding'로 알려진 절차를 다루는 조항이 없다. "이 절차 적용 시 경영 판단의 원칙에 의한 보호는 적용되지 않습니다." 기존의 기업법에서 주주들은 이사진이 선의를 가지고 행동하는 한 그들에게 경영 판단에 대한 재량권을 부여한다. 법안의 기본 모델에 따르면 이러한 보호는 이사진과 임원진에게까지 확장되지만 회사 그 자체에는 적용되지 않는다. 알렉산더는 경영 판단의 원칙에 예외를 적용하지 않는 델라웨어 조항과 대비하며 법안의 기본 모델에 대해 이렇게 설명한다. "주주는 '내 생각에는 실질적 공익을 달성할 더 좋은 방법이 있다'고 말하며 소송을 제기할 수 있습니다."

베네핏 코퍼레이션의 도입 및 실행과 관련한 과제

2020년 초 현재, 1만 개가 넘는 베네핏 코퍼레이션이 설립되었지만, 기업가들은 여전히 법조계와 금융계의 커다란 반발에 부딪힐 수 있다. 로메인 오바넬Romain Aubanel은 스타트업이나 베네핏 코퍼레이션에 익숙한 사람이다. 그는 포용적 테니스 클럽인 코트16을 공동 설립했고, 토시바에 매각된 의료 영상 소프트웨어 회사 올레아 메디컬의 창립 경영진의 일원이었다. 오바넬은 회사 두 개를 베네핏 코퍼레이션으로 등록했다. 하나는 LNRJ 유나이티드였는데, 이 회사는 본질적으로 가문 자산관리 회사family investment office였다. 이 회사의 재정은 전적으로 오바넬 자신이 책임지고 있었으므로, 그는 회사를 베네핏 코퍼레이션으로 등록할 때 어느 누구도 설득할 필요가 없었다.

그가 최근 세운 벤처기업 잭앤페르디Jack and Ferdi는 사업 출장 중에 약간의 여가 경험도 곁들이려는 사람들을 뜻하는 '블레저 여행자bleisure travelers'를 위한 스마트폰 앱을 제공한다. 베네핏 코퍼레이션 지위를 추진할 당시에 오바넬은 "우리는 여러 비슷한 조언들을 듣고 약간 충격을 받았다"고 말한다. 투자자에서 변호사, 은행에 이르기까지 모두가 그 개념에 반대하거나 전혀 들어본 적이 없다고 말했다는 것이다. 예를 들어, 오바넬의 은행 IT 시스템의 계좌 설정 양식에서 베네핏 코퍼레이션을 찾지 못했다. 그의 변호인들은 그가 베네핏 코퍼레이션의 개념을 설명하고 정당화하는 데 너무 많은 시간을 보내야 하기 때문에 투자자들과 힘든 싸움을 하게 될 거라고 생각했다. 사람들은 그가 사회적 사명에 지나치게 초점을 맞춰 이윤을 배제하는 데까지 회사를 밀어붙일 수도 있다는 점을 우려했다. 그는 이렇게 말했다. "우리는 과도하게 이윤에 치우치거나, 반대로 사회적 차원에서 지나치게 미지이거나 미답인 면이 있습니다. 그래서 조금 어렵네요. 아직 확정되지는 않았어요." 오바넬은 이어서 잠재적 투자자들이 이와 관련해서 우려하는 것은 출구 전략과 관련이 있다고 설명했다. "만일 인수자가 사회적 목적에 충분히 적합하지 않다면 사회적 요소 때문에 투자한 주주들이 문제를 일으킬까요?"

게다가 오바넬의 변호인들은 베네핏 코퍼레이션이 되면 투명성 측면에서 어려움이 있을 거라고 생각했는데, 오바넬 자신이 이런 기업 형태에 매료된 주요 요인 중 하나가 바로 그 점이었다고 설명함에도 그러했다. "우리가 하는 일이 어떻게 다른지에 우리의 모든 소비자와 사용자들에게 알리고 싶습니다. 우린 그 점을 보여주고 싶어요."

베네핏 코퍼레이션의 투명성 기준은 또 다른 몇 가지 문제를 불러왔다. 예를 들어, 최근 다수의 베네핏 코퍼레이션이 투명성 의무 요건을 충족하지 못하고 있음이 밝혀졌다. 벨몬트 대학교의 J. 하스켈 머레이J. Haskell Murray는 2014년에 이 문제를 조사하면서 조사 대상 베네핏 코퍼레이션의 10%에 미치지 못하는 수의 기업만이 연례 보고서 요건을 충족하고 있었음을 발견했다. 보고서 요건이 특별히 엄격한 것도 아니었다. 연례 보고서 작성 시 제3자 표준을 따라야 한다고 언급되어 있는 이 조항은 모호하고 상세 정보가 결여된 방식으로 적혀 있어서 해석의 여지가 너무 많았다.[18] 좀 더 최근에 머레이는 엘리자베스 워런의 책임지는 자본주의 법안에 대해 자신의 블로그에 이렇게 썼다. "저는 학술 연구를 통해 주정부의 베네핏 코퍼레이션 법이 이른 바 '일반공익 추구general public benefit' 기업의 목적을 효과적인 책임성 체계와 일치시키지 못하는 이유에 대해 언급했습니다. 그러나 이 법안은 직원들이 이사진 중 최소 40%를 선출하도록 함으로써 기업의 목적과 책임성을 일치시키는 방향으로 한 걸음 나아가고 있습니다. 물론, 이사진이 본래 고려했어야 할 많은 다른 이해관계자들은 여전히 무시된 채로 남아있고, 주주들은 여전히 대표소송(회사가 이사의 책임을 추궁하는 소를 제기하지 않을 때. 주주나 개별 사원이 회사를 대신하여 제기하는 소송-옮긴이)을 제기할 수 있는 유일한 이해관계자입니다."[19]

베네핏 코퍼레이션 법안이 목적을 달성하려면 명백하게 그 필요 조건이 강제되고 유지되어야 한다. 그에 대한 감독이 이루어지지 않고 일관성이 유지되지 않는다면 몇몇 기업은 베네핏 코퍼레이션 형태를 일종의 정교한 '위장환경주의' 수단으로 이용할 수 있다.[20]

미국을 넘어서

미국에서의 성공적 입법 활동에 이어 베네핏 코퍼레이션의 개념은 다른 나라에서도 관심을 촉발했다. 초기 움직임 중 하나는 2013년 로널드 코헨 경이 이끄는 G8 사회적 임팩트 투자 태스크포스였다. 빌 클라크와 앤드루 카소이는 이 태스크포스의 사명조정 실무진Mission Alignment working group의 일원이었으며, 이 실무진은 최종 보고서에서 G8 국가들에게 베네핏 코퍼레이션 법의 채택을 권고했다.[21] 비랩은 처음에는 다른 나라들의 정책 변화에 많은 시간을 할애하지 않았는데, 그 이유는 대체로 공동설립자들이 다른 나라 대부분의 사법권이 신인의무와 관련하여 상당히 관대하기 때문에 정책 변경 관련 업무가 필요 없다고 생각했기 때문이었다. 예를 들어 프랑스의 경우 주주 우선주의가 의무화되어 있지 않아서, 프랑스 회사가 베네핏 코퍼레이션이 되려 한다면 법인 정관만 수정하면 된다. (반면 호주의 경우 주주 우선주의는 절대적이다.) 하지만 해외에서 베네핏 코퍼레이션 법제화 움직임이 자체적으로 시작되었고, 비랩은 인증 브랜드를 보호하고 강화하기 위해서 개입할 수밖에 없었다.

이탈리아의 경우 기업가 에릭 에제키엘리Eric Ezechieli와 파올로 디 체자레Paolo Di Cesare는 나티바Nativa라는 지속가능성 컨설팅 회사를 운영하고 있었다. 그들에게는 회사가 목적의식을 갖는 것이 중요했고, 그래서 실제로 그것을 회사 정관에 포함시켰다. 상무국에서는 그들의 신청을 반려했다. "회사와 관련이

있는 모든 사람들의 행복"이라는 회사의 존재 이유를 납득할
수 없다는 이유였다. 디 체자레는 이렇게 설명한다. "법적으로
는 경영자가 직원들의 삶을 개선하거나 환경을 개선하는 데 집
중할 수 없다는 걸 깨달았습니다. 주주들의 이익을 극대화해야
만 하죠. 맞습니다. 하지만 우린 뭔가 다른 방법이 있을 거라고
생각했어요." 나티바는 2013년 비콥 인증 기업이 되었고, 회
사 설립자들은 처음으로 베네핏 코퍼레이션의 법적 구조에 대
해 들었다. 마침내 그들이 찾던 답을 찾은 것 같았다. 그들은 열
린 마음을 가진 정치인 마우로 델 바르바^{Mauro Del Barba} 상원의원
에게 도움을 요청했다. 그 후 몇 년 동안, 이들은 여러 정치인과
시민들을 주시하며 상황을 살폈고, 마침내 지지의 흐름을 이끌
어냈다. 2014년에 그들은 이탈리아의 민주정당인 PD에 손을
내밀었고, 그들은 열광적으로 반응했다. 이탈리아 상원과 의회
에서 승인되기 전까지 일사천리로 움직여 법안 초안 작성 후
2015년에는 정부 심의를 통과했다. 2016년, "이탈리아는 미국
이외의 국가로는 처음으로 이윤뿐 아니라 사회와 환경까지 고
려하는 새로운 기업 형태를 위한 법을 가진 국가가 되었습니
다." 물론 나티바는 최초로 등록된 소시에타 베네핏^{società benefit}
즉, 베네핏 코퍼레이션이 되었다.[22]

그 후 콜롬비아에서도 이 운동에 대한 관심이 촉발되었다.
비랩 팀이 콜롬비아 변호사들과 함께 일하기 시작했을 때 국가
의 정치적 상황이 바뀌었고, 클라크의 말에 따르면 "콜롬비아
정치판을 꽤나 휘어잡았습니다." 법제화 계획은 법안을 추진하

던 이반 두케 당시 상원의원이 2018년 6월 콜롬비아 대통령이 되기까지 잠시 중단되었다. 그가 당선되고 나서 베네핏 코퍼레이션 법안은 몇몇 조항에 대해 콜롬비아의 현지 상황을 반영하는 작업을 거치긴 했지만 매우 빠르게 통과되었다. 이 법안은 현재 남미의 다른 여러 나라들에도 제안되어 있고, 2020년 2월에는 에콰도르에서 베네핏 코퍼레이션 법안이 통과되었다. 아르헨티나, 오스트레일리아, 브라질, 캐나다, 칠레, 페루, 포르투갈, 대만, 우루과이 등 여러 나라에서도 논의가 진행되고 있다. 또한 2019년 5월에는 캐나다의 브리티시컬럼비아에서 베네핏 코퍼레이션 법안이 만장일치로 통과되어 법으로 확정되었다.

주주 우선주의를 무너뜨리려면 기업에 대한 법적 토대가 근본적으로 바뀌어야 한다. 베네핏 코퍼레이션 법안은 이러한 방향으로 나아가는 중요한 한 걸음이다. 베네핏 코퍼레이션 법에 따르면 이사진의 의무가 근본적으로 바뀌어 주주만이 아니라 모든 이해관계자를 고려해야 한다. 그러나 더욱 나아가기 위해서는 베네핏 코퍼레이션이 법에서 규정하는 투명성 요건을 준수하는 것이 매우 중요하다. 강력한 집행 없이는 법이 담고 있는 이념이 정당성을 잃고 더 큰 운동으로 발전하는 데 방해가 될 위험이 있다.

임팩트를 위해 투자하기

2006년, 비콥 운동이 정식으로 출범하기 전에 비랩의 설립자들은 레슬리 크리스천Leslie Christian을 만났다. 그녀는 앞으로 그들이 만들어낼 운동에 매우 큰 영향을 끼치게 될 사람이었다. 그들은 코언 길버트에게 큰 영감을 준,《자본의 신성한 권리:기업 귀족을 왕좌에서 끌어내리기The Divine Right of Capital: Dethroning the Corporate Aristocracy》(《주식회사 이데올로기:21세기 경제 귀족주의의 탄생》이라는 제목으로 국내 출간, 북돋움, 2013)의 저자 마조리 켈리의 소개로 크리스천을 만났는데, 켈리는 이 책에서 주주 우선주의를 경제적·사회적·환경적 성공의 직접적인 장애물로 규정했다. 그녀의 최근 저서《그들은 왜 회사의 주인이 되었나Owning Our Future》(북돋움, 2013)는 협동조합과 공동체 소유 기업community-owned businesses에 대해 다루고 있다.[1]

백금색의 직모 머리와 검고 두꺼운 테의 고양이 눈 모양 안

경을 쓴 크리스천은 대단한 활동력을 타고 난 사람이다. 1999
년에 자기 고향인 시애틀에 최초의 사회책임투자^{SRI} 펀드 중 하
나를 만든 이후로 그녀는 사회책임투자 분야의 선두주자가 되
었다. 포트폴리오21은 기업의 환경적·사회적 영향에 초점을
맞추고 한도와 수수료를 부과하지 않는 뮤추얼 펀드 회사다.

SRI 운동의 뿌리는 시민권 운동과 베트남전 반대 시위가 변
화에 대한 열정을 광범위하게 촉발시켰던 1960년대로 거슬
러 올라간다. 1970년대에는 환경에 대한 관심과 공해의 위협
에 대한 우려가 높아지기 시작했다. 이러한 시대상은 일부 재
계에도 영향을 미쳤다. 예를 들어, 아파르트헤이트 위기가 최
고조였을 때 많은 회사들이 남아프리카에서 투자를 철수했다.
1980년대까지 사회책임 투자자들의 우려 사항들을 해결하기
위해 여러 개의 뮤추얼 펀드가 설립되었다. 이 펀드들은 무기,
술, 담배, 도박으로 돈을 버는 회사들을 걸러냈고, 노동자에게
함부로 대하거나 환경에 해로운 행동을 하는 회사 역시 걸러냈
다. 1990년에는 사회적·환경적 표준을 충족하는 미국 기업을
식별하는 도미니 사회지수^{Domini Social Index}가 만들어졌다.[2]

이렇게 발전해 갈수록 크리스천은 핵심적인 부분에 대한
통찰을 얻을 수 있었다. 즉 사회적 책임 기업들이 SRI 펀드들에
서 투자한 공개 주식시장에 진출했을 당시, 그 기업 대부분이
인간과 지구에 관심을 기울이는 것을 최소화하는 단기적 결정
을 하도록 밀어붙이는 자본 구조와 일련의 시장 역학에 휘말려
있었다. 주주에 대한 신인의무 때문에 설립자들은 종종 자신의

기업을 새로운 소유 형태로 전환하거나 직원들에게 이전하기보다는 매각하는 결정을 내리도록 압박받았다. 이러한 우려에 대응하기 위해 크리스천은 2004년에 업스트림21이라는 지주회사를 설립했다. 그녀는 이 회사를 "가치 중심의 기업을 위한 버크셔 해서웨이(워런 버핏의 투자 목적 지주회사)"라고 설명했다. 업스트림21의 첫 인수 회사는 지역 경제에서 중요한 역할을 했지만 어려움에 빠진 목재 회사였다. 코언 길버트는 이렇게 설명한다. "그들의 생각은 '이 회사를 매각하지 않고 관리인의 입장에서 유지하겠다.'는 거였죠. 정말로 공감되는 희망적 전망이었습니다." 업스트림21은 오래 가지는 못했다. 2008년 금융 위기 때 회복할 수 없는 타격을 받았던 것이다. 하지만 그녀와 그녀의 협력자가 돈을 잃긴 했어도, 크리스천은 그 경험에 대해 여전히 긍정적이다. 그녀는 이렇게 말한다. "우리는 이 베네핏 코퍼레이션 운동에 기여했습니다. 많은 것을 배웠고, 우리가 관심을 가지고 있는 일에 기여하게 되었다는 사실을 깨달았습니다."

크리스천은 코언 길버트와 만났을 때 자기 회사를 조직한 방법에 대해 얘기를 나누었다. 베네핏 코퍼레이션으로 자라난 씨앗을 심었던 것에 대해, 그녀는 그에게 이렇게 말했던 것을 회상한다. 이해관계자의 이익에 초점을 맞추는 것을 "법적으로 더 엄격하게 만들어야 합니다. 회사를 설립한 후 이 내용을 회사 정관에 포함시키고 나서 변경할 수 없도록 만들면 돼요." 크리스천은 업스트림21에서 이 일을 직접 했는데, 이 회사는 명시적으로 이해관계자의 이익을 고려하도록 정관을 개정한 최초의 회사였다. 크리스천은 이렇게 설명한다. "우리는 회사의 최고 관심사에 직원, 지역사회, 환경, 공급업체, 고객, 그리고 주주 등이 포함되도록 규정하는 일련의 조항들을 만들었습니다. 우리는 모든 사람이 공평해질 수 있게 했고, 특히 이걸 정관에 포함시켰죠."

이 모든 것을 염두에 두고 비랩 팀은 투자업계로 향했다. 앞으로 보게 되겠지만 비콥 운동은 다양한 방법을 통해 임팩트 투자 분야를 발전시켰다. B임팩트평가의 개발은 기본적인 수준에서 임팩트 평가의 토대를 제공했다. 투자자들은 자신들의 포트폴리오에 있는 기업들이 비랩의 도구를 사회적·환경적 임팩트를 더 잘 이해하기 위한 도구로서뿐 아니라 회사 경영에도 사용하도록 권장함으로써 이 운동을 가속화했다. 대형 다국적 기업들 또한 비콥 인증 기업을 자회사로 인수함으로써 이 운동에 기여했다. 2019년까지 그 자신이 비콥 인증을 받은 벤처 캐피털 회사, 시중 은행, 자산 운용사, 보험 회사 등의 금융 서비스 회사는 수십 개였다.

임팩트 투자의 출현

록펠러 재단은 투자 수익뿐 아니라 사회적·환경적 목표에 초점을 둔 투자를 표현하기 위해 2007년에 임팩트 투자라는 용어를 만들었다. SRI는 대개 인지된 '죄악 주식sin stocks'(사회적으로 인식이 좋지 않는 업종에 종사하는 기업과 그 기업의 주식 - 옮긴이)을 걸러내고 상장기업 주주의 결정에 초점을 맞추는 반면, 임팩트 투자는 주로 비상장 시장에서 긍정적인 임팩트를 의도적으로 창출하는 데 초점을 맞추었다.[3] 그러나 카소이는 당시에 "임팩트 투자를 가로막는 주요 문제는 표준의 결여, 그리고 임팩트 측정이 의미하는 바를 투자자가 알 수 있게 도와주는 평가 기반의 결여"였다고 회상한다.

록펠러 재단은 B임팩트평가를 유력한 임팩트 투자 지표로 인정했고, 원래의 B임팩트평가를 더 강력한 등급 체계로 전환하도록 이 팀에 자금을 제공했다. 록펠러 재단은 또 어떻게 하면 기관의 자본을 사명 중심의 기업으로 향하게 할지에 대한 논의에 비랩을 참여시켰다. 전임 회장인 주디스 로딘 박사는 이렇게 설명한다. "2007년 이후 록펠러 재단은 사회적·환경적 문제들을 해결하고 빈곤층과 취약계층에 대한 편익을 촉진하는 방법의 일환으로 임팩트 투자의 성장과 발전을 위해 노력해왔습니다. 비랩은 이 작업의 중요한 협력자였으며 … 이 부문의 확장과 세계의 사회 문제들을 해결하기 위해 필요한 기본 토대 일부를 마련했습니다."[4] 카소이의 설명에 따르면 록펠러 재단은 이렇게 말했다고 한다. "B임팩트평가는 투자자들을 위한 평가 체계로 활용하기에 적합한 플랫폼을 가지고 있습니다. X, Y, Z를 변경해야 하지만 기본적으로는 적합한 방법론입니다." 오늘날 B임팩트평가는 기업의 비콥 인증에 사용할 뿐 아니라 비랩의 다른 많은 도구와 평가를 위한 기초로서도 역할을 한다.

평가 도구 개발

록펠러 재단은 2007년 "확실한 리더십과 공동 행동을 통해 산업 발전을 가속화"하는 것을 사명으로 하는 국제 임팩트투자 네트워크^{GIIN}를 만들었다.[5] GIIN은 비랩이 개발한 첫 투자자용 도구인 국제 임팩트투자 평가체계^{GIIRS}를 홍보했는데, 이 체계는 B임팩트평가를 참고하여 펀드의 등급을 만들었다. 펀드는 맞춤형 B임팩트평가를 활용한 펀드 매니저의 평가를 거친 후에 비랩 직원의 도움을 받아 그 응답 내용을 검토했다. 일단 펀드의 포트폴리오에 있는 회사들이 B임팩트평가를 모두 마치면, 비랩이 자료를 취합하여 투자 금액이 반영된 가중치를 적용한 점수의 평균으로부터 전반적인 임팩트 사업 모델과 운영 등급을 산출했다. 그런 다음에 이 등급은 (백금, 금, 은, 동의) 메달과 (별 1개~5개의) 별점으로 바뀌어 등급이 매겨졌다.

이 펀드는 또한 지역사회, 고객, 환경, 노동자, 지배구조 같은 특정 임팩트 영역에서도 등급 체계를 운영했다.[6]

비랩은 GIIRS를 통해 기관투자자와 큰손 투자자가 평가를 더 잘 수행하고, 좀 더 현명한 투자 결정을 내리고, 투자실행주기^{investment life cycle} 전반에 걸쳐 사회적·환경적 성과를 더 효율적으로 추적하여 개선하고, 절대적·상대적 임팩트를 더 잘 파악하게 해줄 수 있다고 생각했다. GIIRS는 또 컨설턴트, 투자

은행가, 그리고 기타 중개자들에게 자신들이 운용하는 상품과 부가가치 서비스를 개선하는 데 필요한 자료와 분석 도구를 제공한다. 또한 기업과 펀드 매니저들이 자신들의 주요 사업이나 포트폴리오 회사들의 사회적·환경적 임팩트를 기반으로 사명 중심 투자자들에게서 자본을 조달하는 데 도움을 주기 위한 것이기도 하다. 이 측정 도구 세트는 투자자들에게 사회적·환경적 임팩트를 점차 더 세밀하게 다른 방식으로 이해할 수 있는 수단을 주었으며, B분석B Analytics 플랫폼으로 발전했다.

개척자들과의 출발

비랩 팀은 지속가능한 투자에 이미 관심이 있는 사람들과 함께 시작해 그들을 참여시켜야 한다는 것을 알고 있었다. 그들은 먼저 사회적 투자에 이미 초점을 맞추고 있었던 투자 커뮤니티, 즉 "실제로 받아들일 사람들에게 동의를 얻어야" 했다. 그들은 "이게 잘 되면 임팩트 투자 정도가 아니라 아폴로나 블랙스톤, KKR에도 평가를 받으라고 할 수 있겠다."고 생각했다. 투자회사와 은행들이 인증 과정을 직접 경험했기 때문에 이 운동의 규모 확대에 도움이 되는 네트워크 효과로 이어지리라 짐작할 수 있었다.

환경적 지속가능성에 중점을 두는 지역사회 은행 뉴리소스 은행은 이러한 전략이 어떻게 실행될 수 있는지 보여주는 사례다. 앞서 언급했듯, 뉴리소스 은행은 300번째로 인증을 받은 비콥이었다. 이 은행은 선구적인 임팩트 투자자이며 비콥의 최초 투자자 중 하나였다. 또한 다른 초기 비콥인 RSF 소셜파이 낸스, 그리고 2015년에 비콥 인증을 받은 네덜란드의 트리오도스 은행에 비콥의 개념을 전파했다. 뉴리소스 은행은 2017년에 동료 비콥인 아말가메이티드 은행과 합병하여 지속가능성에 중점을 두는 미국 은행 중 가장 큰 은행이 되어 비콥의 개념을 더욱 확산시키고 있다. RSF와 트리오도스 같은 임팩트 투자자가 적극적으로 참여하며 지지자가 되자 비랩은 그들에게 포트폴리오에 있는 기업들과 그들이 교류하는 또 다른 기업들에게 비콥에 대해 전파해줄 것을 요청했다.

카소이는 이렇게 설명한다. "우리는 기본적으로 투자자들이 B임팩트평가 같은 우리의 임팩트 관리 도구를 활용하여 기업의 촉진자가 되게 하려고 노력 중입니다." 비랩 팀은 모든 투자자에게 포트폴리오 분석에 B분석 플랫폼을 사용하도록 권장한다. 따라서 투자자의 포트폴리오에 속한 회사들 역시 최소한 회사 정보의 전송을 위해서라도 플랫폼을 이용해야 한다. 이로 인해 종종 기업들이 스스로 비콥 인증에 대해 주의 깊게 들여다보거나 또는 적어도 플랫폼에서 B임팩트평가 지표의 일부나 또 다른 도구를 사용해보게 된다.

2015년 런던의 브릿지스 펀드 매니지먼트가 비콥 인증을 받았고, 투자자들이 비콥 운동의 영향력을 업계 전체로 확대하는 또 하나의 사례가 되었다. 브릿지스는 업계에서 지속가능한 성장과 사회부문의 펀드를 이끌어가고 있었다. 그런데 이 기업의 협력자인 앤토니 로스^{Antony Ross}는 브릿지스가 심지어 비콥 운동이 대서양을 건너기 전부터 기업이 사명과 고객에게 얼마나 충실한지 검증할 수 있는 "전문적이며 기업이 참여할 수 있는 브랜드를 만들려고" 정부에 로비를 해왔다고 내게 말했다. 이제 브릿지스는 자기 포트폴리오에 있는 기업들을 B임팩트 평가 점수를 통해 임팩트가 부족한 부분과 브릿지스가 도울 수 있는 부분을 확인하고 있다. 브릿지스가 특히 관심을 두는 것은 환경적 실천과 인적 자원 관리의 두 영역이다. 지금까지 브릿지스와 함께 이러한 과정을 거친 회사에는 윤리적인 호텔 체인, 영국의 여러 주택조합에 유지관리 서비스를 제공하는 회사, 책의 재활용에 중점을 두는 기업 등이 있다. 브릿지스는 기존 투자자들에게 필요한 사항들을 고려하기 전에, 기업이 해결하려는 문제가 무엇인지와 기업이 달성할 수 있는 목표에 대해 먼저 살펴본다. 로스는 브릿지스가 민간부문에서 수익 창출 기업을 위한 펀드와 사명 중심의 기업을 위한 펀드를 보유하고 있지만, "우리가 가장 중요시하는 것은 ⋯ 사명 중심이면서 이윤도 창출하는 기업"이라고 설명한다.

브릿지스의 설립자 겸 CEO는 이집트 태생의 사업가 로널드 무라드 코헨^{Ronald Mourad Cohen} 경이다. 코헨은 영국의 정치, 임팩트 투자, 벤처 캐피털 분야에서 잘 알려진 유명인이며 매우 큰 찬사를 받은 사람이다. 코헨의 가족은 1957년에 나세르 이집트 대통령의 반유대인 정책으로 이집트를 탈출했으며, 열한 살의 코헨은 최소한의 영어 지식만을 갖추고 영국에 도착했다.

코헨의 부친은 그를 런던의 지역학교에 입학시켰는데, 교장에 게 코헨이 금방 반에서 최고가 될 거라고 단언했다. 코헨은 이 장담을 실현하려고 열심히 노력했다. 그는 빠르게 적응했고, 옥스포드와 하버드 경영 대학원에서 두각을 나타냈다. 졸업 후 그는 영국 최초의 벤처 캐피털 회사 중 하나인 에이팩스 파트 너스를 설립해서 2005년 '은퇴'할 때까지 운영했다. 그의 놀라 운 경력의 후반부는 영국에서 최초의 임팩트 채권을 만들었을 때 시작되었다.[7] 2001년 기사 작위를 받은 그는 "자비로운 자 본가", "영국 벤처 캐피털의 아버지"로 불려왔다.[8] 그를 직접 또 는 연단 위에서 보면 진정한 영국 귀족의 영혼을 가지고 있다 는 느낌을 받게 된다. 그의 지성과 열정은 언행에서 그대로 나 타난다. 그는 이렇게 말한다. "지금 우리의 현안은 기술혁명 때 했던 것을 밀레니얼 세대가 다시 해내도록 영감을 주는 것이라 생각합니다. 그런데 이번에는 그 일을 사회에 좋은 영향을 주 기 위해서 하는 것, 즉 선한 일을 하면서 동시에 잘 해내는 것 입니다."[9]

비콥에 투자해야 하는 이유 설득하기

임팩트 투자 분야가 상당한 성장을 이루었지만, 뉴리소스 은행의 전 CEO 빈스 시칠리아노는 이 분야가 직면한 문제들 에 대해 매우 잘 알고 있다. 그는 "대부분의 기업과 투자 포트폴리오에서 재무 수익은 여전히 가장 중요한 부분입니다."라고 말한다. 많은 임팩트 투자가들이 마치 꿩 먹고 알 먹고 다 가능한 것처럼 행동하지만, "실제로는 적정한 수익을 얻기 위해 리스크를 높이거나 또는 제대로 된 친환경 회사가 아닌 곳에 투자하고 있습니다. 진짜 목표는 위험과 수익의 감당할 만한 균형점까지 명백한 리스크를 감소시킨다는 차원에서 임팩트 투자를 이해하는 것"이라고 말한다.

비랩이 사회투자 영역을 늘리고 기존 투자자들에게 다가가려고 노력할 때, 팀이 대답해야만 했던 주요 질문은 비콥 인증 기업이 장기적으로 투자자에게 좋은가 혹은 나쁜가였다. 어떻게 회사가 주주부터 직원과 고객 그리고 지역사회에 이르기까지 모든 이해관계자의 이익을 고려할 수 있을까? 심지어 돈도 벌면서. 비랩이 기존 투자자들에게 사회적으로 책임을 다하는 것이 기업에도 좋다는 것을 설득할 수 없었다면, 이 운동은 거기서 멈췄을 것이다.

비콥은 장기적 지속가능성, 리스크 완화, 경영의 질처럼 기존 기업들이 대개 제공하지 않는 여러 편익을 제공하는 것이 사실이다. 비랩 팀은 투자자들에게 이러한 요소들을 알리기 위해 열심히 노력했다. 예를 들어, 공동설립자들이 실리콘밸리 투자자들과 처음 접촉했을 때 회의적인 태도를 꽤나 많이 접했다. 하지만 비랩의 홀리 엔선바스토우는 이렇게 회상한다. "회의가 끝날 즈음에 그들은 자기네 포트폴리오 회사들 중에서 이게 정말로 통하겠구나 싶은 회사에 대해 생각하고 있었습니다." 리스크 완화 등 비콥 운동의 여러 이점에 대해 확신할 수 있다면 투자자들은 이 운동에 참여할 것이다.

브릿지스 펀드 매니지먼트는 "B, 될 것인가 말 것인가^{To B or Not to B}:투자자를 위한 비콥 안내"에서 비콥에 투자하는 것의 여러 장단점을 설명해 놓았다. 장점은 다음과 같다.

- 투자자 프로필 변경, 사고방식 변화, 젊은 인재 유치. 밀레니얼 세대가 직원인 동시에 자산 보유자가 되는 시점에 비콥에 투자함으로써 투자자 프로필을 바꿀 수 있다. 젊은 세대가 중요시하는 것이 무엇인지 계속 잘 파악하고 싶다면, 투자자 프로필 변경은 중요한 일이다. 연구 결과에 따르면 견실한 가치를 지닌 회사나 사명 중심의 회사들이 장기적으로 더 긍정적인 결과를 낳고 있다는 것은 명백하다. 또 기업을 선한 목적에 활용하려는 열정을 가진 노동자에게 비콥은 매력적인 선택지다. 근본적으로 자신이 일하는 회사가 자신을 나타내기 때문에 이러한 직원들은 최고의 능력을 발휘한다.

- 벤치마킹 비콥에 투자하면 벤치마킹의 기회가 더 많아진다. B분석 도구는 투자자가 전에는 불가능했던 방식으로 자신의 포트폴리오 회사들을 지속적으로 파악할 수 있게 해준다. '점수 향상' 보고서는 회사에 향후 개선을 위한 경로를 제시하는데, 이는 다른 벤치마크 도구에서는 제대로 하지 못하던 일이다. 재인증 과정 역시 큰 이

점을 제공한다. 어떻게 하면 점수를 계속 올릴 수 있을지에 대해 생각하게 하면서 기업이 긴장을 늦추지 않도록 한다.

- **새로운 사업 기회 창출** 비콥 인증은 비콥 커뮤니티를 통해 브랜드 가치를 높일 기회를 주고, 또한 협력관계의 기회와 협업 기회를 만들어준다.
- **신뢰 구축** 비콥들은 기업을 선한 목적으로 운영하겠다는 약속 때문에 기업의 이해관계자들과 높은 수준의 신뢰 관계를 형성한다. 이를 통해 기업은 더 강해지고 회복 탄력성이 높아지고, 장기적으로 안정적이 될 수 있다. 이는 기업의 가치평가가 더 높아지는 결과로 이어진다.
- **사명의 고정화** '사명의 표류'는 가치 지향적 기업에 종종 발생하는 문제다. 사명이 기업의 DNA에 녹아들기 때문에, 비콥은 사명을 손상시킬 가능성이 훨씬 줄어든다.[10]

물론 브릿지스의 문서는 비콥 운동에 대해 남아있는 몇 가지 의문에 대해서도 살피고 있으며, 이러한 의문은 5개의 주요 범주로 나뉜다.

- 비콥 브랜드는 주류가 되기에 충분할 만큼의 추진력을 얻을 수 있을까? 이는 비콥 운동이 현재 고심 중인 문제다. 브랜드 가치를 높이고 소비자 인지도를 높이기 위해 상당한 노력이 이루어져야 한다. 최근 거대 다국적 기업

들과 협력관계를 형성한 것이 이러한 우려를 가라앉히는 데 도움이 되고 있다.

• B임팩트평가는 척도가 되는 강력한 기준점을 계속해서 만들어낼 수 있을까? 점수에 대한 모든 의심을 극복하기 위해 비랩 팀은 이 조직이 처음부터 해왔던 일, 즉 비콥 인증의 엄격한 표준을 개선하고 적용하는 일을 계속해서 해야 한다.

• 비콥들은 정말로 기업 커뮤니티를 통해 가치를 창출할 수 있는가? 비콥 운동은 새로운 고객 혹은 사업적 협력관계라는 측면에서 비콥들에게 실질적인 이점을 제공할 수 있다.

• 비콥의 지위가 지배구조 문제를 일으키지는 않을까? 법적 체계는 회사의 지배구조를 실제로 바꾸고, 이미 살펴본 것처럼 이는 일부 투자자들에게는 걸림돌로 보일 수도 있다. 그러나 비랩과 비콥 인증 기업들이 계속해서 투자자들과 긴밀하게 협력함에 따라 이에 대한 우려는 점차 줄어들고 있다.

• '사명의 고정화'는 잠재적 투자자에게 지나치게 제한적으로 보이지 않을까? 확실히 비콥이 된다는 것은 경영자 입장에서 어떤 면으로는 자유재량이 줄어드는 것을 의미한다. 이전의 우려에서와 같이, 비콥이 됨으로써 얻는 수많은 이점과 기회가 이러한 잠재적 걸림돌을 상쇄한다는 것을 보여주는 것이 목표다.[11]

모든 장점 중에서 가장 중요한 것은 아마도 비콥이 변화하는 투자자 환경에 연결되는 것이라고 내가 실행한 인터뷰는 가리키고 있다. 사회투자의 선구자인 (동시에 비콥 인증 기업인) 트릴리움 자산운용Trillium Asset Management의 부사장 수전 베이커Susan Baker는 다음과 같이 말하며 이러한 변화의 이면에 있는 힘을 강조했다. "조사에 따르면 여성과 밀레니얼 세대는 지속가능하고, 책임감 있고, 임팩트를 만드는 투자에 대한 관심을 행동으로 옮기는 데 앞장서 왔습니다. 기업이 사명과 사업 전략에서 지속가능성에 대한 책무를 발전시키거나 심화시키도록 하는 것은 바로 이러한 행동입니다." 여러 산업은 나날이 다양해지고 있고, 부유하고 보수적이며 백인이면서 대부분이 남자인 투자자들의 이해관계에 덜 얽매이고 있다. 예를 들어, 2016년에 트릴리움은 J.B.헌트 운송 서비스사에 성적 지향성이나 성 정체성, 성 표현에 기초한 차별을 금지하는 정책을 채택할 것을 촉구했다. 주주 제안이 통과되어 헌트사는 직원에 대한 보호조치를 확대했다.[12] 바로 얼마 뒤, 블랙록의 래리 핑크는 트랜스젠더의 공중화장실 이용을 규제하는 텍사스 법안에 반대하기 위해 트릴리움이 주도하는 연합 모임에 합류하면서 자신들이 한 말을 행동으로 보여주었다.[13] 불과 1년 후에 이 투자회사는 인적 자본에 초점을 맞춘 여러 사안뿐 아니라 다양성도 우선시하기 시작했다.

투자회사들은 이러한 여러 문제에 대해 훨씬 더 많이 알아가고 있으며, 자신을 이 새로운 투자 시대에 적합한 유형의 투자회사로 보이게 하고 새롭게 등장하고 있는 개인 투자자들의 마음을 얻기 위해 필요한 변화들을 만들어나가고 있다. 그리고 그들은 장기 투자자뿐 아니라 최고의 인재들도 영입하고 싶어 한다. 베이커는 이렇게 말한다. "최고의 인재를 영입하려면 우선 사업 방식에서 환경과 사회와 지배구조의 문제에 대해 전념하면서 그것을 드러내야 합니다. 한 대형 소매업체가 이러한 접근을 취하려고 한다면 다른 비슷한 업체들보다 앞서 어떻게 해야 할지 목표를 떠올릴 수 있겠죠."

더 나은 기업

비콥으로서의 여정을 시작하려는 기업들이 반드시 극복해야 할 매우 큰 장애물이 있다. 바로 투자자들의 반응에 대한 걱정이다. 콜로라도의 볼더에 있는 벤처 캐피털 회사인 파운드리 그룹Foundry Group의 설립 파트너 세스 리바인Seth Levine에 따르면, 기업들이 종종 이 문제 때문에 인증 추진을 그만둔다고 한다. "대부분의 기업이 투자자와 이에 대해 논의하지 않는 이유는 그들이 이에 대해 생각해본 적이 없거나, 인증을 너무 어렵게 생각하거나, 또는 비콥 인증을 받으면 수익을 좇을 수 없게 된다고 잘못 생각하고 있기 때문이라고 봅니다. 일부 회사는 그럴 수도 있지만, 모두가 그런 건 아닙니다. 우리는 이 인증이 우리의 폭넓은 사명 … 즉 우리의 투자자들에게 돈을 벌어다 주는 것과 완벽히 일치한다고 생각하고 있습니다."

파운드리그룹은 비콥 인증 기업이고 또한 임팩트 투자사가 아니라 기존의 벤처 캐피털 회사이기도 하기 때문에, 투자자와 비콥에 대해 숙고할 때 살펴볼 만한 흥미로운 사례다. 그러나 B임팩트평가를 검토했을 때 리바인은 파운드리가 이미 측정 항목 중 많은 것을 할 계획이 있거나 이미 하고 있으며, 그러한 측정 항목 중 많은 것들이 일반적으로 더 나은 기업 관행을 나타내는 것이라는 사실을 깨달았다고 한다. "우리는 결국 우리의 투자자들에게 가능한 한 많은 돈을 돌려주기 위해 존재하는데, 서류상의 요건에는 어떤 식으로든 그에 거스르는 것이 … 아무것도 없었습니다." 비콥 운동은 기존의 자본주의를 근본적으로 바꿔가고 있긴 하지만, 시스템을 해체하려는 게 아니라 점진적 변화와 긍정적 임팩트를 창출하면서 기업을 선한 힘으로 이용하려는 것이다. 리바인은 이렇게 설명한다. "관심사에 대해 측정하면 자신이 하고 있는 일에 대한 관점을 바꾸는 데 도움이 됩니다." 파운드리에는 국내 파트너 혜택 같은 몇 가지 모범 관행이 있었지만, B임팩트평가는 재활용이나 공급업체 평가 등 회사에서 아직 고려하지 않고 있던 여러 가지를 확인하는 데 도움이 되었다. 리바인은 이렇게 회상한다. "우리는 몇 가지를 살펴보고 이렇게 말했죠. '야, 이 부분은 점수가 나오겠는데. 이거는 우리가 하고 싶은 일들이고. 그럼 이 두 가지를 합쳐버리자.'"

파운드리그룹이 인증을 받기로 결정했을 때, 회사 지도부는 유한책임 파트너^{LP} 투자자와 그다지 많은 논의를 하지 않았다. 하지만 비콥이 된 후 파운드리그룹 팀에서는 종종 오로지 비콥에만 투자할 것인지를 묻는 질문에 대답해야 했다. 리바인에 따르면 그들은 "아뇨, 그건 우리 사명의 핵심이 아닙니다. 우리는 비콥 인증을 받았고 비콥에 투자한 사례도 있지만, 그게 우리의 투자 기준을 좌우하는 건 아닙니다."라고 대답했다. 하지만 파운드리그룹은 벤처 캐피털 회사이자 비콥 인증 기업이라는 사실이 이 인증의 가치에 동의하는 기업가들을 끌어들이는 동시에 다른 회사들을 고무하여 이 운동을 확장해나갈 수 있기를 희망한다.[14]

파운드리 같은 비콥 옹호자들은 이 운동에 다른 투자자들을 끌어들이고 있다. 지난 몇 년간 비콥과 베네핏 코퍼레이션에 20억 달러 이상이 투자되었다. 향후 10년간 비랩은 자신들의 주요 전장, 즉 공개 자본시장과 이 시장을 지배하는 대규모의 투자 기관들 쪽에 모든 관심을 집중할 수 있기를 바라고 있다.

변화의 동인으로서의 비콥

투자 이념을 주주 우선주의로부터 멀리 떼어놓으려는 노력에서 또 다른 중요한 변화의 힘은 회사에 투자한 투자자들이 자발적으로 이 운동에 참여하도록 설득하기 위한 비콥 기업들의 노력이었다. 카소이는 "우리가 잘하는 건 변화의 동인인 기업 및 기업가와 소통하는 것"이라고 말한다.

브라질의 대형 화장품 회사 나투라는 이에 대한 좋은 사례다. 임원진이 비콥을 추진하자고 결정했을 때 이 회사는 상장 회사였고, 따라서 법인 정관의 내용을 변경해야만 했다. 이를 위해서는 주주 투표가 필요했으며, 주주 중에 대규모 기관 투자자 수가 얼마나 많은지를 감안할 때 이는 잠재적으로 큰 도전이었다. 나투라 팀은 이러한 변화가 어째서 회사의 정체성과 일치하는지 그 이유에 대해 주장을 펼쳤다. 투자자들은 별로 망설임 없이 동의했다. 코언 길버트는 이 사례가 "대형 기관 투자자들이 이 운동에 점점 더 익숙해지고 있다"는 증거가 되기를 바란다.[15]

나투라가 상장을 먼저 하고 나중에 비콥이 되었다면, 로리엇 에듀케이션은 그 반대다. 로리엇 에듀케이션은 세계 최대의 영리 고등교육 사업자로, 2017년 1월에 베네핏 코퍼레이션 최초로 상장기업이 되었다. 2015년에 로리엇이 비콥 인증을 받았을 때 이 회사는 고군분투하고 있었다. 이는 영리 교육 기관들이 받는, 특히 북미 시장에서 받고 있는 부정적 언론 보도 때문이었다. 이런 학교 대다수가 교육에 집중하는 대신 취업 기회를 준다는 거짓된 약속을 근거로 학생들에게 상당한 빚을 지도록 압박하며 매출에만 열을 올렸다. 잘 알려진 사례로 2005년 도널드 트럼프가 설립한 트럼프 대학교가 있는데, 이 대학은 표면적으로는 부동산 교육을 사명으로 내세웠다. 이 대학은 인가도 받지 않았고, 사실상 어떤 종류의 학점, 학위, 등급도 부여하지 않았다. 그 대신 부동산, 자산관리, 부의 창출 등에 관한 3~5일짜리 세미나를 열었다. 2010년에 트럼프 대학교는 소송에 걸리고 사기 혐의가 쏟아지고 나서야 대부분의 영업을 중단했다. 최근 공개된 증언에서 트럼프 대학교의 전 영업사원 로널드 슈나켄버그는 트럼프 대학교가 "모든 사람에게 가능한 한 가장 비싼 세미나를 파는 데에만 관심이 있었다."며, 그의 경험에 근거해 "노인과 교육을 받지 못한 사람들의 돈을 등쳐먹는 계획적인 사기"였다고 말했다.[16] 로리엇 에듀케이션이 상장을 고려하기 시작했을 때, 임원진은 잠재적인 고객과 투자자들이 자신들에 대해 트럼프 대학교 같은 교육기관과 마찬가지로 부정적 평판을 가졌을 것이라고 생각했다. 로리엇의 비콥 프로그램 책임자이자 전 글로벌 대외관계 선임 관리자 토드 웨그너 Todd Wegner는 로리엇이 비콥 인증에 대해, 엄격한 제3자 평가를 통해 신뢰성도 획득하면서 동시에 회사의 사회적 임팩트를 표준을 통해 비교, 분석하여 좀 더 공식적으로 이해하는 도구로 보고 있다고 말했다. 로리엇은 또한 2016년 기업공개IPO를 신청하기 전에 베네핏 코퍼레이션으로 법인을 재등록했다.[17]

로리엇의 설립자이자 전 CEO 더그 베커Doug Becker는 시간을 들여 비콥 운동에 헌신하며 앞장섰다. 또한 그는 자기 회사의 고민에 대해 이렇게 말했다. "공개시장 진출에 대해 생각할 때 우리는 스스로 이렇게 물었습니다. '어떻게 하면 남다른 이야기를 전할 수 있을까? 어떻게 하면 삶을 변화시키는 교육의 힘을 진심으로 믿으면서 영리 기업인 회사에 대해 이야기할 수 있을까? 그걸 선명하게 묘사하고 로리엇이 뭔가 다르다고 말하기 위해, 그리고 투자자들의 주의를 끌기 위해 우리가 할 수 있는 일은 무엇일까?"

로리엇 이사진 대다수가 회사의 대규모 사모펀드 투자자들을 대변한다. 이러한 상황에서 이사진에게 비콥 운동에 대해 설명하는 것은 매우 중요한 절차였다. 베커는 이렇게 말했다. "비콥 운동에 이미 익숙한 어떤 사람이 매우 협력적이고 또 굉장히 적절하게 사려 깊은 태도를 보이면서, 아주 훌륭한 생각처럼 들리지만 여러 가지 많은 법률이 아직 검토되지 않았고 게다가 전례가 없는 일이라는 측면도 있음을 우리는 정말로, 정말로 잘 이해해야 한다고 말하더군요." 반면 다른 이사들은 이렇게 말했다고 한다. "기업이 선할 수 있다는 생각을 왜 누군가가 나서서 방어해야 하는지 약간 의문이 드네요. 왜 그래야 하는 거죠?" 그러나 베커는 결국 전반적인 반응과 의견이 "필요하다고 생각하는 것을 하되, 중대한 결정을 내려야 할 때면 우리가 이와 관련된 위험과 불리한 면을 정말로 이해하고 있는지에 대해 확실히 해야 한다."는 쪽으로 모였다고 한다.

가장 첫 번째로 제기된 중요한 질문은, 비콥은 주주 가치를 극대화하는 것을 목적으로 삼지 않기 때문에, 로리엇이 그 이유로 기업공개 가치 평가에서 낮은 점수를 받을 것인가 하는 문제였다. 로리엇 임원진은 이 변화를 둘러싼 법과 수익에 관련한 파급 효과를 검토하는 데 많은 시간을 할애했다. 베커는 이렇게 회상한다. "여러 은행가들과 얘기를 나누고 다양한 시나리오 하에서의 내부수익률[IRR]에 대해 어느 정도 학습도 했습니다. 하지만 이것이 주식에 좋게 작용할지 나쁘게 작용할지 답할 수 있는 사람은 아무도 없었죠. 다만 아마도 중립적일 것이고 괜찮을 거라고 생각했습니다." 이윤 극대화에 초점을 맞추지 않게 될 것에 대한 우려가 약간 남아 있었다. 하지만 베커는 "우리가 물을 흐리는 미꾸라지는 아니라"는 사실을 세상에 보여주기 위해 회사 임원진이 최선을 다해야 한다는 점은 분명했다며, 이러한 법체계와 인증이 없었다면 "그냥 겉치레 눈속임으로만 보였을 것"이라고 말한다. 그리고 "우리는 실제로 벤앤제리스의 CEO를 초청해 우리 이사들에게 가르침을 달라고 청했습니다. 이 모든 과정을 다 거치고도 여전히 자신들의 핵심 사명을 이행하고 있는 사람의 얘기를 듣고 싶었죠."

로리엇 임원진은 "옛날식 기업 사냥꾼"이며 차입매수의 개척자인 콜버그 크래비스 로버츠 같은 투자자들이 "우리 회사에 내재되어 있는 사회적 사명을 대체로 이해했다"고 회상한다. 이는 다른 기관 투자가들에게 베네핏 코퍼레이션이 훌륭하고 견실한 투자처라고 설득하는 데 도움이 되었다.

2015년에 설립되어 2016년에 비콥 인증을 받은, 지속가능한 방식으로 신발을 만드는 스타트업 올버즈는 투자자들에게서 동의를 구하는 데 다소 어려움을 겪었지만 결국에는 성공했다. 올버즈의 회사 가치는 최근 14억 달러로 평가되었다. 이 회사에 투자한 투자자로는 T. 로우 프라이스, 피델리티 매니지먼트 앤 리서치, 타이거 글로벌 매니지먼트 같은 주류 투자회사

들이 있다. 하지만 올버즈가 처음 지원해줄 곳을 찾았을 때는
수도 없이 많은 거절을 겪었다. 이 회사 사업 모델이 소비자 직
판 형태였고, 창업자인 팀 브라운과 조이 즈윌링거가 자신들이
진출하려는 업계에서 경험이 전무했기 때문이다. 그러나 브라
운과 즈윌링거는 투자자들이 "순진함naïveté"이라고 부르는 것을
숨은 장점으로 보았다. 그들은 절대로 "항상 그래왔기 때문에"
라는 말을 적절한 대답으로 받아들이지 않았다. 이 때문에 그
들은 수많은 기존 신발 회사들이 접근하지 않았을 방법으로 혁
신을 이뤄냈다. 그들은 결국 5차례의 모금을 통해 7,700만 달
러를 투자받았다.

기존 대규모 자본 투자자들은 큰 변화를 일으키기 시작했
다. 즈윌링거는 최근 T. 로우 프라이스의 부사장이자 이 회사의
뉴호라이즌 성장형 펀드의 매니저인 헨리 엘렌보겐이 말하는
것을 들었다며 내게 이렇게 전했다. "이게 바로 요즘의 추세인
데, 옳은 일을 할 뿐 아니라 사업에도 도움이 될 거라는 거예요.
그리고 이건 그가 세계에서도 상당한 자본을 좌우하는 사람으
로서, 계속해서 중시해야 할 책임감을 느끼는 그런 일인 거죠.
우리와 투자자 사이에는 아무런 긴장도 없습니다. 오히려 우리
돛에 불어오는 바람같이 느껴져요." 즈윌링거는 코언 길버트와
면담하면서 추가로 이렇게 말했다. "투자자들은 우리가 하는
일을 왜 해야 하는지 한순간도 의문을 가지지 않았고, 베네핏
코퍼레이션으로서의 법적 구조에 대해서도 마찬가지였습니다.
일부 기업은 상장된 비콥으로서 여러 가지 도전에 직면해 있지

만, 저는 솔직히 이게 바로 세상이 움직여가는 방향이라고 생
각합니다."[18]

다국적 기업에 대한 관심 증가

대형 다국적기업이 비콥을 인수하거나 다국적기업의 자회
사가 인증을 받을 때마다 더 크고 유서 깊은 투자자들이 주목
한다. 해피패밀리 사례가 여기에 해당한다. 2003년에 설립되
어 열정으로 움직이는 이 회사는 뉴욕시에 본사가 있으며, 영
유아를 위한 유기농 식품 브랜드 가운데 가장 빠르게 성장하는
회사 중 하나가 되었다. 이 회사는 부모의 소득 수준과는 무관
하게 이용 가능한 건강한 유기농 이유식을 만드는 것을 사명으
로 삼겠다고 천명했다. 이 사명이 RSF 소셜파이낸스의 시선을
사로잡아 2009년에 운전자금 대출이 이루어졌다. RSF는 켈로
그재단을 해피패밀리에 연결시켜 주었고, 켈로그재단은 부채
와 자본으로 모두 460만 달러를 투입했다. 전체적으로 이 회사
는 초기 투자자들에게서 2,300만 달러를 투자받았지만 설립자
겸 CEO 샤지 비스람은 해피패밀리가 정말로 사세를 확장하려
면 추가 자원이 필요하다고 생각했다. 동시에 비스람은 회사의
사명과 가치를 위태롭게 할 수도 있다고 생각하며 벤처 캐피털
자금을 받아들이는 것에 대해 걱정했다. 해피패밀리는 2011년
에 비콥 인증을 받았다. 그런데 비스람은 기존의 벤처 캐피털

과 자신의 회사 같은 사명 중심의 비콥이 손잡고 같이 일할 방법을 알지 못했다. 그래서 2013년에 그녀는 항상 건강과 영양을 핵심으로 하는 다논 그룹에 회사를 매각했다. 이 거래로 다논에게는 해당 부문의 미국 시장에 진출할 길이 열리고, 해피패밀리에게는 추가 연구개발과 성장에 필요한 지원이 제공됨으로써 쌍방에 득이 되었다.[19]

2017년 12월까지 해피패밀리의 CEO였던 비스람은 이렇게 말했다. "이 사람들 정말 괜찮은 사람들이에요. 사회적 책임에 대해 얘기할 때, 이 사람들은 진심입니다. 요즘은 우리 모두가 계속 변화하고 있어서 자기가 먹는 음식에 뭐가 들어있는지 알고 싶어 하기 때문에, 작은 회사들을 인수해서 신뢰를, 특히나 밀레니얼 세대와 신뢰를 구축하고 싶어 하는 대형 식품 브랜드가 많이 있죠."[20]

이후 다논은 비콥 운동의 주요 주체가 되었다. 앞서 언급한 것처럼, 2020년 초 현재, 다논은 회사 목록에 북미 자회사를 포함해 17개의 비콥 인증 기업을 거느리고 있으며, 글로벌 비콥 인증을 획득하는 최초의 다국적 식품 회사를 목표로 하고 있다. 다논 CEO 엠마뉘엘 파베르는 이렇게 말한다. "다논에서는 우리가 먹고 마실 때마다 앞으로 살아가고 싶은 세상에 투표할 수 있다고 믿고 있습니다."[21] 북미 다논이 인증 받은 이후에 다른 여러 다국적기업들이 연락해서 인증 절차에 대해 물었다. 파베르는 베이킹 비즈니스에게 이 운동을 시작했으면 좋겠다고 했다. 그가 이렇게 말했다고 한다. "인증을 받으려면 상호의존 선언문에 서명해야 합니다. 당신은 상호의존적인 운동의 일부로 참여하게 되는 거고, 이는 당신이 혼자서 성공할 수 없다는 사실을 말해줍니다. 크고 작은 더 많은 브랜드와 기업들이 참여하기를 진심으로 바랍니다."[22]

유니레버에서 진보적 아이스크림 회사인 벤앤제리스를 인수한 후에 비슷한 이야기가 펼쳐졌다. 벤앤제리스의 사회적 사명에는 공정무역 인증 공급업체와 친환경 포장 이용, 낙농가에 할증 가격 지급, 세전 수입의 7.5%를 자선단체에 기부, 지역사회와 불우한 사람들을 위한 사업 기회 창출 같은 것들이 포함되어 있다. 버몬트 워터베리에 있는 벤앤제리스의 아이스크림 본점 매장과 공장에는 재미를 추구하면서도 활동가적인 이회사의 면모가 나타나 있다. 버몬트 사우스벌링턴 인근에 있는 본사에는 무료 샘플이 들어있는 냉동고가 건물 전체에 흩어져 있고, 직원들은 매주 어느 정도의 아이스크림을 집으로 가져갈 수 있다. 벤앤제리스의 직원과 소비자 만족도는 언제나 하늘을 찌를 듯하다.

처음에는 벤앤제리스가 고객이 사랑하는 선구적이면서 정의를 추구하는 회사이기를 멈추게 될 거라는 우려가 널리 퍼졌다. 그러나 공장 폐쇄와 해고 등으로 인수 과정이 엉망이 되었음에도 유니레버는 결국 벤앤제리스가 다른 자회사들보다 더 많은 자율성을 가지고 업무를 수행하도록 허용했다. 심지어는 회사의 사회적 사명을 지키는 것을 책임지는 외부 위원회까지 만들었는데 이는 법적 구속력이 있는 인수계약서에 기록되었다. 이 위원회는 자신 외에는 누구에게도 보고하지 않아도 되며 심지어 유니레버를 고소할 권한까지 가지고 있다. 동시에 유니레버는 벤앤제리스의 수익을 3배까지 늘려 일자리를 만들고 임팩트를 창출했을 뿐 아니라 직원들이 주도하는 기업 자선 활동과 지역사회 프로젝트에도 상당한 자금을 투여했다.[23] 유니레버의 역사 자체가 이러한 해결 방식을 설명해준다. 유니레버는 1929년에 비누 제조업자와 마가린 제조업자가 합병하면서 만들어졌다. 1980년대에는 플라스틱과 운송 및 식품, 개인 미용·위생용품에까지 관심을 가진 전 세계에서 26번째로 큰 회사가 되었다. 그 후 많은 사람들을 놀라게 하면서 유니레버는 구조 개혁을 결정했다. 일부의 주장에 따르면 회사를 성공으로 이끈 산업을 벗어나 환경적 지속가능성에 초점을 맞추기 시작했다. 2009년 파울 폴만이 CEO로 취임했을 때, 그는 회사의 변화를 재촉했다.

폴만이 취임했을 당시 벤앤제리스는 자회사가 된 지 10년 가까이 됐고 비콥 운동은 이제 막 시작하던 참이었다. 벤앤제리스는 2012년 비콥 인증을 받았고, 그 이후 모회사에 자신이 모회사로부터 받은 것보다 더 큰 영향을 미쳤다. 유니레버는 현재 푸카허브, 그리고 시어 모이스처 브랜드로 유명한 두발 및 피부관리 제품 회사인 선다이얼 브랜드, 조미료 제조업체인 써켄싱턴스 등의 비콥 인증 회사 여럿을 자회사로 두고 있다. 비콥의 기초를 세우던 당시에 인증을 받았던 세븐스 제너레이션은 2016년에 유니레버에 인수되었으며, 이는 지금까지 사회적 가치에 주력하는 기업의 인수 중 가장 큰 규모로 약 6~7억 달러 정도였다. 벤앤제리스와 비슷하게 세븐스 제너레이션도 반 독립적으로 유지하게 되었고, 사회적 사명 위원회도 설립되었다.[24] "우리는 유니레버와, 세계 규모의 목적 주도형 기업에 대해 유니레버가 공유하는 희망적인 미래상을 함께하게 되어 기쁘게 생각합니다." 당시 세븐스 제너레이션 CEO였던 존 레플로글John Replogle은 이렇게 선언했다. "함께 노력하면 우리는 전 세계 수십억 명의 건강에 긍정적인 영향을 미칠 수 있으며, 세계의 상거래 관행을 변혁하면서 우리의 다음 일곱 세대를 양육한다는 사명을 진정으로 완수할 수 있다고 확신합니다."[25]

아주 최근에 유니레버는 메소드의 창업 파트너 중 한 사람이 설립한, 비타민과 보충제를 취급하는 비콥인 올리Olly를 인수했다. 폴만은 비콥이 되는 것의 장점에 대해 공개적으로 언급하면서 유니레버 자체가 글로벌 인증을 받을 계획이 있음을 알렸다. 폴만은 2018년 말에 은퇴했지만, 유니레버의 미용 및 개인용품 부문 전 사장이었으며 1985년부터 유니레버에서 일해온 그의 후임자 앨런 조프는 폴만이 그렸던 미래상을 지켜나갈 계획이다. 비콥 운동에 대한 유니레버의 헌신은 투자 커뮤니티에, 나아가 세계 경제에 영향을 주었다. 더 많은 다국적기업들이 유니레버와 다논과 함께 이 운동에 참여함에 따라 기존 자본주의와 그 주역들은 이에 적응하고 변화하거나, 혹은 시대에 뒤떨어진 것으로 보일 위험을 감수할 수밖에 없다.[26]

초창기 비콥 중 하나인 메소드도 세븐스 제너레이션과 비숫한 경로를 택했다. 누구나 알 정도로 유명한 이 회사는 식물성 원료로 만든 청소용품을 판매한다. 2012년 메소드는 벨기에에 기반을 둔 사명 중심의 가정용품 회사 에코버와 합병하여 세계 최대 규모의 친환경 청소용품 회사가 됐다.[27] 한편, 초대형 가정용품 제조업체인 SC존슨 역시 더 나은 제품 성분을 선택하며 건강과 환경에 미치는 악영향을 개선하는 데 초점을 맞추기 시작했다. 2017년, SC존슨은 메소드와 에코버를 인수했다.[28] 그리고 2019년 11월, 비콥 운동의 충실한 지지자 뉴 벨지움이 일본의 기린홀딩스에 인수된다는 발표가 나왔다. 기민하게 연속적으로 이루어지는 이러한 인수 합병은 전통적인 대기업들조차 지속가능성, 더 구체적으로는 비콥 운동의 이점을 보기 시작했다는 점을 매우 분명하게 보여준다.

또 다른 중요한 추세 역시 비콥에 대한 투자가 성숙 단계에 도달했음을 시사한다. 크라우드펀딩의 선구자 킥스타터는 초창기 비콥이자 베네핏 코퍼레이션이었다. 최근에 제1형 당뇨병에 걸린 어린이와 성인에게 도움이 될 '생체공학적 인공 췌장'의 상용화에 주력하는 회사인 베타 바이오닉스는 2차 펀딩(B/B2 시리즈)에서 1억 2,600만 달러를 투자받았다. 원래 투자금의 작은 일부분은 2016년 합법화된 주식형 크라우드펀딩을 진행하는 동료 비콥인 위펀더^{WeFunder}를 통해 들어왔다. 베타 바이오닉스의 사업개발 및 기업전략 부사장인 에드워드 라스킨$^{Edward\ Raskin}$은 베타 바이오닉스의 주식형 크라우드펀딩에 투자한 투자자 대부분은 "제1형 당뇨병에 걸린 사람들과 그 가족들인데, 이들은 개인의 직접 투자 지분을 돈으로 돌려받는 것을 중요하게 생각하지 않을 사람들"이었다고 설명했다. 다른 비콥 인증 기업들 역시 주식형 크라우드펀딩을 활용한다. 예술 및 엔터테인먼트 그룹인 미우울프Meow Wolf는 2017년 7월에 위펀더 캠페인을 시작해 빠르게 107만 달러를 투자받았다.[29]

이러한 크라우드펀딩은 지난 10년간 성장해온 베네핏 자본주의benefit capitalism가 점점 더 보통 사람들에게 널리 받아들여지고 있다는 점을 분명히 보여준다. 또 그러면서도 하향식 지원도 이루어지고 있다. 예를 들어, 2018년 미 노동부는 근로자 퇴직소득보장법ERISA이 적용되는 펀드가 환경·사회·지배구조 ESG 지표 등 신인의무 확대 조치를 고려할 수 있다고 공표했다. 과거에 노동부는 ESG 요인이 높은 리스크와 낮은 수익으로 이어질 수 있으므로, "최소한으로" 고려되어야 한다고 주장했다.[30] 이러한 변화는 베네핏 코퍼레이션에 대한 투자와 임팩트 투자 전반이 국가 경제를 빚어내는 방식에 매우 강력한 영향을 미칠 수 있음을 보여준다.

이 짧은 10년 동안 비랩은 엄청난 변화를 겪었다. 점점 더 많은 다국적기업과 기관 투자자들이 참여하고 있다. 이에 따라 현재의 지배적 이념인 주주 우선주의가 좀 더 인간적이고 지속가능한 형태의 자본주의로 대체될 때, 비콥 운동은 전환점을 맞이하게 될 것이다.

6

직원은 기업의 중심

1981년에 설립된 라이노푸드Rhino Foods는 테드 캐슬과 앤 캐슬Ted and Anne Castle이 버몬트주 벌링턴에서 운영하던 아이스크림 가게 체시즈 프로즌 커스터드Chessy's Frozen Custard에서 출발했다. 뉴욕 로체스터 출신인 테드 캐슬은 어린 시절에 즐겨 들렀던 애벗스 프로즌 커스터드Abbott's Frozen Custard를 소중히 기억하고 있었고, 대학 졸업 후 가정을 이룬 뒤 아내와 함께 버몬트에 프로즌 커스터드를 선보여야겠다고 생각했다. 체시즈 프로즌 커스터드는 결국 국내외 여러 브랜드의 아이스크림 제조에 들어가는 쿠키 반죽과 구운 재료의 생산업체이자 아이스크림 샌드위치의 공동 포장업체로 자리를 잡았다. 개업 첫날부터 캐슬 부부는 사업을 통해 여러 방면에서 세상에 긍정적인 영향을 미치길 바랐고 직원들이 그 출발점이었으면 했다.[1] 테드 캐슬 휘하에서 일하는 사람들은 그를 "빅 치즈"라고 부른다. 테드는 재미를 추구하는 CEO로서 늘 직원들에게 최선을 다하려고 노력한다. 실제로 직원들의 차가 고장 나면 자기 차를 내줄 정도다.[2] 라이노푸드는 "직원들의 성장을 돕고, 지역사회에 긍정적인 영향을 미치며, 혁신적인 직장 문화를 공유하는" 회사를 운영하겠다는 캐슬의 뜻을 실천하고 있다는 데 자부심을 느낀다.[3]

라이노푸드 초창기에 벌링턴에는 난민이 대거 유입되었다. 테드는 직원들의 의견을 수렴해 회사의 기존 입장을 바꿔 난민에게도 채용 기회를 제공하기로 했다. 그는 1990년 당시 대규모 보스니아 난민이 처음 벌링턴에 들어왔을 때만 해도 영어에 서툰 그들을 채용하기를 꺼렸다는 사실을 인정했다. 라이노푸드의 방침은 기본적으로 개방적인 경영 정책을 바탕으로 의사결정을 사업 성과로 연결함으로써 직원들이 주인처럼 행동하도록 하는 것이다. 재무 상황은 물론이고 회사의 장기 계획과 목표도 전부 직원들과 공유한다. 캐슬은 영어로 소통하지 못하는 난민들이 과연 이러한 기업 운영의 핵심 영역에 어떻게 참여할까 싶었다.[4]

다행히 이런 염려를 떨칠 수 있도록 직원들이 적극적으로 그를 설득했고, 이내 그는 많은 난민 직원이 훌륭한 직업윤리를 바탕으로 충실히 안정적으로 일한다는 사실을 알게 되었다. 라이노푸드는 난민에게 임시직을 제공하는 것을 넘어 정규직 원으로 채용해 미국에 안정적으로 정착하도록 돕는 일련의 프로그램도 개발했다. 우선 직원들이 서로 원활히 소통하도록 통역들을 초빙했다. 뒤이어 현지 언어를 배울 수 있는 소프트웨어 교육과정을 하나둘 소개했고, 결국에는 사내에 ESL(제2언어로서의 영어 - 옮긴이) 수업을 갖추었을 뿐 아니라 전 직원을 대상으로 다양성과 포용성 교육도 진행했다. 2020년 현재 라이노푸드에 근무하는 약 180명 가운데 30%는 베트남, 보스니아, 네팔, 방글라데시, 소말리아, 콩고, 가나, 케냐에서 온 난민이다.

이러한 정책은 기업들이 인력을 외주화하는 긱 경제처럼 오늘날 직원을 대하는 전형적인 모델이자 이른바 '혁신적'이라는 아이디어와는 정반대 성격을 띤다. 비콥 직원들은 자기가 하는 일에 진정한 가치가 담겨 있다고 믿고 기대감 속에 즐겁게 출근한다.[5] 비콥 인증 기업들은 사회 문제에 관심을 둔 의욕적인 직원들을 끌어당길 뿐 아니라 훨씬 더 오랫동안 이들의 고용을 유지한다. 사회적 사명에 대한 기업의 의지와 직원 유지율 간에는 강한 긍정적 상관관계가 있다. 구체적인 사례와 더불어 수많은 연구에서도 직원을 외주화할 대상이 아닌 상호 의존의 대상으로 여길 때 유의미한 가치를 창출한다는 사실이 밝혀졌다.

직원 중심의 문화가 주는 이점

비콥들은 전통적인 기업들이 제공하는 일반 의료보험 혜택과 인력 정책을 훨씬 뛰어넘는 혜택을 직원들에게 제공한다. 이 혜택들은 성과를 높이겠다는 주된 목표를 넘어 기업의 일상

문화 속에 스며들어 있다. 내가 몸담은 일터가 나의 안녕과 행복에 초점을 맞출 때, 직원들은 자신이 가치 있는 존재라고 느낄 뿐만 아니라 일터에서 열의를 다해 임한다. 다수의 비콥은 직원들의 생활방식에 영향을 미치는 혜택도 제공한다. 한 예로 유기농 식품 제조업체인 네이처스패스는 직원들에게 사내 명상실, 건강 유지 프로그램의 일환인 헬스장 회원권 구매 비용 500달러, 사내 유기농 식품 정원organic food garden 사용권을 제공한다.[6] 이 밖에 남녀 직원의 육아휴직, 지역사회 봉사를 위한 휴가 등의 정책 개선에 초점을 맞추는 기업들도 있다.

관계는 서로의 노력으로 유지된다. 온라인 매트리스 유통업체인 캐스퍼는 사내 경쟁을 통해 직원들이 앞다투어 새로운 아이디어를 내도록 하고 있다. 비랩 사업개발팀의 앤디 파이프는 이렇게 말한다. "그들의 제안 중에는 비콥 인증을 받자는 아이디어도 있었습니다. 비록 이 안은 투표에서 (2위로 밀려) 채택되지는 않았지만, 직원들과 지도부를 비롯한 모든 구성원은 '사실 이 안은 충분히 가치가 있다고 여겨집니다. 실행할 만한지 알아보기로 합시다.'라며 관심을 모았습니다. 설립자들도 뜻을 모았죠. 알고 보니 많은 젊은 직원들이 비콥 인증의 중요성을 익히 알고 있었습니다." 캐스퍼는 2017년에 인증을 받았다.

라이노푸드의 케이틀린 고스Caitlin Goss는 그들만의 사내 문화와 비콥으로서의 헌신이 기업 의사결정 전반에 영향을 끼쳤다고 말한다. 비랩의 포용경제 챌린지Inclusive Economy Challenge(매년 최소 세 가지의 측정 가능한 개선을 이루기 위해 노력함으로써 평등, 다양성, 포용성 부문에서 임팩트를 높이도록 비콥 인증 기업들에 권유하는 운동) 덕분에 라이노푸드는 기존의 채용 과정을 다각도로 검토하기 시작했다. "우리는 한발 뒤로 물러나 이렇게 말했습니다. '우리에게 있을지도 모르는 편견을 따져봅시다. 직원 가운데 일자리 장벽에 부딪힌 사람은 없습니까? 직원들에게 필요한 기회를 창출하는 데 유익한 방법들이 더 없을까요?'" 현재 라이노푸드에서는 내부 채용이 자주 이루어지고 있고, 직원들은 승진 기회에 도전하도록 권장 받는다. 덕분에 회사는 직원 유지율을 높여 경제적 유익을 얻는다.

가족 경영 회사인 알케미스트 브루어리는 모든 직책을 전문화했다. 미화원이든, 행정가든, 맥주 판매점의 판매원이든 모든 직원은 급여를 비롯해 각종 혜택을 누리며, 헤디토퍼를 비롯해 여러 수상 경력에 빛나는 알케미스트의 맥주를 즐길 수도 있다. 매주 요가 수업도 열리고, 주방에는 유기농 자연 식품이 가득하며, 스태프 중에는 직원들의 점심을 책임지는 요리사도 있다. 청정에너지 회사인 그린 마운틴 파워와 메소드는 가장 직급이 낮은 직원들에게 최저 생활임금보다 훨씬 더 높은 급여를 제공한다(그린 마운틴 파워 직원의 25%, 메소드 직원의 40%가 이에 속한다). 이 기업들의 리더들과 이야기를 나눠보니 다들 이러한 정책 덕분에 노동시장에서 높은 경쟁우위를 점하고 있으며 이직률도 꽤 낮다고 강조했다.

사회적 사명과 직원 유지율

연구 결과에 따르면, 직원들이 주도하는 전략은 뚜렷한 사회적 편익 외에도 갖가지 경제적 유익을 가져오는 것으로 드러났다. 2015년 〈조직 과학Organization Science〉에 실린 한 기사는 기업의 사회적 실천과 직원 유지율 간에 밀접한 관계가 있다고 강조했다.[7]

이는 라이노푸드 사례에서 명백히 드러난다. 이 기업의 또 다른 혁신 하나는 긴급 상황에 놓인 직원이 애타게 월급날을 기다리거나 고이자 대출에 의존하지 않도록 보조금을 지급하는 소득 선불 프로그램income-advance program이다. 프로그램 도입 후 첫 10년간 총 38만 40달러를 지급함으로써 379명의 직원이 신용과 은행과의 관계를 회복할 수 있었다. 라이노푸드는 이 프로그램을 통해 "결근이 줄고 직원들의 사기와 집중도가 높아짐"에 따라 재무적 이익을 거뒀다. 실제로 이 프로그램을 도입한 이후로 직원 유지율이 36%나 높아졌다.[8]

기술직 구인을 전문으로 하는 캐나다 회사 이언마틴 그룹Jan Martin Group은 비콥의 가치를 기업의 DNA에 녹아들게 하고자 노력해왔다. CEO 팀 마송Tim Masson은 인도 지사에 나타난 효과를 눈여겨보았다. 인도에는 사무실을 갖춘 구인회사가 다수 존재하는 데다 제한된 인재를 둘러싼 경쟁이 치열한 터라 직원들이 수시로 직장을 바꾼다. 평균 이직률이 70~80%에 달하는 상황에서 놀랍게도 이언마틴의 이직률은 10%를 넘지 않았다. 높은 직원 몰입도 덕분이다. 연례 직원 설문 조사지의 질문("이언마틴에서 근무할 때 얻는 장점은 무엇입니까?")에 한 직원은 이렇게 답했다. "우리 회사는 비콥 인증 기업입니다. 마치 우리 집 지붕에 태양열판을 달아둔 기분이죠. 정말 그런 느낌이 듭니다. 여기서 일하는 저 역시 좋은 사람처럼 느껴지거든요."

앞서 언급했던 부리토 체인 볼로코는 업계 특성상 매장 직원의 이직률이 높을 거라고 예상된다. 그럼에도 볼로코는 동종 업계 대다수 기업보다 직원 유지율에 대해 걱정할 필요가 적고 그래서 그 에너지를 모아 직원들의 미래에 더 관심을 쏟을 수 있다고 한다. 볼로코의 CEO 존 페퍼John Pepper는 사람들이 자신의 목표를 이루도록 최대한 도와야 한다고 믿는다. 그들의 꿈이 볼로코에 머무는 것이라면 그것도 좋다. 하지만 직원들이 뭔가 다른 일을 꿈꾼다면 그는 이를 도울 것이다. 이를테면 식당 사업과 관계없는 새로운 기술을 익히도록 돕는 방식으로 말이다.

볼로코는 1999년 설립 이래로 회사에서 영어 수업을 제공해왔다. 처음에는 볼로코 직원이 진행하는 비공식 수업으로 시작했지만, 지금은 외부 교육 회사에게 수업을 맡겨 수강생을 가르치는 수준으로 발전했다. 페퍼는 ESL 강사들에게, 요식업뿐 아니라 영어를 사용하는 사회를 전반적으로 고려해 수업을 진행해야 한다고 강조하곤 한다. 직원들의 수강료는 볼로코가 부담한다. 페퍼가 지적했듯이 영어 수업료를 마련하려고 또 다른 일을 해야 한다면 제대로 된 학생의 마음가짐을 가질 수 없기 때문이다. 게다가 무료 수업이더라도 근무 시간에 개설된 수업이라면 직원들이 듣지 않을 확률이 높았다. 볼로코 직원 다수는 무급으로 몇 시간씩 교육에 할애할 여유가 없기 때문이다. 사소해 보이는 이 정책이 회사 전체에 커다란 파급효과를 불러일으켰다. 오늘날 볼로코의 부장직general manager 다수는 10여 년 전 볼로코에 입사했을 때만 해도 영어를 쓰지 못했다. 현재 그들은 경영팀의 일원일뿐더러 다수가 리더십 훈련을 받으며 더 큰 기회를 얻고자 꾸준히 노력하고 있다. 또한 볼로코는 여러 직원에게 고등교육과 요식업 외의 취업 기회에도 도전하라고 권해왔다.

직원과 직원 문화에 나타나는 이러한 긍정적인 효과는 신입 수준을 넘어 비콥의 고위직에도 나타난다. 베이커리와 스낵 제품을 취급하는 바마컴퍼니즈BAMA Companies에서는 특히 경영직 부문의 유지율이 높게 나타난다. 바마는 경영직을 내부에서 채용해서 이 같은 결과가 나왔다고 보고 있다. CEO 폴라 마셜Paula Marshall은 이렇게 설명한다. "우리 회사는 팀 구성원을 내부에서 성장시키고 있습니다. … 외부 인사가 꼭 필요한 상황이 아니라면 내부 승진을 진행하죠." 바마가 제공하는 다른 혜택에는 병원비 전액 지원, 매주 사내에서 척추지압사나 의사의 진료 진행, 웰니스 코치(건강한 삶을 위한 생활방식을 안내하고 지원하는 사람-옮긴이) 지원 등이 있다. 바마는 이러한 혜택을 통해 "사람을 돕는 사람이 성공한다"는 사명을 추구함으로써 매력적인 직장을 만들어가고 있다.

비콥에 들어오는 신입 직원은 즉시 기업의 사명 실천에 동참하고 기업의 가치를 지키도록 권유받음으로써 기업의 지속적인 성공에 자신도 마음을 쏟게 된다. 여기에 긍정적인 근무환경을 제공하고 탄탄한 직원 문화를 조성하면 고용 유지율은 더욱 높아진다.

가족을 중시하는 뱃저의 지원 정책

1990년대 중반, 목수였던 빌 와이트Bill Whyte는 피부가 건조하고 갈라져 애를 먹었다. 시중에는 그의 손을 치료할 만한 제품이 없던 터라 와이트는 주방에서 갖은 방법을 써서 자기만의 치료제를 만들려고 노력했다. 수많은 시행착오 끝에 뱃저 밤Badger Balm이 탄생했다. 이윽고 동료 목수들도 뱃저 밤을 나눠달라고 부탁하기 시작했고, 1995년 W. S. 뱃저컴퍼니가 공식 설립되었다. 뱃저 밤의 독창적인 성공 비결은 간단한 천연 재료를 사용하는 것이었고, 이 회사는 오늘날까지 이 정신을 살려 재료와 공급망에 엄격한 기준을 적용하고 있다.[9]

이 회사의 또 다른 성공 비결은 직원과 그 가족을 중시하는 데 있다. 이는 비콥 세계 안에서는 익숙하지만 전통적인 기업에서는 드문 특징이다. 빌의 아내이자 뱃저의 공동설립자 겸 최고운영책임자인 케이티 슈베린Katie Schwerin은 회사 웹사이트에서 이렇게 밝히고 있다. "우리는 자녀와 가족생활을 지원하는 데 최선을 다하고 있으며, 다른 회사들도 이러한 노력에 동참하도록 이를 널리 알리고자 애쓰고 있습니다. 이렇듯 우리는 앞장서서 가족에 대한 구체적이고 탄탄한 지원을 해나가며 기업 운동의 새바람을 불러일으키길 희망합니다."[10]

멋진 경관을 자랑하는 뉴햄프셔 남쪽에 아늑하게 자리 잡은 뱃저의 본사는 거대한 통나무집과 같은 모습을 하고 있다. 주말이면 찾아가 느긋하게 휴식을 즐길 만한 곳처럼 따뜻하고 안락한 분위기를 풍긴다. 뱃저가 강조하는 가족 돌봄은 자녀의 출생에서부터 시작한다. 뱃저는 라벤더룸이라는 수유실을 갖춘 덕분에 수유 친화 기업상을 받았다. 수상 당시 뱃저는 근무 중 수유 정책에 관한 문서를 제출하라는 요청을 받았지만 그런 문서가 없다는 것을 깨닫는다. 공동체가 자연스럽게 수유 중인 어머니들을 수용하고 있었던 것이다. B임팩트평가에 참여한 뒤로 뱃저는 수많은 서면 정책을 마련했다. 뱃저의 일터의 아이들Babies at Work 프로그램은 생후 6개월 또는 기어 다닐 때까지 아이를 회사에 데려오는 것을 허용하고 있다. 이는 주 양육자에게 (연방정부에서 요구하는 12주 휴가와) 회사에서 제공하는 5주 휴가에 추가로 제공하는 혜택이다. 부薗양육자에게도 휴가가 제공된다.[11]

생후 6개월이 된 직원 자녀는 뱃저에서 운영하는 낮 돌봄 시설인, 본사의 길 아래쪽에 있는 금잔화 정원 어린이집Calendula Garden Children's Center에 등록할 수 있다. 이보다 높은 연령의 자녀를 둔 직원은 방학 동안 드는 추가 보육비에 대해 자녀당 연간 최대 800달러까지 지원하는 회사 프로그램을 통해 보육 보상

을 신청할 수 있다.[12]

부모의 영향이 매우 중요하다고 믿는 뱃저의 직원들은 자녀의 무용 발표회나 야구 경기를 놓칠 일이 없다. 회사에서 탄력 근무를 허용하고 있는 데다 아이들이 학교에 들어가면 '학교 시간school hours'에 참여할 수도 있기 때문이다. 이러한 정책은 직원 유지에 상당한 영향을 미쳤다. 뱃저의 평균 근속기간은 5년이 넘는다. 2018년, 가족 중심의 회사라는 이름답게 뱃저의 빌과 케이티는 두 딸인 레베카와 에밀리에게 회사를 넘기고, 그들을 공동 CEO 또는 협력 경영자가 되게 했다.

최고의 직원을 영입하기

구직자들은 비콥 인증을 보고 기업이 직원들을 위해 최선을 다한다는 사실을 알 수 있다. 기업의 브랜드와 사회적 사명에 대한 친숙도는 지원 의사를 결정할 때 직접적인 영향을 미친다. 다수의 연구에 따르면, 지원자가 기업에 관해 다른 것은 거의 모르는 상태더라도 확고한 사회적 사명과 긍정적 직원 문화를 갖춘 곳이라면 잠재적 직원, 특히 CSR과 사회적 사명을 이해하고 있는 사람들을 영입할 수 있다. 그러므로 고용주는 직원을 채용할 때 기업의 사회적 사명을 홍보해야 한다. 비콥 인증이 한 방법이다.[13] 비랩의 앤드루 카소이는 이를 입증해줄 수 있다. 그에 따르면 비콥의 채용 공고에 대해 문의하거나 현재 직장에서 비콥으로 이직하려는 사람들에게서 늘 이메일과 편지가 쇄도한다고 한다.

여러 연구에 따르면, 브랜드가 시장에서 훌륭한 성과를 내고 대중에게도 잘 알려져 있을 때 잠재적인 취업 지원자들의 관심이 높아진다고 한다. 특히 브랜드가 지역사회에서 좋은 성과를 내는 것이 중요하다. 이에 따른 긍정적 효과는 지원자가 입사하는 데서 끝나지 않는다. 우호적인 평판은 직장에서 직원의 몰입도도 높여준다.[14] 고용주의 평판은 고용주와 직원 관계의 한 측면으로서도 이해해야 한다. 임팩트에 기초한 긍정적인 평판은 소통과 관계 형성을 촉진함으로써 직원에게 진정한 이해관계자라는 느낌을 심어준다. 어떤 면에서 직원들은 '단순한 직원'이 아닌 '기업의 파트너'라는 느낌을 받을 수도 있다. 사업에 대한 그들의 연결성은 전통적인 기업에서보다 훨씬 견고하며, 이는 장기적으로 사업의 성공 측면에서 큰 도움이 된다.[15]

몇 해 전, 이언마틴 그룹은 자기 일에서 목적을 찾는 사람들이 어떻게 하면 더 수월하게 주어진 업무와의 연결고리를 찾을지 고민했다. 이러한 궁리 끝에 비랩과의 파트너십을 통해 B워크B Work(비콥 일자리 게시판)가 탄생했다. Bwork.com 사이트에 들어가면 세계 곳곳에 있는 비콥 인증 기업의 채용 공고를 훑어보고 자신의 가치와 목적에 맞는 취업 기회를 찾을 수 있다. 지역, 업무 형태, 고용 형태, 업종에 따라 자세한 구직 정보를 확인할 수 있다. 정렬 기준에는 기업 형태도 포함되는데 이 분류에는 비콥 인증 기업, 베네핏 코퍼레이션으로 등록된 기업, 비콥 인증을 기다리는 기업, B임팩트평가에서 제각각의 점수를 받은 기업들이 포함된다. 팀 마송은 이렇게 말한다. "기업들은 지원자의 이력과 기술 프로필을 바탕으로 평가를 내립니다. 따라서 지원자들도 자신의 목표와 가치에 맞는 일자리를 선택할 수 있으려면 여러 기업에 관한 세부 정보를 얻어야 하지 않겠습니까?" 마송은 이 프로세스가 고용주와 직원 모두에게 유익하게 작용할 거라고 믿는다.

100년을 이어온 낙농 협동조합 캐벗크리머리Cabot Creamery 의 지속가능성 책임자 제드 데이비스Jed Davis는 "캐벗크리머리에서 일하는 데 관심을 두게 된 이유는 무엇입니까?"라는 질문에 "비콥이라서요."라고 답한 지원자가 있었다는 말을 인사부 담당자에게 처음 전해들은 날을 기억한다. 그에 따르면 지금은 면접에서 이런 답을 자주 듣는다고 한다. 캐벗은 이러한 경향을 바탕으로 시장에서 기업을 홍보하는 방식을 바꿔, 비콥 지위를 활용해 선택권을 쥔 젊은 지원자층과 소통하고 있다. 캐벗은 B워크 일자리 게시판을 적극 활용하고 있으며 다른 비콥에도 이를 권하고 있다.

마스코마 은행Mascoma Bank의 수석 부사장이자 최고 마케팅 책임자인 사만다 포즈Samantha Pause도 "마스코마의 비콥 지위를 보고 지원하게 되었습니다."라고 말하는 신입 직원을 여럿 보았다. 미국의 수제 맥주업체인 뉴 벨지움 브루잉의 케이티 월러스Katie Wallace는 회사가 비콥이라서 관심을 가졌다는 사람들이 늘어나는 것을 보고 인사팀에 정확한 수치를 요청했는데 그 결과에 깜짝 놀랐다. 몇 년 전만 해도 비콥을 언급하는 지원자는 한 명도 없었는데 지금은 지원자의 무려 25%가 가장 큰 지원 이유로 비콥에서 일하고 싶었다고 말한다. 여러 조직과 학계와 협업해 학습자들의 온라인 커뮤니티 참여를 유도하는 파티시페이트 러닝Participate Learning의 인사 책임자 라냐 한Ranya Hahn은 취업 박람회에 찾아온 많은 학생이 기업의 비콥 지위에 관해 묻는 것을 보곤 한다. 게다가 파티시페이트 러닝은 노스캐롤라이나 주립대학교에서 주관하는 연례 네트워킹 행사에도 참여해 다른 비콥들과 나란히 소개된다. 대개 이 행사를 통해 인턴들이 몰려오고 이들은 결국 신입 직급으로 고용되며, 장기간 회사에 근무하는 경우도 많다.

직원 소유제의 중요성

직원의 주인의식을 강조하는 최근의 움직임은 우버, 태스크래빗 같은 '긱' 경제 회사들의 기조와는 정반대다. 맥킨지 글로벌 인스티튜트에서 발표한 보고서에 따르면, 미국과 유럽 노동 인구의 20~30%는 '긱' 경제에 속한다.[16] 고용주의 관점에서 볼 때, 시간제나 임시 계약직은 정규직처럼 각종 혜택을 제공하지 않아도 되는 전략적 고용 방법이다. 월마트와 아마존처럼 해고 가능성이 크고 급여가 낮은 기업의 고용주들로 인해 많은 미국 노동자들이 단일 고용주에게서 재정 안정성을 확보하는 데 어려움을 겪고 있다. 〈USA 투데이〉는 미시간 출신의 마이클 알파로Michael Alfaro라는 한 남성을 기사로 다뤘다. 그는 고객 서비스 상담원으로 정규 근무를 하는 동시에 평일 밤이나 주말에는 주로 전자제품 판매점에서 야간 교대 업무를 맡는다. 최근 그는 학자금 대출과 신용카드 빚을 갚기 위해 세 번째 긱 일자리까지 구했다.[17] 이런 예는 매우 흔하다. 그 어느 때보다 많은 미국인이 둘 이상의 일을 하고 있지만, 이들 중 일터에서 행복감이나 보람을 느끼는 사람은 극히 드물다.

이제는 점점 더 많은 사업체가 직원을 외부 존재로 생각하기보다 기업의 소유주로 인식하고 있다. 킹 아서 플라워는 늘 가족의 가치를 중심에 두었다. 이 기업은 다섯 세대를 거치는 동안 한 가족이 소유해왔다. 1990년대에 이 기업의 소유주였던 프랭크 샌즈와 브리나 샌즈Frank and Brinna Sands는 은퇴를 원했으나 킹 아서 플라워를 믿을 만한 사람 손에 넘겨주고 싶었다. 가족 중에는 기업 인수에 관심을 두는 사람이 없자 다른 가족, 즉 킹 아서 플라워의 직원들에게 회사를 넘겨주기로 했다. 그들은 1996년부터 직원들에게 회사를 팔기 시작했고, 2004년에 비로소 회사는 100% 직원 소유가 되었다.[18]

직원 소유로의 전환은 간단하면서도 직접적이었다. 프랭크 샌즈와 브리나 샌즈는 30%를 이전하는 데서 시작해 몇 년 만에 40%를 이전하게 되었다. 이쯤 되자 그들은 직원이 소유권을 100% 가져가면 연방 소득세나 주 소득세가 없어져 엄청난 세제 혜택이 주어진다는 것을 알게 되었다. 이에 그들은 마지막 단계를 밟아 나머지 소유권도 모두 넘겼다. 오늘날 이 회사와 1년 이상 함께하면서 계절제, 시간제, 급여제와 관계없이 연간 800시간 이상을 근무한 사람이라면 킹 아서의 종업원지주제도에 참여할 자격이 주어진다. 직원이 회사를 소유한 이후로 킹 아서는 매출과 이익 측면에서 상당한 성장을 이뤘다. 킹 아서 플라워는 미국의 상위 3대 밀가루 브랜드에 속하며, '일하기 좋은 직장'이라는 상도 자주 받는다.[19] 오래전 연구에서도 한 회사에 대한 형식적 소유는 '심리적 소유'로 이어진다는 점이 밝혀졌다.[20] 직원들이 회사와 더 견고한 유대를 맺기 때문이다.

다수의 비콥 인증 기업과 베네핏 코퍼레이션들이 직원 소유제로 기우는 것은 놀라운 일이 아니다. 이는 건강한 직장 문화를 만들어내고 투명성과 직원 참여의 가치와도 일치하기 때문이다. 직원 소유제 확대에 초점을 맞춘 단체 피프티 바이 피프티Fifty by Fifty는 더욱 지속가능한 경제를 수립하려면 직원 소유 기업이 더 많아져야 한다는 내용을 담은 보고서를 발간했다. 피프티 바이 피프티가 직원 소유 비콥 35곳의 B임팩트평가 점수를 직원 소유가 아닌 비콥과 비교해보니 전자의 점수가 훨씬 높았다. 또 이 연구에서는 투자자가 소유한 회사들은 직원이 소유한 회사들과 동일한 정도의 직원 참여도를 거의 누리지 못하고 있다는 사실도 드러났다.[21]

직원 소유제는 균형 잡힌 조직 문화를 이루는 비결이기도 하다. 여성 의복 브랜드 아일린피셔는 회사 주식의 40%에 대해 종업원지주제도를 적용하고 있다. 설립자 아일린 피셔는 10

여 년 전에 이 길을 따르기로 결정했다. 피셔는 회사를 더 큰 기업에 팔거나 주식시장에 상장하고 싶지는 않았다. 그렇게 하면 주주들의 손에 회사가 넘겨지게 될 터였다. 피셔는 회사를 위해 최선의 의사결정을 내려줄 사람은 다름 아닌 '회사에 피와 땀과 눈물을 쏟은' 사람들임을 깨달았다. 아일린피셔는 매우 관대한 이익 분배 프로그램을 갖춘 기업이기도 하다.[22]

환경 컨설팅 기업 EA 엔지니어링EA Engineering은 한동안 나스닥에서 거래를 진행했는데 당시 회사는 끊임없는 혼란 속에서 헤어나오지 못했다. 기업을 100% 직원 소유제로 전환한 뒤, 직원들의 사기와 직원 유지율 모두 크게 향상했다. EA 엔지니어링의 설립자 로렌 젠슨Loren Jensen은 "지금 우리는 우리의 정체성과 우리가 하는 일에 집중하고 있습니다. 환경 문제를 제대로 파악하고 어떻게 대처해야 할지 판단하는 본연의 임무로 즉시 돌아왔죠. 좋은 투자 수익을 올리려는 뜻 외에 다른 목적으로 주식을 사는 사람은 없습니다. 이를 따르다 보면 EA와 같은 기업은 목적이 흔들리고 맙니다. 그런 분위기 속에서 기업을 운영하기가 매우 어려웠습니다."[23]

직원 소유제를 찬성하는 사람들은 지속가능성과 책임 있는 사업을 추구하는 데 이보다 좋은 방법은 없다고 말한다. 제프리 홀렌더는 이렇게 말한다. "직원 소유제를 중심에 두지 않으면 책임 있는 사업을 만들어나갈 수 없습니다. 다른 방식을 따른다면 사업이 부를 쌓으려는 방편으로 존재할 테니까요." 그는 미국이 부의 집중이라는 문제를 만들어냈다고 본다. "책임감 있는 기업이라면 이를 정면으로 맞닥뜨리고, 직원들이 회사의 재무제표를 확인하도록 주저 없이 허용하고, 직원 소유제에 역점을 두어야 합니다. 그러지 않는다면 그들 자신이 부의 집중을 실행하는 대리인이 된다는 사실을 깨달아야 합니다." 에이미 코티즈는 '비 더 체인지'에 쓴 기사에서 이러한 관점의 변화가 더더욱 필요하다고 지적한다. "미국 노동자 3분의 1 이상이 '긱 경제' 아래 고용된 독립 계약 노동자로 분류된다. 한편, 한때 노동자들의 권익을 대변하는 가장 큰 단체였던 노동조합들은 모두 유명무실해졌다. 부와 소득의 격차가 커지면서 부를 폭넓게 나눌 수 있는 더 포용적인 자본주의 형태를 개발하는 데 유익한 소유 모델에 대한 관심이 새롭게 커지고 있다."[24]

다양성과 포용성을 통한 가치 창출

오늘날 직장 문화에서 가장 고민 되는 문제는 21세기 들어 꾸준히 제기되고 있는 성차별과 성희롱 문제가 아닐까 싶다. 승차 공유 서비스를 제공하는 거대 기업인 우버는 여성 운전자와 여성 고객이 우버 차량에서 겪는 위험과 기업 내 해로운 근무 환경으로 인해 집중 조사를 받았다. 우버의 여성 엔지니어 몇 명은 남성 동료보다 승진 기회도 적고 급여도 낮다고 주장하며 회사를 상대로 소송을 제기했다. 유색 인종 엔지니어들도 백인이나 아시아계 미국인 동료보다 급여가 낮다며 소송을 걸었다.[25] 한때 우버에서 소프트웨어 엔지니어로 일했던 수전 파울러는 2017년 폭로 글을 발표해 우버에서 겪은 노골적인 성차별과 성추행 사례를 세상에 알렸다. 여기에는 근무 첫날부터 관리자가 음탕한 수작을 걸었다는 이야기도 들어 있었다. 우버의 몇몇 여성 운전기사는 날마다 희롱과 추행을 겪어야 했고, 이 때문에 근무를 줄이다 보니 자연히 소득도 줄어들었다. 2014년 여러 기사를 통해 우버의 남자 운전기사들의 실체가 드러났는데, 이들 중 다수는 우버의 신원조회가 잡아내지 못한 전과가 있었고 여성 승객들을 성적으로 추행했다.[26]

많은 기업이 다양성과 포용성을 회사의 중요한 정책이라고 내걸면서도 이를 실천하지는 않는다. 비콥은 가장 넓은 의미로 포용성에 초점을 맞춰, 다양성과 경제적 불평등의 문제가 사회에서뿐만 아니라 회사 안에서도 다루어져야 한다는 점을 기업들에 이해시키고자 한다. 2016년 비랩은 '포용경제 챌린지'를 시작해 비콥 인증 기업들이 사업을 통해 측정 가능한 목표 세 가지를 수립하고 이를 달성함으로써 장기적으로 모두에게 유익한 포용적이고 공정한 경제를 수립하도록 장려했다. 포용성과 다양성은 서로 연관되지만 엄연히 다른 개념이다. 다양성은 사람들을 셈에 넣는 것을 의미하지만, 포용성은 사람들이 셈을 하도록 만드는 것으로서 우리가 대접받고자 하는 대로 모든 이를 대접하는 것을 말한다. 한 걸음 더 나아가 공정성은 모든 사람이 성공에 필요한 자원을 갖도록 보장하는 것이다. 비랩의 포용경제 챌린지의 목적은 채용부터 소유권 부여에 이르기까지 공정성과 다양성과 포용성을 사업의 핵심에 놓고 이에 걸맞은 경제를 수립하는 것이다.

공정성과 다양성과 포용성은 많은 비콥의 핵심을 이룬다. 그레이스톤 베이커리의 설립자 버니 글래스먼은 훌륭한 브라우니를 만들겠다는 목표를 안고 사업을 시작하지 않았다. 그는 고용 장벽에 부딪힌 사람들에게 일자리와 직업 훈련을 제공하겠다는 목표로 사업을 시작했다. 일자리를 원하는 사람이라면 배경과 상관없이 누구나 그레이스톤에 지원할 수 있다. 감옥 생활을 했던 사람들, 노숙자들, 중독 문제로 고군분투하던 사람에게도 기회는 열려 있다. 이 베이커리가 품은 뜻은 단순히 누군가에게 일자리를 제공하는 것을 넘어선다. 그레이스톤은 직장 안팎의 삶 모두에서 직원이 겪는 장애물을 없애기 위해 최선을 다한다. 안전한 주거 공간 찾기와 자녀 돌봄부터 장기적인 성공을 위한 계획 수립에 이르기까지 모든 일에서 도움을 준다. 그레이스톤은 직원들에게 이러한 기회를 제공함으로써 임금 격차와 장기간의 빈곤이 일으키는 영향을 이겨낸다.

뉴욕주에서 네 번째로 큰 도시 용커스는 인구의 34%가 빈곤선 아래에서 살아간다.[27] 그레이스톤은 인력 개발 코스, 전환 고용 프로그램, HIV/AIDS 환자로서 노숙 생활을 했던 사람들을 위한 주거 공간, 모든 사람을 위한 조기 학습 센터 등을 제공함으로써 지역사회에서 적극적인 역할을 해내고 있다. 이러한 노력을 다른 기업에도 확대하려는 뜻에서 그레이스톤은 2018년 공개채용센터Center for Open Hiring를 열어 공개 채용 정책을 실행하려는 기업들에 교육, 훈련, 자문 서비스를 제공했다. 이 센터는 공개 채용 제도를 개선하고 발전시키려는 뜻에서 연구 부문도 갖추고 있다. 회사의 장기 목표 중 하나는 2020년까지 암스테르담에 베이커리를 열고 이를 통해 공개 채용 모델을 세계적으로 실행하는 것이다.[28]

연구에 따르면 직장 내 다양성과 포용성은 직원의 성과, 애사심, 몰입도를 높이는 동시에 자신의 경력과 자기가 몸담은 조직에 대한 인식을 개선시킨다는 사실이 드러났다.[29] 직장에서 효과적으로 다양성을 이루는 것은 사내 예의범절, 직원 유지율 향상, 혁신, 조직적 목소리, 판매 실적 증진과 긍정적인 연관성이 있다.[30] "250여 곳의 회사가 비랩의 포용경제 챌린지를 도입하는 여정에 발을 들여놓았습니다. 그 과정이 까다롭고 예민하며 더딘 진행 속에 수년간 이어질 것임을 알고도 말이죠." 코언 길버트의 말이다. "이 회사들은 개별 기업의 관행을 개선함으로써 사업 목표에 관한 문화적 기대치를 하나둘 변화시키겠다는 공동의 목적을 수립했습니다. 더불어 우리 경제가 모두의 안정과 번영을 증대할 방법도 모색하려고 합니다."[31]

이 도전을 받아들인 기업들은 인종과 성별에 무관한 공정한 급여, 시간제와 계약직 직원에 대한 공정한 혜택, 공동 소유권, 직장과 이사회의 다양성, 재생 에너지(취약 계층과 미래 세대에 대대적인 영향을 미치는 기후변화 고려) 등 다수의 문제에서 주목할 만한 진전을 이뤄냈다. 이 도전에서 중요한 역할을 담당하는 것은 다양성이지만 포용성도 이에 못지않게 중요하다. 포용성은 저소득 계층이나 권익이 적절히 대변되지 않는 사람들을 위한 소득과 재산 형성의 기회뿐만 아니라 육아휴직과 관련된 목표도 포함한다. 이를테면 기업에는 간부 중 어느 정도를 여성이나 유색 인종으로 구성했는지도 묻겠지만, 육아휴직 정책은 어떠한지, 공급업체의 어느 정도를 저소득 공동체에 두고 있는지, 소유권의 어느 정도를 중역 임원 외 구성원들이 가졌는지도 물을 것이다.

비랩은 참여 기업에 지원과 구조를 제공하고자 포용경제 측정 기준을 개발했다. 이 기준은 기업들이 경로를 그려보고 연간 목표를 짜는 데 유익하고 효과적인 실천 사항 약 20가지로 구성되어 있다. 더불어 비랩은 매달 이메일을 통해 각종 자원과 영감과 조언을 제공하며, 기업들은 가상 포럼virtual forums에서 만나 각자의 목표를 성취하도록 서로 돕는다. 분기별 성장 보고서를 통해 참여 기업들의 책무성을 강화하며, 더 직접적인 지원과 격려를 위해 동료 모임도 구성한다. 이사회의 다양성, 지배구조와 포용성, 포용 문제 일반에 관한 투명성 문제 등 많은 주제에 관해 현재 비랩에서 만든 최고의 정책 지침을 참고할 수 있다.[32]

포용경제 챌린지 덕분에 일부 기업은 기존 정책을 개선할 기회를 얻었고, 다른 기업들은 자신들이 공정한 정책과 다양성을 지원하는 문화를 갖춰놓지 않았다는 깨달음을 얻었다. 노스캐롤라이나에 본사를 둔 민간 보험사 레드우즈 그룹Redwoods Group의 경우 전체 직원에 대한 급여 지급이 공정하지 않았음을 레드우즈 전속 변호사 존 피즐^{John Feasle}이 이렇게 밝혔다. "5~10년 전에 결정된 사항은 잊히고 그러다 보면 간극이 있다는 사실을 놓치게 되죠." 이 문제를 고치기 위해 레드우즈는 일부 직원의 급여를 높여 간극을 최소화했다. 이렇게 쉽게 문제가 해결될 때도 있으나 때로는 해법을 마련하기가 여간 까다롭지 않다. 레드우즈는 공급업체의 다양성을 옹호하지만, 피즐의 지적에 따르면 다양성이란 여러 차원이 관여되는 까닭에 때로는 무엇을 우선시할지가 분명치 않다. "여러분이 가장 우선시하는 것은 지역사회에서 소수 집단이 소유한 공급업체입니까, 여성이 소유한 업체입니까, 현지 업체입니까, 아니면 비콥입니까?"

비콥의 다수는 이러한 문제들과 씨름하지 않고 다양성과 포용성을 충실히 지킨다는 점을 보여주었다. 그들에게 이러한 유형의 일은 가치를 중시하고 세 가지 성과기준을 이행하는 기업의 한 측면일 뿐이다. 한 예로 트릴리움은 여성 직원이 절반이 넘는 직장 환경을 갖추고 있다. 아일린피셔는 여성 직원이 전체의 84%를 차지한다. 남아메리카의 첫 번째 비콥인 트리시클로스는 폐품 줍는 사람들과 지역 노숙자 커뮤니티의 구성원들에게 재활용센터를 운영할 기회를 제공함으로써 그들이 소득을 높이고, 지역사회에 이바지하며, 존엄한 삶을 누리도록 돕는다.³³ 나투라에는 소속 컨설턴트가 180만 명이 넘게 있는데, 이들 중 다수는 실직 중이었거나 능력 이하의 일에 종사하던 여성이었다. 이들이 훈련을 통해 나투라의 이익 공유 프로그램에 참여하게 되었고, 그 결과 자신이 속한 지역사회에서 변화를 주도하는 인물로 자리매김하곤 한다.[34]

전통적인 기업 내에서 포용성 부문에 상당한 성장을 이룰 영역은 고위 경영진 층이다. 최근 주주들과 기관투자자들은 이 사회와 최고 경영진의 구성에 더 많은 관심을 기울이고 있다. 다수의 연구에서 다양성은 새로운 통찰과 인식을 불어넣음으로써 조직의 성과를 높인다는 사실이 드러났다. 여성, 유색 인종, 다양한 문화적, 사회경제적 배경을 지닌 사람들이 중역 임원실과 이사회에서 환영받으려면 아직 많은 노력을 기울여야 한다.

나는 최근 열린 비콥 연례 챔피언스 리트릿Champions Retreat의 한 세션에 참여했다. 이 자리에서 한 참석자는 다양성과 포용성을 인정하는 것은 마치 1980년대와 1990년대에 기술부서를 인정하는 것과 같다고 논했다. 그 말을 들으니 그 시절이 생생히 떠올랐다. 1990년대에 나는 미국의 대형 은행에서 일하고 있었다. 당시 기술은 '분리되어' 있었다. IT 직원들은 별도로 모여서 일하곤 했고(주로 건물 지하에 있었다), 제품과 서비스를 내놓는 기업의 역량에 완전히 통합된 사람들로 보이지 않았다. 기술을 바탕으로 작동하는 지금의 경제에 비춰보면 당시 관행은 분명 고루했던 듯하다. 마찬가지로 최근 다양성과 포용성을 주로 담당하는 직원들은 인사부 안에서도 따로 떨어져 있는 경우가 많았다. 하지만 지금은 다양한 고객의 필요 사항을 충족하기 위해 기업들이 나날이 노력하고 있고, 도전적인 브랜드들은 다양성과 포용성을 갖춘 직장이 더 혁신적이고 효과 높은 해법을 이끌어낸다는 것을 몸소 보여주고 있다. 이에 기업들도 장기적 성공을 위해서는 다양성과 포용성이 중요하다는 사실을 계속해서 크게 깨달아가고 있다. 포용적인 일터를 효과적으로 만들기는 까다로우며, 이를 위해서는 몇몇 핵심 지도자와 인사부를 넘어 많은 이들의 노력이 필요하다. 기업 전체에 이러한 분위기가 스며들어야만 한다.

위기에 놓인 직원 돕기

라이노푸드에서 직원들을 대상으로 실행하는 가장 혁신적인 프로그램 하나는 소득 선불 대출 프로그램이다. 라이노에서 1년 넘게 근무한 직원은 최대 1,000달러까지 당일대출을 신청하고 이를 주별 급여에서 감면하며 상환할 수 있다. 이로써 직원들은 비상 상황이 발생하면 지원을 받을 수 있다. 프로그램을 운영하는 주체는 노스컨트리 연방신용조합North Country Federal Credit Union이다. 라이노에서 사람과 문화 관련 책임을 맡고 있는 케이틀린 고스는 "이 프로그램은 사람들에게 많은 것을 열어주었습니다. 은행과 관계를 맺으면서 신용 등급도 향상되고, 말하자면 ⋯ 어떻게 하면 자금을 모을 수 있는지에 관해 틀을 잡을 수 있게 된 거죠."라고 말한다.

라이노푸드에 오래 몸담은 직원으로서 '냉동고 노인Freezer Geezer'이라는 애칭으로 잘 알려진 폴 필립스Paul Philips는 이 프로그램이 신설된 후 1,000달러 상당의 대출을 받았다. 세금을 낼때 저지른 실수로 신용 점수가 급격히 떨어진 필립스는 달리 대출받을 곳이 없었다. 필립스만의 이야기가 아니다. 2017년 해리스 여론 조사가 실시한 설문 결과, 미국에서 매달 월급으로 생활하며 긴급 자금을 마련하지 못하는 노동자가 78%로 나타났다.[35] 필립스는 소득 선불 대출 프로그램을 5회 사용했고 이에 따라 신용 점수가 크게 향상했다. 덕분에 난생처음 새 차도 사고 얼마 지나지 않아 새집도 마련할 수 있었다.[36]

이것이 라이노푸드에는 어떤 의미일까? 다른 회사라면 문을 걸어 잠갔을 상황에 라이노는 자신들에게 기회를 주었다는 사실을 늘 기억하는 근면하고 충실한 직원들이 있다는 것이다. 이 프로그램을 도입하기 전에는 직원들이 비상 상황에 놓이면 회사에 직접 대출을 의뢰하곤 했다. 물론 라이노는 대부분의 경우에 이를 제공해주었지만, 테드 캐슬은 장기적으로 이런 방식이 직원들에게 유익하지 않다는 사실을 깨달았다. 소득 선불 프로그램이 큰 성공을 거둔 결과, 라이노는 비랩과 협력하여 이 정책을 통해 기업이 효과를 거두는 방식과 직접적인 실행 방법을 알 수 있도록 가이드를 제작했다. 라이노가 직접 기업들을 코치하기도 한다.[37]

라이노푸드에 소득 선불 프로그램이 생기자 비콥 커뮤니티 전반에 파급효과가 일어났다. 이 같은 프로그램의 핵심은 직원 개개인의 가치를 인정하고 감사히 여기며 직원을 사업의 중심에 놓는다는 점이다. 2018년 당시 버몬트주에 있는 기업 30여

곳과 신용조합 5곳이 이 프로그램을 운영하고 있었고, 미국 곳곳에서 다수의 기업이 관심을 보였다. 비쿱인 헤더폴슨 컨설팅 Heather Paulsen Consulting의 헤더 폴슨도 이 소식을 듣고, 직원 접근권 지원 대출Helping Employees Access Loans, HEAL을 만들어 멘도시노 카운티에 있는 비쿱의 전 직원에게 긴급 대출을 제공하고자 현지 금융 기관들과 협업하기 시작했다.[38]

캐슬은 코로나바이러스가 터지면서 "직원들에게 금융 안정성을 제공해 좋은 사업 감각을 유지하도록 기회를 마련"해야 할 필요성이 급격히 높아졌다고 했다. 파타고니아, 올버즈 등 규모가 크고 잘 알려진 비쿱들은 매장을 닫으면서도 직원들에게 급여를 제공하려고 최선을 다했다.

라이노의 접근방식은 다음과 같았다. "우리 직원들의 신체적, 정서적, 경제적 건강을 고려해야 합니다. 이 모든 요소에 한꺼번에 접근하면 무엇을 해야 할지 파악하기가 상당히 어렵습니다. 이에 우리는 그 균형을 맞추고자 최선을 다하고 있으며 이를 위해 특별 전담팀을 두고 매일 아침 회의를 엽니다. 정오에는 전체 지도부도 회의를 열어 복잡한 사안을 검토하여 대책을 세웁니다."

한 가지 중요한 문제는 조직과 개인 복지 사이에 갈등이 불거질 수 있다는 점이다. 매달 월급으로 살아가는 사람들은 아플 때도 출근을 해야 하기 때문이다. 이에 라이노는 몸이 좋지 않을 때는 집에서 근무할 수 있는 제도를 마련했다. "건강관리가 필요하거나 몸이 좋지 않아 출근이 어려울 때는 집에 머물며 몸을 회복하도록 40달러를 지원하기로 했습니다. 적당한 금액인지는 잘 모르겠습니다. 하지만 이것은 하나의 출발점으로서 전혀 없는 것보다는 낫다고 봅니다."

이러한 경향을 볼 때, 직원들은 최저 급여를 받으면서 생존을 위해 몸부림치는데 중역 임원들은 두둑한 지갑을 더 채워 넣으려 애쓰는 시대는 끝날 거라는 예감이 든다. 세계의 일터는 변하고 있으며 더 많은 것을 요구하고 있다. 한편, 비콥 운동은 개별 직원의 가치, 그리고 하나의 이해관계자로서 직원의 중요성에 초점을 맞추는 탄탄한 직장 문화를 세워나가는 새로운 방식을 소개하고 있다. 비콥을 개인이 소유하든 직원들이 소유하든 한 가지 사실만은 분명하다. 직원을 회사의 중심에 둔다면 어마어마한 전략적·재정적 유익을 얻을 수 있다.

동지들의 모임:B 커뮤니티

2013년 9월 콜로라도 전역에서 끔찍한 장면이 펼쳐졌다. 기록적인 폭우로 홍수가 일어나 300채가 넘는 가옥이 파괴되고 카운티 주민 모두가 대피해야 했다. 기상 예보관들도 전혀 예측하지 못했던 이 폭풍은 모두를 충격 속에 몰아넣었다.

직원 소유의 협동조합으로서 태양 전력 시스템을 고안, 설치하여 관리하는 나마스테솔라는 2011년에 비콥이 된 기업으로 콜로라도주 볼더 시에 본사가 있다. 2013년 홍수로 본사 건물이 90㎝ 두께 진흙으로 온통 뒤덮였다. 나마스테의 직원소유주들은 망연자실한 가운데서도 복구 작업에 나섰다.

9월 17일, 나마스테 사람들을 도우려는 동료 비콥 직원들이 가득 탄 버스들이 줄지어 도착했다. 사실 그해 비콥 챔피언스 리트릿이 볼더에서 열리기로 예정되어 있었다. 비랩 팀은 콘퍼런스를 취소할까도 고민했지만, 오히려 볼더에 모인 상황을 활용해 콜로라도 사람들을 돕기로 하고 챔피언스 리트릿을 3일 일정의 봉사활동으로 바꿨다. 비콥 커뮤니티 일원들은 미국 연방재난관리청FEMA, 적십자사, 그 외 현지 단체들과 함께 양팔을 걷어붙이고 복구 작업에 뛰어들었다.[1] 나마스테솔라를 설립한 블레이크 존스는 이렇게 회상한다. "그날 우리는 에너지 주사를 맞은 듯했습니다. 우리끼리 했다면 며칠이고 걸렸을 일을 비콥 커뮤니티 덕분에 몇 시간 만에 끝낼 수 있었죠. 그들은 말로 표현할 수 없는 방식으로 우리에게 기운을 불어넣어주었습니다. 동료 비콥들이 우리를 이렇게 응원하고 사랑해주는구나 싶었습니다. 도움이 필요할 때 손을 내밀어준 비콥 커뮤니티에 평생 감사할 겁니다."[2] 이와 비슷하게 코로나바이러스로 경제적 타격을 입은 상황에서 비콥들이 서로 도우며 힘을 모았던 사례들도 많이 전해 들었다.

비랩의 공동설립자 코언 길버트에 따르면 비랩이 발전함에 따라 비랩의 커뮤니티도 발전했다고 한다. "각종 도구와 자원, 개별 사례들을 이야기하기는 쉽습니다. 하지만 우리 경험을 돌아보건대, 커뮤니티는 우리가 만들어낸 가장 강력한 요소 중 하나로, 각 기업의 성과를 끌어내는 동시에 공동 행동과 체계적인 변화를 실현할 밑거름이 되었습니다."

비랩 커뮤니티의 활동은 단순히 지원과 아량을 베푸는 행동을 넘어선다. 지속가능성 컨설팅 회사인 볼란스Volans의 공동설립자 존 엘킹턴은 사회 변화라는 의제를 추진하려는 CEO나

기업의 리더는 때로 고립감을 느낀다고 말한다. 그는 수십 년간 사회적 책임 기업 분야를 개척한 사람으로서 이를 잘 알고 있다. 사실 '세 가지 성과기준triple bottom line'이라는 용어를 만들어낸 사람도 엘킹턴이었다. 그는 경력 대부분을 변화와 혁신, 임팩트 부문에 쏟았고, 부정적이고 회의적인 사람들로 가득 찬 이사회 일원들과 싸워가며 그들을 설득한 적도 많다. 직선적인 성격의 엘킹턴은 한 가지 사안에 집중하는 사람으로서 늘 재치 있게 자기 의견을 분명히 표현하고, 흥미로운 주제에 대해 이야기할 때면 열정이 고스란히 드러난다.

엘킹턴은 비콥 운동이 자신과 같은 사람들에게 커뮤니티의 안락함과 든든함을 채워줬다고 말한다. 그는 볼란스가 새 상임이사를 구할 때 루이스 키엘러럽 로퍼Louise Kjellerup Roper를 처음 만났던 이야기를 들려주었다. 엘킹턴은 그녀가 앞서 비콥 두 곳(메소드와 지다이퍼스(gDiapers))에서 근무했다는 얘기를 듣고는 동지를 만났다고 생각했다. 그들은 같은 가치관과 신념을 가지고 이를 지키려고 애쓰는 사람들이었다. 비콥 커뮤니티의 일원임을 알게 되면 비즈니스 관계도 수월해진다. 뉴리소스 은행의 빈스 시칠라노는 "회사가 비콥임을 예비 클라이언트가 듣고 나면 세 시간 동안 장황하게 기업에 관해 설명하지 않아도 됩니다."라고 말한다.

뉴리소스는 지속가능한 기업들에 자금을 지원할 은행이 필요하다고 생각한 개인과 조직이 모여 시작한 은행이다. 시칠라노는 아말가메이티드 은행의 CEO 키스 메스트리치Keith R.

Mestrich와 첫 회의를 연 뒤, 가치를 추구하는 은행의 세계연합 Global Alliance for Banking on Values, GABV을 통해 힘을 규합했다(결국 두 은 행은 합병되었다). 시칠라노는 "그는 사회적 사명을 기꺼이 받아들 이는 새로운 CEO였습니다. 그래서 저는 그의 회사가 비콥 인 증을 추진할 것을 권했죠. 은행이 비콥 인증을 제대로 활용한 다면 진정한 변화가 일어날 테니까요."라고 말한다.

뉴리소스 은행과 비콥 커뮤니티의 연결망 안에는 이 은행 의 창립 투자기관 중 하나인 RSF 소셜파이낸스도 들어 있다. RSF는 1936년 루돌프 슈타이너 재단으로 처음 설립되었다. 슈타이너(1861~1925)는 오스트리아 출신의 학자, 비평가, 철학 자, 사회개혁가, 자선가, 신비주의자였다. RSF는 설립 후 50년 간 재단의 사명, 즉 사회적·경제적·환경적 유익에 초점을 맞 춘 투명한 관계를 일구겠다는 뜻을 같이하는 기업들에 보조금 을 제공했다.[3] 1984년부터는 대출을 제공했고 그 이후에는 직 접 투자를 시작했다. RSF가 뉴리소스 은행에 투자한 것은 당 연한 일이었다. RSF의 회장이자 CEO인 마크 핀서Mark Finser는 2006년 공식 발표에서 이렇게 말했다. "이번 투자는 RSF의 사 명을 확대하는 자연스러운 일입니다. 우리는 건전하고 지속가 능한 세상을 이루고자 하는 사회적으로 유익한 프로젝트에 자 선가들과 투자자들을 연결합니다."[4] RSF의 영리 부문인 RSF 캐피탈 매니지먼트는 2009년에 비콥 인증 기업이 되었고, 이 후 비콥 운동의 강력한 지지 기업으로 활동하며 뉴리소스와 매 우 비슷한 행보를 보였다.[5] 물론 RSF가 포트폴리오 기업들에 비콥 인증 기업이 될 것을 요구하지는 않지만, RSF에서 대출을 받는 모든 사람은 B임팩트평가 설문에 참여하고 인증 절차를 지지해야 한다. 바트 홀라한은 RSF가 비랩에 자금을 제공하고 이사회에 자문을 지원하면서 "처음부터 비랩 활동의 선구자 역할을 했다"고 말한다.[6]

이 상호 연결망에는 뉴리소스 은행의 투자 기관으로서 2015년에 비콥 인증을 받은 네덜란드의 트리오도스도 있다. 1980년에 설립된 트리오도스는 가치 기반 은행 모델을 표방하며 일찍부터 암스테르담 증권거래소에서 첫 '그린펀드'를 개시했다. 자사의 이산화탄소 배출에 대해 100% 보상을 실행하는 트리오도스는 태양에너지와 유기농법과 관련된 기업, 나아가 문화 단체에도 투자한다. 스페인, 벨기에, 영국, 독일에 지사를 둔 트리오도스의 국제 사업은 소액금융기관을 통해 저소득 국가들에 투자할 정도로 성장했다.[7]

비콥 운동 안에서 자라나는 상호의존적 네트워크의 힘은 날마다 사람들이 뛰어드는 모습에서 드러난다. 수많은 행위자를 다양한 방식으로 이어주는 것은 비랩 팀과 비콥들이 한뜻으로 노력하는 일이다. 비랩은 풀뿌리 수준부터 시작해 해당 도시나 주의 비콥 커뮤니티를 중심으로 하는 지도자 그룹을 만들고자 현지 비콥들과 팀을 구성했다. 이들은 공식적으로 구성된 B 로컬 위원회 또는 비공식 사회적 네트워크에서 서로 만나 행사를 개최하고, B 개념에 대해 홍보하고, 새로운 기업들이 이 운동에 동참하도록 격려한다. 또한 더 폭넓은 변화에 초점을 맞추어 동종업계나 인근 지역에서 네트워크를 만들기도 한다. 비콥 인증 기업들과 베네핏 코퍼레이션들은 협력관계를 맺어 상호 지원을 펼칠 수 있다. 많은 비콥들은 자사의 공급업체에 B임팩트평가를 채택하도록 권하고 있다. 게다가 다수의 비콥들은 특히 새로운 지역으로 사업을 확장할 때 다른 비콥을 우선 공급업체로 선정하려고 애쓴다.

비랩은 이러한 상향식 운동을 앞장서서 권하는 동시에 하향식 접근을 통해 비콥 커뮤니티의 성장을 돕기도 했다. 비랩은 비콥, 등록된 베네핏 코퍼레이션, 그 외 이 운동에 관심을 보이는 기업들이 공유하고 활용할 만한 수많은 자원을 창출했다. 비랩이 구축한 사회적 네트워크 플랫폼인 B하이브[B Hive]가 그 예다. 또 비랩이 주관하는 연례 미국 챔피언스 리트릿은 남아메리카, 유럽, 영국, 호주, 동아프리카 등지에 이와 유사한 비콥과 협력 기업들의 모임을 만들어냈다.

현지에 튼튼한 뿌리 만들기

초창기에 비랩 팀은 비콥 인증 기업에 대한 관심이 몇몇 지역에 집중된다는 사실을 확인하고, 지리적 군집들을 성장시켜 비콥 운동을 확대해야겠다고 생각했다. 이 커뮤니티들이 자연스럽게 자라나자 비랩 팀은 이들의 성장을 지원하고 격려하기 위해 노력했다. 여기에 속하는 첫 커뮤니티 중 하나가 콜로라도주의 덴버와 볼더 인근 지역에 있었다. 2014년에 비랩은 콜로라도 주에 사무실을 내기 위해 보조금을 확보해두었다. 콜로라도 태생인 앤드루 카소이는 당시를 이렇게 설명한다. "콜로라도에 관해서는 비콥 인증 기업으로 구성된 현지 커뮤니티를 구축하고 유지하는 일을 전담하는 팀을 짜고, 이를 하나의 예로 활용해 사업을 통해 공익을 실천하는 데 헌신하는 더 큰 기업 커뮤니티를 구성할 생각이었습니다. 일종의 실험실을 만드는 거죠. 거기서 기업들이 구체적인 방식으로 협력하여 변화를 일으키는 법을 배울 수 있도록 말입니다. 그 기업들이 하나가 되어 협력할 수 있길 진심으로 바랐습니다." 이상적으로는 비콥 인증을 받지 않은 기업들도 영향을 받아 자사의 임팩트를 검토하고, 정책 변화를 추구하며, 특정 부문에서는 비콥들과 협력할 터였다.

콜로라도 비랩을 위한 보조금 지원이 만료되는 2017년 당시 콜로라도에는 100곳이 넘는 비콥이 있었다. 이 밖에 수백 곳의 현지 기업이 B임팩트평가를 사용하고 있었고, 그들 중 다수가 콜로라도 베네핏 코퍼레이션으로 등록했다(2019년 기준으로 500곳). 현지 비콥 지도자들은 'B 로컬 콜로라도'라는 위원회를 조직했다. 여기에 속한 열정과 의욕 있는 구성원들은 매주 행사를 여는 등 비콥의 존재를 확장시키고자 꾸준히 노력한다. 비랩 콜로라도의 초대 책임자인 킴 쿠푸나스 Kim Coupounas는 "그들은 서로 사업을 지원하고, 다른 기업들을 커뮤니티로 불러들이고자 노력하며, 콜로라도주와 산악 지대를 끼고 있는 미국

서부 전역에서 책임감 있는 기업 활동과 공동 번영을 위해 노력합니다."라고 말한다. 최근 몇 년간 다수의 훌륭한 협력관계와 협업이 생겨났다. 콜로라도 대학교 볼더 캠퍼스의 윤리 및 사회적 책임 센터Center for Ethics and Social Responsibility는 현지 비콥 커뮤니티와 협력관계를 맺고 B임팩트평가를 활용하는 기업들이 타 기업의 인증 획득을 도울 수 있는 매뉴얼을 만들기로 했다.[8] 한때 이 대학의 MBA 과정에 포함되었던 지속가능한 사업 과목에서는 학생들에게 한 기업의 '지속가능성에 기초한 사업 추구'를 도우라는 과제를 내주었다. 대체로 이 과제는 현지 기업이 B임팩트평가를 완료하는 데 힘을 보태는 일로 진행되었다.[9]

그로우하우스GrowHaus는 덴버에 있는 실내 농장으로 B 로컬 콜로라도와 함께 행사를 조직해 개인들이 '봉사 정신을 기르도록B of Service' 독려한다. 그로우하우스와 B 로컬 콜로라도는 사회 환원에 관심을 가진 기업과 개인(그리고 비콥 운동에 관심을 가진 이들)에게 봉사활동의 기회를 제공한다. 마케팅 회사이자 비콥 인증을 희망하는 워드뱅크Wordbank는 2018년에 이 행사에 참여했다. 워드뱅크 팀은 이렇게 설명한다. "우리가 이렇게 참여해 그로우하우스 같은 현지 단체를 위해 봉사활동을 하도록 영감을 준 것은 '사업을 통해 공익을 실천한다'는 정신이었습니다. 이 단체들과 팀을 이루어 활동하면 우리 지역사회에 영향을 미치는 사회적·환경적 문제를 다소나마 해결할 수 있습니다."[10]

콜로라도주 정부도 비콥 운동의 성장을 장려하는 여러 활동을 개시했다. 그중에서도 특히 '콜로라도를 위한 최고Best for

Colorado' 캠페인은 콜로라도 기업들이 B임팩트평가를 채택하도록 권하는 데 크게 기여했다. '~를 위한 최고' 캠페인의 흥미로운 점은 여기에 참여하려는 기업들이 비콥 인증 기업이나 베네핏 코퍼레이션이 아니어도 된다는 것이다. 대신 이들은 수정된 버전의 B임팩트평가를 완료하고 서로 경쟁함으로써 선행을 실천하는 기업으로 인정받는다.

비랩은 버몬트와 노스캐롤라이나 같은 다른 전략 지역에서도 비슷한 역량을 키우는 기회를 가졌고 몬트리올과 포틀랜드, 오리건 같은 몇몇 현지 커뮤니티는 자체적으로 성장을 이뤄냈다. 한 예로 2016년 로스앤젤레스에서는 비콥 인증 기업들이 자체적으로 B 로컬 커뮤니티를 만들고, "활력을 높이고 지식을 공유하며 변화의 바람을 불러일으킬 최고의 방법을 놓고 협업함으로써 로스앤젤레스 비콥 커뮤니티의 행복과 성장을 이룬다"는 사명을 내걸었다.[11] 라틴아메리카와 호주에서는 비콥들이 밀집한 여러 지역에서 이 운동의 세계적 임팩트를 보여주었다. 이에 대해 카소이는 "여기서 변화의 이론은 이 기업들이 참여도를 높임에 따라 지역 경제 전반에 파급효과가 일어난다는 것입니다."라고 말한다.

현지에 나타난 중요한 파급효과 중 하나는 지역별 빌드 BLD(B Corp Leadership Development의 약자로, 빌드라고 발음한다) 이벤트다. 이 행사는 현지 단체들을 서로 연결하고 비콥 직원들을 성장시키려는 목적에서 생겨났다. 행사의 조직과 진행은 행사의 주인공이기도 한 현지 비콥의 구성원들이 맡는다. 라이노푸드의 테드 캐슬은 이렇게 말한다. "모든 것은 이런 방식으로 성장합니다. 우리가 홍보대사가 되어야 하죠. 비랩이 다 해주기를 바라고만 있을 순 없습니다." 첫 번째 빌드는 2014년 5월 22일 샌프란시스코에서 열렸다. 비랩, 비콥 베네피셜 스테이트 뱅크B Corp Beneficial State Bank, 골든게이트 대학교가 공동 개최한 이 행사에는 현지 비콥에 근무하는 직원 150여 명이 참석했다. 라이언 허니맨이 세운 허니맨 지속가능성 컨설팅Honeyman Sustainability Consulting도 공동개최를 맡았다.[12] 허니맨은 현재 2판이 나온 《비콥 핸드북: 사업을 통해 공익을 실천하는 방법The B Corp Handbook: How to Use Business as a Force for Good》《유니레버는 왜 비콥이 되려 할까?》(mysc, 2016년 국내출간)의 저자로서, 수십 개 기업이 비콥 인증을 받도록 직접 힘을 보태기도 했다.[13]

빌드 행사 중에는 현지 비콥들이 진행하는 소집단 회의 breakout sessions들이 있다. 참석자들은 이 자리에서 뜻을 같이하는 사람들과 만나 훌륭한 정책과 조언을 서로 나눈다. 빌드 행사는 올버즈, 메소드, 애슬레타, 뉴리프페이퍼, 체인지Change.org, RSF 소셜파이낸스 등 많은 비콥의 노력에 힘입어 베이 에어리어에서 꾸준히 성장하고 있다. 마지막 집계 당시 여기에 속한 비콥 인증 기업은 200곳에 가까웠다. 모든 이해관계자에게 유익하도록 출판업계를 변화시키는 데 초점을 맞추고 있는 독립 출판사이자 베네핏 코퍼레이션인 베럿쾰러 퍼블리셔스Berett-Koehler Publishers는 최근 "모두에게 유익한 세상을 만들자"는 주장으로 화제를 일으켰다.[14] 한편, 차茶를 제조하는 기업들 사이에서 품질의 다양성과 혁신이 부족하다는 현실에 대응해 베이 에어리어에 또 다른 비콥이 생겨났다. 오늘날 이 기업은 유기농차 업계의 선두주자로 공정한 노동 관행을 실천하는 모델 역할을 하고 있다.[15] 이 밖에 캘리포니아 해안 지역을 비롯해 애쉬빌, 보스턴, 콜로라도, 일리노이, 로스앤젤레스, 몬트리올, 뉴욕, 노스캐롤라이나, 필라델피아, 포틀랜드(오리건), 온타리오 남서부, 밴쿠버, 버지니아, 위스콘신, 미시간 서부, 애틀랜타 중부 등 북미 여러 도시와 주에서도 비콥의 존재를 지속적으로 성장시키고자 B 로컬 위원회가 꾸려졌다.

버몬트의 비콥 커뮤니티

버몬트는 오랫동안 지속가능하고 책임감 있는 기업들이 활동하는 허브였으므로 이곳에서 비콥 운동이 번성했다는 것은 그리 놀랍지 않다. 실제로 비콥 중에서도 가장 크고 영향력 있는 몇몇 회사는 버몬트에 있다. 심지어 사회적 사명을 품은 기업 운동의 진정한 시작이 그 유명한 벤앤제리스의 벤 코헨과 제리 그린필드가 사회적 책임을 사업 모델의 중심에 놓고 벌링턴에 첫 아이스크림 가게를 열었을 때라고 주장하는 사람도 많다. 벤앤제리스는 2012년에 공식적으로 비콥 인증 기업이 되었다. 대규모 다국적회사의 자회사로서는 처음 인증을 받은 기업 중 하나였다. 이 밖에도 버몬트에는 라이노푸드, 캐벗크리머리, 킹 아서 플라워, 세븐스 제너레이션, 그린 마운틴 파워, 알케미스트 브루어리 등 독자들도 익히 알 만한 유명한 비콥 인증 기업이 많다. 그린 마운틴 파워는 전력 회사 중에는 처음으로 비콥 인증을 받았다. 코헨과 그린필드는 그린 마운틴 파워에 축하 인사를 전하며 "그들의 헌신과 사업 성공이 다른 기업들에 영감을 불어넣길" 바란다고 말했다.[16]

버몬트의 비콥 지도자 대다수는 사회적 책임을 위한 버몬트 비즈니스Vermont Business for Social Responsibility에 관여해 많은 시간을 함께 보내며 지역사회를 위한 더 나은 사업을 장려하고 일궈 나간다. 알케미스트 브루어리의 공동설립자 제니퍼 키미히Jennifer Kimmich는 "마치 가족 같습니다."라고 말했다. 캐벗크리머리는 현지 비콥 네트워크와 함께 상호 이벤트와 합동 광고를 구성했다. 이런 움직임은 파타고니아, 벤앤제리스, 세븐스 제너레이션 등의 주도 속에 전국적으로 나타났다.

라이노푸드의 케이틀린 고스는 비콥 기업 간의 협업을 이렇게 설명한다. "이런 협업을 통해 경쟁 대신 일종의 생태계를 형성하는 거죠. … 비콥 커뮤니티는 동종업계가 아니더라도 유익하고 서로를 지지하며 아이디어와 최선의 실천을 공유할 수 있도록 여러 기업들의 이해를 돕습니다." 라이노푸드는 버몬트의 동료 비콥들과 끊임없이 소통하며 인력 계획, 전략, 향후 협력관계에 대해 논의한다. 킹 아서 플라워의 캐리 언더우드Carey Underwood는 "버몬트에는 탄탄한 네트워크가 있습니다. 궁금한 점이 생기면 가장 먼저 그 회사들에 찾아가죠."라고 덧붙인다.

볼로코의 존 페퍼는 버몬트의 코네티컷강 바로 맞은편, 자신이 있는 뉴햄프셔 지역이 비콥 운동에 익숙지 않다는 사실을 깨달았다. 그는 상공회의소 주최사로 요청받았을 때, 버몬트의 동료 비콥 지도자들에게 연락해야겠다고 마음먹었다. 그의 말에 따르면 그들은 합동 리셉션을 열었다고 한다. "알케미스트 브루어리는 행사장에 와서 무료 맥주를 제공했습니다. 행사장은 볼로코 레스토랑에 마련했죠. … 정말 훌륭한 행사였습니다. 비콥으로서의 힘을 여실히 보여주었습니다." 이후 페퍼는 가능하면 최대한 비콥들과 협업함으로써 그가 속한 지역사회가 버몬트처럼 긴밀히 연결되고 상호의존의 형태로 자라나게 하겠다는 것을 목표로 삼았다.

공유된 이해를 바탕으로 한 협력관계

비콥 간의 상호 이해는 한 기업이 비콥 인증을 받아 공식적으로 이 운동에 참여하기 훨씬 전부터 시작되어 인증 이후에도 꾸준히 지속한다. 제품과 서비스 구매를 알아볼 때 비콥들은 비콥 커뮤니티에 속한 기업부터 살펴본다. 비콥들이 어떻게 사업을 운영하는지 잘 알기 때문이다. 비랩 팀은 비콥들에 잠재적인 공급업체나 협력 업체에 관한 정보를 널리 알리도록 권함으로써 이러한 효과를 키운다.

동료 비콥인 아말가메이티드 은행에 인수되기 전, 뉴리소스 은행은 비콥 인증 기업에 맞춘 예금 혜택을 담은 금융 패키지를 만들었고, 사회적 책임 기업에 자금을 지원하는 데 자산 일부를 사용했다. 아말가메이티드 은행은 2020년까지 이 액수를 두 배로 늘리고자 애썼으며, 미국 은행으로서는 가장 규모가 큰 사회적기업으로서 지금도 세계적으로 긍정적인 경제적 영향력을 발휘하고자 노력하고 있다. 이런 활동 대다수가 실현될 수 있었던 것은 뉴리소스 은행, 아말가메이티드 은행, 그리고 폭넓은 비콥 커뮤니티가 다년간 협력해온 덕분이다.

많은 비콥은 다른 비콥과의 협업 기회를 비콥 인증의 큰 장점으로 꼽는다. 사실, 다수의 기업이 이미 자사의 공급망과 기타 협력관계를 신중히 선택해왔다. 비콥 운동에 합류하면서 이러한 입지를 더욱 단단히 할 기회를 얻은 것이다. 그 대표적인 예가 2018년에 비콥 인증을 획득한 루크스랍스터다. 과거 월스트리트에서 근무했던 스물다섯 살의 루크 홀든Luke Holden은 인생의 행로를 완전히 틀어 뉴욕시 한복판에 랍스터 가게를 열기로 했다. 이 일에는 아버지 제프, 그리고 루크와 같은 20대 청년으로 루크가 크레이그 리스트라는 온라인 광고 커뮤니티에서 찾은 프리랜서 음식 기고가 벤 코니프Ben Conniff가 함께했다. 세 사람은 몇 달간 준비 기간을 거쳐 가게 문을 열 생각이었다. 당시만 해도 아직 2008년 금융 위기의 여파가 경제 전반에 나타날 때였으므로, 맨해튼 한가운데에 랍스터 가게를 연다는 것은 미치지 않고서야 위험하기 그지없는 일이었다. 그러나 홀든은 미국 남부 스타일의 단출한 랍스터 롤을 너무도 먹고

싶은데 뉴욕에서는 어디에서도 찾을 수 없어 답답했다.[17]

루크스랍스터의 사명은 간단하다. 원산지를 알 수 있고 지속가능한 해산물을 고객들에게 제공하는 것이다. 현재 이 기업은 미국 전역에 20여 곳의 분점을 두고 있으며, 2017년에는 5천만 달러의 매출을 올렸다. 루크스랍스터는 사업 초기부터 마음이 맞는 기업들을 공급망에 두어야 한다고 믿었다. 이 회사는 이스트 코스트 곳곳의 협동조합에서 직접 물건을 산다. 품질, 안전성, 가격이 보장되기 때문이다. 홀든은 처음 가게를 연 뒤로 늘 이해관계자 우선주의를 루크스랍스터의 원동력으로 삼았지만 "이를 처음부터 그렇게 부르지는 않았다"고 한다. 창업자 세 사람이 웨스트 코스트에 첫 가게를 열려고 준비할 당시, 이들은 샌프란시스코의 비랩 사무실에 찾아가 협력할 만한 업체를 문의했다. 이를 통해 서퍼페스트 비어 컴퍼니Sufferfest Beer Company와 협력관계를 맺었다. 서퍼페스트의 창업자이자 CEO인 케이틀린 렌디스버그Caitlin Landesberg는 "동료 비콥들은 지속가능성, 공급망 최적화, 직원 복지, 건강한 생활양식 향유에 초점을 맞추기 때문에, 처음부터 두 브랜드가 서로에게 매력을 느꼈죠."라고 말했다.[18]

흥미롭게도 루크스랍스터는 비콥이 되기 전에도 타 지역 비콥들과 협력관계를 맺었다. 비콥 인증이 '필터 역할'을 한다고 믿었기 때문이다. 홀든은 "상대가 약속한 것을 실제로 이행하는지 알아보려고 임시적인 관계를 맺고 이를 확인하는 것보다 그것이 훨씬 효율적입니다. 비콥이라면 오랫동안 원하는 품질과 사업 관행을 보여줄 확률이 훨씬 높으니까요."라고 말한다. 그의 동업자 코니프도 이에 동의하면서, 같은 원칙을 공유하는 것은 더 나은 서비스와 관계를 보장할 뿐만 아니라 배움의 기회도 제공한다며 이렇게 말한다. "아이디어를 공유하면서 파트너의 훌륭한 점들을 보면 이를 모범과 목표로 삼아 우리 사업을 꾸준히 향상해나갈 수 있습니다."[19]

비콥과 맺은 루크의 협력관계는 광범위하다. 루크스랍스터는 최대한 많은 분점에서 동료 비콥인 인스파이어Inspire가 개발한 청정에너지 모델을 사용하고자 노력한다. 매장에서 배출하는 폐기물은 또 다른 비콥인 리사이클 트랙 시스템즈Recycle Track Systems가 수거하며, 사무실 직원들은 비콥인 위키드조 커피에서 제공한 커피를 즐긴다. 또 파타고니아 프로비전즈Patagonia Provisions, 서퍼페스트와의 협업을 통해 맥주를 제공하고 나아가 친환경 의류를 판매하는 비콥인 유나이티드 바이 블루와 협업해 계절별 랍스터볼 캠페인을 진행한다. 볼이 하나 판매될 때마다 해안 수로에서 1파운드의 쓰레기를 치움으로써 사람들의 인식을 개선하고 해안 정화를 수행하려는 것이다. 루크스랍스터는 비교적 최근에 인증을 받은 비콥임에도 비콥을 '신뢰할 만한 신호'로 받아들여 가치 있는 관계와 협력을 실천하고 있다.

벤앤제리스 방식의 파트너십

벤앤제리스는 다른 비콥들과 오랫동안 협력해왔다. 라이노 푸드는 비콥 운동이 존재하기도 전인 1991년부터 벤앤제리스 아이스크림에 들어가는 쿠키 반죽을 공급해왔다.[20] 벤 코헨은 30여 년 전에 사회혁신 콘퍼런스에서 그레이스톤 베이커리의 창업자 버니 글래스먼을 만났는데 두 사람은 곧바로 죽이 맞았다. 그때부터 그레이스톤은 벤앤제리스에서 만드는 여러 종류의 아이스크림에 브라우니를 공급했다. 이를 위해 그레이스톤이 매일 굽는 브라우니는 15,400kg에 달한다.[21]

벤앤제리스와의 상호 연결 덕분에 라이노푸드의 CEO 테드 캐슬과 그레이스톤 베이커리의 CEO 마이크 브래디Mike Brady도 자주 협력하는 파트너가 되었다. 한 예로, 그레이스톤은 라이노푸드의 성공적인 소득 선불 대출 프로그램을 도입하는 데 관심을 가졌다. 그들은 또한 직원 교환 프로그램을 실시할까도 의논했다. 이로써 직원들이 새로운 기술을 익히는 동시에 두 기업 간의 유대 관계가 깊어질 수 있기 때문이다.

벤앤제리스와 뉴 벨지움 브루잉은 기후변화에 초점을 맞추는 지역 NGO의 '우리의 겨울을 지키자Protect Our Winters'를 지원하려는 목적으로 팀을 이뤄 '솔티드 카라멜 브라우니 브라운 에일'과 이에 맞는 아이스크림을 선보였다. 몇 년 뒤 이들은 같은 목적에서 다시 한 번 팀을 이뤄 초콜릿칩 쿠키 도우에일Dough Ale과 이에 맞는 아이스크림을 내놓았다. 벤앤제리스의 사회적 임팩트 책임자인 롭 미칼락은 두 회사가 공유하는 비콥 연결 고리가 원동력이었다고 말한다. "우리가 '와, 뉴 벨지움 여러분은 정말 훌륭하네요.'라고 하면 그쪽에서는 '저희도 그렇지만 벤앤제리스 여러분도 너무 멋진걸요.' 하고 반응했습니다. 그러다 보니, 이럴 게 아니라 우리가 손을 잡고 즐겁게 뭔가를 해낸다면 커다란 유익을 만들어낼 수 있지 않을까 싶었습니다."

변화를 불러오는 비콥 네트워크

비콥들은 세계 속에 더 큰 변화를 일으키려는 목적에서 협력관계와 네트워크를 맺기도 한다. 클라우드 기반의 지속가능한 폐기물과 재활용 솔루션 분야의 선두주자로서 배우 레오나르도 디카프리오, 골드만삭스, 튜더 인베스트먼트 등에서 상당한 기금을 받은 루비콘글로벌, 그리고 인증 받은 친환경 주방용품을 판매하는 월드센트릭은 모두 쓰레기를 줄이는 데 중점을 두는 기업들이다. 2016년에 두 회사는 매립지에 쌓이는 쓰레기양을 줄이려는 노력으로 고객들에게 월드센트릭의 제품을 사용할 것을 독려하겠다는 협력관계를 발표했다. 월드센트릭의 CEO 아심 다스Aseem Das는 이렇게 말한다. "우리의 친환경제품과 루비콘의 유기물 전환 및 재활용 모델은 모두 같은 목적을 지향하는 중요한 일들이라고 생각합니다. 우리의 협력으로 더욱 지속가능한 세상을 만들 수 있기를 기대합니다."[22]

이와 같은 형태로 2016년 파타고니아는 비콥 5곳으로 구성된 그룹을 주도해 수천 가구에 태양열을 공급하기 위해 3,500만 달러 규모의 세금 자산화 펀드tax equity fund를 조성했다. 이런 유형으로는 최초의 협력관계였는데 세금 자산화 펀드는 주택 소유자들과 금융기관이 상생하는 효과를 낳았다. 소유자들은 태양력을 얻고 금융기관은 세금 공제 등을 받을 수 있기 때문이다. 이 기금으로 500개가 넘는 태양에너지 시스템을 구매해 8개 주 전역의 수많은 가구에 공급할 수 있었다. 비콥 5곳이 각자 맡은 역할은 다음과 같았다. 파타고니아는 세금 자산화 투자자, 키나올레는 펀드 매니저, 뉴리소스 은행과 베네피셜 스테이트 뱅크는 대출 기관, 선제비티Sungevity는 태양열발전 제공업체였다. 파타고니아 CEO 로즈 마카리오는 이렇게 말한다. "비콥들은 이익을 창출하는 동시에 폭넓은 유익을 만들어낼 방법을 알고 있습니다. 하지만 사실 이런 방식으로 세금을 요령 있게 활용하는 것은 어느 기업이라도 할 수 있는 일이죠." 당시 선제비티의 CEO였던 앤드루 버치Andrew Birch는 "이러한 비콥 협력관계는 기업들이 독창적인 방식으로 협력함으로써 각자의 사업, 주택 소유자 개인의 재정, 그리고 환경에 동시에 유익을 줄 수 있다는 것을 분명히 보여줍니다."라고 덧붙였다.[23] 2014년에 파타고니아와 키나올레는 이와 비슷한 기금을 조성해 하와이에 1천 개의 옥상 태양광 시설을 구입했다.[24]

2015년 캐벗크리머리는 아동 미디어 출판사이자 비콥인 리틀피클 프레스Little Pickle Press와 협력해 인식 재고 캠페인을 진행하면서 《패트릭 오샤나한의 부엌에 있는 소 *The Cow in Patrick O'shanahan's Kitchen*》라는 제목의 그림책을 펴냈다. 이 책은 어린이 독자들에게 우리가 먹는 음식이 어디에서 오는지 보여준다. 책을 판매하고 얻은 순 매출액의 15%는 세계 곳곳, 특히 아프리카에서 발생하는 예방 가능한 질병과 극심한 빈곤을 해결하고자 노력하는 비영리단체인 원캠페인[ONE Campaign]에 기부했다. 두 회사 모두 식품의 원천에 관한 인식을 형성하고 확장하는 데 관심을 두고 있으므로 이 협력관계는 자연스럽게 들어맞았다.[25] 2016년 두 기업은 Farm2Table이라는 iOS 앱을 출시했다. 이 앱은 앞서 펴낸 그림책의 대화형 버전으로 애니메이션과 게임이 들어 있었다.[26] 캐벗크리머리 또한 자사의 자원봉사자 보상[Reward Volunteers] 프로그램을 통해 다양한 비콥들과 협력하고 있다. 참여자들은 앱이나 온라인 위젯을 통해 자신의 자원봉사 시간을 등록하며, 이를 바탕으로 킹 아서 플라워, 가드너스 서플라이[Gardener's Supply], 디바인초콜릿 등 다른 비콥에게 상을 받을 자격을 얻는다. 윤리적 의류 기업인 루트콜렉티브[Root Collective]는 자사의 직접적인 경쟁사인 엘레간티스[Elegantees]와 협력해 네팔의 성적 인신매매 생존자들이 만든 티셔츠를 내놓았다. 판매 수익은 성매매 반대 운동 기금으로 사용했다.[27]

코언 길버트는 비콥의 구성원들도 대다수 기업의 지도자들처럼 "본질적으로 경쟁적인 사람들"이라고 말한다. 다른 회사가 자사 직원, 환경, 또는 투자자를 위해 무슨 일을 한다고 전해들으면 그보다 더 나은 일을 하려는 것이 그들의 자연스러운 성향이다. 하지만 동시에 그들은 커뮤니티이기도 하다. 비콥들이 자선 활동을 촉진하고, 적극적으로 지역사회에서 변화를 일구어내며, 중요한 이슈에 관한 인식을 높이고자 시장에서 서로 경쟁하든 함께 손을 잡든, 그들의 견고한 연결고리가 비콥 운동의 진정한 힘이라는 것만은 분명하다.

'연결 조직' 육성하기

비콥들이 결속하여 서로를 지원하고 사회적 선을 창출하는 동안, 비랩은 상호의존적 연결망을 성장시키기 위해 대규모 활동을 마련했다. 비콥들을 위한 연례 리트릿, 비콥 직원들만을 위한 소셜 미디어 포털, 그 외 다양한 인센티브와 협력관계가 이에 해당한다.

챔피언스 리트릿

지난 10년간 사명을 품고 열심히 활동해온 비콥 커뮤니티의 리더들은 네트워크를 다지고, 워크숍에 참석하며 비콥 운동을 확장하려는 목적에서 연례 챔피언스 리트릿에 함께 모였다. 처음에는 비콥 초기 운동이 성장하는 데 가장 크게 이바지한 약 30곳의 '챔피언' 기업에 감사의 뜻을 전하고자 초대한 기업들만을 캘리포니아 남부 고지대 사막의 한 장소로 불러 모았다. 이후 리트릿은 가을마다 매번 다른 도시에서 열리는 3일 행사로 변했다. 카소이는 "챔피언스 리트릿은 서로 어울리는 자리입니다. 비콥이 단순히 개별 기업에 인증을 제공하는 것 이상임을 사람들에게 보여주는 거죠. 커뮤니티가 한데 모여 하나의 운동을 이루는 것이 비콥입니다."라고 설명한다. 또한 코언 길버트의 말처럼 챔피언스 리트릿은 사람들이 비콥이 공유하는 '연결 조직'을 경험하고 만들어내는 자리다.

B하이브 네트워크

2015년에 비랩은 B하이브를 출범했다. B하이브는 비콥의 직원과 임원들을 위한 민간 온라인 플랫폼으로, 사용자들은 프로필 페이지를 만들어 자신이 속한 기업과 전문 분야에 관한 정보를 올릴 수 있다. 네트워크 내에서는 그룹을 만드는데, 이를테면 '비콥의 여성' 그룹 등에서 사람들과 더 친밀하고 직접적으로 어울릴 수 있다.[28] B하이브에서는 재화와 서비스 판매, 새로운 활동을 위한 협력관계 형성, 문제해결 등 즉각적인 협업이 가능하다. 나와 대화를 나눴던 비콥의 다수는 제품이나 서비스를 물색할 때 가장 먼저 B하이브를 살펴보면서 협력할 만한 비콥이 있는지 알아본다고 말한다.

B하이브에서는 비콥 직원들 간에 비공식 교류도 가능하다. 한 예로 그린 마운틴 파워에서 근무하는 크리스틴 칼슨Kristin Carlson은 고객 관리 측면에서 도움이 필요했는데, 이때 파타고

니아의 CEO 로즈 마카리오와 전화 통화로 조언을 구할 수 있었다. 칼슨에 따르면, 이것이 가능했던 것은 B하이브가 있었을 뿐만 아니라 두 사람이 이미 사람들과 기업들로 구성된 같은 네트워크에서 서로 알고 인사를 나눈 사이였기 때문이다. 비콥 커뮤니티는 구성원들에게 견고한 정체성뿐 아니라 충성심과 존중의 태도도 심어준다. 비콥 빅룸Big Room의 제이콥 몰트하우스Jacob Malthouse는 비콥 운동 내에서 커뮤니티와 지지의 중요성을 이렇게 설명한다. "제 생각에 이 동료 그룹들은 서로가 사명에서 이탈하는 것을 방지해준다는 면이 매우 흥미롭습니다. 이 그룹 안에 속하고 나면 그룹의 일원이 되었다는 점에서 사업적 이점이 생기거든요. … 그룹의 일부로 남고 싶다면 자신이 믿는 바를 충실히 지켜야 합니다."[29]

네트워크 안에서의 인센티브

비콥 인증을 받은 기업은 비랩의 서비스 협력관계에 참여할 자격을 얻는다. 예를 들어 세일즈포스는 고객 관리 매니저CRM를 통해 비콥들에 할인을 제공하고, 인튜이트Intuit는 회계 프로그램 퀵북의 무료 사용권을 제공한다. 넷슈트와 인스파이어 커머스Inspire Commerce 역시 자사 소프트웨어를 구매하면 할인해준다.[30] 〈어머니 지구 뉴스Mother Earth News〉, 〈유튼 리더UTne Reader〉 등 지속가능성에 초점을 둔 정기 간행물을 발간하는 오그덴 퍼블리케이션즈Ogden Publications는 비콥 운동 초창기에 비콥의 첫 번째 집합 브랜드 캠페인의 일환으로 약 50만 달러의 무료 광고를 게재했다.

비콥 운동에 합류하면 이 밖의 흥미로운 유익도 얻을 수 있다. 예일 경영대학원 학생들은 졸업 후에 비영리기관에 취업하면 대출을 탕감 받는다. 2009년 이 프로그램은 10년 안에 비콥 인증 기업에 취업한 졸업생으로 확대되었다. 이 프로그램이 발표되자 비랩의 설립자들은 놀라움을 금치 못했다. 카소이는 이렇게 말한다. "우리는 학생들 역시 이 프로그램을 적극적으로 추진했다고 생각합니다. '이봐, 단순히 비영리기관에 일하는 것을 훨씬 뛰어넘는 사회적 유익을 창출할 완벽한 형태가 있어. 바로 이거야!'라고 말이죠." 이제는 컬럼비아 대학교와 뉴욕 대학교도 비슷한 프로그램을 운영하고 있다.

학교뿐만이 아니다. 일리노이주의 쿡 카운티에서는 재화와 서비스를 조달할 때 임팩트 있는 벤처 기업(비콥 포함)에 선호도를 부여하는 조례를 제정했다. LA 카운티와 샌프란시스코시 역시 베네핏 코퍼레이션과 비콥 인증 기업을 대상으로 하는 조달 정책을 마련했다. 비콥에 유리한 세제 혜택도 나타나기 시작했다. 워싱턴주의 스포캔에서는 비콥 인증 기업이라면 등록비도 저렴하고 균일세head tax도 면제받는다. 필라델피아에서는 비콥 인증 기업에 영업세 공제 혜택을 제공한다. 분명 이러한 관행은 앞으로 더욱 흔해질 것이다.

이러한 모든 발전 양상은 비콥 운동의 핵심에 자리한 상호의존성을 장려한다. 커뮤니티 안에서는 한 기업에 일어난 일이 다른 기업들에도 영향을 미칠 수 있고 이로써 비콥 운동이 함께 성장한다. 카소이는 이렇게 말한다. "비콥들은 그들의 관계를 활용해 우리가 다른 종류의 사업 조직, 상공회의소, 그 외 사업 육성 및 창업 지원 단체, 경영대학교 등과 협력관계를 맺도록 도와줍니다. 우리를 소매에서 도매로 나아가게 할 다른 종류의 조직들 말이죠. … 그런 조직들이 정말 중요한 것을 깨닫게 한다면 그들의 직원과 고객들에게도 영향을 미칠 수 있게 됩니다." 재난을 맞은 동료 비콥을 돕고자 다른 비콥 직원들이 버스에 가득 타고 현장을 찾기도 했고, 소도시와 주에서는 현지 커뮤니티가 똘똘 뭉치기도 했다. 지난 10년간 비콥 운동이 눈부신 성장과 성공을 일궈낸 것은 이러한 열정적인 개인들과 기업들이 있었기 때문이다.

글로벌 무대로

2007년 가을, 콜롬비아 출신의 여성 사업가 마리아 에밀리아 코레아^{Maria Emilia Correa}는 이제 막 오리건주 포틀랜드의 리드 칼리지에 들어간 딸을 챙기느라 분주했다. 슈퍼마켓에 간 코레아는 주방세제를 찾던 중 메소드에서 만든 병을 집어 들었다. 낯익은 모양의 불투명한 병들이 가득한 진열대에서 안이 훤히 들여다보이는 메소드 제품의 포장이 눈길을 끌었고, 제품 설명서에 적힌 문구는 그녀의 관심을 사로잡기에 충분했다. "이 제품을 쓸 때는 장갑을 끼지 않아도 좋습니다." 코레아는 그때를 회상하며 이렇게 말한다. "모두에게 와 닿는 문장이죠. 이 제품을 쓰면 나의 건강이나 환경에 해롭지 않겠다는 것쯤은 전문가가 아니라도 알 수 있거든요. 모든 사람이 행동에 나서게 만드는 훌륭한 방법이에요." 코레아는 15년간 굵직굵직한 기업에 몸담으며 지속가능성을 다뤄왔다. 일하면서 가장 상심했던 경험 중 하나는 마케팅 부서 사람들이 "그건 될 리가 없습니다." 하고 말할 때였다. 메소드를 자세히 들여다본 코레아는 이 회사가 비콥 인증 기업이라는 것을 알게 되었다. 기적과 같은 그 날을 시작으로 코레아는 결국 비콥 운동에 앞장서는 사람이 되어 라틴아메리카 사업계에 혁명을 불러일으켰다.

비콥 운동은 남아메리카, 유럽, 영국, 호주, 최근에는 동아프리카와 아시아까지 확장되었다. 비랩은 미국에서처럼 풀뿌리 전략을 따라 현지 기업가들이 자국에 비콥을 소개하는 방식으로 움직였다. 그 결과 지역마다 현지 사정에 맞춘 변화의 이론들이 생겨났다. 2019년 기준으로 비콥의 절반 이상이 해외에 본부를 두었을 정도로 엄청난 확장이 일어났지만 어려움도 있었다. 특히 B임팩트평가의 토대가 되는 미국 중심의 기준을 세계 곳곳에서 사용할 만한 도구로 바꿔내기란 여간 어려운 일이 아니었다.

메소드와 비콥에 관해 처음 접하고 몇 년이 흐른 뒤, 코레아는 칠레에 있는 곤잘로 무노즈Gonzalo Munoz와 협력해 새로운 개념의 재활용을 염두에 두고 트리시클로스라는 회사를 설립했다. 이 회사의 목적은 재활용을 통해 시민들에게 더욱 지속가능한 삶의 방식을 알려주는 것이다. 트리시클로스는 분리수거와 재활용 방법을 명확히 설명해주는 재활용센터를 설립했다. 현지 커뮤니티에서 '길거리 쓰레기 수거원'을 고용해 그들이 동네를 깨끗하게 유지하도록 돕고 더 높은 소득도 제공했다.

트리시클로스는 처음부터 세 가지 성과기준에 초점을 맞췄다. 무노즈는 "트리시클로스는 풀어 말하면 3개의 사이클이라는 뜻입니다. 이처럼 우리는 사회적, 환경적, 재정적 유익의 균형을 맞추겠다는 개념을 설정했습니다."라고 설명한다. 이들은 늘 바라왔던 방식대로 트리시클로스를 운영했다. 즉 두 사람이 몸담았던 예전 회사들과는 정반대되는 방식이었다. 코레아는 CSR이라는 개념에 깊이 실망한 나머지 자신이 직접 기업가가 되었다고 한다. "CSR이라는 말은 그럴듯하지만 지금까지 제대로 실행된 적이 없어요." 기업이 영향력을 발휘할 만한 자원과 역량은 충분했지만, 코레아의 눈에는 중요한 무언가가 빠져 있었다. 바로 주주와 경영진 사이의 연계였다. 수탁자의 책임을 확장하면, 즉 회사의 법적 책임을 주주를 넘어 자연과 사회에까지 확장하면 기업들이 장기적인 관점에서 긍정적인 영향을 미치고자 적극적으로 행동할 터였다. 코레아는 "제 생각에는 이것이야말로 비즈니스의 역사를 바꾸는 것입니다."라고 설명했다.

2011년, 무노즈는 '세계화의 인간화'에 초점을 맞춘 체르마트 정상회담Zermatt Summit의 분파인 아콩카과 정상회담Aconcagua Summit 계획을 돕고 있었다. 무노즈와 코레아는 코언 길버트가 콘퍼런스에서 강연을 맡아줬으면 했지만, 그들과 다리를 놓아줄 사람을 찾지 못했다. 친구들에게 수소문을 했으나 다들 아는 바가 없었다. 하지만 포기하지 않았다. 비랩이 하는 일과 그들이 원하는 일이 완벽하게 맞아떨어진다는 것을 잘 알았기 때문이다. 코레아는 "그런 것을 또다시 고안해내려고 애쓰는 건 아무 의미가 없었습니다. 이미 발명되어 있었으니까요. 이 사람들과 힘을 합쳐야겠다 싶었죠."라며 그때 생각을 말한다. 결국 코레아는 아르헨티나인 친구 페드로 타라크Pedro Tarak에게 연락했다. 그는 아르헨티나의 첫 민주정부 집권기에 부대통령의 법률 자문을 맡았던 사람으로 환경적 변화와 시민 참여를 옹호하던 사람이었다. 코레아에 따르면 타라크는 세계적으로 훌륭한 네트워크를 보유하고 있었으나 아직 비랩 팀은 모르던 상태였다. 그런데 뜻밖에도 다음날 타라크에게서 연락이 왔다. 그는 "믿지 못하겠지만 어젯밤 그들을 아는 미국인을 한 사람 만났습니다."라고 말했다.

코레아와 무노즈는 타라크, 그리고 그의 칠레인 친구이자 사회적기업가로서 칠레 기업가협회ASECH 책임자인 후안 파블로 라레나스Juan Pablo Larenas와 전화로 코언 길버트와 대화를 나눴다. 무노즈는 당시 대화를 잘 기억하고 있었다. 네 사람은 모든 계획을 짜두었고 무엇을 말해야 할지도 정확히 알고 있었지만, 무노즈는 자기가 말할 차례가 되자 코언 길버트와 카소이가 지루해하면 어쩌나 하는 두려움이 들었다. 그가 말한다. "그런데 말이죠. 저는 서로 얼굴도 보지 않은 채 세상을 구하느니 경제 문제를 해결하느니 하는 이런 대화를 한다는 게 영 불편합니다. … 사람들과 눈을 맞추며 소통하고 싶거든요. 우리가 서로 소통할 수 있는 방식으로 대화를 나눴으면 합니다. 서로 신뢰한다는 느낌이 들어야 합니다." 무노즈는 그의 삶에서 시작해 가족, 그가 머무는 방, 미래에 대한 꿈을 나누었다. 그 순간 코언 길버트가 "좋습니다. 함께하죠." 하고 말했다고 한다.

2011년 가을에 코레아, 무노즈, 라레나스, 타라크는 뉴욕시로 날아가 이틀간 머물렀다. "첫눈에 반하는 사랑 같았습니다." 코레아는 이렇게 회상한다. 무노즈 기억에 그때는 9·11 추모일로, 코언 길버트, 카소이, 홀라한에게는 특히나 힘든 시기를 앞둔 때였다. 무노즈도 끔찍한 비행기 추락 사고로 배우자를 잃었던 사람이다. 무노즈는 "이런 이유로 우리 사이에 엄청난 연결고리가 생겼습니다. 형제가 된 거나 다름없었죠."라고 말한다. 남아메리카에서 온 이들은 비콥이 국제적인 운동이 되어야 하는 이유를 힘주어 말했다. "체계적인 변화가 필요합니다. 시장이 바뀌어야 한다는 거죠. 소비자, 투자자, 미디어, 학계가 모두 나서서 더 나은 세상을 만들어야 하며 그 변화는 체계적으로 이루어져야 합니다."

코언 길버트가 비랩의 계획을 일러주기도 전에 타라크가 끼어들었다. "좋습니다. 정말 감사합니다, 제이. 하지만 제가 왜 여기 와있는지부터 들어보시죠." 남아메리카 출신의 친구 네 사람은 그때부터 자신들의 비전을 진솔하고 허심탄회하게 꺼내놓기 시작했다. 코레아는 "두 시간 정도 지나니 절친이 된 기분이었습니다."라고 회상한다. 무노즈의 생각도 같았다. "다양한 수준에서 서로 연결고리를 만들고 유대감을 쌓는 시간이었습니다. 물론 지적, 윤리적, 가치적 차원도 있었지만, 우리는 정서적으로 더 많이 친밀해졌습니다. 그러고 나서 우리가 실질적인 수준에서 무슨 일을 하고 싶은지 알게 되었죠."

남아메리카인 네 명이 내놓은 중요한 사안은 두 가지였다. 첫째, 비콥이 국제적인 현상으로 발전되기를 바라며, B임팩트 평가와 비랩의 다른 자료들을 스페인어와 포르투갈어로 번역하겠다는 것이었다. 둘째, 남아메리카에서는 비랩 팀이 북아메리카에서 기대했던 것처럼 깔끔하고 체계적인 변화가 일어나지 않을 것이라는 점이었다. 즉 진행 과정이 혼란스러울 것을 각오해야 한다는 것이었다. 그날 모임에서 참석자들은 '우선 어느 정도 데이트를 해보고 결혼을 생각하기로' 합의했다. 하지만 그해가 넘어가기도 전에 비랩과 시스테마 B$^{\text{Sistema B}}$라는 새로운 단체 사이에 라이선스 계약과 협력관계 수립이 진행되었다. 이후 시스테마 B는 남아메리카 비콥들의 인증 수수료를 거의 다 받았다. 이 협력관계 모델은 비콥 운동이 세계 곳곳으로 확장하는 과정에서 생겨난 다른 국제 협력관계의 기초가 되었다.

뉴욕 모임을 마치고 산티아고로 돌아간 네 사람은 서로를 바라보며 "어디서부터 시작해볼까?"라고 물었다. 여전히 그들은 변화를 일으키길 원하면서 탁자에 둘러앉은 친구들일 뿐이었다. 가장 먼저 할 일은 기금을 모아 조직을 출범하는 것이었다. 처음에 시스테마 B 팀의 일원들은 자원봉사와 자신들의 전문적인 네트워크에 의존해 기금을 마련하고 엠프레사 B(비콥의 스페인어 옮긴이)를 지원했다. 정부 조직인 칠레 생산진흥청^{CORFO}도 칠레에서의 비콥 운동을 지원했다. 다자투자기금^{MIF}에서는 시스테마 B의 직원 급여에 필요한 자금을 제공했고, 라틴아메리카 개발은행^{CAF}은 공공정책과 교육 체계를 마련하는 일을 지원했다. 카소이도 시스테마 B의 설립자들을 록펠러 재단에 소개했다. 록펠러 재단은 라틴아메리카에서 비콥 대화의 물꼬를 트는 데 초점을 맞춘 산티아고 회의를 지원하겠다고 나섰다.

2012년 1월에 거행된 산티아고 행사는 모두의 상상보다 훨씬 크고 훌륭하게 치러졌다. 예정일을 며칠 앞두고 칠레 경제부 장관실에서 장관이 직접 회의에 참석할 계획이라는 소식을 전해왔다. 코레아는 그가 개막 연설이나 강연을 해주고 자리를 떠날 것이라고 생각했다. 하지만 장관실 직원은 "아닙니다. 장관님은 행사 개막을 맡으시려는 게 아닙니다. 그날 내내 회의석상에 계시겠다는 겁니다."라고 말했다. 그들은 자신들의 운을 믿을 수 없었다. 참석 예상 인원은 25명에서 35명 정도였다. 하지만 행사 당일 회의장에는 라틴아메리가 10여 개국, 미국, 스페인을 대표하는 80명이 자리를 가득 메웠다.

2012년 2월, 트리시클로스는 첫 엠프레사 B 인증 기업이 되었다. 같은 해에 비랩은 클린턴 글로벌 이니셔티브 회의에서 협력관계를 공식적으로 발표했다. 이 자리에서 카소이는 이렇게 발표했다. "비콥 운동을 남아메리카의 신흥 시장으로 확장함으로써 … 비콥 운동은 더욱 포용적이고 지속가능한 경제 개발에 극적인 영향력을 발휘할 것입니다."¹

변화에 대한 색다른 이론

비랩 팀의 변화 이론은 임계점 모델을 바탕으로 했다. 코레아는 비랩 사람들이 "체계적인 변화는 비콥 인증 기업이 상당한 수에 도달했을 때 일어날 것입니다. 그러면 시스템이 달라지는 거죠."라고 말했다고 전했다. 라틴아메리카의 관점이 이를 보완했다. 코레아는 이렇게 말한다. "모든 행위자가 적극적으로 참여해야 합니다. 시스테마 B는 변화에 대한 보완 이론을 표방합니다. 변화는 단순히 임계점에 도달했을 때 일어나는 것이 아니라, 시장에 처음 발을 들여놓는 개척자들과 진화하는 생태계 사이에 유의미한 연결고리가 생겼을 때 일어나는 것입니다. 새로운 시스템은 다른 행위자들도 참여할 것을 요구합니다. 새로운 제품과 서비스를 구매하는 소비자, 새로운 경제를 뒷받침하는 투자자와 공공정책, 새로운 사업 방식을 가르치는 학계, 여론을 주도하며 일상의 대화에 새로운 미래를 심어줄 사람들도 필요하죠."

이를 고려해 시스테마 B의 4인은 기업을 넘어 더 많은 이해관계자 특히 학계, 대규모 시장 참여자, 여론 주도자, 투자자, 공공정책 입안자 등을 '실천 영역의 커뮤니티'에 불러들이기 위한 정책에 초점을 맞췄다. 이는 애초에 비랩이 세상을 변화시키는 데 활용하려던 방식은 아닐 수도 있지만, 결국 이 방식이 비랩의 운영 관행에 통합된 것은 분명하다. 코레아는 이렇게 주장한다. "체계적인 변화는 다양한 변수가 변화를 꾀하며 움직일 때 일어납니다. 사회 변화는 예측이 불가능하죠. 그저 나타나는 겁니다. 모든 재료를 마련할 수는 있지만 무엇이 언제 일어날지는 예측할 수 없습니다."

시스테마 B의 성장

시스테마 B는 2012년에 칠레, 아르헨티나, 콜롬비아에서 동시에 탄생했고, 곧이어 우루과이와 브라질로 신속히 퍼져 나 갔다. 팀이 가장 먼저 할 일은 남아메리카 12개국 전역에서 통 용될 엠프레사 소시알(사회적기업)이라는 용어의 정의를 수립하 는 것이었다. 이를 시작으로 하나의 생태계를 만들어내는 것 이 설립자들이 할 일이었다. 그때까지 사회적기업 구조가 존재 하지 않기 때문이다. 법적인 틀을 수립하는 것부터 직원들을 지원하는 방법까지 모든 일이 어려웠고, 여기에 남아메리카의 지리적 특성도 장애가 되었다.

팀은 2014년에 실행할 다섯 가지 활동을 설정했다. 그중 하나는 B 멀티플라이어스B Multipliers였다. 이는 시스테마 B의 직 원들이 훈련받는 방식으로 20명을 한 번에 훈련하는 저비용 워크숍이다. 교육을 마친 참가자들은 독자적인 노력으로 시스 테마 B 운동을 성장시키도록 장려된다. 오늘날까지 이 프로그 램은 교사와 학생, 컨설턴트와 기업 임원에 이르기까지 다양한 배경의 참가자 2천여 명을 훈련했다. 코레아가 이렇게 전한다.

"1주일에 한 번꼴로 모르는 사람의 이메일이나 전화를 받습니다. … 대개 '안녕하세요. 저 B 멀티플라이어 훈련생인데요. 이런저런 것들을 여쭤보려고 연락 드렸습니다.'라는 메시지죠." 시스테마 B는 B 멀티플라이어스에 크게 힘입어 현재 10개국에 지부를 두고 있으며, 그 외 5개국에서도 탄탄한 입지를 마련했다. 칠레에 있는 시스테마 B 본부에서는 각국 팀들의 성장에 발맞춰 이들이 현지 기금을 설립하고 스스로 모금을 진행할 때까지 초기 자금을 지원했다.

초기 몇 년간 시스테마 B의 중점 분야는 대체로 비콥을 인증하는 것이었다. 그들이 없이는 시스테마 B 운동도 존재할 수 없을 터였다. 하지만 코레아는 "그것은 시간을 많이 소모하고 자원 측면에서도 비용이 많이 드는 일이었다"고 회상한다. 어느 순간 계산을 해보니 한 기업이 인증 절차를 밟으려면 평균적으로 꼬박 5일은 필요하다는 결과가 나왔다. 코레아가 기억을 되짚어보니, 당시 직원으로는 비콥 1천 개를 만들겠다는 목표를 이룰 수 없었다. 코레아는 "이 목표를 달성할 방법은 없었습니다. 그래서 우리는 조직을 확장하지 않고도 영향력을 확장할 방법을 모색하기 시작했죠."라고 말한다. 그 결과 방콜롬비아Bancolombia와의 협력관계 같은 새로운 형태의 많은 확장 전략을 도출했다. 당시 비랩 쪽에서는 조직적 관리와 비랩 구조의 세계화를 가장 중대한 문제로 여기고 있었다.

방콜롬비아와 B임팩트평가

2016년 5월, 방콜롬비아는 비랩, 시스테마 B와 협력관계를 맺고 자사 공급업체에 B임팩트평가를 널리 권하기로 했다. 콜롬비아 서부 메데인에 본사를 둔 방콜롬비아는 콜롬비아 최대의 은행이자 남아메리카에서 세 번째로 큰 은행으로서 550억 달러가 넘는 자산을 보유한 기업이다. 방콜롬비아는 고객에게 '더욱 인간적인 금융'을 제공하겠다는 강한 사명을 가지고 이를 구체화할 플랫폼을 찾고 있었다.[2] 코레아는 방콜롬비아의 지도자들에게 비콥 운동을 소개하고 B임팩트평가를 사용해 보라고 권했다. 방콜롬비아로서는 비콥 인증 기업이 된다는 것이 큰 도전이었지만 그들은 이 운동을 받아들였다. 그들의 목표에는 공급업체들과의 관계를 강화하고, 공급망의 지속가능성을 증진하며, 공급업체 중 어느 곳이 기업의 사명에 초점을 맞추고 이를 위해 어떤 방법을 활용하는지 이해하는 것이 포함되었다.[3]

활동 첫해에 방콜롬비아는 공급업체 약 150곳에 완전한 형태의 B임팩트평가를 실행하여 그 결과를 보고하도록 요청했다. 더불어 개선이 필요한 영역 2~3곳을 확인해서 알려달라고 했다. 100여 곳에서 B임팩트평가를 완료했고, 덕분에 방콜롬비아는 은행 공급망의 규모와 구성을 더 자세히 이해하게 되었다. 지도자들은 또한 다른 기업들에 비해 자사 공급업체들이 지배구조, 노동, 환경, 지역사회 관행 측면에서 월등히 나은 성과를 보이고 있다는 것을 알게 되었다. 실제로 B임팩트평가를 실시했던 기업 중 30여 곳이 인증심사를 위한 자격을 얻었다. 이 결과는 인상적이었고 세계 경제의 구성에 있어서 더 큰 변화가 일어나고 있음을 알 수 있다. 앞서 언급한 100여 곳의 기업 가운데 방콜롬비아의 공급망에서 중역 임원직을 맡은 여성의 비율은 36%였고, 68%의 기업이 환경 정책을 보유하고 있었으며, 그해에 그들이 만들어낸 일자리는 17,500개가 넘었다.[4]

방콜롬비아는 B임팩트평가를 로드맵으로 활용해 차용자들을 대상으로 비슷한 시범사업을 실행하고 이로부터 프로젝트를 확장해나갈 계획이다. 방콜롬비아의 지도자들은 이 과정을 요구 사항이 아닌 제안 사항으로 두었다. 하지만 방콜롬비아가 B임팩트평가를 활용했다는 데 초기 성공의 비결이 있으므로 이로써 B임팩트평가가 얼마나 유용한지 가늠할 수 있다. 이 계획의 유익은 사업 전반에 나타난다. 은행의 사명과 브랜드를 강화하고, 공급업체와 대출을 받는 주체와 더 나은 관계를 오래 유지하게 만들며, 대출을 받는 사람들이 직면할 위험 요소를 완화하고 이들이 전보다 방콜롬비아에 관해 더 많은 정보를 얻을 수 있게 한다.[5]

비랩 영국

비랩 영국은 유기농 간편식을 판매하는 쿡의 책임자이자 공동 창업자인 제임스 페리, 그리고 런던에 본사를 둔 컨설팅 회사 볼란스의 공동 창업자이자 당시 CEO였던 샤미언 러브 Charmian Love가 2013년에 함께 설립했다. 캐나다 출신으로 예술 사를 공부하고 하버드에서 MBA를 수료한 러브는 파멜라 하티 건, 존 엘킹턴과 함께 볼란스를 창립했다. 볼란스는 2013년 3월에 영국에서는 처음으로 비콥 인증을 받은 기업 중 하나였다. 곧이어 4월에는 엘킹턴이 설립한 서스테인 어빌리티가 뒤를 이었다. 쿡은 2013년 11월에 인증을 받았다.[6]

엘킹턴은 기업의 책임에 관한 책 17권과 보고서 40여 편을 쓴 사람으로서 2013년에 국제 지속가능성 전문가협회ISSP가 선정하는 지속가능성 명예의 전당에 오르기도 했다. 사회적기업가 정신을 품은 그의 삶은 열일곱 살부터 시작되었다. 당시에 그는 새롭게 설립된 세계야생생물기금World Wildlife Fund, WWF을 위해 기금을 모았다.[7] 비랩 공동설립자 3인을 처음 만난 엘킹턴은 그들이 같은 세계 속에서 움직이고 있음을 깨달았다. 그는 "우리 모두 더 큰 운동의 일부였고, 비랩은 몇 가지 틀을 잡아 특별한 방식으로 라벨을 붙이는 시도를 하고 있었습니다."라며 그때를 회상한다.

2000년대 초반, 엘킹턴은 파멜라 하티건과, 세계경제포럼 WEF과 사회적기업가 정신을 위한 슈밥재단에서 활동하며 전국 규모의 콘퍼런스에서 사회적기업가 이슈를 주요 의제로 올리고자 노력했다. 엘킹턴은 "사회적기업가는 기업에 우호적이므로 전통적인 NGO와는 사뭇 달랐습니다."라고 설명한다. 2002년 세계경제포럼은 뉴욕시에서 연례 회의를 개최했다. 세계경제포럼은 사회적기업가 정신에 관한 세션을 열고자 월도프 아스토리아 호텔의 연회장을 예약했다. 세계경제포럼의 설립자인 클라우스 슈밥, 사회적기업가 무함마드 유누스 등의 주요 인물이 참석했으나, 그 외에는 "거의 모습을 드러낸 사람이 없었다"고 엘킹턴은 기억했다. "사람들은 그 주제가 별로 중요하지 않다고 생각했습니다." 엘킹턴의 경험상 얼마 전까지만 해도 NGO들은 기업들과 엮이길 싫어했고, 기업들도 회의석상에 NGO를 들이길 꺼렸다. 엘킹턴에 따르면 1980년대만 해도 그린피스와 같은 비영리단체들이 "기업계와 함께 나아갈 유일한 방법은 그들을 규제 속에 묶어두는 것이다. 그들은 도무지 믿을 수 없다"고 말했다고 한다. 엘킹턴의 생각은 달랐다. 그는 사회적·환경적 변화를 포함한 의제를 가진 회사를 세워야 한다고 믿었고, 이런 이유에서 1994년에 '세 가지 성과기준'이라는 개념을 개발했다고 한다.

볼란스가 비랩 팀과 소통할 즈음, 가치에 기반을 두거나 사명을 중심으로 활동하는 영국 기업은 많았으나 인증의 필요성을 깨달은 기업은 드물었다. 샤미언 러브와 제임스 페리는 비콥 운동으로 에너지를 모으는 데 힘을 보태주었다. 볼란스의 리처드 존슨은 "샤미언은 늘 '바로 이거야. 세 가지 성과기준이 다가오고 있어. 군대가 도착했다고.'라고 말하곤 했습니다."라고 회상한다. 샤미언이 그때를 회상하며 이렇게 말한다. "수많은 사람이 힘을 모았습니다. 비랩 영국은 그야말로 공동체의 노력으로 설립되었죠. 사업을 통해 공익을 실천하는 데 뜻을 둔 에너지 넘치는 기업가 커뮤니티의 행동 덕분에 오늘날 이러한 성공을 거두게 되었습니다."

영국은 다방면에서 비콥의 여러 아이디어를 실천하기에 훌륭한 곳이었다. 2005년 영국 정부는 영리를 추구하며 사회적 사명을 다하는 조직이라는 새로운 유형의 기업을 도입하고 이를 공동체이익회사Community Interest Company, CIC라고 명명했다. 베네핏 코퍼레이션처럼 공동체이익회사도 지역사회에 제공한 유익을 정리한 연례 보고서를 발표해야 한다. 하지만 한 가지 차이점이 있다. 공동체이익회사는 '자산 동결'의 대상으로서, 그들의 자산은 지역사회의 유익을 위해서만 활용할 수 있으며 이에 따라 투자자의 수익은 제한된다. 쿡의 제임스 페리는 이를 내게 설명하면서 베네핏 코퍼레이션은 "성스러운 것과 세속적인 것을 구분하지 않으므로 자본시장이 사회적 비즈니스 분야에 참여할 수 있습니다."라고 말해주었다. 뒤이어 그는 "공동체이익회사는 스스로를 자본시장에서 배제했으므로 어느 정도 보조금에 의존하는 자체 자본시장을 구축해야 했습니다."라고 말한다. 2019년 3월 기준으로 영국에서 공동체이익회사에 속한 기업 수는 15,000개를 넘어섰고, 해마다 25,000개 이상 꾸준히 늘어날 것으로 예측되었다.[8]

제임스 페리는 2010년에 코언 길버트를 만났다. "그가 비콥을 홍보하더군요. 저는 속으로 '바로 이 사람이야. 유레카!'를 외쳤습니다. 첫인사를 나누는 순간 이미 통했다고 봐야죠." 당시 페리는 로널드 코헨 경(독자들은 '영국 벤처캐피탈의 아버지'라고 더 잘 알려진 72세의 열정적인 코헨을 기억할 것이다.)이 이끄는 G8 사회적 임팩트 투자 태스크포스 내 미션 협력 실무단Mission Alignment Working Group의 일원이었다. 페리의 설명에 따르면 비랩이 비랩 영국의 설립 라이선스를 발행했을 때, 그와 러브는 이를 비영리단체로 설립했다고 한다. "우리가 받은 20만 파운드는 딱 착수금으로 쓸 만한 액수였습니다." 이때부터 두 사람은 사회혁신 부문에서 노력하고 있던 친구들을 '몰아대고 부추겼다.' 그때를 뿌듯하게 회상하던 페리는 이렇게 말한다. "그야말로 맨손으로 일군 성과나 마찬가지였습니다. 돈도 없었고 그 일을 한다고 급여를 받거나 하는 것도 아니었죠. 그냥 확신을 가지고 밀어붙인 겁니다." 그들의 목표는 창립 행사에서 창립 기업 50곳을 마련하는 것이었는데 이 목표는 초과 달성되었다.

영국의 비콥 커뮤니티가 성장한 데는 소비재 부문에서 도전자 브랜드들이 부상한 것도 한몫했다. 이들 중 다수는 지속가능성에 초점을 맞추었다. 경쟁자들이 같은 행사에 참석했고, 함께 시간을 보냈으며, 힘들 때마다 서로 도왔다. 비콥 운동 초창기에 메소드와 세븐스 제너레이션이 보여주었던 방식과 매우 유사했다. 이런 기업들과 더 큰 기업들이 사회적 비즈니스와 임팩트 투자를 추진하려고 나서자 비콥 운동은 영국에서 놀라운 속도로 성장했고, 지금도 그 기세를 이어가며 지구촌의 다른 이웃들에 모범을 보이고 있다.

비랩 유럽

비랩 유럽 역시 비영리단체로서 비랩 영국과 거의 같은 시기에 첫발을 내디뎠다. 처음에는 몇몇 유럽 기업들이 이 개념을 시장에 소개했다. '지역사회에 관심이 있다면 그곳에 투자하라Put Your Money Where Your Meaning Is Community(PYMWYMIC으로 더 잘 알려진 투자 협동조합), 네덜란드의 투자회사, 프랑스와 이탈리아의 지속가능성 컨설팅 기업인 유토피스Utopies와 나티바 등이 그 예다. 이후 비랩 유럽은 꾸준히 성장했다. 2019년 기준으로 비랩 유럽은 베네룩스 3국, 스위스, 스페인에 정식 지부를 만들었고, 이탈리아와 프랑스에서도 탄탄한 입지를 다지고 있다.[9]

비콥 유럽의 공동설립자인 마르셸로 팔라치Marcello Palazzi는 수년간 CSR 운동에 관여하면서 그 운동이 시작되었다고 믿는 스웨덴과 덴마크에서 주로 활동했다. 1989년에 팔라치가 설립한 프로그레시오 재단Progressio Foundation은 수백 개의 벤처 사업을 수행하고 30여 개국에서 스타트업을 설립했다. 나는 암스테르담에 있는 비랩 유럽 본부에서 기차로 가까운 거리에 있는 로테르담의 한 카페에서 그를 만났다. 팔라치는 의욕적이고 열정적인 사람으로서 보는 이의 시선을 사로잡았다. 단호한 손동작과 청중을 끌어들이는 그만의 방식이 한몫하는 듯했다.

팔라치는 비랩을 접한 즉시 지금껏 그가 접했던 무엇보다도 비랩이 더 나은 비즈니스의 방향으로 향해 가고 있음을 믿게 되었다. 2013년 2월에 비랩과 비랩 유럽 사이에 동반자 협약이 체결되었고, 2014년 1월에는 팔라치와 그의 파트너 린 제벤베르겐Leen Zevenbergen이 비랩 유럽에서 정규직으로 근무하기 시작했다.[10] 이듬해 2015년 4월에 비랩 유럽은 65개의 비콥을 창립 기업으로 하여 정식 출범했다. 2019년이 되어서는 유럽에 500곳이 넘는 비콥들이 있었다.[11]

처음부터 비랩 유럽의 전략은 이 운동에 대한 인식을 높이고 자국 문화에 대한 이해를 바탕으로 자국어로 기업들의 인증 절차를 도울 현지 파트너를 찾는 것이었다. 나아가 비랩 유럽은 유럽을 넘어 아프리카, 아시아, 남아메리카에서도 기업들의 B임팩트평가를 분석할 표준분석standards analysts 팀도 구축했다. 팔라치는 비랩 유럽을 '선교사'라고 표현한다. "우리는 비랩에 관해 이야기하고 홍보하며 정보를 공유합니다. 행사를 기획하고 콘퍼런스에서 강연도 하죠. 무엇보다도 우리는 밖으로 나가 CEO들을 비롯해 비랩에 관심을 보일 만한 사람들과 직접 만납니다."

프랑스 식품회사인 다논은 비랩 유럽의 성장에 크게 이바지한 기업이다. 다논의 CEO 엠마뉘엘 파베르는 "수십 년 전, 비랩이 존재하기도 전에 비콥 인증 여정을 시작했습니다."라고 말한다. 1972년에 다논은 '경제와 사회라는 이중의 의제'를 추구하고자 최선을 다하겠다고 선언했다. "이는 근 20년 전에 '다논의 길'을 실행하면서부터 꾸준히 이어졌습니다. 우리는 감사와 채점 방식의 통합 보고와 모니터링 절차를 마련해 전 세계 다논 사업체에 적용해왔습니다."[12]

비랩 유럽이 직면한 최대 난제는 제각각인 법률 체계들을 상대해야 한다는 것이었다. 덴마크, 스웨덴과 같은 여러 나라에서는 진보적인 법을 갖추고 있어 비콥들이 하는 일이 이미 한 기업에 기대되는 훌륭한 일의 기본 수준일 뿐이다. 그러므로 이들 나라에서는 고객과 미래 직원에게 익숙한 평범한 진보적 기업이 아니라 뭔가 신선하다는 느낌을 주려면 더 많은 일을 해서 B임팩트평가에서 더 높은 점수를 받아야만 한다.

유럽의 사회적기업이 지니는 진보적인 특성은 베네핏 코퍼레이션 법안 추진에도 도움을 주었다. 2015년에 이탈리아는 세계에서 두 번째로 베네핏 코퍼레이션에 법적인 틀을 부여한 국가가 되었다. 이렇게 되는 데에는 나티바와 비랩 유럽이 큰 역할을 했다. 미국 내 몇몇 주에서 그렇듯이, 유럽 나라 중에서도 몇몇 국가에서는 법을 바꾸지 않고도 기업들이 직원 복지, 지역사회, 환경에 초점을 맞출 수 있다. 유럽 국가와 미국 내 몇몇 주의 이해관계자 규정에서 뚜렷이 다른 점은, 유럽 국가들은 주주의 이익을 유지해준다면 이해관계자의 이익을 고려하는 것이 기술적으로 가능하다.

대체로 비콥 인증과 B 운동은 일부 유럽 기업이 타 기업에 인수되지 않고 자사를 보호하는 데 도움이 되었다. 팔라치는 네덜란드에 본사를 둔 다국적기업으로서 미국의 PPG 인더스트리즈의 인수 시도를 이겨낸 악조노벨의 예를 언급했다. "네덜란드 법원은 PPG에서 내놓은 입찰을 거절하는 쪽으로 판결했습니다. 이 회사가 가져오는 전반적인 이익이 재정적인 이익을 넘어서기 때문이었죠." 또 다른 예를 유니레버에서 볼 수 있다. 하인즈와 3G가 인수를 시도했으나 유니레버의 고국인 네덜란드는 이에 질문을 던졌다. 팔라치는 이렇게 말한다. "네덜란드에서 일하고 있는 직원들은 어떻게 할 것인가? 국가적 이익은 어떻게 되는가? 유럽이 이 부문에서 점점 똑똑해지고 있는 거죠." 이에 더해 비콥 운동도 한몫했다.

세계 곳곳으로 뻗어가는 비랩

비랩 호주와 비랩 뉴질랜드

비랩 호주와 비랩 뉴질랜드는 2013년에 설립되어 2014년 8월에 공식적으로 출범했다. 임팩트 투자회사인 스몰자이언츠의 CEO 대니 알마고어Danny Almagor는 스콜 월드 포럼Skoll World Forum에서 앤드루 카소이를 만났는데, 그 자리에서 호주 최초의 비콥이 되겠다고 결심했다.[13] 이후 호주에서 비콥 커뮤니티가 폭발하기까지는 그리 오랜 시간이 걸리지 않았다. 회사들이 비콥으로 인증받기 시작하자 비콥 리더들은 2012년에 비랩에 로비해 비랩 호주와 비랩 뉴질랜드의 설립 허용을 요청하려고 했다. 이 과정에서 설립 일원으로서 주된 활동을 담당한 기업은 스몰자이언츠, 넷밸런스Net Balance, 프로젝션룸Projection Room, 홀키즈, 오스트레일리언 에티컬Australian Ethical 등이다. 아내 모니

카와 함께 어린이 건강 스낵 제조업체인 홀키즈를 설립한 제임스 멜드럼James Meldrum은 이렇게 말한다. "10년 전, 우리가 바라는 사업 운영 방식을 사람들에게 처음 말했을 때 반응은 두 가지였습니다. '지나치게 감정에 호소하는 것 같다'라든가 '대체 어떤 회사를 만들려고 하는가?'라는 것이었죠."[14]

2013년에 비랩 팀은 이미 시스테마 B와 비랩 영국의 출범을 지원하고 있었으므로 또 다른 시장에 진입하는 것에 우려가 있었다. 이에 비랩은 호주의 비랩 리더들에게 최대한 이른 시일 내에 공식적인 협력관계를 구축할 것임을 믿고 첫걸음을 내딛으라며 격려했다. 그렇게 해서 첫해는 자원봉사 중심의 실험 활동으로 진행되었다. 47곳의 비콥을 창립 단체로 한 탄탄한 커뮤니티가 출범했고, 비랩과의 협약은 시스테마 B 협약을 모델로 삼았다. 초기 자금은 창립 단체 다수의 공동 자금에서 마련했고, 3년 안에 비콥 인증 수수료로 자금을 충당하는 것을 목표로 했다.[15] 호주의 대기업 보험회사 선콥Sun Corp의 지원금도 받았다.[16]

알마고어가 이끄는 스몰자이언츠의 포트폴리오에 포함된 모든 사업은 비콥 인증 요건을 충족했다. 그는 거대한 변화가 다가오고 있다고 생각한다. "우리는 점거운동Occupy Movement(사회경제적 불평등과 민주주의 약화에 대한 저항 운동-옮긴이)과 같은 깨어 있는 자본주의를 말합니다. 자본을 지니면서 권력의 위치에 서 있는 사람 중 이익과 목적을 함께 추구할 수 있다는 데 동의하는 사람이 아주 많습니다. 저는 이 운동이 성장하고 있다고 봅니다."[17]

비랩 호주와 비랩 뉴질랜드는 베네핏 코퍼레이션 법안을 소개하는 과정에서 큰 난관에 봉착했다. 호주의 기업법이 연방 수준에서 설정되었기 때문이다. 베네핏 코퍼레이션 법안을 소개한 것이 2016년 12월이었는데 3년이 지난 2019년에도 숙고 단계를 벗어나지 못했다. 꾸준히 기금을 마련하는 것도 처음에는 큰 문제였다. 하지만 호주와 뉴질랜드의 비콥 커뮤니티는 흔들림 없는 열정을 보여주었다. 2017년에 61개 비콥에서 온 120명이 첫 챔피언스 리트릿을 개최했다.[18]

아시아의 비랩

사실 비랩 아시아는 대만의 비랩 분회, 한국의 비랩 대표 조직, 비랩 일본, 비콥 중국 등 여러 조직의 연합이며, 2019년 기준으로 17개국에서 87개 기업이 비콥 인증을 받았다.

비랩 대만은 2014년에 발족했다. 의장 데이비드 챙David Chang은 세계에서 아시아에 인구가 가장 많은 까닭에 이곳에 특히 빈곤, 갈등, 환경 악화 문제가 심각하다고 지적했다. 비콥 운동은 대만 정부의 주목을 끌었다. 전 대만 총통 마잉지오馬英九는 비콥을 가리켜 '대만의 농업, 교육, 서비스업, IT업계의 새로운 기회'라고 했다.[19]

현재 비콥은 홍콩에서도 호응을 얻고 있다. 비콥을 홍보하는 주인공은 유명한 사회적기업가로서 홍콩 사회적기업 포럼

의 창립 의장이자 비콥인 선을 위한 교육^{Education for Good}의 CEO
를 맡고 있는 체카쿠이^{Tse Ka Kui}이다. 선을 위한 교육은 지속가
능성과 사회혁신에 관한 교육과 훈련 프로그램에 초점을 맞춘
단체로 비랩과 공식적으로 연결되어 있다. 이 단체는 5년 안에
'사업을 선의 원동력으로 변화시키기 위해 충분한 수의 비콥을
만드는' 데 최선을 다했다. 현재 이 회사는 아시아 전역에 비콥
운동을 확장하고자 노력하고 있다.[20]

한편, 중국 본토에서도 비콥의 활동 가능성을 타진하는 단
체들이 있었다. 베이징 소재 NGO인 르핑재단은 홍콩에 비랩
지소 설립을 추진했다. 처음에 이들은 비콥이 중국 전역에서
제도적 변화를 일으킬 법적 형태를 갖추기까지 5~6년 정도 걸
릴 것으로 내다봤다. 르핑재단의 설립자 동슈셴^{Dongshu (Jaff) Shen}
은 혁신과 기업가정신을 촉진함으로써 중국의 사회정의와 개
발 문제를 다루는 데 노력해온 유명한 사회적기업가다. 도발적
인 태도를 취하길 좋아하는 셴은 까다로운 질문을 던지거나 예
리한 지적을 내놓을 때면 두 눈이 반짝인다. 그가 이끄는 재단
은 사회적기업가들에게 훈련을 제공하고, 저소득 기업과 집단
에 소액대출을 지원하며, 사회적으로 깨어 있는 기업들에 경영
훈련을 제공한다.[21]

중국 본토에서 비콥 인증을 받고자 독자적인 노력을 기울
이는 회사도 많았다. 가업을 이은 젊은 세대(대개 서구에서 교육을
받은 세대)가 세상에 변화를 일으키려는 열망을 가진 경우이거나
국제시장에서 경쟁하려는 기업, 전통적인 사회적기업이 이에

속했다.

중국 본토에서 첫 비콥 인증 기업이 나온 것은 2016년 6월 이었다. 제일반응의 경험은 다른 중국 기업이 직면하는 문제를 명확히 드러냈다. 당시 제일반응의 국제협력 책임자이자 인증 과정을 주도했던 민코^{Min Ko}는 첫 자체평가의 실행과 거기서 받은 점수에 흥미를 느꼈다고 한다. 그리고 "인증을 받는 데 아무 문제가 없을 거라고 거의 확신했죠."라고 말했다. 하지만 그녀와 비랩은 B임팩트평가가 요구하는 항목 가운데 많은 것들이 중국 상황에 맞지 않는다는 점을 발견했다. 예를 들어 비랩은 지원 기업이 에너지 및 환경 디자인 리더십^{LEED}과 같은 신뢰할 수 있는 친환경 건축물 표준을 가진 건물에 입주해 있는지 평가한다. 이러한 표준은 미국에서는 널리 받아들여지고 있지만 인증의 토대가 훨씬 덜 발달된 중국에서는 친환경 건축물을 찾기가 어렵다. 비랩 표준은 일관성이 있지만 나라들은 그렇지 않다. 스칸디나비아 기업들은 앞서가고 있지만 중국 기업들은 뒤에서 출발해야 한다.

게다가 질문에 사용되는 몇몇 용어들을 중국의 맥락에서 번역하는 것이 어려웠다. 예를 들어 민코는 '독립적인 계약자들이 생활임금을 받아야 한다(생활임금 데이터가 있는 경우 시급으로 산정)'는 요건에 혼란을 느꼈다고 한다. 미국이나 유럽과는 달리 중국은 공식적인 생활임금 데이터가 없다. 정부에서 최저노동임금 지침을 내놓았을 뿐이다. 비랩은 해당 급여가 최저노동임금을 넘기만 한다면 중국의 지원 기업을 믿을 수 있다고 답했다. 그런데 대체 얼마나 높아야 하는 걸까? 1달러 높은 것이 100달러 높은 것과 같다고 여겨질까? 게다가 제일반응이 있는 상하이의 기본 생계비는 중국에서 발달이 더딘 다른 도시와 천지 차이였다. 상하이의 최저노동임금은 중국 내 여러 도시의 1.7배에 달한다. 미국의 경우 MIT에서 개발한 미국 생활임금 계산기Living Wage Calculator를 활용해 미국 기업에 대한 B임팩트평가의 참조 지표로 삼을 수 있다. 하지만 중국에서는 이와 같은 기존 시장 인프라가 없으므로 이 문항에 답하기가 어려우므로 최소 점수인 80점을 획득하기가 훨씬 힘들다. 또 B임팩트평가를 구성하는 약 200개의 문항 중 다수는 증빙 서류를 요구한다. 주로 사용하는 언어가 영어가 아닌 기업들은 이를 위해 엄청난 양의 문서를 번역해야 한다.

제일반응은 비콥 인증을 받기까지 힘든 여정을 거쳤지만, 인증을 받자마자 그 이점을 실감했다. 다른 여러 비콥이 경험했듯이, 비콥 인증은 잠재 고객에게 회사의 사명을 분명히 알릴 수 있게 해주었다. 나아가 민코는 "내부 직원 모두에게도 좋은 깨달음의 과정이었습니다. 이제 모두가 우리가 추구하는 방향, 우리가 만들어내려는 진정한 사회적 임팩트를 잘 이해하게 되었으니까요."라고 말하기도 했다. 민코는 여러 면에서 비콥 운동의 풀뿌리 정신을 잘 구현하는 사람이다. 비콥 인증을 거치는 동안 제일반응을 이끌었던 그녀는 르펑재단으로 자리를 옮겨 이제 중국 본토에서 비콥 운동을 일으키는 데 앞장서고 있다.

세계화에 따른 난제 극복하기

2014년 당시, 카소이는 비랩이 맺는 여러 국제 협력관계의 규모, 범위, 시기에 대해 우려를 표했다. 그는 이렇게 털어놓았다. "우리는 국제적인 요청을 많이 수락했고 그 덕분에 훌륭한 협력자들을 곳곳에 두었습니다. 하지만 (현지 시장이) 아직 준비되지 않은 탓에 다들 탄탄히 서지 못했고 재정적으로 살아남기도 어려운 상황입니다. 그렇다고 우리가 그들을 지원할 힘이 있는 것도 아닙니다."

물론 세계적인 규모에서 관리하기란 쉬운 일이 아니다. 볼란스에 비약적인 발전을 가져온 리처드 존슨은 빈정거리는 말투로 "영국에는 비콥이 매우 많습니다. 인증을 받지 못했을 뿐이죠."라고 말했다. 존슨에 따르면, 그가 처음에 여러 영국 기업에 비콥 개념을 소개했을 때 스스로를 이미 사회적기업이나 사명에 기초한 회사라고 자부하는 기업들에게 반발을 샀다고 한다. 그들이 느끼기에는 미국 단체가 와서는 그들에게 "지금보다 더 나아질 수 있어."라고 말하는 것처럼 보인 것이다. 하지만 비랩이 구축한 국제 협력관계는 전혀 다르다. 비랩은 어느 날 갑자기 나타나서 한 국가에 사업 운영 방식을 일러줄 수 없다는 것을 처음부터 알고 있었다. 카소이는 "세계는 그렇게 움직이지 않습니다. 특히 미국인이 등장할 때는 더욱 그렇죠. 세계 곳곳의 사람들이 미국은 매우 혁신적이고 독창적인 경제를 갖추었으나 책임성 있는 경제 측면에서는 시대에 뒤처져 있다고 생각할 땐 더더욱 그렇습니다."라고 말한다.

'미국이 시작한 세계적 운동'이라는 건강하지 못할 수 있는 힘의 역학을 해결하기 위해, 비랩 이사회는 2014년에 새롭게 조직한 글로벌 지배구조 협의회Global Governance Council에 몇몇 책임을 공식적으로 위임했다. 이 협의회 안에서 비랩과 각 글로벌 파트너는 다른 글로벌 파트너에게 동등한 역할을 수행했다. 시스테마 B의 곤잘로 무노스는 비랩 팀이 이 협의회에 '또 하나의 파트너가 되겠다'고 말했던 것을 기억한다. 협의회는 새로운 글로벌 협력관계 승인과 기존 협력관계 갱신, 인증 외 근로소득 프로그램, 기타 여러 국가에서 진행되는 베네핏 코퍼레이션 법안 홍보와 관련 없는 정책 업무 등 세계적 운동의 3요소를 감독한다. 글로벌 지배구조 협의회의 구성원 중 1인은 비랩 이사회에도 참석한다.

무노스는 협의회 초창기에 있었던 몇몇 회의를 이렇게 기억한다. "전부 미국 얘기였죠. 보고서를 비롯해 모든 것이 너무 복잡했고 다른 나라들과는 매우 동떨어져 있었어요. 이것을 세계적 관점에서 어떻게 이해할지 보여줌으로써 비랩과 글로벌 파트너 사이에 다리를 놓는 것이 제 일 가운데 하나였습니다." 곧 이런 분위기에 문제가 있다는 것이 매우 명백해졌다. 홀라한은 "비랩과 비콥 운동이 세계적으로 가장 크게 비판받았던 유일한 문제는, 이것이 미국의 수출품에 불과하다는 것이었습니다."라고 설명한다.[22] 이를 해결하고자 비랩의 모든 글로벌 파트너는 비랩의 표준자문위원회에서 활동할 누군가를 지명한다. 각 지역은 자체 위원회를 두고, 이 위원회는 상위 기구가 관리한다. 이로써 비랩의 표준들은 각기 다른 지역에 맞도록 조정된다. 지금은 미국, 글로벌, 신흥 시장에 맞춘 세 가지 표준을 두고 있다.

더불어 B임팩트평가 문항들도 각 지역에 잘 맞도록 조정되었다. 비랩의 표준 검토 책임자인 크리스티나 포우드Christina Forwood는 "우리가 맞추려는 균형은 모든 기업에 적절한 방식으로 통찰을 주되 큰 틀에서 공통점을 유지하면서, 좋은 기업이란 무엇인가에 관해 우리가 추구하는 글로벌 기준을 형성해 나가려는 것입니다. 보편적인 것들을 다양하게 적용하자는 거죠."라고 설명한다. 이를 위해 비랩은 지역별 하위 자문기구를 꾸려 표준자문위원회에 각종 의견과 제안을 제공하도록 했다.

스칸디나비아 사례에서도 보았듯이 일부 국가의 정부들은, 미국 기업에서 채택해 긍정적인 임팩트를 만들어낸다고 여겨지는 것과 같은 것들에 대해 권한을 위임하거나 보조금을 지급한다. 하지만 그 외 지역의 기업들은 그 공로를 인정받지 못할 수도 있다. 포우드는 이렇게 설명한다. "우리는 그들이 여전히 더 나은 혹은 훌륭한 근무 환경을 제공한다고 인정받도록 만들고 싶습니다. 그들은 관할 지역에 세금을 내고 있으니 말할 수 있는 거죠. 사실 독일 기업들은 … 솔직히 미국 기업들보다 더 나은 일자리를 제공합니다. … 이런 부분을 방정식에서 빼고 싶지는 않습니다." 어떻게 보면 이는 제일반응이 중국에서 직면했던 것과는 정반대의 문제다.

마르셀로 팔라치는 이탈리아의 베네핏 코퍼레이션 법안이 분수령이 되었다고 말한다. "기업의 목적이 무엇이며 기업 소유자들은 누구에게 책임이 있는가에 관해 200회가 넘는 콘퍼런스와 회의가 열렸습니다. 외부효과externalities라는 것이 있죠. 이 모든 부정적인 비용을 기업들이 지불하게 하려면 어떻게 해야 할까요? 지배구조, 합헌성, 그리고 사회에 대해 민간 기업들이 지고 있는 책무성에 관해 진지한 토론이 열렸습니다. 여러 NGO들과 학계도 참여했죠. 남아메리카를 보시면 현재 200명이 넘는 학자들이 실제로 이런 주제들을 가르치려고 노력하고 있습니다. … 기업에 대한 새로운 패러다임을 낳고 있습니다."

날이 갈수록 많은 기업가, 지속가능 기업의 리더들, 정치가들이 비콥 운동을 알아가고 있고 자국에서 이를 뿌리내리게 하고자 노력하고 있다. 비랩이 아프리카 대륙에 내딛던 첫걸음인 비랩 동아프리카는 2016년에 설립되었다.[23] 이 운동이 10년 안에 30개가 넘는 나라에서 입지를 넓혀갈 수 있다면 머지않아 비콥 운동이 전 세계적으로 자리매김할 가능성이 있다.

지평을 넓혀나가는 비콥

2005년, 공예가 한 명과 프로그래머 두 명이 모여 오늘날 엣시라는 이름으로 세계에 널리 알려진 독특한 온라인 플랫폼을 만들었다. 공예가 롭 칼린은 공예가들이 온라인에서 자신의 작품을 판매할 기회를 마련하고 싶었다. 프로그래머 크리스 머과이어Chris Maguire와 하임 쇼픽Haim Schoppick이 2008년에 엣시를 떠난 뒤, 칼린은 최고 기술책임자CTO로 채드 디커슨을 고용했고 이후 디커슨은 그를 대신해 CEO 자리에 올랐다.[1]

엣시 초창기 시절 회사의 주된 성공 비결로 꼽힌 것은 널리 청송받던 엣시의 문화였다. 2012년 비콥 인증을 받으면서 엣시의 사옥은 리빙 빌딩 챌린지Living Building Challenge(재생 건축 환경 조성에 초점을 맞춘 인증 기준) 인증을 받았고, 사내에는 요가와 명상 수업, 유기농 점심, 교양 수업, 성중립 화장실(당시로서는 매우 진보적인 구조)이 갖춰져 있었다. 직원들은 연장된 육아휴직과 놀랄 만한 급여를 혜택으로 누렸다.

2015년 3월, 엣시는 기업을 상장할 의사가 있다고 발표했다. 많은 기사가 엣시의 비콥 지위를 주로 다루면서, 과연 엣시가 사회와 환경을 중시하는 노력과 주식시장에서의 재정적 압박 사이에서 균형을 이룰 수 있을지 논했다. 그때만 해도 아직 주식시장에서 거래된 비콥은 없었다. 게다가 비랩의 규칙에 따르면 비콥 인증 기업이 베네핏 코퍼레이션 법안을 통과시킨 주에 통합될 경우, 해당 회사는 4년 안에 베네핏 코퍼레이션이 되어야 했다. 엣시가 속한 델라웨어주는 2013년에 베네핏 코퍼레이션법이 발효되었으므로 엣시는 2017년까지 베네핏 코퍼레이션이 되지 않으면 비콥 지위를 상실할 위험이 있었다. 코언 길버트는 이렇게 설명한다. "4년이라는 진입 기간을 둔 것은 엣시 같은 회사들이 이사회, 투자자, 그 외 주식시장의 이해관계자들과 함께 법률문제를 익숙하게 다룰 합당하고 집중된 시간을 주려는 것이었습니다."[2]

엣시가 상장된 후 디커슨은 회사 블로그의 엣시 커뮤니티에 회사가 성공하는 길은 "가치 중심의 커뮤니티를 바탕으로 사업을 펼치며 멀리 내다보는" 데 있다는 메시지를 게시했다. 디커슨은 다른 지속가능한 회사들이 주식시장으로 나오는 데 엣시가 길을 닦을 수 있기를 바랐다.[3] 안타깝게도 그의 바람은 실현되지 않았다.

엣시가 주식시장에 나온 첫날, 기업 가치는 두 배로 뛰어 30억 달러를 넘어섰다. 눈부신 출발이었다. 하지만 이후 엣시의 운은 급변했다. 2년간 엣시의 주식은 꾸준히 하락했고, 2017년 1사분기 들어서 회사는 처음으로 손실을 경험했다.[4] 이 상황을 해결하려는 투자 활동가들은 변화를 요구했다. 세스 원더Seth Wunder와 그의 헤지펀드 블랙앤화이트 캐피털이 등장해 엣시 주식의 약 2%를 인수했다. 큰 금액은 아니지만 동요를 일으키기에는 충분했다.[5] 원더는 엣시의 직원 수, 관대한 사내 시설과 직원 혜택으로 인해 간접비가 적정 수준보다 두 배나 높다고 주장했다. 엣시의 일반 행정비는 전체 수입의 24%를 차지했고(경쟁 기업들의 경우 그 비율은 고작 10% 정도였다) 3년간 많은 직원을 고용함에 따라 전체 직원 수도 절반 이상 늘어난 상황이었다.[6]

원더는 자신의 우려를 두 통의 서한에 담아 엣시 이사회에 보내면서 "회사의 미흡한 비용 관리 문제"에 관해 회의를 소집해 달라고 요청했다. 이후 원더는 엣시의 최신 수익보고서가 공개되기 몇 시간 전에 그 서한들을 공개적으로 발표했다. 더불어 그가 서한에 밝힌 내용을 세 가지 주요 사항, 즉 상품 총매출 부진, 운영 및 기업 지배구조 개선 필요, 주주 가치 극대화의 '필요성'으로 요약해 보도자료로 내놓았다.[7] 얼마 지나지 않아 디커슨 등 직원의 8%가 해고되었다. 해고된 직원 다수는 가치정렬values alignment과 근무 환경 개선을 주로 다루는 팀원들이었다. 몇 달 후 엣시는 또 한 번 해고를 발표하며 전체 직원의 15%를 해고했다.[8] 디커슨 자리에는 이사회 일원으로서 기업의 재무 상황에 관해 날카로운 질문을 던졌던 조시 실버먼이 올랐다.

2017년에 실버먼은 엣시가 베네핏 코퍼레이션으로 재통합되지 않을 거라면서 이에 따라 비콥 인증도 만료될 것이라고 발표했다. 비랩은 지도부 변화를 고려해 1년 연장을 제안했으나 실버먼은 이를 거절했다.[9]

코언 길버트는 엣시의 결정에 대해 응수하며 주식시장에 진출한 비콥 인증 기업인 나투라와 로리엇을 언급했다. 로리엇은 베네핏 코퍼레이션이기도 했고, 엣시가 올라 있는 나스닥 시장에서 거래되고 있었다. 다논과 유니레버 같은 대형 주식회사가 보유한 다수의 자회사는 비콥이다. 코언 길버트는 "주식회사들이 베네핏 코퍼레이션의 법적 구조를 채택하기에는 나름의 어려움이 있습니다만, 이미 글로벌 기관 투자자들은 주식회사들이 채택하는 베네핏 코퍼레이션 구조를 인정했습니다."[10]라고 말했다. 하지만 엣시의 탈퇴는 심각한 타격이었고, 이 밖에도 비콥 운동이 직면한 어려움은 또 있었다.

비콥 기업의 탈퇴

다른 유명한 비콥들도 투자자들의 실질적이거나 의도적인 저항에 부딪혀 비콥 인증의 지배구조 측면에서 고군분투했다. 어니스트 컴퍼니도 그러한 예에 속한다. 어니스트 컴퍼니는 독성 없는 세상을 만들겠다는 사명 아래 설립되어 유아와 가족 중심의 제품을 생산하는 기업이다. 이 기업의 제품들은 청정

성분으로 만들어지며 합성 화학물질과 향료는 전혀 들어가지 않는다.[11] 어니스트 컴퍼니의 설립자이자 배우인 제시카 알바가 첫 아이를 가졌을 당시 기존 제품들에 알레르기 반응을 경험하고 난 뒤 이러한 사업 아이디어를 떠올렸다.[12]

이렇듯 어니스트 컴퍼니는 비랩의 사명에 걸맞는 듯했으므로 2012년에 비콥 인증을 받은 것도 자연스러운 일이었다. 하지만 이 기업은 2017년에 비콥 지위를 잃었다. 한 직원은 회사 웹사이트에 인증 지위를 잃은 연유를 물은 글에 답하면서, 어니스트 컴퍼니는 "공적public 베네핏 코퍼레이션으로 법적 이전을 할 수 없었습니다."라고 말했다. 이 변화는 "법률, 규정 준수 차원에서 회사에 많은 문제를 초래해 위험과 불확실성을 낳을 수도 있기" 때문이었다.

비콥 인증을 상실한 데는 회사가 직면한 몇 가지 난제도 작용했다. 당시 유니레버가 어니스트 컴퍼니를 사들이는 데 관심을 보였다. 하지만 2017년 초 유니레버가 어니스트 대신 동료 비콥인 세븐스 제너레이션을 인수하기로 하면서 거래가 무산되었다. 이윽고 어니스트 컴퍼니는 기업 구조를 개편하면서 공동설립자이자 CEO로서 비콥을 적극 홍보하던 브라이언 리를 다른 사람으로 교체했다.[13] 이즈음 어니스트 컴퍼니는 제품 성분에 대한 여러 소송에도 걸려 있었다. 수많은 소비자가 기만당했다고 느꼈다. 조사 결과, 어니스트 컴퍼니의 전 제품은 광고와 달리 100% 청정 성분이 아닌 것으로 드러났다. 〈뉴욕포스트〉의 한 기자는 다음과 같이 신랄하게 비판했다. "알바가 시작한 회사는 여윳돈이 있는 불안한 사람들에게 값비싼 제품을 팔고 있었다. … 그녀는 세상에 대고 믿을 사람은 자신뿐이라면서 다른 모든 사람은 해를 끼치고, 불구로 만들고, 독이 오르게 하고, 목숨을 앗아가는 이들이라는 메시지를 풍기고 있다. '어니스트' 컴퍼니는 도가 넘치는 걱정 속에 번성하는 회사이며, 고가의 제품이 더 안전하고 건강에 좋다는 거짓 약속을 이용한다."[14] 2018년에 어니스트 컴퍼니는 브랜드를 소생시키기 위해 2억 달러를 지원받았다고 발표했다.[15] 과연 그들의 핵심 가치를 소비자들이 다시 받아들일지, 아니면 일부 사람들이 생각하듯 그린워싱 관행 속에 계속 기세가 꺾일지는 두고 볼 일이다.

또 다른 대기업으로 비콥 지위가 소멸된 회사는 안경 제조 회사인 워비파커다. 이 회사는 가격이 저렴하고 안경테를 시험 삼아 집에서 써볼 수 있다는 솔깃한 개념을 들고 나와 시장에 진출했다. 워비파커는 회사 설립 후 얼마 안 되어 비콥 인증을 받았다. 다른 여러 특성 중에서도 워비파커의 안경 제작과 유통 과정은 탄소 중립적이었고, 이 기업은 안경 1개를 팔 때마다 도움이 필요한 개발도상국 주민 누군가에게 안경 1개를 제공하는 운동을 펼치고 있었다. 게다가 워비파커의 직원 문화는 강연 시리즈와 '런치앤런Lunch and Learn' 프로그램을 통해 직업적, 개인적 성장에 초점을 맞추고 있었다. 회사가 품은 사회적 사명과 직원 중심의 일터 덕분에 직원을 영입하고 유지하는 비율도 높았다. 하지만 워비파커도 베네핏 코퍼레이션으로 통합되

지 않는 쪽을 택하면서 비콥 인증 지위를 상실했다.[16]

이 상황은 내게 놀라운 반전으로 다가왔다. 나는 2012년에 워비파커 본사에서 하루를 보내며 CEO 닐 블루멘탈을 인터뷰했다. 회사 입구에 자랑스럽게 걸어둔 비콥 로고를 보니 이 회사가 의욕적으로 비콥 운동에 참여하는 게 분명했다. 당시 블루멘탈은 워비파커의 투자자들이 베네핏 코퍼레이션으로 통합하려는 움직임을 보이고 있다고 넌지시 일러주었다. 타이거 매니지먼트와 마찬가지로 워비파커의 투자자들은 동료 비콥(그리고 베네핏 코퍼레이션)인 올버즈의 투자자이기도 했다. 게다가 블루멘탈은 베네핏 코퍼레이션법을 통과시키기 위해 델라웨어 의회에 로비하려고 윌밍턴에 갔던 CEO 중 한 사람이기도 했다. 이런 사실을 볼 때, 워비파커가 베네핏 코퍼레이션 지배구조를 채택하지 않기로 결정한 이유로 '투자자 저항'이 유일하거나 일차적인 것이 아닐지도 모른다.

나와 대화를 나눈 워비파커의 선임 커뮤니케이션 담당자 카키 리드Kaki Read는 이렇게 말한다. "당시 워비파커의 규모와 성장 단계에서 법적 구조를 변경하는 절차는 매우 까다로운 것으로 드러났습니다. 미래에 그 결정을 다시 검토해볼 기회가 있을 겁니다. 우리로서는 그리 중대한 결정이 아니거든요. 다만 당시에는 합당하지 않았던 거죠. 만약 지금 회사의 틀을 잡는다면 공익 기업으로 통합할 가능성이 있지만, 회사가 설립된 2010년에는 그런 지위가 존재하지 않았습니다."

이를 보건대 타이밍도 하나의 문제일 수 있다. 워비파커의 결정 이후 비콥 안에서도 여러 변화가 있었다. 상징적인 화장품 브랜드 더바디샵과 에이본을 소유한 나투라는 주식회사로서 꾸준한 성공을 거뒀고, 비콥이자 베네핏 코퍼레이션인 로리엇도 나스닥 거래소에 성공적으로 상장을 완료했으며, 다국적 대기업 다수가 적극적으로 비콥을 사들였다. 아마 때가 되면 워비파커의 경영진과 투자자들도 주식시장 수용의 증가 추세를 지켜보고, 비콥 인증 지위를 재획득하고 베네핏 코퍼레이션 지배구조를 채택하는 것이 단기 성과주의와 이익 극대화의 압박을 극복하는 데 유익하다는 것을 깨달을 것이다. 홀푸드가 단기 성과주의의 희생양이 되고, 엣시는 이익 극대화의 압박 속에서 큰 홍역을 치렀으니 말이다.

비콥 인증을 상실하게 된 이유는 제각각일 것이다. 하지만 엣시, 어니스트 컴퍼니, 워비파커의 사례를 통해 비콥 운동의 경로가 반드시 직선은 아니라는 점을 알 수 있다. 임팩트를 얻으려면 다양한 갈래와 대안적인 길을 택하기도 해야 한다. 비랩 설립자들의 의도와 명확히 통하는 사명과 가치를 품은 기업들조차 B 브랜드에 걸맞도록 꾸준하고 온전한 노력을 기울이지 못할 수도 있다. 그렇다고 이들이 비콥 운동에서 긍정적인 결과를 끌어내지 못한다는 뜻은 아니며, 그들이 비콥 운동의 목표를 지지하지 않는다는 것도 아니다. 리드는 곧바로 내게 이렇게 일러주었다. "물론 우리는 비콥의 활동을 적극적으로 지지합니다. 비콥이 앞으로도 꾸준히 알려지길 바라고, 때에 따라서는 우리 결정을 재고할 수도 있다는 점을 분명히 하고 싶습니다."

엣시, 어니스트 컴퍼니, 워비파커의 상실은 뼈아팠지만, 더 많은 기업을 비콥 운동에 불러들이기 위해서는 비랩 모델의 두 요소(책무성과 법률적 구조)를 분리하여 세분화할 수도 있다는 사실에 크게 안심한 계기가 되기도 했다. 세계적으로 약 1억 2,500만 개의 기업이 존재하며 그들 모두가 변화를 만들어낼 수 있다. 그들 중 하나가 적어도 비콥처럼 행동하기 시작하면서 기업의 이익과 사회적 편익 사이에 균형을 이루며 회사의 이익만큼이나 그 임팩트도 적극적으로 관리한다면, 인증을 받고 재통합을 이루든 그렇지 않든 변화에 참여하는 것이다. 앤드루 카소이가 강조했듯이 비콥 운동은 "끼리끼리" 움직이는 것이 아니라 "일종의 변화 이론"으로서 "점점 더 큰 경제 영역을 향한다." 이에 대해 코언 길버트는 "우리가 좀 더 큰 규모에서 성장하고 기업의 성공을 재정의하는 것이 목표라면, 더 많은 기업을 인증하는 것만으로는 이를 달성하지 못할 겁니다."라고 말한다.

보스턴에 본사를 둔 댄싱디어 베이킹컴퍼니Dancing Deer Baking Company는 희망의 이유를 보여준다. 2010년에 처음으로 비랩에 대한 하버드 경영대학원 사례연구를 가르칠 때, 나는 비랩 지도자들과 비콥 인증 기업, 그리고 잠재 인증 기업을 수업에 초대했다. 잠재 기업 중 한 곳의 대표는 댄싱디어의 의장이자 전 CEO이며 공동설립자인 트리시 카터Trish Karter였다. 당시 그는 비콥 인증을 받자고 이사회를 설득했으나 실패한 상태였다. 결국 이 기업은 우려를 씻고 비콥 인증을 받았을 뿐만 아니라 2012년에 법이 통과된 이후 메사추세츠에서 베네핏 코퍼레이션으로 등록한 첫 기업이 되었다.

앤드루 카소이가 강조한 대로 비랩이 "지평을 넓혀" 더 많은 기업을 비콥 운동에 참여하게 만들 비법은 폭넓게 임팩트를 관리하도록 돕는 도구를 공유하는 것이다. 비콥 커뮤니티의 변두리에 있는 기업들도 주주 우선주의를 넘어서려는 노력을 통해 큰 이점을 얻을 수 있다. 현재 모든 기업이 공익을 위한 원동력이 되도록 장려함으로써 비랩 모델의 책무성 측면을 강조하고 'B 이코노미'를 만들려는 다수의 프로그램이 존재한다. 여기에는 사회적·환경적 요인을 더 폭넓게 측정하는 프로그램들, 사업 수준에서 지속가능발전목표SDGs의 측정과 추적 가능성을 높이고자 국제연합과 맺는 중대한 협력관계가 포함된다. B 이코노미를 구성하는 다양한 요소들(비콥, 베네핏 코퍼레이션, B임팩트평가 관리툴, B분석 플랫폼, 다양한 비랩의 협력관계)은 주주 우선주의를 뒤집고, 기업과 사회 모두에 더 큰 임팩트를 창출하기 위해 협력하고 있다.

비콥을 넘어 퍼져 나가는 임팩트

바트 홀라한은 "세계 모든 기업이 어떤 방식으로든 'B 이코노미'의 일부가 되어 우리 운동에 참여할 수 있고 또 마땅히 그래야 합니다."라고 말한다. 비콥 인증을 목표로 하지 않는 기업들은 B임팩트평가를 일종의 학습 도구로 활용할 수 있다. 이를 통해 기업은 사업상 가능한 것이 무엇인지 알게 되고, 인증을 받으려고 부담감을 느끼며 애쓰지 않고서도 몇몇 관행을 수월하게 도입할 수 있다.

이들 기업 중 일부는 결국 비콥이 되기도 한다. 한 예로, 시카고에 본사를 둔 솔버그 매뉴팩처링Solberg Manufacturing은 제품의 여과·분리·침전을 담당하는 제조회사다. 바트 홀라한에 따르면, 가족이 소유한 이 기업의 지도자들은 애초에 비콥이 될 수 있을지 확신하지 못했다고 한다. 그들의 경쟁 기업이 인증을 받았고 솔버그도 비콥 운동과 뜻이 같았지만, 자신들이 인증 기준을 만족시키리란 생각은 하지 못했다. 솔버그의 지도자들은 "더 나은 사업을 일구고 싶으니 이 도구를 활용해 체계적인 도움을 받아야겠다."는 생각에 순수하게 사업을 개선하려는 뜻에서 B임팩트평가를 활용하기 시작했다. 솔버그는 2011년에 비콥 인증 기업이 되었지만, 인증받기 전에도 이들은 비랩 팀이 의도한 방식대로 평가 도구를 활용하고 있었던 것이다.

중요한 것을 측정하기

비랩은 업종과 관계없이 모든 규모의 기업에서 B임팩트평가를 활용하도록 만들기 위해 2014년에 '중요한 것을 측정하자Measure What Matters'라는 이름의 캠페인을 시작했다. 투자자, 공급망 관리자, 여러 시와 지자체 사이에서 수많은 협력이 이루어진 이 캠페인이 달성할 과제는 강력한 데이터 플랫폼인 B분석을 활용해 임팩트 관리를 하나의 표준으로 만들자는 것이다.[17] '중요한 것을 측정하자' 팀의 일원에 따르면, B분석 플랫폼의 가장 유용한 측면 하나는 동종업계의 다른 기업에 비추어 우리 회사의 운영 방식과 개선점을 확인할 기회가 된 것이다. 이는 회사뿐 아니라 투자자들에게도 유익하다. 투자자들은 기업에 B임팩트평가 프로세스를 실행하도록 요청함으로써 회사가 어느 부문에서 탁월한지 확인하고, 포트폴리오에 있는 모든 회사를 일정 수준 이상으로 향상할 방법을 모색할 수 있다. 이는 마케팅 측면에서도 유용하게 활용된다. 예를 들어 투자회사는 "우리가 관리하는 모든 기업의 일자리가 매년 5%씩 늘었으며 이는 평균보다 높은 수치입니다."라고 말할 수 있게 된다.

　B분석 플랫폼의 또 다른 활용점은 임팩트 추세를 측정하고 추적할 수 있다는 것이다. 이 팀의 일원은 "여기서 우리는 투입과 산출과 관련된 많은 것을 수집합니다. 하지만 사람들은 성과 부분을 확인하고 싶어 하죠."라고 말한다. 다시 말해 B분석 플랫폼은 기업들이 미처 생각지 못했던 점에 주의를 환기시킨다. 포트폴리오 매니저들은 특정 기업이 기회를 놓치고 있다는 점을 깨닫기도 한다. 반대로 기업의 성공적인 관행을 발판 삼

아 포트폴리오상의 나머지 기업에 적용할 수도 있다. 비랩은 이 플랫폼이 모니터링, 학습, 향상을 위한 툴이라고 표현한다.

B분석 팀은 사람들이 이 플랫폼에서 축적하는 정보와 상호작용할 다양한 방식을 끊임없이 고민한다. 우선 누구나 볼 수 있는 일반 대시보드를 구축한다. 이를 토대로 기업과 투자자들은 주요한 임팩트 부문의 목표치를 정하고 여러 필터를 활용해 기준을 설정할 수 있다. 예를 들어, 특정 비콥 인증 기업의 데이터 검토 권한을 가진 투자자라면 먼저 그 기업의 B임팩트평가 점수와 다양한 기본 차원을 검토할 것이다. 이후 동종업계의 데이터를 모은 다음, 다른 기업들의 B임팩트평가 결과에 견주어 해당 기업의 자료를 하나하나 살펴볼 것이다. 입문 버전은 모두가 볼 수 있는 표준 검토이며, 맞춤형 버전은 각 사용자에게 맞게 작성된 것으로 사용자가 확인하려는 구체적 사항을 바탕으로 한다. 2018년 기준으로 B임팩트평가 사용자는 7만 명이 넘었다. 더불어 비랩은 이 도구를 활용해 임팩트를 측정할 수 있도록 50여 곳의 기업, 공급망 관리자, 정부 관계자와 협력관계를 맺었다.[18]

2015년 다보스 콘퍼런스에서 나투라의 공동설립자이자 B팀의 리더인 길례르미 레아우Guilherme Leal는 버진그룹의 설립자 리처드 브랜슨 경이 세계를 위한 더욱 지속가능한 경제 모델을 개발하고자 비랩과 협력관계를 맺을 것이라고 발표했다. 이와 함께 비랩의 도구가 더 널리 사용되도록 도울 중요한 프로그램 두 개도 소개했다. 이 프로그램들은 공급망을 통해 임팩트를

이끌어내면서 모든 기업에 '최고'가 되겠다는 도전의식을 심어
준다.[19]

공급망을 통한 임팩트 유도

비콥 운동에 속하지 않은 많은 기업이 그들의 공급망을 재
점검하기 시작했다. 나이키는 아동 노동, 강제 노동, 보상 등을
다루는 행동강령을 마련했고, 공급자들에게 이 기준을 따르는
업체와 거래하도록 요청했다. 또한 감사 활동을 통해 규정을
준수하는지 확인하면서 자체 공급망 관리 체계를 꾸준히 평가
하고 개선하고자 노력하고 있다. 이를 통해 나이키는 대외적으
로 사회적 책임을 위해 노력하는 모습을 보이고 있으며 말 그
대로 세계적인 임팩트를 창출하고 있다.[20]

비랩은 비콥 인증과 관계없이 모든 기업이 이런 유형의 임
팩트를 창출하길 바라며, 더 많은 기업이 공급업체에 정식 B임
팩트평가 또는 약식 B임팩트평가를 완료하도록 격려하거나 요
청했으면 한다. 이러한 노력에 앞장서 온 기업이 세븐스 제너
레이션이다. 이 기업은 2020년에는 오직 비콥 인증 자격을 갖
춘 회사들에서 물건을 구매하겠다는 목표를 세웠다. 킹 아서
플라워, 쿡 등의 다른 비콥들도 비슷한 목표를 내걸었다. 이들
비콥은 일반적인 공급망 준수 체계를 더 나은 것으로 재편하고
자 힘쓰는 가운데 서로 협력하고 최선의 관행을 공유하며 함께

문제를 해결해나간다. 이를 통해 그들의 공급업체들도 선을 위한 원동력으로 비즈니스를 활용하는 데 동참하도록 격려한다.[21]

바마컴퍼니스 역시 공급업체들에게 지속가능성 조사에 응할 것을 요구하고, 주요 25개 공급업체가 약식 B임팩트평가를 완료하도록 힘쓰고 있다. 이와 더불어 B임팩트평가 프로세스를 공급업체들에게 알리고자 비랩 팀과 함께 여러 차례 세미나도 열었다. 바마의 커뮤니티 협력 책임자 킴 오웬스Kim Owens는 "이를 공급망 전반에 녹여내는 것이 우리의 큰 바람입니다."라고 설명한다. 캐벗은 관행을 개선하고자 협동조합 농부들(캐벗은 공급자 소유의 협동조합이므로 이들은 공급자이면서 소유주이기도 하다.)과 긴밀히 협력하는 팀을 두고 있다. 또한 농부들이 사용할 수 있도록 지속가능성 도구도 개발했다.[22]

이탈리아의 올리브오일 회사 프라텔리칼리Fratelli Carli는 비콥이 된 이후, 자사 전 제품의 지속가능성을 보장하고자 공급업체들을 위해 '코디치Codici'라는 일련의 지침을 만들고, 공급업체들과 함께 주기적으로 품질 보증 심사를 실행해왔다. 이는 환경, 생태계, 농부, 회사 노동자를 보호할 뿐만 아니라 더 짧고 효율적인 생산망을 이루게 해주었다. B 체계를 공급망에 도입함으로써 많은 공급업체가 자체 표준과 임팩트를 개선했고, 일부 공급업체는 비콥이 되기도 했다.[23]

나투라는 비콥 가치에 기반을 둔 공급업체들을 위해 전자입찰 시스템을 구축했다. 이 시스템은 역량, 성과, 그리고 최근에 더한 신용을 바탕으로 공급업체를 선별한다. 나투라는 공급업체들의 가치가 나투라의 가치와 일치하게 만들고자 그들에게 재무 외적인 성과, 나아가 사회적·생태적 발자국에 관한 정보를 요청한다. 또 연 2회 공급업체들의 충실성을 평가함으로써 이들이 나투라와의 협업에 만족하고 있는지, 다른 업체에 나투라를 추천할 의향이 있는지 알아본다.[24]

공급망에 초점을 맞추면 사회적·환경적 임팩트의 규모를 대폭 확대할 수 있다. 2014년부터 비콥 인증 기업으로 활동해 온 모이커피Moyee Coffee는 현장에서 이 논리가 어떻게 실현되는지 보여주는 좋은 사례다. 커피 원두의 절대다수는 이른바 '커피 벨트'라고 알려진 남아메리카, 아프리카 국가에서 온다. 이들 국가는 개발이 더뎌 미국 등의 나라가 지원하는 광범위한 구호에 의존한다. 부유한 국가의 거의 모든 사람이 찬장에 쟁여두는 이 생필품을 만들어 수출하는데 어떻게 이런 일이 벌어질까? 대형 커피 회사들이 원두를 구해오는 것은 이들 나라지만, 원두 로스팅 과정은 선진국에서 진행된다. 즉 콜롬비아, 에티오피아 등 주요 커피 생산국에서는 일자리 기회가 더 적다는 말이다.

네덜란드의 기업가이자 투자자인 귀도 반 스타베렌 반 다이크Guido van Staveren van Dijk는 아라비카 원두를 에티오피아에서 구하고 이곳에서 로스팅도 진행할 분명한 목적으로 모이커피를 설립했다. 이 혁신적인 공급망 프로세스의 명칭은 페어체인FairChain으로 이는 모이커피의 모토이기도 하다. 페어체인은 원두가 생산되는 본국에 더 많은 일자리와 이익이 머무르도록 보장한다. 로스팅 과정을 커피 벨트 안에 유지함으로써 모이는 근무 조건을 개선하고, 급여를 높이며, 현지 지역사회에 긍정적인 효과를 가져다주었다.[25]

최고 기업에 박수를 보내기

커뮤니티 일원이 해낸 훌륭한 일을 축하하는 것은 변함없이 중요한 비랩 활동의 일부였다. 2013년 비랩 팀은 첫 번째 '세계를 위한 최고Best for the World' 리스트를 선정했다. 이 리스트에는 활동 전반, 지역사회, 환경, 노동자, 지배구조, 고객 등 여러 범주에서 얻은 B임팩트평가 점수에 따라 비콥 중 상위 10%에 해당하는 기업이 들어있다. 2018년에는 총 203곳의 비콥이 수상의 영예를 안았다.

2014년 비랩은 뉴욕시 경제개발공사NYCEDC와 협력관계를 맺어 뉴욕 시내 20만 곳의 소기업들을 대상으로 도시 노동자와 지역사회를 위한 최고 자리를 놓고 경쟁하도록 유도했다. 이 다년 프로그램의 초반 3개월 동안 약 2천 개 기업이 참여했다. 이들의 임팩트는 B임팩트평가를 개조한 20분 설문조사를 통해 평가했다. 뉴욕시 경제개발공사 카일 킴볼Kyle Kimball 사장은 "'뉴욕을 위한 최고' 프로그램은 뉴욕에 있는 기업들이 사회에 환원하고, 기회를 창출하며, 뉴욕시를 위해 최선을 다하도록 북돋습니다."라고 말했다.[26] 2017년에 이 프로그램은 초창기 비콥이 집중되어 있던 콜로라도까지 확장되었다. '콜로라도를 위한 최고' 챌린지를 운영하는 비영리기업인 얼라이언스 센터Alliance Center는 네트워크 행사, 1:1 멘토링 기회 제공, 지역 기업들이 자사의 관행을 개선하도록 격려할 목적의 워크숍 등을 기획한다.[27]

'뉴욕을 위한 최고' 챌린지를 시작한 이후 세계 곳곳의 30개가 넘는 도시에서 이와 비슷한 캠페인을 운영하는 데 관심을 보였다. 이러한 프로그램들은 비랩 팀에게 유기적 확장의 기회를 제공한다. 카소이는 "밖에 나가 수백 개의 기업 사람들을 만나 이 도구(B임팩트평가)를 활용하라고 일일이 말하는 것은 바람직하지 않은 방법입니다."라고 설명한다. 이와 달리 한 도시 또는 주에 존재하는 비콥이나 파트너의 힘을 활용해 "네트워크 효과를 창출"할 수 있다.

스코틀랜드에서 진행된 '도시를 위한 최고' 프로그램은 스코틀랜드에서 혁신과 기업가정신 양성에 초점을 두는 캔두CAN DO라는 단체와 비랩 영국이 협력관계를 맺는 매개가 되었다. 스코틀랜드의 캔비CAN B는 임팩트 관리에 관한 온·오프라인 강좌, 워크숍, 토론을 기획하고, 개인과 그룹에 멘토링 등을 지원하면서 이들이 B임팩트평가를 활용해 그들의 임팩트를 높이도록 기업들을 지원한다.[28] 리우+BRio+B는 시스테마 B가 리우데자네이루에서 운영하는 프로그램이다. 이 프로젝트는 리우데자네이루 시청, 엘렌 맥아더 재단, 그 외 여러 조직과 협력하여 진행된다. 임팩트 평가를 통해 자사의 현황을 이해하게 된

기업들은 리우+B와 협력하여 사회적·환경적 문제에 관한 그들의 참여도를 높일 방법을 모색한다.[29]

유엔의 지속가능발전목표와의 통합

비콥 운동이 한창 속도를 올리고 있을 무렵, 유엔은 지속가능발전목표SDGs를 발표했다. 지속가능발전목표는 2016년에 공식적으로 첫발을 내디뎠고 2030년까지 달성하는 것을 목표로 삼았다. 이 목표는 다음과 같다.

목표 1 : 빈곤 퇴치

목표 2 : 기아 종식

목표 3 : 건강과 행복

목표 4 : 양질의 교육

목표 5 : 성평등

목표 6 : 물과 위생

목표 7 : 적정 가격의 깨끗한 에너지

목표 8 : 양질의 일자리와 경제 성장

목표 9 : 산업, 혁신, 기반시설

목표 10 : 불평등 완화

목표 11 : 지속가능한 도시와 지역사회

목표 12 : 책임성 있는 소비와 생산

목표 13 : 기후 행동

목표 14 : 해양생물 보호

목표 15 : 육지생물 보호

목표 16 : 평화와 정의를 위한 견고한 제도

목표 17 : 이 목표들을 달성하기 위한 협력관계[30]

지속가능발전목표 틀이 비콥 운동을 확장하는 데 크나큰 도움이 되리라 생각한 비랩 팀은 유엔의 목표를 B임팩트평가에 통합함으로써 비콥과 베네핏 코퍼레이션들이 이를 수용하도록 격려했다. 비랩 팀은 B임팩트평가를 지속가능발전목표에 맞춰보면서 기존의 B임팩트평가 기준을 관련 지속가능발전목표와 하나하나 묶은 후 틈이 보이는 부분에 추가 기준을 만들었다. 이 협력관계는 진정한 윈윈 효과를 불러온다. 지속가능발전목표와의 정렬을 통해 비랩은 주주 우선주의에 대항할 수 있는 더 큰 동력을 얻는다. 동시에 이러한 연계를 통해 정량적 기준, 이 기준을 측정하고자 비랩이 만든 도구, 가장 중요하게는 지속가능한 참된 변화를 만들고자 상호 연계를 통해 협력하는 기업, 비영리단체, 정부 조직, 개인들로 이뤄진 거대한 커뮤니티를 통해 지속가능발전목표를 확장할 수 있다. 자산관리회사 커먼 인터레스트Common Interests의 최고 투자 책임자인 맥스 민츠Max Mintz는 이렇게 설명한다. "이 플랫폼은 우리는 물론 다른 사람들에게 다음 단계를 제시합니다. 우리의 사명을 SDGs에 맞추어 정립하고 그 결과를 우리의 이해관계자들에게 보고

할 도구를 제공하는 거죠. 우리에게는 자체적으로 이러한 플랫폼을 개발할 인프라가 없습니다. 따라서 이러한 도구를 제공하는 비랩에 의지하는 거죠."[31]

2019년, 비랩과 유엔글로벌콤팩트(인권, 노동, 환경, 반부패 등 10가지 원칙에 맞추어 전략을 결정하고 사업을 운영하도록 기업에 지침을 제공하고자 2000년에 시작된 활동)는 기업들이 지속가능발전목표 측면에서 그들의 임팩트를 추산하고 평가할 수 있는 온라인 플랫폼을 만들고자 손을 잡았다. SDG 액션 매니저SDG Action Manager라고 알려진 이 무료 웹 기반의 임팩트 관리 도구는 2020년 초부터 서비스를 개시했다.[32]

다논의 글로벌 홍보대사 로나 데이비스는 "세계가 드디어 힘을 합쳐야 한다는 것을 깨달았다"면서, 유엔의 지속가능발전목표가 그렇게 많은 관심을 모은 것도 이 때문이라고 보았다. 특히 기업들은 "각국 정부가 문제를 해결할 수 없으니 우리가 도와야 한다"고 깨달은 듯하다. 그러나 데이비스는 지속가능발전목표는 실행하기에 그리 용이하지 않으며, 여기서 비콥 커뮤니티와 비랩 팀의 역할이 필요하다고 지적했다. 광범위한 지속가능발전목표를 기업 책무성에 초점을 맞춘 비랩의 주안점과 조합하면 비랩 운동을 확장할 강력한 동력이 될 뿐 아니라 세계가 지속가능발전목표를 달성하는 데도 도움이 된다.[33]

많은 비콥 인증 기업이 지속가능발전목표와 협력하고 있다. 브릿지스 펀드 매니지먼트는 지속가능발전목표를 자산 투자 지침으로 삼겠다고 공개적으로 밝혔다. 이러한 브릿지스의 생각에 비콥 커뮤니티 모두가 공감한다. 이는 단순히 기업이 하나의 목표를 성취하는 것이 아니다. 지속가능발전목표라는 공통 주제 아래서 모든 기업이 힘을 모아 이 목표들을 전부 달성하려는 것이다.[34] 시카고에 본사를 둔 디지털 마케팅 에이전시인 마이트바이츠Mightbytes는 생활임금을 지급하고 최적의 직원 복지를 제공함으로써 지속가능발전목표의 목표 1, 2, 8을 실천하고자 한다. LGBTQ(다양한 성소수자들을 포괄하여 지칭하는 말─옮긴이)가 소유한 기업으로서 마이트바이츠는 다양한 문화권의 사람들과 여성들로 구성된 자문위원회를 두어 지속가능발전목표의 목표 5, 10을 다룬다.[35] 존스 크레이지 삭스는 실업자들에게 일자리를 제공함으로써 지속가능발전목표의 목표 8과 10을 동시에 실천하고 있다.[36]

2017년 11월, 지속가능발전목표의 목표 12를 활용해 지속가능한 소비와 생산 패턴을 보장하는 혁신적 방안을 개발하는 데 초점을 맞춘 제1회 비콥 '해커톤Hackathon' 이벤트가 런던에서 개최되었다. 유기농 탐폰 배달 서비스 회사인 데임DAME은 일회용 월경용품으로 인해 생겨나는 연간 90억 개의 플라스틱 어플리케이터 폐기물을 줄이고자 노력하는데, 이번 해커톤 기간에 유용한 지원과 조언을 얻었다. 재활용 재료로 패션 액세서리를 만드는 엘비스 앤 크레세의 크레세 레슬링Kresse Wresling은 지속가능발전목표의 목표 12를 염두에 두고 창업을 하지는 않았지만, 생활 폐기물 문제는 꼭 해결해야 할 문제라고 설명했다.[37] 최근 레슬링의 회사는 버버리와 협력관계를 맺고 해마

다 발생하는 80만 톤의 피혁 폐기물 문제를 해결하는 데 나섰다.[38]

2018년 가을, 다논의 엠마뉘엘 파베르와 앤드루 카소이는 비콥 운동과 지속가능발전목표의 협력에 관해 암스테르담에서 회담을 열었다. 객석에 있던 많은 사람들이 각 개인이 그런 광범위한 변화를 불러오는 데 일조할 수 있는 방법을 물었다. 파베르는 "일이 얼마나 빠르게 진행될지는 알 수 없지만, 우리가 시도하지 않는다면 성공할 수 없을 겁니다."라고 말했다. 그는 우리 앞에 놓인 일이 버거워 보일지라도 그 두려움을 껴안고 앞으로 나아가는 것이 중요하다고 강조했다.[39]

다시 한 번 말하지만, 이러한 활동의 목표는 단지 비콥의 수를 늘리는 것이 아니다. 오히려 전통적인 주주 중심 자본주의의 함정에서 벗어나 오래도록 지속하는 임팩트를 만들어냄으로써 경제 전체를 바꾸는 것이다. 비랩 팀의 도구와 자원은 모든 기업이 선의 원동력이 되는 데 유익하며, 이제 유엔과 발맞추어 나아가는 비랩 운동은 지금보다 더 급속하게 성장할 잠재력을 보유하고 있다.

🔟
크다고 꼭 나쁜 것은 아니다

2018년 4월 12일, 다논 북미 법인은 최근 이룬 여러 업적을 기념하고자 맨해튼에서 행사를 개최했다. 다논 북미 법인의 CEO 마리아노 로자노Mariano Lozano가 주최한 이 행사는 생방송과 녹화방송으로 전 세계 다논 식구들에게 방영되었다. 행사장에는 에너지가 넘쳤다. 그날은 북미 법인의 첫돌이었다. 다논의 북아메리카 유제품 회사가 호라이즌 오가닉, 실크Silk, 어스바운드팜 같은 유명한 건강 브랜드를 만들어낸 화이트웨이브푸드와 합병한 지 꼬박 1년이 된 것이다. 동시에 이날은 베네핏 코퍼레이션이 된 지 1주년 되는 날이기도 했다. 게다가 로자노는 계획했던 일정보다 2년 일찍 비콥 인증도 막 획득했다고 발표했다. 이로써 다논 북미 법인은 60억 달러의 매출을 기록하며 공식적으로 세계에서 가장 큰 비콥 인증 기업이 되었다. 다논 북미 법인이 비콥 인증을 받는 데 공헌한 150여 명 중

20여 명이 행사 참석차 뉴욕까지 날아왔다.[1]

패널들은 대기업의 비콥 인증 절차에 관해 자세히 발표했다. 다논의 모회사 CEO인 엠마뉘엘 파베르는 이 절차를 완료한 팀들의 중요성을 강조하고, 그를 비롯한 사람들이 다논의 비콥 인증을 위해 많은 시간과 자원을 쏟아 부은 이유를 논리정연하게 설명했다. "금융은 경제를 뒷받침해야 하고, 경제는 사회를 뒷받침해야 합니다." 파베르는 이렇게 말하면서 각기업은 선택권을 가지고 있다는 기조를 유지했다. 기업의 권한, 규모, 시장 점유율을 이용해 기존의 모델을 떠받칠 수도 있지만, 혼란을 감수하면서 이미 벌어지고 있는 혁명을 뒷받침할 수도 있다는 것이다. 뒤이어 파베르는 글로벌 다논 조직이 2030년까지 비콥 인증을 받는 것을 목표로 세웠다고 발표했다.

포춘 500대 기업으로서 300억 달러가 넘는 매출을 올리고 여러 사업 부문에서 굵직굵직한 결과를 내놓는 이러한 다국적 기업이 인증을 받으려면 전례 없는 어려움이 따를 것이다. 다논 북미 법인도 쉽지 않은 과정을 거쳤다. B임팩트평가는 대개 약 250개의 문항으로 이루어지지만, 다논 북미 법인은 법적 구조 아래 별도의 법인으로 존재하는 5개 단독 사업 부문에서 1,500개가 넘는 질문에 답해야 했다. 글로벌 다논의 인증 절차는 이보다 훨씬 험난할 것이다.

다논의 노력은 비랩에도 상당한 질문을 안겨주었다. 비랩이 종래에 구축한 시스템은 주로 중소 규모의 기업을 인증하기 위한 것이었는데, 어떻게 하면 이를 개선하고 다듬어 더 큰 조직들이 비콥 운동에 합류하도록 만들 수 있을까? 다논 북미 법인의 경험에서 얻은 교훈을 가장 잘 적용할 방법은 무엇일까? 비콥 운동의 비약적 성장에 가장 큰 걸림돌은 대기업 평가에 드는 심사 계획과 집행의 전체 과정이었다. 다논의 경험이 보여주듯이 다국적 복합 기업이 인증을 받으려면 어마어마한 시간과 노력이 든다. 물론 다논처럼 의욕 넘치는 회사라면 생각처럼 오랜 시간이 걸리지는 않겠지만 말이다. 현재 우리는 잠재적으로 이 운동의 임계점에 서있으며, 다국적기업과 공개시장 투자자들이 함께하는 것이 매우 중요하다. 이를 위해 B임팩트평가 프로세스는 이들 기업의 규모를 아우를 수 있도록 변화를 꾀하는 동시에 기존 표준들이 희석되지 않도록 해야 한다.

이와 관련해 대기업들과 비랩이 넘어야 할 장애물은 비랩 세계에 속한 중소기업들에 미칠 효과다. 이미 대기업들이 이들 기업을 집어삼키는 형국이다. 지역 주민을 주고객으로 하는 지역 서점을 비랩이 인증하면 덕분에 서점은 번창하지만 … 비랩이 대형 인터넷 쇼핑몰인 아마존도 인증하자고 나서면 사정이 달라진다. 비랩을 옹호하는 많은 사람은 비랩의 진정성에 불어닥칠 더 큰 영향도 우려한다. 비랩이 월마트도 성공적으로 변화시킬까, 아니면 월마트 때문에 비콥 운동이 변할까?

당연히 소비자들은 대기업을 경계한다. 대기업들의 의도가 의심스러울 때도 많거니와 그들이 잘못된 판단을 내리면 그 여파가 순식간에 퍼져 나간다. 사회와 환경을 생각한다는 그들의 활동은 사람들의 불신과 의구심을 살 때가 많은데 이는 당연한 일이다. 하지만 세계 경제가 혁명을 이뤄야 한다면, 주주 우선주의가 전복되어야 한다면, 비랩이 '언젠가 모든 기업이 세상을 위해 최고가 되고자 경쟁하게 만든다'는 전체적인 사명을 완수하려면 대기업, 공기업, 다국적기업을 유치해야만 한다. 비콥 운동이 그저 작고 '귀여운' 기업들만 다루어서는 안 된다.

그렇다면 이제 질문은 비랩 팀이 대기업에 맞는 시스템을 고안하고, 날카로운 대중적 관심을 감당하며, 팀의 표준을 유지하고, 대기업들의 어마어마한 규모와 비콥 운동을 움직이는 가치 사이에서 적절한 균형을 이룰 방법을 찾는 것이다. 이를 위해 비랩의 다국적기업 및 공개시장 자문위원회MPMAC는 다논, 유니레버, 나투라 등 다수의 다국적기업과 긴밀히 협력하고 있다. 크다고 다 나쁜 것만은 아니다. 세계 최대의 기업 중에는 비콥 인증을 받을 만한 곳들도 있을 것이다.

선두에 선 다논

엠마뉘엘 파베르와 다논은 오래전부터 기업의 대안적 지배구조 모델에 관심을 가져왔다. 2006년 다논은 소액금융의 개척자인 그라민 은행과 파트너가 되어 그라민 다논 푸드를 세웠다. 이는 방글라데시의 빈곤 주민에게 일일 영양식을 제공하는 사회적기업으로서 2018년에 비콥 인증을 받았다. 이후 이 기업은 영국의 공동체이익회사와 미국의 저수익 유한책임회사들의 발전 과정을 따랐다. 비콥 유럽의 공동설립자 마르셀로 팔라치는 2015년에 파베르에게서 받은 이메일 내용을 기억하고 있었다. "그는 '저기, 이 비콥이란 게 뭔가요? 그간 이것저것 보고 읽으면서 관심이 커졌습니다. 아주 훌륭해요. 한번 만납시다.'라고 하더군요. 며칠 뒤에 저는 파리로 날아갔고, 우리는 오후 내내 함께 시간을 보냈습니다." 팔라치는 파베르가 "우리와 같은 종족을 찾고 있었습니다."라고 한 말을 기억했다. "큰 기업이 큰 변화를 이끈다."는 것이 다논의 변함없는 믿음이었다고 한다. 파베르는 이렇게 말한다. "우리 정도의 규모라면 다른 비콥과 힘을 합해 비콥이 아닌 기업, 나아가 우리가 구축한 대규모 공급업체 네트워크와 파트너들에게 영감을 불어넣음으로써 사업을 통해 선을 실천하자는 공동의 사명을 이행할 수 있습니다."[2]

2015년 12월, 다논은 비랩과 협약을 체결하고 두 가지 주요 요건에 합의했다. 첫째, 다논은 북아메리카 조직을 포함한 몇몇 자회사에 B임팩트평가 툴을 시험 적용한다. 둘째, 다논은 비랩이 대기업에 맞게 개정하여 준비한 B임팩트평가를 다논에 시험하며 이를 다른 기업들에 소개하는 일을 돕기로 했다. 이 협력관계는 다논 북미 법인의 비콥 인증, 그리고 다논 글로벌 조직도 비콥 인증을 받겠다는 목표로 이어졌고, 비랩 유럽이 성장하는 데 큰 역할을 했으며 현재 비콥 운동 전체에 중요한 징검다리가 되고 있다.

다논 북미 법인이 인증 과정에서 직면한 가장 큰 난제는 프로세스에 관여하는 사람 수가 너무 많다는 것이었다. 150명이 명확히 따를 프로세스 개요를 마련하기란 쉬운 일이 아니었다. 로그인 계정 같은 일상적인 것조차 심사숙고해야 했다. 평가에 사용할 로그인 계정은 제한되어 있는데 실제로 이 작업에 참여하는 사람은 훨씬 많았다. 이로 인해 다논 북미 법인은 누가 무슨 정보를 입력하고 있는지 제대로 추적할 수 없었다. 홀라한은 당시 비랩이 꽤 분산된 조직이었다면서, "단일 접점이 없던 까닭에 협력하기가 어려웠습니다. 그런 대규모 조직의 요구를 감당할 능력이 갖춰지지 않는 상태였죠. 하지만 우리는 달라졌습니다."라고 말한다. 현재 비랩에는 새 기업을 합류시킬 뿐 아니라 인증 프로세스가 진행되는 동안 이들의 참여를 관리하는 계정 관리자가 있다.

인증 문항 중에는 기업의 민감한 사안에 대한 질문Disclosure Questionnaire이 포함되어 있다. 이 평가는 점수에는 반영되지 않으나 B임팩트평가에서 얻은 긍정적 평가를 깎아내릴 만한 부정적 요소(민감한 관행, 벌금, 회사나 협력관계에서의 제재 사실 등)를 다룬다. 보통 비랩은 인증 절차 마지막에 B임팩트평가 점수 80점 이상을 획득한 기업에 이 공개 문항을 확인한다. 하지만 홀라한은 "(다논과 같은) 규모의 기업에 대해서는 어마어마한 확인 목록이 나오는데 이를 절차 끝에 배치한다면 모두가 엄청난 불안을 느낄 터였습니다. 그래서 우리는 이 문항을 인증 절차의 앞머리에 당겨오기로 했습니다."라고 말했다. 또한 비랩은 다국적 대기업의 평가 범위를 확실히 정해야 한다는 것도 알게 되었다. 얼마나 많은 평가를 완수할지, 법적 부문은 언제 완료할지 등을 분명히 해두어야 했다. 홀라한의 설명대로 이 모든 측면은 비랩에 하나의 큰 교훈으로 다가왔다. "이를 조합하면 사전 검토 절차를 구축한다는 것이었습니다. 공개 문항과 배경 조사를 앞으로 끌어옴으로써 적어도 이러한 불확실성을 줄이면서 통제할 수 있는 것은 통제하자는 거죠."

다논 북미 법인의 경우, 이것저것 세세히 살펴보며 힘든 과정을 거쳐야 했던 9개월 과정은 그야말로 빡빡한 프로세스였다. 비랩 팀은 다논의 인증 범위에 속하는 법인이 어디이며 이들 각각에 적용할 최선의 접근방법은 무엇인지를 확인하는 작업부터 시작했다. 몇몇 회사는 다양한 법인과 자회사를 통합해 함께 보고할 수 있었다. 비랩의 크리스티나 포우드는 이것들이 다음 문항들로 세분화되었다고 설명한다. "그들은 같은 이사회를 두고 있는가, 아니면 각 자회사가 자체 이사회를 두고 있는가? 등을 묻는 거죠. 그들의 경영, 정책을 살펴보고, 그들이 같은 경영진 아래에 있는지 아니면 다른 경영진이 있어 각각 다른 정책을 펴는지 살펴봅니다. 지리적 사항도 고려합니다. 그러고 나서 마침내 산업 측면을 살펴보죠. 임팩트 평가에서 별도로 검토해야 할 몇몇 산업 의제가 있으니까요." 자회사들은 운영 구조보다는 법적 구조에 따라 달라지는 경우가 많으므로, 때로 이 절차는 하나의 평가 아래 각각의 운영 법인체를 합산하고자 노력할 때도 많다.

종합하면 다논 북미 법인은 핵심 사업인 다논 유제품 회사, 어스바운드팜, 알프로(유럽 회사), 그리고 소규모 법인 2곳에 대해 B임팩트평가를 완료해야 했다. 비랩 팀은 최대한 많은 지원을 제공하고자 일정을 정해 정기적으로 연락할 담당자들과 세부 프로젝트 관리 구조를 마련했다. 이 부문은 다국적 대기업과의 협력이 많아지면서 지금도 꾸준히 개선되고 있다.

대기업에 맞는 경로 개발하기

대기업들이 비콥 인증에 관심을 보이기 시작하자 비랩은 그들의 규모와 복잡성을 고려해 새로운 인증 경로를 개발하고자 노력했다. 2019년 4월, MPMAC는 50억 달러 이상의 매출을 기록하는 회사들을 대상으로 하는 새로운 평가와 인증 절차를 공개했다. 지리적 위치나 회사의 복잡성은 중요치 않다. MPMAC는 회사의 규모를 중심으로 추가 요건과 평가 사항을 정했을 뿐 다른 것들은 고려하지 않았다.[3]

MPMAC 팀은 전통적인 비콥 법적 요건을 여전히 포함시킬지를 고려하며 다국적 대기업을 위한 표준의 엄격성과 범위에 관한 문항부터 다루기 시작했다. 팀원들은 대기업들이 사회와 환경에 미치는 영향력의 범위에 맞도록 더 엄격한 표준을 구성해야 한다는 데 금세 뜻을 모았다. 나아가 공개시장의 회사들은 단기 수익과 관련하여 가장 크게 압박을 받는다는 사실을 고려해, 이들 기업도 다른 비콥과 같은 방식으로 법적 요건을 충족해야 한다는 사실에도 합의했다.

대기업에 새롭게 적용하는 중요한 단계는 해당 기업이 몇 가지 기본 요건을 충족시키는지 확인하기 위해 추가되는 사전 검토 프로세스다. 구체적으로 해당 기업은 중요성 평가^{materiality} ^{assessment}를 제공해야 하며 이와 관련해 적어도 격년으로 실시하는 투명한 이해관계자 참여 과정을 개발해야 한다. 다음으로 구체적인 성과 목표를 포함한 경영 전략을 제공해야 한다. 이 목표들은 이사회에서 평가한 것으로 모든 이해관계자에게 접근 가능한 것이어야 한다. 이사회는 정부 업무와 세무 철학에 관한 기업의 입장을 담은 공개 문서를 준비해야 하며, 특정 인권 협약 또는 회사가 추진하는 사업과 관련된 이슈에 있어 회사의 의지를 나타내는 인권 정책도 준비해야 한다. 마지막으로 기업들은 제3자 표준을 통해 진행하고 대중에 공개하는 연례 임팩트 보고서를 준비해야 한다.

검토 과정에서 비랩은 기업의 구조와 경영 개요를 요청한다. 이를 바탕으로 전체 인증을 위해 완료할 B임팩트평가 항목 수를 결정한다. 비랩의 사업개발 책임자 카라 펙$^{Kara Peck}$은 이를 실행하기가 말처럼 쉽지 않다고 말한다. "자, 이만큼 사업 뭉치가 있으니 여기에 원을 그려놓으면 정확히 무슨 일을 하는 건지 알 수 있겠죠'라고 말할 수 없을 정도로 사안이 복잡한 경우가 많습니다. 예를 들어, 어떤 기업이 미국에서 운영하는 브랜드를 하나 가지고 있지만, 이 브랜드의 국제적 운영은 모회사에 통합되어 있을 수 있습니다. 그러면 브랜드는 같지만 직원도 다르고 제조 시설과 관행도 다릅니다. 현실적으로 대기업의 운영 방식은 이를 여러 부분으로 깔끔하게 나눠서 생각하기 어렵게 만듭니다." 기업의 모든 측면이 비콥 커뮤니티의 정신에 따라 움직이며 기업의 B임팩트평가 점수가 다양한 사업 부문을 모두 반영함을 입증하는 이러한 검토 과정의 중요성은 아무리 강조해도 지나치지 않다.

가장 힘든 과정은 그 뒤에 이어지는 평가와 검증 단계다. 여기서 기업은 다수의 B임팩트평가를 완료하고 최소 기준 점수인 80점 이상을 얻고자 노력한다. 대기업들은 지배구조에 대한 최선의 관행에 초점을 맞추는 B임팩트평가 '글로벌 본사' 버전을 완료한 뒤, 다양한 자회사와 운영 측면 각각에 대한 B임팩트평가를 완료한다. 그런 다음 모든 점수를 합산하여 최종 B임팩트평가 종합 점수를 계산한다.

대기업에 대한 인증 프로세스는 훨씬 까다롭고 엄격하지만 이로써 자세한 평가가 이루어진다. 대기업이 인증을 받으려면 전반적인 운영의 측면들에서 적어도 95%는 B임팩트평가를 통과해야 한다. 회사 전반적으로는 최소 80점을 획득했으나 어떤 이유로든 자회사가 이를 획득하지 못한 경우, 회사는 인증을 받지만 자회사는 대외적으로 비콥 인증마크를 활용할 수 없게 된다. 이 자회사들은 개별 점수를 향상해야 하며 그렇지 않으면 전체 인증이 위험해질 수 있다. 80점을 획득한 기업들은 2년간 모든 이해관계자를 고려할 수 있도록 기업 지배구조를 법적으로 바꿔야 하며, 이를 어길 경우 인증 지위를 상실한다.

　　지금까지 대기업들이 비콥 운동에 참여하는 주된 방식은 자회사 인증이었다. 비랩의 웹사이트에는 다양한 산업을 아우르며 여러 자회사의 비콥 인증을 획득한 대기업 목록이 게시되어 있다. 유니레버(벤앤제리스, 세븐스 제너레이션), 다논(해피패밀리, 다논 북미 법인), 프록터 앤드 갬블(뉴챕터) 등이 그 예다. MPMAC는 비랩이 "전체 조직을 포괄적이고 효율적으로 평가할 수 있도록 분할과 결합이 가능한 별도의 '글로벌' 및 '자회사' B임팩트평가 버전을 만들어야 한다."고 제안했다.[4]

　　다논은 비랩이 인증한 첫 번째 '브랜드 집합'이었다. 이 기업은 자사의 전 제품에 비랩 로고를 사용하길 원했지만, 비랩 팀은 사용처 및 사용 방법을 각기 따로 적용해야 한다고 생각했다. 이를 위해 비랩은 브랜드별로 최소한의 성과 요건을 정립했다. 각 브랜드는 B임팩트평가에서 80점 이상을 획득해야 비콥 로고를 사용할 수 있도록 했다. 홀라한은 이렇게 설명한다. "다논이 훌륭한 요구르트 사업을 하면서 다른 한편으로 석탄 사업을 한다고 상상해보세요. 다논 석탄 사업을 훌륭하게 운영하면서 제조되는 석탄 덩어리마다 B 마크를 찍어내려 한다면 어떨까요. 우리 모두 이것이 세상에 던지는 메시지를 우려할 겁니다." 실제로 다논의 커피 크림 브랜드인 인터내셔널 딜라이트는 비유전자변형식품Non-GMO 판정을 받고 B임팩트평가 점수를 80점 이상 획득한 2018년 후반에야 비로소 비콥 인증 로고를 사용할 수 있었다.

로리엇 에듀케이션:주식시장에 상장된
최초의 베네핏 코퍼레이션

로리엇 에듀케이션은 정부 지원이 부족한 사람들에게 양질의 고등교육을 저렴한 학비에 제공하려는 목적으로 1999년에 설립되었다. 2018년 기준으로 총 28개국의 88개 교육기관에 100만이 넘는 학생이 등록했다. 이들 기관 중 다수는 신흥 시장에서 활동했는데 회사 수익의 80%를 차지했다. 최근 로리엇은 장차 지리적 초점을 대체로 칠레, 페루, 멕시코, 브라질로 좁히고 호주, 뉴질랜드 운영은 지속할 것이라고 발표했다.[5] 이로써 비교적 작은 기관들은 네트워크를 떠날 것이며, 로리엇은 이를 바탕으로 가장 도움이 필요한 지역에 활동을 집중할 수 있기를 기대하고 있다. 로리엇의 기업재무 선임 부대표이자 글로벌 회계 담당자인 애덤 모스Adam Morse는 이것이 로리엇의 핵심 사명에 더 잘 맞는다고 설명했다. "공급과 수요의 질적 측면에서 불균형이 존재하는 신흥 시장에서 양질의 고등교육을 제공하는 것이 저희의 핵심 사명이니까요."

로리엇은 이익을 추구하는 교육 부문의 나쁜 평판을 없애고자 부단히 노력해왔다. 2015년 로리엇은 비콥 인증 기업이 되었고 델라웨어에 베네핏 코퍼레이션으로 등록했다. 2017년에는 상장을 완료함으로써 주식시장에 상장된 최초의 베네핏 코퍼레이션이 되었다. 실제로 로리엇은 몇몇 국가에서 교육기관을 소유하고 있다. 그 외 국가에서는 법적 측면이나 정부의 조직체계에 맞춰 현지 기관들과 협력관계를 맺고 있다. 로리엇이 비콥 인증을 받으려면 여러 자회사에 걸쳐 실시한 B임팩트 평가의 합산 점수가 80점을 넘어야만 했는데, 이 기업의 모든 소속 기관은 이 기준을 충족했다.

2017년에 로리엇 에듀케이션이 거친 인증 프로세스에서는 몇 가지 중요한 사업 측면이 두드러졌다. 로리엇 학생의 절반가량은 정부 지원이 부족한 인구에 속한다. 회사의 모든 기관은 자원봉사, 지역사회 발전, 재능기부 활동 등에 초점을 맞춘 기업 시민정신Corporate Citizenship 프로그램을 보유하고 있다. 나아가 로리엇 소속 기관의 70% 이상은 환경 관리 체계를 갖추고 있다. 새 CEO가 지휘봉을 잡은 뒤로 로리엇에는 많은 변화가 있었지만, 꾸준히 지속하는 임팩트를 만들겠다는 기업의 헌신은 그대로 유지했다.

복잡한 인증 과정 해결하기

최초 인증을 받을 당시 로리엇은 50여 개의 자회사에 속한 80개가 넘는 기관을 보유하고 있었다. 따라서 로리엇의 인증 프로세스는 복잡하고 버거울 수밖에 없었다. 당시 설립자인 더그 베커 아래에서 전략 대표이자 수석 보좌관을 맡았던 에멀 더스트Emal Dusst는, 많은 사람이 회사가 평소대로 운영되는 가운데 인증이 진행되리라 생각하지만 로리엇은 "이를 완수하기 위해 모든 것을 내려놓았다"고 설명한다. 인증 프로세스는 하향식으로 진행되었다. 더스트가 각 지역 CEO에게 인증에 관해 간략히 설명하고, 이들이 각 기관의 CEO들과 협력하는 방식이었다. 인증에 필요한 물품, 자원, 지침은 모두 임원 네트워크를 통해 배포되었다. 더스트는 "그런 다음 우리는 그들 모두가 주 2회 본사에 연락해 진행 상황을 알리도록 했습니다."라고 말한다. 각 기관은 평가에 필요한 관련 데이터와 문서를 빠짐없이 모으는 책임을 맡았다. 당시 글로벌 대외관계 선임 관리자이자 비콥 프로그램 책임자였던 토드 웨그너는 기업 평가 업무를 맡으면서 기관 평가를 통합하는 일을 돕고 있었다. 당시 비랩은 현장 방문을 통해 감사를 진행할 5개 기관을 선택했다. 웨그너는 "매우 엄격한 심사였습니다."라고 말한다.

기관들이 어려움에 부딪혔던 경우도 더러 있었다. 지금까지 추적하지 않았던 사항을 B임팩트평가가 물었기 때문이다. 더스트는 "이를 계기로 지금은 추적 체계를 갖추고 있습니다."라고 말한다. 그들이 감당해야 했던 상황 중에는 직관에 반하는 경우도 있었다. 예를 들어, '친환경' 인정을 받을 만한 새 건물에 들어온 새 기관들은 오히려 점수를 얻지 못했다. B임팩트평가는 새 건물보다 기존 건물을 선호하기 때문이다. 이 사례가 보여주듯 애초에 어떤 방식으로 표준들이 설정되었는지를 이해하는 것도 배움의 일부였다.

모스는 이렇게 지적한다. "우리가 유리했던 점은 인증 프로세스에서 답해야 했던 수많은 것들을 이미 실행하고 있었다는 점입니다. 비콥의 사고방식이 이미 우리 조직 안에 녹아들어

있던 거죠. 이를 관리하고 추적하는 방식에는 변화가 필요했지만, 아예 처음부터 시작할 필요는 없었습니다." 웨그너는 인증 프로세스에서 배운 것을 이렇게 정리한다. "모든 데이터를 분석하고, 평가 내용 중 우리 사업에 맞게 진정성 있는 방식으로 개선해야 할 점을 이해하고자 많은 시간을 들였습니다. 동시에 우리의 이해관계자들에게 긍정적인 영향을 끼칠 수 있었죠."

인증 후에 로리엇이 실천한 변화 중 하나는 B임팩트평가의 언어를 참고해 글로벌 윤리 강령을 더 탄탄히 만들었다는 것이다. 로리엇이 크게 배운 점은 기관이 활동하는 국가에 따라 주요 평가 영역이 달라질 수는 있지만, 학생들에게 제공하는 교육의 질을 중시하는 측면은 유지되었다는 점이다. 그러므로 전면적인 정책 변경을 시행하는 대신, 특정 기관에 필요한 개선 사항을 실행하는 것이 더 효과적이다. 웨그너는 이렇게 지적한다. "글로벌 기업은 각국에 적용할 만큼 유연하면서도 평가 기준들을 충족할 만큼 구체적인 정책을 수립해야 합니다."

B임팩트평가를 거치기 전, 로리엇은 글로벌 수준에서 지도자들이 기업 내 구성요소를 시각화할 만한 중앙화된 데이터 묶음을 가져본 적이 없었다. 이를 갖추게 되자 여러 면에서 사업에 변화가 일어났다. 이제 그들은 고객을 더 잘 이해하는 가운데 "우리가 하는 것은 이런저런 일들이며 우리는 이런저런 사람들에게 다가가고자 합니다."라고 자신 있게 말할 수 있다. 환경 측면에서도 로리엇은 이를테면 건축 과정에서 어떤 요소를 고려해야 할지 훨씬 잘 알게 되었다. 비콥 인증을 받고 커뮤니

티에 합류한 효과는 어마어마했다. 이제 로리엇은 기업의 활
동, 외부효과, 임팩트에서 더 높은 일관성을 보인다. 비콥 인증
은 로리엇 커뮤니티에 속한 수백만 명(학생, 스태프, 교수진, 직원)의
삶에도 변화를 가져왔다.

투자자를 합류시키기

로리엇은 기업의 신규상장IPO에 앞서 이사회와 주요 개인
투자자를 참여시켰다. 하지만 지도부는 다른 주요 투자자들이
주식 공모에 선뜻 응하지 않을 것을 우려했다. 모스는 당시 지
도부가 "영리 교육에 관해 자연스런 편견을 가지고 있는 투자
자들에게 영리 교육이 좋은 것이고, 필요한 일이며, 세상을 위
해 그야말로 훌륭한 일을 하는 것임을 어떻게 설명할 겁니까?"
라고 물었다고 한다. 여기서 비콥 운동이 해답을 제시했다. 로
리엇은 이미 활발히 활동하고 있던 성공적인 영리 기업 다수를
언급할 수 있었다.

베커에 따르면, 투자자들에게 회사를 알리고자 회사 임원
들이 순회홍보를 진행했는데 이때 투자자들이 이렇게 물었다
고 한다. "공익 기업public benefit corporation이란 게 뭡니까? 그게 무
슨 뜻이죠?" 처음에 대다수 사람은 '와, 이거 세무 계획 전략인
가 본데.' 하고 생각했다. 하지만 이때 로리엇은 5분간 비콥 운
동에 관해 설명하면서 투자자들에게 로리엇의 슬로건 '히어포
굿Here for Good'을 주지시켰다. 이 슬로건은 로리엇이 사회의 유

익을 위해 선한 일을 실천하는 기업이자 사람들 가까이에 존재하는 기업이라는 두 가지 뜻을 내포하고 있다.

발표자는 주주 우선주의를 따라 단기적 수익을 추구했던 기존 방식보다 장기적인.계획에 따른 장기적 수익이 중요하다고 강조했다. 모스는 이렇게 설명한다. "우리의 '히어포굿' 철학은 목적과 영속성을 모두 보여줍니다. 우리는 단기적으로 바로 다음 분기에 초점을 맞춰 의사결정을 내릴 수 없다는 것을 잘 압니다. 특히 지금으로부터 2년 후에 일어날 일을 결정하는 것이라면 더더욱 그렇죠." 로리엇 국제대학Laureate International Universities의 전 최고 베네핏 담당자이자 글로벌 대외관계 선임 부대표인 에스더 벤저민Esther Benjamin은 로리엇이 이 철학에 기울이는 노력이 투자자들의 참여에 중요한 역할을 한다고 강조했다. 그녀는 코언 길버트에게 베네핏 코퍼레이션과 인증에 관해 투자자의 인식을 재고하는 과정에 근 2년이 걸렸다고 말했다.[6]

로리엇의 미국 증권거래위원회 보안등록문서security registration document(다른 용어로 S-I)에 포함된 잠재 투자자들에게 보내는 편지에서 베커는 이렇게 말했다. "지역사회 주민의 필요를 채우는 것은 우리의 꾸준한 성공에 주된 역할을 했습니다. 우리는 오랫동안 사회의 유익을 위해 깊이 헌신하는 영리 기업에 관해 쉽게 설명할 방법을 알지 못했습니다." 바로 이 점 때문에 베커는 비콥 운동에 주목했다. 그는 "우리는 전국을 휩쓴 비콥의 개념을 유심히 살펴보았습니다. 기업의 목적, 책무성, 투명성에 높은 기준을 부여하고 이를 실현하기 위해 노력한다는 새로운 개념의 기업 말이죠."[7]라고 설명했다. 로리엇은 기업 상장에 앞서 최신 베네핏 코퍼레이션법을 보유하고 있는 델라웨어에서 다시 법인을 등록하기로 했다.

2015년 10월, 로리엇은 증권거래위원회에 S-I를 제출한 첫 베네핏 코퍼레이션이 되었다. 모스는 그가 가장 많이 받은 질문 중 하나가 "그러니까 뭔가 주주들에게 유익한 것이 있어도 그걸 안 하겠다는 건가요?"였다고 한다. 그는 이렇게 설명했다. "의사결정을 내릴 때 기업의 공익적 목적이나 이로움을 고려할 필요가 있다는 것뿐입니다." 이 개념을 잘 보여주는 사례는 자본 투자 프로젝트였다. 모스의 설명은 다음과 같았다. "사업 제안의 일부로 누군가 '새 캠퍼스에 돈을 투자하고 싶습니다' 또는 '이런 프로젝트에 이런 투자를 하고 싶습니다'라고 말한 경우, 검토 대상이 되는 투자 제안자는 그 프로젝트가 우리가 내부적으로 마련한 비콥 체크리스트에 얼마나 걸맞는지 보여주는 보고서를 제출해야 합니다." 그는 기업이 단 하나의 사안에 초점을 맞춰 의사결정을 내리기보다는 다양한 요소에 중점을 두고 더 복잡하고 유익한 결정을 내려야 한다고 투자자들에게 말해준다. 결국, 로리엇은 투자자들의 큰 반대에 부딪히지 않았다. 이미 그들은 사회적 사명과 핵심 가치에 대한 기업의 강한 헌신을 알고 있었기 때문이다.

끊임없는 성장을 추구하는 나투라와 다논

2014년 12월, 브라질 제일의 화장품 및 개인 위생용품 제조회사인 나투라는 2020년까지 새로운 지속가능성 지침을 채택하기 위해 노력하겠다고 발표했다. 이러한 기조 아래 비콥 인증을 적극 추진했고 같은 해 후반에 인증을 받았다. 이로써 나투라는 당시 비콥 인증을 받은 최대 기업일 뿐만 아니라 주요 전국 증권거래소에서 거래되는 첫 번째 비콥이 되었다.[8] 나투라는 7천 명에 가까운 직원을 두고 유럽과 라틴아메리카 전역에서 사업을 운영(영국에 본사를 둔 천연 화장품의 선구적 기업이자 나투라가 인수한 더바디샵 포함)하면서 2019년 기준으로 30억 달러가 넘는 순매출을 기록했다. 나투라는 2015, 2016, 2017년 비랩이 수여하는 '환경을 위한 최고 기업Best for Environment'상도 받았다. 2019년 5월, 나투라는 에이본을 20억 달러에 인수하는 데 합의하면서 세계에서 네 번째로 큰 미용 회사가 되었다. 나투라의 비콥 인증은 의미심장한 결과였다. 미국 상장기업의 이사들이 처음으로 모든 이해관계자에 초점을 맞춘 기업 구조를 채택하기로 의결했기 때문이다.[9]

에이본처럼 나투라도 직접 판매 모델이 있다. 주로 여성으로 구성된 160만 명의 나투라 네트워크가 여러 국가에서 회사 제품을 판매한다. 또한 나투라는 3,100개의 가족 기업을 지원해 그들을 공급업자로 활용한다. 나투라의 영업 직원들은 광범위한 훈련을 받으며, 그들 중 약 4분의 3은 회사의 이익분배

제도에 참여한다.[10] 나투라의 핵심 사명은 '투명성, 지속가능성, 웰빙을 위해 노력함으로써' 더 나은 세상을 만드는 것이다. '웰빙웰Well Being Well(well being과 being well의 합성어 - 옮긴이)이라는 표어답게, 나투라의 지속가능성 관련 활동에는 아마존 숲에서 나오는 재료에 대해 새로운 공급 체계를 수립함으로써 아마존 지역을 보존하는 일이 포함된다. 이를테면 새롭게 발견된 기름이나 과일을 나투라의 제조 프로세스에 통합하는 것이다.[11]

2013년 나투라는 세계 최초로 재무뿐 아니라 사회적·환경적 지표를 비롯해 금융 자본, 물적 자본, 인적 자본, 사회적 자본, 천연 자본, 지적 자본 등을 포함한 기업의 성과와 전략을 보여주는 통합 연례보고서를 발간하는 기업 중 하나가 되었다. 이로써 나투라는 기업의 가치를 더욱 분명히 정의함과 동시에 개선해야 할 점들을 분명히 드러낼 수 있었다.[12]

다논 북미 법인도 이와 비슷한 행보를 보인다. B임팩트평가를 통해 기준선을 잡은 뒤, 확고한 태도를 다진 지도자들은 다음 평가에 대비해 대내외적으로 꾸준한 개선을 이뤄내겠다고 다짐했다. 미셸 오바마의 렛츠 무브Let's Move 캠페인을 총괄하고 백악관의 영양 정책 선임 고문으로 활동한 뒤, 2017년 5월에 다논의 커뮤니케이션 및 커뮤니티 업무 부대표로 합류한 뎁 에슈마이어Deb Eschmeyer는 다논이 인증을 획득한 날을 이렇게 기억한다. "우리는 거의 두 시간 동안 자축했습니다. 그런 다음 '좋아, 이번에 85점이라는 훌륭한 점수를 얻긴 했지만, 이보다 더 잘할 수 있지. 그러면 어떨까?' 생각했습니다."

다논 북미 법인의 공익과 지속가능한 발전 부문의 선임 책임자인 디아나 브래터Deanna Bratter는 첫 번째 단계로 B임팩트평가상의 향상 지표를 색깔별로 표시했다고 한다. "녹색은 우리가 강점을 보이는 곳으로 이를 뒷받침할 정보를 가진 부문이었습니다. 노랑은 정보도 있고 무난하다고 생각한 영역이죠. 빨강은 우리에게 정보가 없거나 잠재적으로 약하다고 여기는 부문이었습니다. 검정은 아예 데이터가 존재하지 않고 얼른 첫발을 떼기가 어려운 부문이었죠." 이후 다논은 노랑 영역을 점검했다. "어느 정도 노력은 기울였으나 이를 추적하고 확인할 시스템이나 데이터를 갖추진 않았죠." 이것이 다논의 개선 전략의 중요한 초점이자 앞으로 나아가는 로드맵이다. 하지만 브래터는 기업의 변함없는 초점은 B임팩트평가 점수 자체가 아니라 '비콥의 이상을 실천하는' 데 있다고 강조했다.

다논이 글로벌 사업체의 인증 목표 시점으로 잡은 것은 2030년이지만, 다논의 비콥 커뮤니티 책임자인 블랑딘 스테파니Blandine Stefani는 "사실 다논의 여러 사업 부문으로부터 비콥 인증 프로세스를 진행하자는 요청을 수없이 많이 받았다"고 전한다. 현재 다논 지도자들은 비랩과 협력하며 글로벌 다논 조직 내 모든 영역이 인증 자격이 되는지 살펴보고 있다. 이 부분이 확인되면 다논은 글로벌 브랜드, 글로벌 조달, 국제적 운영 등 '글로벌' 측면을 다룰 시스템을 구축해야 한다. 다논은 다국적 기업을 위해 구성된 새로운 버전의 B임팩트평가를 테스트할 계획도 가지고 있다. 시간이 흐름에 따라 B임팩트평가가 다논의 사내보고 체계에 통합된다면 이 작업이 더 수월해질 것이다.

다국적 대기업에 우호적인 운동으로 발돋움하기

비랩은 신속하고 효율적으로 대기업들의 인식을 높이는 초기 단계를 거치고 있다. 2018년 다논 북미 법인이 인증을 받은 뒤로 적어도 7곳의 다른 다국적기업이 인증 프로세스에 관해 다논에 문의했다. 브래터는 다음과 같이 설명한다. "큰 규모를 갖춘 기업들이 참여할수록 대기업과 다국적 대기업들이 공익, 사회, 환경, 인권을 염두에 두고 사업을 운영할 전환점을 만들어낼 기회가 커집니다. 그러면 장기적인 가치를 창출하고 일부 단기적 위험 요소를 제거하면서 우리가 시스템 전체를 실질적으로 바꿔나갈 수 있게 되는 거죠."

비랩 팀은 다국적 대기업이 CSR 관행을 도입하고 기업의 목표를 논할 뿐 아니라 진정으로 이러한 이상에 걸맞은 기업을 만들어나간다는 것이 무엇인지에 관해 더 진지한 질문을 던져왔다. 이에 관심을 보이는 기업들은 이렇게 말한다. "우리의 비전은 우리 기업이 이해관계자, 직원, 지역사회를 위해 가치를 창출하는 회사가 되어야 한다는 것입니다. 그러한 방향으로 나아가야 한다는 사실은 알고 있지만, 구체적인 실천 방법을 모색하는 데는 도움이 필요합니다." 카라 펙이 이에 대한 비랩의 주된 답변을 전해주었다. "이것은 우리의 일이 아닙니다. 우리의 일은 여러분이 거기에 도달했을 때 인증을 해주는 것입니다. B임팩트평가는 여러분이 그 표준을 익히고 최고의 관행을 도입하는 데 활용할 수 있는 도구입니다."

이제 비랩은 대기업 인증 과정에 걸림돌이 되는 세 가지 주요 난제가 무엇인지 잘 알고 있다. 첫째, 로드맵이 필요하다. 어디서부터 시작할까? 비콥을 닮아가려면 어떻게 첫발을 내디뎌야 할까? 단순히 B임팩트평가 혹은 MPMAC 프로세스를 활용한다고 이를 실질적으로 이뤄낼 수는 없다. 기업들에게는 체계적인 틀이 필요하다. 첫 번째 난제와 연관된 두 번째 난제는 동료와의 연계가 필요하다는 것이다. 다국적기업들은 "이를 실천하는 다른 기업이 있습니까? 우릴 좀 연결시켜 주실 수 있을까요?"라고 끊임없이 묻는다. 가장 까다롭고 아마 가장 중요한 세 번째 난제는 주주들을 참여시켜 실제로 베네핏 코퍼레이션이 되도록 법적 전환을 이루기 위해 노력하는 것이다.

이러한 문제를 해결하기 위해 비랩은 핵심 원칙을 다시 살펴보며 '비콥 운동이란 무엇인가?'를 고민해야 했다. 비콥 운동은 늘 B 코퍼레이션과 관련된 것이었지만, 주주 우선주의를 뒤엎는다는 목표를 좀 더 깊이 생각해본 비랩의 지도자들은 더 폭넓은 커뮤니티를 만들어야 한다는 사실을 깨달았다. 이에 그들은 B 무브먼트 빌더B Movement Builders 프로그램을 고안했고 여기에 6대 원칙을 포함시켰다. 만약 어느 대기업이 이를 도입하고자 최선을 다하고 구체적인 단계를 밟아가며 비콥 커뮤니티 정신에 맞게 엄격하게 필요한 노력을 기울이는 것을 보여주면,

그 기업은 비콥 운동을 세우는 데 유익한 기업이다.

비랩은 첫 해 동안 이 프로그램에 약 10개 기업이 등록될 것이라고 내다보고 있다. 6대 원칙은 그리 낯설지 않은 것들이다. 첫째, 물론 기업들은 상호의존 선언문에 서명함으로써 이 운동에 대한 강한 헌신 의지를 보여주어야 한다. 다음 원칙은 평가와 검증에 관한 것들이다. B 무브먼트 빌더는 사업 일부에 대한 평가를 즉시 시작해 개선이 필요한 주요 영역을 확인하고 이를 바탕으로 행동에 나서야 한다. 이는 충분한 시간을 가지고 진행할 수 있다. 예를 들어 우선 단일사업 부문을 평가하고, 매년 평가 범위를 넓혀 나가는 것이다. 비콥 커뮤니티 구성원들에게 요구되는 주요 부문은 개선이며, 이는 무브먼트 빌더에게도 마찬가지다. 세 번째 원칙은 유엔의 지속가능발전목표를 고려한 목표를 달성하고자 노력하는 것이다.

다음 두 원칙은 임팩트와 투명성의 중요성을 다룬다. 비콥 운동을 세워나가는 이들은 동료들, 나아가 더 큰 비콥 커뮤니티와 협력함으로써 광범위한 임팩트를 창출하기 위해 노력한다. 투명성은 비랩의 활동과 비콥 운동의 토대가 되는 요소이므로 모든 주체는 그들의 연례 임팩트 보고서를 공개적으로 공유해야 한다.

마지막 원칙(일부에게는 가장 중요한 원칙)은 이해관계자 지배구조다. 무브먼트 빌더는 주주뿐만 아니라 모든 이해관계자에 초점을 둔 경제를 형성하는 지배구조를 구축하기 위해 기업 리더십, 자본시장, 정책상에 필요한 변화를 요구하는 공개서한에

서명하고 이를 발표해야 한다.

비콥이 되기 위해 도약할 준비가 되지 않은 기업이 B 무브먼트 빌더로 동참해야 할 이유는 뭘까? 여러 측면에서 이 책이 강조하고 제시한 다양한 논점이 모든 이유를 제시한다. 기업은 직원 참여와 유지율을 높이고, 긍정적인 언론의 관심을 끌어들이며, 당연히 일반 대중의 신뢰를 얻고 브랜드 가치를 확보하는 데 관심을 둔다. 비콥에 합류하면 이 모든 유익을 거둘 수 있다. 무브먼트 빌더도 마찬가지다. 많은 기업이 투자자들이 장기적인 가치를 중시하고 자본시장에서의 단기주의를 극복하길 원한다. B 무브먼트 빌더 프로그램은 바로 이 점을 실현하게 해줄 것이다.

다논 CEO의 선임 자문을 맡고 있는 로나 데이비스는 비랩의 글로벌 홍보대사가 되었다. 데이비스는 내게 자신의 신념을 들려주었다. 그녀의 말에 따르면, 20년 뒤에 사람들은 비콥이 아닌 기업을 보며 "저런, 그런 식으로 사업을 운영해 인증도 못 받고 있다니 어리석기도 하군!"이라고 말할 것이라고 한다. 넓은 의미에서 보면 바로 이런 이유에서 기업들은 B 무브먼트 빌더 프로그램에 참여해야 하며, 앞으로 참여할 것이다. 데이비스는 글로벌 홍보대사라는 입지를 활용해 이 운동을 확장하는 일을 주도하고 있다. 그녀는 자신의 대외적인 노력을 이렇게 설명한다. "저는 애초에 우리가 이 특별한 인증을 선택한 이유를 설명하며 세 가지 중요한 요소를 말합니다. 우선 이 인증에는 법적 틀이 있습니다. 법률 체계의 변화는 매우 중요하며 대

기업들이 여기서 역할을 해줘야 합니다. 둘째, 인증은 어렵고 경쟁적이지만, 전략 관점에서나 성취 관점에서 실질적인 이점이 있습니다. 셋째, 이는 일종의 운동이기에 매우 참신하고 유행을 선도할 만합니다." 하지만 데이비스는 "용기를 발휘해 일찍 이 운동에 참여하는 똑똑한 소수가 있을 겁니다. 시간이 지나면 다른 이들도 하나둘 합류하겠죠."라고 얼른 덧붙인다. 이렇게 일찍 팔을 걷어붙인 이들(대표적인 예로 다논과 유니레버)이 이미 여럿 나타났고, 이제 B 무브먼트 빌더 프로그램과 함께 더 많은 이가 합류할 것이다.

소비자들이 관심을 갖도록 설득하기

비콥 운동이 성장하는 동안 커다란 난제가 잇따랐고, 특히 소비자 제품을 생산하는 기업들이 큰 도전에 직면했다. 소비자들이 비랩이나 비콥을 몰랐던 것이다. 2017년 비랩이 실시한 자체 연구 결과, 미국에서 일반적인 소비자 인지도는 7%에 그쳤다. 누군가는 비랩이 비콥 브랜드에 관해 소비자에게 직접 알리는 마케팅을 전혀 하지 않았고 비콥이라고 해도 로고를 꼭 사용할 필요가 없는 것을 고려하면, 7%의 인지도도 사실 꽤 훌륭한 시작점일 거라고 말할지도 모른다. 그렇다 해도 평균적인 소비자는 비콥을 알지 못하며, 이들 기업이 무엇을 대표하고 비콥 운동이 무엇을 이루려고 하는지 전혀 모른다. 많은 이가 비콥 인증 기업들의 제품을 구매하긴 해도 그 기업들을 하나로 묶어주는 인증에 관해서는 아는 바가 없다. 비콥 운동을 진척시키려면, 소비 선택이 새로운 형태의 지속가능한 자본주의 모델을 개발하는 데 큰 힘이 된다는 사실을 소비자들에게 이해시켜야 한다. 이로써 양질의 일자리를 창출하고, 삶의 질을 개선하며, 우리의 자연환경을 보존할 수 있음을 알려야 한다. 이러한 브랜드 인지도가 없는 탓에 내가 만났던 비콥의 지도자들은 이 운동이 결국 궁지에 빠지지는 않을까 하는 우려를 나타냈다.

사실 이 문제는 하루 이틀 존재했던 것이 아니다. 2010년에 코언 길버트는 이 운동의 일부가 되어달라고 기업들을 설득할 때면 대다수가 브랜드 자산을 문제 삼았다고 내게 말한 적이 있다. 비콥 운동 초기에 비랩은 비콥이나 베네핏 코퍼레이션이 되면 매출이 증가한다고 장담할 수가 없었다. 하지만 비랩의 설립자들에게 희망의 이유가 생겼다. 비랩이 실시한 첫 번째 시장조사 결과, "95%가 넘는 사람이 비콥 콘셉트에 긍정적으로 반응했고 전체의 약 3분의 2는 다음번 쇼핑 때 비콥 제품을 찾을 거라고 답했다"는 사실이 드러났다.

설득력 있게 소비자들의 관심을 키우려면 많은 장애를 넘어야 한다. 하지만 이것이야말로 비콥 운동의 목적을 달성하는 데 꼭 필요하며, 현재 비랩은 이 문제를 해결하고자 노력하고 있다. 밀레니얼 세대와 그 뒤를 잇는 세대는 공정성과 지속가능성에 관심을 두며 적극적으로 참여하는 소비자들이다. 그들이 큰 책임을 감당하는 위치에 서고 구매력이 늘어남에 따라 크나큰 효과를 낳을 것이다. 그러나 이런 움직임도 모든 소비자가 비콥을 알 때까지 그냥 기다려주지는 않을 것이다.

비콥의 브랜드 인지도가 몹시 저조한 이유 중 하나는 비콥 운동에 속한 일부 행위자가 손을 놓고 있기 때문이다. 그들이 내세우는 이유는 복잡한 B 브랜드를 적절히 표현하기가 어렵다는 것이다.

소비자 인지도에 관한 난제

내가 인터뷰한 다수의 기업은 B 로고를 알리는 데 있어 내재적인 어려움이 있다고 말했다. 소비자들이 중요시하는 구체적인 문제를 확실히 짚어주면 기업의 시장 가치가 높아질 수 있지만, 비콥 인증은 광범위한 사회적·환경적 측정 지표를 아우르고 있어 그것이 소비자 자신과 무슨 관련이 있는지 이해하기가 더 어렵다는 것이다. 예를 들어, 등산용품 전문 기업인 파타고니아는 환경에 초점을 맞추고 있으며, 브랜드 이미지 관리와 마케팅의 모든 측면에서 소비자들에게 이를 분명히 보여준다. 파타고니아 매장에 들어서면 멋진 산악지대의 경관을 담은 사진들을 마주하게 된다. 파타고니아는 오랫동안 카탈로그에 자사 제품보다 야외 풍경을 더 많이 실었다. 하지만 비콥 운동은 더 전체적으로 생각한다. 비콥의 로고는 해당 회사가 환경 문제, 지배구조, 직원 프로그램 등 어느 특정 영역에 강점이 있다고 말해주지 않는다. 바마컴퍼니스의 CEO 폴라 마셜은 이 운동이 어디에 딱 들어맞는지 분명히 설명해줄 필요가 있다고 생각한다. "대체 이것을 어디에 끼워 넣어야 할지가 혼란스럽다는 거죠. 지속가능성이라고 부를까요, 아니면 비콥 지속가능성이라고 부를까요? 아니면 지금 제가 하는 것의 이름을 기업의 지속가능성과는 완전히 다른 이름으로 바꿔야 할까요?"

나와 대화를 나누었던 기업 관계자들은 베네핏 코퍼레이션과 비콥 인증 기업의 차이점을 소비자들에게 잘 구분해서 알려주는 것도 어렵다고 말했다. 둘 다 비슷한 책무성과 투명성 요건을 공유하고 있는 데다 이름도 비슷해서 혼란스럽기 그지없다. 하지만 베네핏 코퍼레이션과 비콥은 성과를 증명하는 측면에서 큰 차이가 있다. 베네핏 코퍼레이션은 자가보고 방식을 따르지만, 비콥은 B임팩트평가에서 최소한의 점수를 획득해야 인정을 받을 수 있으며 그들의 향상도도 추적을 받는다. 이 둘은 설립 가능 지역(베네핏 코퍼레이션은 미국 내 35개 주와 이탈리아, 콜롬비아, 에콰도르, 브리티시컬럼비아에만 존재하지만, 비콥은 전 세계 모든 곳에 존재한다)과 비용(베네핏 코퍼레이션이 되는 것보다 비콥 인증 과정에서 훨씬 많은 비용이 든다) 면에서도 다르다. 이러한 잠재적 혼란에 대해 나와 대화를 나눈 비랩의 한 직원은 이 상황을 유기농 제품 사례와 연관 지어 설명했다. "유기농 제품에는 무수히 많은 종류가 있죠. 우리는 그중 가장 좋은 버전이 비콥 인증 기업이라는 것을 시장에 보여주려는 겁니다." 이러한 혼란이 소비자 인지도에 어떻게 작용하는지 정확히 입증하긴 어렵다. 하지만 소비자 인지도가 높아질수록 이런 혼란이 더 널리 퍼질 위험이 존재한다.

이 난제에 더해 사회적 사명을 품은 영리 기업이라는 아이디어도 비교적 생소하다. 〈소비자 연구 저널Journal of Consumer

Research〉의 2017년 연구에 따르면, 전체 소비자의 4분의 1만이 영리 소셜벤처for-profit social ventures, FPSV의 존재를 알고 있었다.[1] 이 연구에서는 기업의 이익 지향성을 알게 될 경우 소비자의 지지가 떨어진다는 것이 드러났다. 다시 말해 FPSV 기업들은 자신들의 이익 지향성을 분명히 드러내거나 소비자의 반발을 무릅써야 한다는 것이다. 비콥을 비롯해 사명을 중심으로 움직이는 기업들이 속속 등장하는 지금, 세상에는 말로만 기업의 사회적 책임을 강조하는 공허한 프로그램과 지속가능성을 운운하며 그린워싱으로 치장한 목표가 가득하다. 소비자들이 '책임성 있는 체하는' 기업을 경계하는 것은 당연한 일이다. 하지만 거꾸로 코로나바이러스가 터지면서 구조적인 문제들이 적나라하게 드러났으며, 소득 불평등이 심화하고 환경에 대한 우려가 커지면서 지금이야말로 이러한 유형의 기업들이 필요한 시기임이 강조되고 있다.

이 모든 도전은 엄청난 기회이기도 하다. '그린워싱'을 비롯한 기업의 빈껍데기 약속은 소비자들에게 큰 걱정거리가 되었다. 하루가 멀다 하고 이름난 기업이 거짓말을 했던 사실이 들통 나는 듯하다. 소비자들은 지속가능성과 공정성을 지킨다는 기업의 주장을 경계한다. 비콥 운동, 특히 비콥 인증 프로세스는 이 문제를 직접적으로 다룬다. B임팩트평가는 모든 부문을 아우르는 엄격한 조사다. 따라서 한 기업의 임팩트를 평가하는 이 조사의 강점을 소비자들이 이해하고 나면 해당 기업을 신뢰할 수 있다. 최근 연구에서는 이에 관한 유망한 결과가 나왔다.

연구자들은 실험 참가자들에게 벤앤제리스의 아이스크림 사진을 제시하며 비콥 로고가 있는 것과 없는 것을 보여주었다. 중요한 것은, 로고가 있는 경우 이 로고가 무엇을 의미하는지에 대한 설명도 적혀 있었다. 이러한 조건에서 비콥 인증은 소비자들의 구매 의도, 할증 가격 지불, 브랜드 신뢰도 등에 긍정적인 효과를 냈다.[2]

우리는 소비자들이 책임감 있게 깨어 있는 구매를 하고 이에 기꺼이 비싼 값을 지불할 의사가 있음을 알고 있다. B 로고는 깨어 있는 소비자가 찾고 있는 것을 대표한다. B 로고가 무엇이며 그 의미가 무엇인지를 알려주기만 하면 된다.

소비자들의 관심이 필요한 이유

미국 월간 경제 매거진 〈잉크Inc.〉에는 "파타고니아, 워비파커, 탐스슈즈처럼 홍보하라. 당신의 사회적 가치는 브랜드 인지도와 수익에 도움이 된다."라는 제목의 기사가 실렸다. 이 글은 다른 무엇보다도 기업의 사명과 가치를 홍보하라고 권하고 있었다. 본문은 생태 문제에 헌신하는 파타고니아가 2010년 이를 매장 표준에 명시했다는 점을 강조했다. 2011년 파타고니아는 수익이 30%나 올랐고 소비자들의 수요를 채우고자 새로운 매장을 12군데나 열어야 했다.[3]

이 이야기는 소비자 인지도를 높이는 데 비랩이 이바지할 부분이 많다는 것을 시사한다. 2016년 캐벗크리머리, 에이투지 와인웍스, 플럼오가닉스의 마케팅 리더들은 B 브랜드에 대한 소비자 인지도를 높일 방법을 모색하고자 위원회를 꾸렸다. 그들이 얻은 결론 중 하나는 B가 대표하는 의미는 지속가능성과 환경보다 더 크다는 것을 소비자들이 깨달아야 한다는 것이었다. B는 공정한 임금, 일자리 접근성, 다양성 등 보통의 미국 소비자들에게 중요한 여러 가지를 아우른다. 바람직한 근무환경과 삶의 질 향상은 말할 것도 없고 다양한 유익, 지역사회, 개인의 발전, 안전한 일터도 대표한다. 캐벗의 에이미 레빈Amy Levine의 말처럼 "여기서 벌어지는 것은 훨씬 광범위한 시민들을 비콥과 연결시키는 더 크고, 넓고, 장기적인 활동"이다. 레빈에 따르면 캐벗크리머리는 고객들이 다음과 같이 자문하도록 이끌어주길 원한다. "이러한 가치를 따르는 기업들에 표를 주고 싶은가? 현금을 지불하든 사업을 함께하든 일자리를 찾든 해서 말이야." 소비자 인지도를 주도할 때 기억할 점은 사람들이 중요시하는 것에 기초를 둬야 한다는 것이다.

여러 추세를 보건대 소비자들은 올바른 방향으로 나아가고 있다. 깨어 있는 소비자 운동이 활발히 일어나고 있다. 굿.머스트.그로우Good.Must.Grow가 발표한 2017년 설문조사에 따르면, 설문에 응한 미국인의 61%는 사회적 책임 기업의 제품을 구매하는 것이 중요하다고 믿는다고 답했다. 그러나 응답자의 40%는 이런 제품을 어디서 찾고, 한 기업이 그런 기업임을 어떻게 알지는 모른다고 답하기도 했다.[4]

소비자들이 관심을 갖도록 설득하는 것은 유엔의 지속가능 발전목표 12와 밀접하게 연관된다. 이 목표는 지속가능한 소비와 생산 패턴을 보장하는 데 초점을 맞춘다.[5] 이 목표의 강조점에 맞게 우리는 소비와 생산 패턴을 재정의해야 한다. 지금 이대로라면 2050년 지구는 인류를 지탱하지 못할 것이다. 세계 인구가 예상대로 증가하는데 지금의 생산과 소비 패턴을 고수한다면, 지구 4개에 달하는 자원이 있어야만 인류가 생존할 수 있을 것이다.[6] 올바르고 훌륭한 것을 떠나, 우리가 변화하는 것은 실존적으로 중요한 문제다.

앞으로 사람들의 인식이 점점 높아지리라는 것은 인구 통계치를 보면 잘 알 수 있다. 한 예로, 전 세계 밀레니얼 세대의 73%는 지속가능하다고 여겨지며 공익에 초점을 맞추는 기업이 생산하는 제품을 구매하는 데 추가 비용을 낼 의사가 있다. 세상에 영향을 미치려는 의지를 가진 그들은 이를 실천하는 데 유익한 제품을 적극적으로 찾는다. 밀레니얼 세대는 가장 큰 소매 인구층으로 연간 2천억 달러의 구매력을 가지고 있다. 20세 미만 응답자들은 공통적으로 지속가능성에 관심을 보인다.[7] 구매에 관한 밀레니얼 세대의 의사결정을 조사한 2010년 연구에서는 윤리적 의사결정에 있어 밀레니얼 세대와 X세대의 차이점을 조사해보았다. 그 결과 밀레니얼 세대는 기업의 행동과 사명에 주목하며 이를 더 중시했다.[8] 밀레니얼 세대는 비콥 운동을 추진시키는 중요한 동력이며, 그들은 비콥 운동이 전체적으로 책임성 있는 비즈니스를 일궈 나가도록 이끈다.

2015년 연구에서도 밀레니얼 세대는 환경 친화적이며 건강에 유익한 효과를 가져오는 것과 연관된 제품을 구매하는 데 큰 의지를 보였다. 닐슨Nielsen에서 공공개발과 지속가능성 부문의 선임 부대표를 맡고 있는 그레이스 파라즈Grace Farraj는 이렇게 예측했다. "오늘날 젊은 소비자들 사이에서 사회적 책임과 환경적 책무를 다한다는 평판을 듣는 브랜드는 시장 점유율이 높아질 뿐 아니라 장차 큰 힘을 발휘할 구매층인 밀레니얼 세대 소비자의 충성도를 쌓을 기회도 얻습니다."[9]

밀레니얼 세대는 기업들이 다른 방식으로 의식을 높이고 내부 개선을 이루도록 격려하기도 한다. 젊은 세대들은 비콥 커뮤니티 내의 경쟁을 인정하며, 이로써 모든 사람이 더 적극적으로 움직이도록 유도한다. 비콥 운동이 무엇인지 알아가는 많은 젊은 직원들은 소속 회사가 비콥 인증을 추진하도록 권하고 있다.

나는 2010년 이후로 매년 비콥에 관해 학생들에게 가르치고 비랩 설립자들을 캠퍼스에 초빙해 그들의 활동을 주제로 토론하는 행사를 후원해왔다. 2010년에 첫 행사를 열어 비랩 공동설립자 3인을 초대했을 때는 소수의 학생만 참여했지만, 2016년 이후로는 행사를 열 때마다 사람이 가득 찬 나머지 서서 듣는 학생들이 생겨났다.

나만 그런 경험을 한 것은 아니다. 볼로코의 설립자 존 페퍼 역시 최근에 대학 캠퍼스에서 밀레니얼 세대와 소통하는 가운데 인식의 변화를 감지했다. 보스턴의 에머슨 대학에서 강의를 진행한 페퍼는 발표 중에 비콥을 언급했다. 물론 듣는 사람 중 누구도 모를 거라고 생각했다. 그런데 갑자기 한 학생이 불쑥 "잠깐만요! 볼로코가 비콥이었어요?"라고 말했다고 한다. 그 학생을 비롯해 교실에 있던 몇몇 학생은 옆 사람에게 비콥 운동을 설명해주기 시작했고, 페퍼의 말대로 강의장은 "갑자기 불꽃이 튀는 듯"했다. 그날 학생들은 볼로코의 경쟁자들을 멀리하기로 했다.

콜로라도주의 볼더에 있는 파운드리 그룹의 계약 담당자인 미카 마도르Micha Mador는 파운드리가 인증 과정을 밟고 있을 당시, 콜로라도 대학교의 MBA 학생 한 명이 이 운동에 관한 소식을 전해 듣고 회사에 연락해 B임팩트평가에 관해 알아보고는 파운드리가 인증을 획득하도록 도움을 주었다고 말했다. 볼더 시에서는 해마다 '스타트업 주간'이 개최된다. 마도르에 따르면 2016년 행사 때 열린 비콥 세션에는 약 50명이 참가했다고 한다. 2년 뒤, 비콥 세션에 몰려온 사람은 250명이었다. 이렇게 짧은 기간에 사람들의 관심과 인식이 크게 늘었다는 것은 정말 놀라운 일이다. 이로써 세상이 변화와 개선에 목말라 한다는 사실을 여실히 알 수 있다.

로고를 둘러싼 열띤 논쟁의 변화

　여기서 딜레마가 하나 있다. 제품 포장에 B 로고를 더 많이 붙이지 않는다면 소비자 인식이 높아지지 않을 것이다. 하지만 기업들은 소비자들이 B 로고를 이해하지 못할 거라는 생각에 제품 라벨에 B 로고를 위한 공간을 할애하지 않으려 한다. 포장 라벨에는 매우 가치 있는 정보를 실어야 하는데, 많은 기업은 여기에 비콥 로고와 더불어 그 의미를 설명하는 글을 싣기에는 자리가 부족하다고 생각한다. 대다수 비콥은 다른 방식(공정무역, 유기농, 에너지 효율 등)으로 인증을 받은 제품을 생산하며 각각의 인증에는 자체 로고가 붙는다. 툴시 차와 유기농 허브 보조 식품을 제조하는 오가닉인디아의 CEO 카일 가너Kyle Garner는 이렇게 말한다. "우리는 유기농 인증, 비유전자변형식품 인증을 받았습니다. 그건 누구나 아는 거죠." 아일린피셔의 레베카 매기Rebecca Magee는 매장에서 소비자들에게 알리려고 노력하는 인증이 몇 가지 있다고 설명한다. 여기에 비콥 인증까지 덧붙이는 건 '감각 과부하 상황'을 일으킨다는 게 매기의 설명이다.

　비콥 운동 초창기에 비콥들은 이 부문의 리더로서 자사 제품에 비콥 로고를 붙였다. 킹 아서 플라워는 2006년에 인증을 받자마자 제품 포장지에 로고를 달았다. 킹 아서 플라워에서 생산하는 밀가루 자루 한쪽 면을 비콥 로고와 비랩 소개문으로 가득 채운 이유를 묻자, 공동 CEO 랄프 칼튼은 "그렇게 하는 것이 옳기 때문이죠."라고 답했다. 캐벗크리머리의 에이미 레빈도 "신의 표시로" 포장지에 로고를 붙였다고 설명했다. 마찬가지로 마스코마 은행은 자사의 대다수 홍보물에 B 로고를 표시한다. 마스코마 은행의 CEO 클레이턴 애덤스Clayton Adams는 "인지도가 낮은 상황이니 우리가 도와야 합니다. 모든 비콥은 그럴 의무가 있죠."라고 말했다.

갭이 소유하고 있는 운동복 브랜드 애슬레타와 다논 북미법인처럼 최근 인증을 획득한 대기업도 소비자들이 자사의 비콥 인증에 관해 이해하도록 여러 중요한 단계를 밟아왔다. 애슬레타의 경영진은 직원이나 고객들에게 비콥 인증 지위를 홍보할지를 놓고 토론을 벌였다. 애슬레타의 전략 이니셔티브 책임자인 에밀리 올브리튼Emily Allbritten은 "우리는 둘 다 해보기로 했습니다."라면서 "결과는 우리 예상보다 훨씬 좋았습니다."라고 덧붙였다. 애슬레타는 이 로고를 매장 앞에 대대적으로 부착하고 매장 안에는 비콥 운동을 설명하는 포스터도 붙여둔다. 심지어 애슬레타 팀은 비콥 로고를 제품의 품질 표시표에도 달았다.

다논도 소비자 인식 재고에 있어 큰 역할을 받아들이고 제품들이 인증을 받는 대로 포장에 비콥 로고를 추가하고 있다. 디아나 브래터가 지적했듯이 다논의 브랜드가 미치는 범위는 어마어마하다. "다논 제품을 구매하는 소비자는 9억 명에 달합니다. 정말 많은 숫자죠." 2018년 후반 기준, 비콥 로고는 베가Vega, 실크, 쏘딜리셔스So Delicious 제품에 표시되었고, 다논 북미법인은 2019년에 다른 제품에도 로고를 붙이기를 기대하고 있다. 뎁 에슈마이어는 이렇게 설명한다. "우리가 원하는 것은 소비자가 이를 인식하는 데 그치지 않고, (B 로고의) 의미를 정확히 이해하도록 알려주는 것입니다. 이런 면에서 다논 북미 법인은 기회가 많죠. 우리는 이 훌륭한 기회를 살려 비콥에 대한 인식을 크게 높이고자 애쓰고 있습니다."[10]

최근 인증을 획득한 비콥들이 보이는 이런 대대적인 대중 활동은 확실히 분위기를 바꾸고 있다. 비랩 사업개발팀의 앤디 파이프는 "이렇게 헌신적인 대기업들이 많아질수록 중소기업들은 사업개발의 기회를 얻는 측면에서든, 이러한 인지도의 후광을 얻는 측면에서든 더 많은 이점을 얻게 됩니다."라고 설명한다. 오가닉인디아의 카일 가너는 로고를 표시하지 않기로 했던 결정을 완전히 바꿨다고 말했다. 2018년 여름에 가너를 만났을 때, 그는 "이제 전 세계적으로 비콥이 2,500개에 달하고 앞으로 그 수가 더 늘어날 것으로 보입니다. 이 방향으로 계속 나아가리라는 확신이 더 커지고 있습니다."라고 말했다. 2018년 9월, 오가닉인디아는 모든 제품의 포장지 뒷면에 비콥 로고를 달았고, 3개 제품은 포장지 앞면에 자리를 마련해 로고를 붙였다. 세븐스 제너레이션의 사명 홍보와 대외협력 책임자인 애슐리 올게인Ashley Orgain도 변화를 감지하고 있다. "소비자들이 기업들에 더 많은 것을 요구하고 있다고 생각합니다. 투명성이든, 제품의 실제 원료든, 포장 원료든 말이죠. 이에 따라 세븐스 제너레이션은 전혀 다른 방식으로 변화를 꾀해야 한다고 믿고 있습니다. … 우리의 접근법이 점점 주류가 되고 있으니까요."

최근 뉴 벨지움 브루잉도 제품에 B 로고를 달았다. 팻타이어 맥주병, 그리고 다른 제품의 겉 포장지에서 이를 발견할 수 있다. 뉴 벨지움 팀은 다른 비콥을 강조하는 매장 내 홍보 프로모션도 기획하기 시작했다. 예를 들어 다수의 비콥 제품을 구매하는 고객은 할인을 받을 수 있다.

하지만 굵직굵직한 기업 중에는 아직도 이 움직임에 동참하지 않는 기업들이 있다. 일찌감치 비콥이 된 유명 기업 벤앤제리스, 파타고니아는 여전히 포장에 B 로고를 싣는 것을 피한다. 벤앤제리스의 롭 미칼락은 웹사이트, 소셜 미디어, 광고 등 고객들에게 다른 방식으로 B를 선보일 방법을 찾고 있다고 말했다. 파타고니아는 홍보할 때 환경에 관한 다양한 인증 내역을 강조하지만, 아직 비콥 로고는 홍보 메시지에 들어가지 않고 있다. 하지만 최근에는 슬라이시스Slices라는 이름의 신제품 한쪽 면에 B 로고를 싣는 등 고무적인 신호가 보였다. 미칼락은 "B 로고를 조심스럽게 활용하기 시작했고 앞으로 좀 더 강화할 수 있지 않을까 생각합니다. 그렇게 해야 사람들이 비콥 운동을 인식하게 되니까요."라고 말한다.

이런 문제에 있어 이 운동이 아직 임계점에 도달한 것은 아니나 다음 단계로 넘어가는 끝자락에 거의 다다른 것은 분명해 보인다. 위에서 언급한 연구 결과(설명과 함께 B 로고를 제시했을 때 구매 의사가 높아진다)와 일치하게도, 이제 소비자들은 B 로고의 중요성을 서서히 알아가고 있다. 하지만 비콥 운동이 꾸준히 성장하려면 애슬레타, 다논 등 신생 비콥들을 따라 파타고니아,

벤앤제리스 등 선도적인 비콥들이 자신들의 광범위한 영향력을 활용해 소비자 인식 재고에 힘써야 한다. 초창기 기업인 그들은 제품 포장에 로고를 사용하는 것은 리더십을 발휘하는 것이라고만 생각하고, 분명 비콥 브랜드가 큰 이점을 가져다주기 시작했다는 점은 깨닫지 못하고 있다.

책무성과 진정성의 힘

비콥 인증이 기업에 가져다주는 중요한 차원은 신뢰성이다. 비콥 인증은 해당 기업이 진정성 있는 회사로서 그린워싱을 하지 않는다는 것을 증명한다. 이는 분명 애슬레타와 다논 북미 법인 같은 대기업들이 로고에서 확인하는 가치 중 하나다. 비콥 로고는 이들 기업을 경쟁 기업들과 차별화한다. 코언 길버트는 다른 비콥 지도자들과 동료 비랩 팀원들에게 종종 들은 분위기를 말해주었다. "사람들은 바람직한 의사결정을 더 수월하게 내리게 해줄 도구에 목말라하고 있습니다. 그들은 누구보다도 그들 자신을 신뢰합니다. 이런 그들에게 투명성 측면에서 더 깊이 들여다볼 도구를 제공한다면, '좋아, 이제 이 회사가 더 낫다고 주장할 분명한 근거를 알겠어.'라고 말하게 되죠. 대중에게는 엄청난 서비스입니다." B 로고는 소비자들이 진정성 있는 기업을 확인하는 데 유용한 도구다.

기준에 대한 책무성을 요구하는 소비자들의 욕구를 강조한

다른 형태의 인증들도 늘고 있다. 공정무역 인증에 관한 연구 결과, 밀레니얼 세대의 75%는 제품을 구매할 때 책무성을 고려하며, 인증을 획득한 제품을 구매하는 데 20% 이상 추가 금액을 지불할 의향이 있다고 응답했다. 밀레니얼 응답자들은 한 기업이 사회적·환경적 사명을 추구한다고 주장할 때면 이를 입증할 증거를 찾는다고도 했다. 기업의 주장을 곧이곧대로 듣지는 않는다는 것이다.[11]

소비자의 영향력: 평판과 충성도

고객 충성도는 또 다른 중요한 고려사항이다. 기존 소비자들의 공감과 충성도를 더 잘 이해하기 위해 벤앤제리스가 실시한 연구 결과, 밴앤제리스의 고객들은 다른 아이스크림 브랜드를 찾는 고객들보다 2.5배 더 충성도가 높은 것으로 드러났다. 이 연구는 벤앤제리스가 무언가를 위해 노력하며 이를 진정성 있게 추구한다는 것을 고객들이 믿고 있기에 높은 충성도가 나왔음을 드러내주었다.

프리저브의 에릭 허드슨은 B 로고 덕분에 고객들이 다음과 같이 생각하게 되었다고 지적한다. "이것이 바로 프리저브가 가진 또 다른 차별성입니다. 프리저브는 한계를 극복하는 기업에 속하니까요." 프리저브는 기존 고객들, 나아가 대중 시장의 소비자들 사이에 B 로고와 그 의미에 대한 인지도를 쌓는 것이

'비콥 운동을 돕는' 길이라고 믿는다. 그린 마운틴 파워도 같은 생각이라고 아만다 베랄디Amanda Beraldi가 설명한다. "우리 고객들은 비랩이 우리가 잘하리라고 기대하는 모든 부문에서 우리가 훌륭한 성과를 보이길 기대하고 있습니다. 예를 들어, 버몬트 사람들은 2050년까지 재생 에너지 비중 90% 달성을 목표로 삼았는데 그린 마운틴 파워는 이를 능가하겠다는 목표를 가지고 있습니다. 우리는 2025년까지 무탄소 에너지 비중 100%를 달성하고 2030년까지는 재생 에너지 비율 100%를 달성하겠다고 발표했습니다." 비콥들이 비콥 사명에 대한 헌신을 강조하고 나아가 더 많은 부문에서 성실한 노력을 기울일 때, 소비자 특히 젊은 소비자들은 이들 브랜드에 충성할 확률이 더 높아진다.

벤앤제리스가 깨달았듯이 기업의 사회적 사명과 책임성 있는 사업 관행은 고객들의 공감을 얻어 고객 충성도를 높인다. 2015년에 발표한 닐슨의 연구에서는 기업이 지속가능성을 위해 노력할 때 고객에게 나타나는 효과를 조사했다. 가장 크게 나타난 효과는 브랜드 신뢰도였다. 전 세계 소비자의 약 3분의 2는 브랜드 이름과 평판에 대한 신뢰가 구매 선택에 영향을 미친다고 말했다. 신뢰와 충성도는 함께 작용하며, 이를 고려하면 B에 관한 신뢰를 구축하는 것은 매우 당연한 일이다.[12]

사회적 사명을 가진 기업은 이미지와 평판이 높아진다. 달리 말해 고객들이 친구들에게 그 회사를 추천하게 된다는 것이다. 앞서 언급한 닐슨의 연구에서 응답자의 66%는 지속가능한 상품에 더 많은 비용을 지불하겠다고 답했다. 10년 전만 해도 지속가능하고 책임성 있는 사업은 대체로 부유한 사람들이 선택하는 것이었다. 하지만 오늘날 지속가능성을 지지하는 것은 소득 수준과 관계없이 모든 사람에게서 일관되게 나타난다. 실제로 위 연구에서 소득이 적은 사람일수록 사회적·환경적 임팩트에 초점을 맞춘 기업의 제품에 더 높은 값을 지불할 의향이 더 높게 나왔다.[13]

또한 사회적 사명, 소비자 인식, 확고한 가치 사이에는 강한 상관관계가 있다. 최근 발표된 저널 기사에 따르면, 사회와 공동체에 이바지하는 태도가 기업의 DNA에 녹아들수록 고객들의 구매 의도가 높아진다고 한다.[14] 이로 미루어 볼 때, 소비자들이 B가 대표하는 의미를 이해한다면 그들은 의도적으로 해당 기업의 제품을 더 많이 구매할 거라는 사실을 알 수 있다.

커뮤니티 조를 찾아 영감을 불어넣기

공정무역 인증, 미국 농무부 유기농 라벨, 미국 제품 인증 Made in USA, 열대우림연맹 인증은 모두 소비자 의견과 쇼핑 선호도에 영향을 미친다. 하지만 B를 보고 영향을 받는 사람은 누굴까? 어떤 구매자들이 비콥 제품에 가장 많이 관심을 두고 이것의 판매를 촉진하도록 도울까? 분명 밀레니얼 세대가 중요한 주체다. 하지만 비랩에서 실시한 소비자 인식 연구에 따르면, 이들 외에 '커뮤니티 조Community Joes'라는 구매자 그룹도 비콥의 메시지에 호감을 느낄 만한 그룹이다.

커뮤니티 조는 사회적 사안에 자연스럽게 참여하는 이들을 가리킨다. 그들은 인증마크를 찾고 이에 관해 알아보고 이야기를 나누며, 입소문을 통한 이들의 풀뿌리 활동은 소셜 미디어가 주도하는 이 시대에 우리 생각보다 높은 가치를 지닌다. 이 소비자들이 중요시하는 것을 파악해 이를 비콥 마케팅 전략에 대입하는 것은 매우 효과적이다.[15] 이들은 전형적으로 현지 기업, 자신이 속한 지역사회와 동네를 지지한다. 또한 중소기업을 위한 토요일Small Business Saturday(매년 블랙 프라이데이 직후에 소외받는 중소기업 활성화를 위해 개최하는 행사-옮긴이)과 같은 프로모션에 일상적으로 참여하고 서로 어울린다. 커뮤니티 조는 다음 진술에 전적으로 동의한다.

1. 나는 내가 있는 지역사회 안에서 운영하는 독립적인 지역 기업에서 쇼핑하고자 노력한다.
2. 나는 공정한 채용 관행을 지키고 적절한 생활임금을 지불하는 기업에서 쇼핑하려고 애쓴다.
3. 나는 지속가능성을 위해 헌신하는 모습을 보여주는 브랜드에 기꺼이 더 많은 가격을 지불할 의향이 있다.
4. 나는 기회 닿는 대로 친환경 브랜드를 사려고 노력한다.
5. 나는 세상을 위해 선한 일을 실천하는 브랜드에 기꺼이 더 많은 가격을 지불할 의향이 있다.

다수의 연구에 따르면 이 인구층은 전체 미국의 주요 식료품 구매자 가운데 3분의 1을 차지하고 있다. 이들은 교육 수준이 높고, 평균보다 높은 소득을 얻으며, 대다수 사람은 여성(3분의 2)이다. 이들은 집에 자녀가 있을 확률이 높고, 밀레니얼 세대와 근접해 있다. 커뮤니티 조는 인종적 평등, 교육 접근성, 공정한 임금 등에 관심을 둔다. 또한 적극적으로 정치적 의사를 표현하고, 자선단체에 기부하며, 모금 행사에도 참여한다. 어떤 제품의 가치를 인정한 경우, 커뮤니티 조는 이를 적극적으로 지지한다. 이들 중 41%는 다양한 인증을 받은 제품을 구매하고자 애써 노력하고, 44%는 다른 사람들에게도 해당 제품을 추천한다.[16]

커뮤니티 조를 찾아 그들에게 다가가는 것은 시장을 형성하는 데 유익하다. 마르셀로 팔라치는 이렇게 설명한다. "기업은 그들의 시장을 만들지만 사실 시장은 고정되어 있는 것이 아닙니다. 기본적으로 시장은 관계죠. 우리 제품을 구매하는 소비자와 잠재 소비자에게 메시지를 전달하고, 그들이 이에 응답하는 방식 속에 시장이 존재합니다. 따라서 기업은 자신들이 특정 가치와 원칙을 표방하며 이를 실천하고 있다고 선언할 수 있는 엄청난 힘을 가지고 있습니다. 그러면 전과 다른 소비자가 생겨나죠." 팔라치는 이를 가리켜 자가 선택 시스템이라 부르며, 이것이 비콥 운동에 대한 소비자 인식을 구축할 최선책이라고 본다.

미디어 활동

최근 비랩은 소셜 미디어의 힘을 활용해 모든 커뮤니티 조에게 다가가 비콥 운동에 대한 인식을 향상하고자 전략을 개발했다. 코언 길버트는 "끊임없이 북소리를 울리는" 전략을 실행해야 한다고 설명했다. 소셜 미디어 홍보는 끈질기고 일관성 있게 진행되어야 브랜드가 형성된다.

비랩은 다수의 중요한 트렌드의 교차 지점에 있는 덕분에 전통적인 미디어에서도 주목을 받는다. 비랩 팀은 이를테면 친환경 종업원지주회사, 여성이 주도하는 기업으로서 빈곤을 완화하는 회사들, 그밖에 비콥 커뮤니티에 걸맞는 다양한 주제에 관해 의견을 묻는 전화를 자주 받는다. 비즈니스 전문 기자들도 비랩과 연락하면서 비랩 팀과 비콥 운동에 관한 기사를 작성한다. 홀라한은 베네핏 코퍼레이션의 부상과 함께 "지리, 산업, 임팩트 영역 측면에서 다양한 주체를 아우르는 풍부한 커뮤니티"가 존재하고, 비콥이 "새로운 사업 방식에 책임감 있게 행동할 의지"가 있었기에 언론에서 큰 관심을 보였다고 설명한다.

오늘 나의 구매는 곧 나의 표

2018년 미국의 중간 선거 다음날인 11월 12일, 비랩은 '날마다 투표일Vote Every Day'이라는 제목으로 대대적인 2년짜리 마케팅 캠페인을 시작했다.[17] 이 캠페인의 목표는 비콥 브랜드에 대한 참여를 높이고, 캠페인 참가자들에게 '비콥의 제품을 사고, 이들과 협업하고, 이들 기업에서 일하기'를 권하는 것이다. 즉 사람들이 비콥 운동에 우호적으로 표를 행사하도록 독려하자는 게 캠페인의 골자였다. 비랩의 최고 마케팅 책임자인 앤시아 켈식Anthea Kelsick은 "이 캠페인은 우리 운동이 꽤 많은 미국 인구가 중요시하는 가치와 맞닿아 있다는 통찰에서 시작됐습니다. 그럼에도 우리의 인지도는 낮은 편이었죠."[18]라고 말한다.

'내가 가진 달러로 투표하기'라는 아이디어는 최근 몇 년간 의식 있는 소비자 사이에서 점점 인기를 얻어왔다. '날마다 투표일' 캠페인은 소비자들이 바꾸고 싶어 하는 세상 곳곳에서 비즈니스가 어떤 영향을 미치는지 알리고, 실제로 세상을 변화시키려고 노력하는 기업의 제품을 구매하도록 격려하고자 한다.

이 캠페인을 위해 비랩이 구축한 종합 웹사이트에는 참여자들이 풀어볼 만한 간단한 1분 퀴즈가 있다. 이 페이지에서는 사람들의 일상적인 습관에 관해 물은 뒤, 변화를 위한 투표를 실천하는 방법을 이메일로 보내준다. 예를 들어, 날마다 커피나 차로 하루를 여는 사람이 있다면, 커피나 차를 판매하는 회사로서 비콥 인증을 받은 기업의 제품을 사도록 제안하는 응답이 제시된다.[19] 이를 통해 소비자들이 자신이 중시하는 가치와 구매 사이의 연결고리를 더 쉽게 확인하도록 도우려는 것이다. 켈식은 "제품을 구매하고, 내가 직원으로 일하고, 파트너가 되어 협업할 기업을 선택하는 것이 날마다 나의 가치에 표를 던질 기회입니다."[20]라고 설명한다. 소비자들은 자기 손에 있는 구매력이 얼마나 강한지 모를 때가 많다. 때로는 내가 마시는 커피 브랜드를 바꾸는 것만으로도 연간 또는 평생에 걸쳐 상당한 영향력을 발휘할 수 있다.

물론 이 캠페인은 소비자 인식을 형성하고 향상하는 데도 유익하다. 켈식은 이렇게 지적한다. "우리의 신념과 가치를 공유하는 사람이 너무도 많습니다. 그들이 비콥을 알고 그들과 연계하는 것이 자신들의 가치를 표현할 방법임을 깨닫는다면, 우리 운동은 기하급수적으로 성장할 것입니다. 이 여정은 이제 막 발을 뗐습니다. 아직 비콥에 관해 들어보지 못한 더 많은 사람이 우리와 함께했으면 합니다. 그런 사람들이 꾸준히 늘어난다면 비콥의 글로벌 운동을 지지하는 옹호자들을 구축할 수 있을 것입니다."[21]

비콥들에 관한 최근 연구를 살펴보면 드디어 분위기가 바뀌고 있음을 알 수 있다. 벤앤제리스 등의 기업도 아이스크림 통에 인증마크를 부착하는 것을 포함해 여러 변화를 실천할 것으로 보인다. 더 많은 주도적인 비콥들이 자사 제품에 인증마크를 붙이는 것과 더불어 이제 비랩도 브랜딩, 마케팅, 전반적인 인지도 관련 활동을 배가할 때다. B가 대표하는 것을 더 널리 알릴 방법은 B의 인지도와 가시성을 늘리는 길뿐이다.

향후 몇 년 안에 노동자와 소비자 계층 대다수는 세상과 비즈니스에서 더 많은 것을 기대하는 젊은 세대가 차지할 것이다. 이들이 다양한 외부효과들을 이해하고, 우리가 (더 지속가능하고 탄력적인 경제를 이루려면) 그것들을 상호의존성의 관점에서 고려해야 한다는 사실을 서서히 알아간다면, 태도를 바꿔 그들과 같은 사고방식을 가진 비콥 같은 기업에 구매력을 행사할 것이다.

상호의존의 시대

1995년 에릭 홉스봄은 18, 19, 20세기를 아우르는 시리즈의 마지막 책을 출간했다. 그의 저서들은 현대 세계를 다룬 획기적인 연구라고 극찬을 받았고, 홉스봄은 '살아있는 가장 위대한 역사학자'로 널리 인정받았다. 그의 책《극단의 시대:20세기 역사-상 *The Age of Extremes: A History of the World(1914~1991)*》(까치, 1997)에는 깊은 회의가 담겨 있다. 홉스봄은 자유 시장 자본주의가 개인화를 불러오고 국제 무역을 촉진함으로써 개발도상국에 유익과 향상을 가져오리라는 일반적 견해에 반대하고, 극단적인 경제 불평등부터 환경 파괴, 불공정한 노동 환경, 인종 혐오와 민족주의의 부상, 나아가 '소비자 이기주의'에 이르기까지 오늘날 우리가 직면하는 갖가지 위기를 예측했다. 심지어 소비에트 연방이 붕괴되었을 때조차 그는 자본주의의 외면적 승리는 신기루에 불과하다며 이 체제가 군

건히 유지되지 못할 것이라는 입장을 고수했다. 자본주의는 호황과 불황 속에 비틀거리다 결국 완전히 실패할 터였다.

홉스봄은 그의 책 마지막 섹션에서 최근 20년간(1973년부터 1991년까지) 벌어진 일들을 언급하며 세상에 존재하는 '대다수 것들'이 무너졌다고 말했다. 그는 미래에는 과학이 승승장구하겠으나 정치인들은 날이 갈수록 자족하고 책임을 회피할 것이며, 다국적기업들은 점점 세를 불려가며 착취를 일삼을 거라고 예측했다. 홉스봄은 책을 마무리하며 인도주의적 문제들을 집중적으로 논했다. 남반구에서 나타날 대규모 인구 증가와 정치적·환경적 재앙은 부의 불평등과 광범위한 빈곤, 그리고 대규모 이주를 심화할 거라고 말했다. 오늘날 세상을 둘러보노라면 그의 선견지명이 놀랍기만 하다. 이뿐만 아니라 자본주의의 유일한 초점은 이익 극대화에 있다며 문제의 본질을 정확히 진단했다.

이 책 역시 지금 이 시대를 그려보고 미래에 무엇을 얻게 될지 점검하고자 했다. 우리가 살아가는 이 세상은 위험 속에서 유동적으로 돌아가고 있으나 우리 시대(그리고 이 책)는 희망의 이유도 선사한다. 자본주의에 대한 홉스봄의 껄끄러운 견해가 밀레니얼 세대와 그 이후 세대들의 목소리에서도 울려 퍼지고 있다. 2006년 미국인 사업가 세 사람이 더는 견디지 못하겠다고 결심했던 그때 혁명이 시작되었다. 비랩은 종래의 비즈니스와 자본주의 자체가 지니는 프로세스와 표준을 바꾸고 있다. 20세기 후반 들어 주주 우선주의와 이윤 추구가 부상했다.

이러한 관행이 우리를 지금의 임계점에 이르게 했고 그 경제적 여파는 코로나바이러스 팬데믹 속에서 더욱 부각되었다. 비랩은 우리의 글로벌 경제가 지금과는 다른 더 나은 길로 들어설 수 있다는 희망 속에서 시스템을 바꾸고자 노력하고 있다. 비콥 혁명을 위해서는 기업들이 자신의 의사결정이 소비자, 직원, 지역사회, 지구에 영향을 미칠 수 있다는 생각을 가지고 책임감 있게 행동해야 한다. 비콥은 기업, 사회, 환경의 상호의존성을 깨달을 때 우리가 진정한 번영을 누릴 수 있다고 생각한다.

비콥 운동이 시작하기 전부터 더 깨어 있는 자본주의와 기업의 사회적 책임을 위한 다양한 노력에 관한 여러 요구가 있었다. 하지만 그런 활동이나 의지만으로는 충분치 않으며 지속적이고 체계적인 변화를 이루기에는 근본적인 결함이 있다. 왜 그럴까? 영웅주의를 벌하는 시스템 속에서 지도자들에게 영웅이 되라고 요구하고 있기 때문이다. 사람들은 리더십과 기업문화에 넘치는 신뢰를 주지만, 성과에 있어서 눈에 띄는 실질적 변화라든가 목적과 이익의 균형을 맞추기 위한 진정한 법적 책무성에는 관심이 부족하다. 너무 많은 기업이 근본적인 변화를 추구하는 대신 그린워싱을 일삼는 등 '말만 많고 행동은 없다.' 아난드 기리다라다스가 그의 책《엘리트 독식 사회Winners Take All》에서 주장했듯이 기업들은 실질적인 노력 없이 분위기에 따라 고객 입맛을 맞추려고 할 때가 많다. 그는 기업들에 해답을 기대하지 않는다며 기업은 근본적으로 한통속이라고 말했다. 정책적 교정이 필요하다는 점에서는 그의 주장에 동의하지만, 나는 그가 중요한 점을 놓쳤다고 생각한다. 기업들도 자본주의의 개혁에서 중요한 역할을 맡을 수 있고 맡아야 한다. 하지만 그러려면 투명성, 책무성, 이해관계자를 중심으로 하는 기업 지배구조를 보장할 견고하고 진정성 있는 토대를 마련해야 한다.

비랩이 마련한 프로세스와 시스템은 날마다 진정한 변화를 이뤄내는 운동을 만들어냈다. 비콥 인증 기업들이 들려준 다양한 사례에서도 보았듯이, B임팩트평가는 엄격할 뿐만 아니라 모든 부문을 아우르며 이 지표로 평가한 기업들에 개선을 요구한다. 나와 대화했던 비콥 관계자 모두는 다음번 B임팩트평가에서 더 나은 점수를 목표로 하고 있었는데, 더 나은 점수를 획득할 유일한 방법은 사회적·환경적 정책을 개선하는 것뿐이다. 비랩이 만든 B분석 등의 다른 도구도 전 세계 기업들이 심지어 비콥이 아니더라도 비콥의 자세를 갖추도록 이끌었다. 이것이 가장 중요한 점이 아닐까 한다. 비콥 운동은 비콥만을 위한 것이 아니다. 비콥의 목적은 모든 기업을 비콥 인증 기업으로 만들려는 것이 아니라, 모든 기업이 비콥처럼 움직이도록 격려함으로써 주주 우선주의 체제를 뒤엎는 것이다.

비랩은 사회적·환경적 유익을 기업의 DNA에 녹여낸 새로운 형태의 기업 유형(베네핏 코퍼레이션)을 만들어냈다. 세상을 바꾸는 이러한 혁신적인 움직임은 미국 양대 정당과 세계 여러 정당에 속한 정치인들의 지지를 받고 있다.

비콥 운동은 여러 부침을 겪어왔으나 그 속에서 진척도 이루었다. 우리가 초점을 맞추고 개선하려고 노력해야 할 것은 우리의 세계를 서로 이어주는 상호의존성(사람, 이익, 지구의 가장 기본적인 측면 사이의 연결고리)이다. 하지만 그중에서도 가장 중요한 것은 바로 이 운동에 존재하는 풀뿌리 이야기다. 비랩의 설립자들 자신도 일이 이렇게 진행될지는 전혀 알지 못했다. 그들은 변화에 대한 세상의 요구를 과소평가했다. 지난 10년을 돌아볼 때, 지금의 비콥 운동을 만든 수많은 상호의존적 네트워크들은 유기적으로 생겨났으며, 비랩이 투여한 미미한 노력에 비하면 엄청난 지원을 얻었다. 비콥 인증 기업과 베네핏 코퍼레이션 사이의 연결과 협력관계 덕분에 점점 더 많은 사람이 운동에 동참하고 있다. 전체 산업 분야가 지속가능성에 대한 필요에 발맞추고자 기업 운영 방식을 바꾸고 있고, 세계의 투자 중심도 임팩트 쪽으로 급격히 옮겨가고 있으며, 지역사회와 환경에 대한 비콥 운동의 효과도 분명히 나타나고 있다.

앞으로 비랩이 직면할 가장 큰 도전은 이 운동을 꾸준히 키우는 일이다. 비랩의 설립자들은 미국인이지만 이제 이 운동은 전 세계적인 현상이 되었다. 따라서 비랩은 새로운 시장과 산업, 나아가 여러 국가와 관습에 적응할 준비를 해야 한다. 이에 못지않게 중요한 것은 네트워크(자체적으로 번성하고 있는 모임)로부터 관심을 옮겨 공기업과 다국적기업도 포용할 줄 알아야 한다. 그리고 소비자 인식을 향상하고, 우리의 법과 시장에서뿐만 아니라 사람들의 마음속에서도 주주 우선주의를 뒤엎을 수 있도록 노력해야 한다.

나는 우리가 더 나은 세계를 위한 전례 없는 변화의 직전에 서있다고 믿는다. 고용주든, 직원이든, 소비자든, 학생이든, 지도자든, 아니면 이 중 여러 역할을 맡고 있든 이 책을 통해 비콥 운동에 합류하고 이 운동이 전환점을 넘어 전 세계로 본격적으로 확산하는 데 힘을 보태야겠다는 확신을 얻었으면 한다.

감사의 말

내가 비콥 운동을 연구한 지도 벌써 10년이 훌쩍 넘었다. 그동안 내게 도움과 지지를 보내주었던 고마운 이들이 많다. 먼저, 비랩에 감사의 인사를 전해야 하겠다. 특히 3인의 설립자인 제이 코언 길버트, 바트 홀라한, 앤드루 카소이에게 감사한다. 2009년 여름에 제이와 처음 전화 통화를 한 뒤로 오늘날까지 그들은 자신의 소중한 시간과 통찰을 아낌없이 내게 나눠주었다. 특히 고마웠던 것은 세 사람이 하버드와 코넬 대학교에서 진행한 내 수업에 와서 학생들에게 직접 그들의 경험을 나눠준 것이다. 그들은 이 운동을 잘 이해하려는 나의 노력을 지원하며 의욕적으로 함께할 이들을 찾아주었다. 세 사람 모두 주저 없이 나를 초대해 그들의 이야기를 들려준 덕분에 이 책의 집필뿐 아니라, 내가 앞서 하버드대학교 경영대학원과 하버드대학교 케네디 행정대학원을 통해 발표했던 사례연구에도 큰 도움이 되었다. 혁신적이고 헌신적일 뿐 아니라 적극적으로 피드백을 받아 자신들의 관행을 개선하려는 사람들과 협업하는 것은 신선한 경험이었다. 특히 제이 코언 길버트에게 감사의 인사를 전한다. 그는 '종을 울리다: 나의 온 자아를 쏟아부은 일, 그리고 비콥 운동의 기원Ring the Bell: Bringing My Whole Self to Work and the Origin Story of the B Corp Movement'이라는 제목의 미출간 원고에 담았던 그의 개인적인 이야기를 이 책에 인용하도록 허락해주었다.

지난 수년간 알게 된 릭 알렉산더, 홀리 엔사인 바스토우, 크리스티나 포우드, 앤디 파이프, 댄 오수쿠시, 엠마 쉬네드 등 비랩의 다른 스태프에게도 감사하다는 말을 전하고 싶다. 이들 모두 자기 일에 관해 기꺼이 이야기해주었다. 특히 지속가능발전목표와 관련해 비랩이 유엔과 협력하는 일을 관리하는 로라 벨레즈 빌라를 특별히 인정하고 싶다. 빌라가 대학을 졸업한 후 처음으로 맡은 일은 내 연구 조교였다. 워비파커에 대한 그녀의 열정이 있었기에 우리는 공동 저자로 사례연구를 진행했으며 이 연구는 비콥 운동에 대한 내 연구에 영향을 끼쳤다. 마지막으로 비랩의 글로벌 파트너 중 유럽과 영국을 맡으며 내게 큰 도움과 여러 연결고리를 제공해준 마르셀로 팔라치에게 깊이 감사한다.

연구를 진행하며 깨달은 교훈 중 하나는 세상을 변화시키는 데 있어 기업가들이 강력한 엔진 역할을 한다는 점이다. 나와 같은 학자들과 비랩이 새로운 아이디어를 제시할 수는 있지만, 이러한 시스템을 실제로 구현하고 혁신을 이루어내는 기업가들의 고된 노력이 없다면 아무런 진전도 이루지 못할 것이다. 이런 점에서 나와 만나 인터뷰에 응해주었던 수십 명의 기업가에게 감사의 인사를 전한다. 이들이 운영하는 기업 다수는 이미 비콥이거나 비콥이 되기를 숙고하는 기업이었다. 그들에게서 배움을 얻은 것을 영광으로 생각하며, 이들 다수가 소중한 시간을 할애해 그들의 일에 관해 나와 논의해준 것에 감사한다. 특히 앞서 발표한 여러 하버드 사례연구의 중점 연구 대상이었던 6곳의 비콥 관계자에게 감사한다. 이 기업은 워비파커(닐 블루멘탈과 카키 리드), 뉴리소스 은행(빈스 시칠라노), 스위트 라이어트(사라 엔들라인), 비바시스템즈VeeV(코트니 리움과 카터 리움), 제일반응(민코), 다논 북미 법인(마이클 뉴워스, 로나 데이비스, 디아나 브래터) 등이다. 특별히 이 책을 집필하면서 세계 곳곳의 다양한 비콥의 리더 60여 명을 추가로 인터뷰했다. 그들 한 사람 한 사람에게 일일이 감사의 인사를 전하기에는 지면이 모자라지만, 이 책 곳곳에 언급한 이야기를 통해 독자들이 그들을 알아갔으면 한다. 그들이 나와 공유해준 시간과 통찰에 진심으로 감사한다.

사회적 임팩트에 관한 나의 연구는 여러 학자와 기관들의 도움 속에 틀을 갖췄다. 내가 처음으로 이 분야에서 비즈니스의 힘을 체감했던 것은 나의 논문 심사위원 중 한 사람인 제리 데이비스 덕분이었다. 그가 내게 미친 영향에 관해서는 늘 감사한다. 내가 하버드에서 쌓은 이력(하버드 경영대학원에서 10년, 하버드 케네디 행정대학원에서 1년 반)은 이 여정에 지대한 영향을 미쳤다. 강단에 처음 선 내게 더치 레너드와 캐시 랭건이 큰 도움을 주었고, 덕분에 나는 다수의 사례연구를 진행하며 이해의 폭을 넓혔고, 훌륭한 학생과 기업가와 조직들을 많이 접할 수 있었다. 나와 함께 이 분야를 연구하던 다른 동료들이 건네준 통찰과 우정도 깊이 감사한다. 줄리 배틸라나, 앨누어 에브라힘, 요한나 메어, 크리스티안 실로스에게 특히 감사한다. 또한, 비랩이나 비콥을 다룬 내 사례연구에 공동저자로 참여한 많은 이에게도 감사한다. 그들의 이름은 존 알만도즈, 도나 칼리프, 앤드루 클래버, 매튜 리, 조슈아 마골리스, 바비 토마슨이다. 동료와 학생들과 나눈 관계들을 제외하고, 하버드 재직 당시에 얻은 가장 큰 유익은 책을 쓰고 대중과 어울리는 일에 담긴 소중한 가치를 알게 된 것이다. 사실 우리 학자들은 자신의 테두리 안에 갇혀 있을 때가 많다.

2015년에 옮겨간 코넬 대학교는 내게 있어 매력적인 지성의 보금자리였다. 특히 사회적·환경적 문제에 초점을 맞추던 코넬 학생들을 높이 평가하고 싶다. '지속가능한 글로벌 기업 센터Center for Sustainable Global Enterprise'는 진정으로 대상 주제를 깊이 다루는 장학회의 독특한 사례를 보여주었고, 나는 이 센터의 활동에 큰 감명을 받았다. 내게 따뜻한 지원과 우정을 보여준 코넬의 교수진 글렌 도웰과 마크 밀스타인에게 감사의 인사를 전한다. 더불어 코넬에서 나와 협력한 탁월한 학생들, 특히 쿤위안 치아오와 치리에게도 감사한다. 두 사람은 연구 보조로서 헤아릴 수 없을 만큼 귀한 일을 수행해주었다.

책을 집필하는 것은 학술 논문이나 사례연구 보고서를 작성하는 것과는 전혀 다른 일이다. 이 까다로운 작업을 진행하는 동안 내게 도움을 준 고마운 이들도 많다. 내 수업을 듣던 학생이자 흥미로운 책인 《멜트다운Meltdown》의 공동 저자인 안드라스 틸시크는 귀중한 조언을 건네주었고 기꺼이 초반부 여러 장을 꼼꼼히 읽어주었다. 짐 레빈과 그의 저작권 에이전시의 지원과 안내에도 깊이 감사하며, 나를 짐에게 소개해준 애덤 그랜트에게도 감사한다. 또한, 이 책이 세상에 나오도록 만들어준 출판사 예일의 편집팀, 특히 세스 디치크에게 감사한다. 탁월하게 연구를 보조하고, 명확한 글쓰기의 전범을 보여주었으며, 하버드대학교 케네디 행정대학원의 사례연구인 '다논 북미 법인: 세계 최대의 비콥Danone NA: The World's Largest B Corporation'을 나와 함께 쓴 에피 사푸리디스에게 특별히 감사한다. 연구 보조로 애써준 탄디우, 팡메이루에게도 감사한다. 조안 프리드먼은 내가 책 집필 과정을 이해하도록 큰 도움을 주었고, 어색한 현학적 문장을 다듬도록 이끌어주었다. 통찰력 있는 주석과 편집을 보여준 아서 골드스웨그에게도 감사한다. 마지막으로 바크 미디어 팀, 특히 제임스 더프트와 제니퍼 콩스에게 감사한다. 이들은 이 책을 통해 나의 메시지를 독자에게 전달할 최상의 방법에 관해 다양한 아이디어와 도움을 주었다.

이 밖에도 감사의 빚을 진 사람들이 많다. 부모님 매기 세틀러, 척 세틀러 두 분은 내가 때로 주말 내내 사랑하는 아이들과 시간을 보내며 펜실베이니아 세위클리에 있는 부모님 댁에서 머물도록 너그러이 양해해주셨다. 알렉스와 애바 모두 더 나은 내일을 꿈꾸도록 내게 영감을 불어넣어준다. 몇 시간 동안 내가 매장에 있어도 참아주었던 스타벅스 세위클리점의 직원들에게도 감사의 인사를 전해야겠다. 스타벅스는 비콥은 아니지만 칭송할 만한 여러 관행을 실천하고 있다. 그들은 시간제 직원에게도 늘 복지 혜택을 제공해왔고, 지속가능한 방식으로 재료를 구매하는 데 앞장서고 있으며, 스타벅스 매장들은 해당 지역사회에 이바지하고자 노력한다. 스타벅스는 최악의 주주 자본주의에 저항하는 기업의 좋은 예로서 더 많은 기업이 이를 따라야 한다.

부록

한국의 비콥

한국에서 더 나은 비즈니스를 만들어가는 16개의 비콥을 소개합니다.

비랩코리아는 비랩의 국가 파트너로서 한국과 글로벌 커뮤니티를 잇는 역할을 담당합니다. 비랩코리아는 지속가능한 기업을 위한 기준을 제시하며, 연구와 정책 옹호활동을 담당하고, 모델이 되는 비콥 기업 인증을 지원하고, 기업 중심의 사회변화 운동을 촉진하여, 이해관계자 모두를 위한 더 나은 비즈니스를 만들어가기 위해 노력하고 있습니다.

트리플래닛 **🍃 tree planet**
Tree Planet

- 세상 모든 사람이 나무를 심을 수 있는 방법을 만드는 기업으로 스마트폰 나무 심기 게임으로 시작하여, 스타 숲, 추모 숲 등을 만드는 크라우드 펀딩을 거쳐, 반려 나무 입양으로 개인이 나무를 심을 수 있는 방법을 만듭니다.
- 2013년 비콥이 된 이후 2015년과 2018년에 재인증을 받았습니다.
- 홈페이지 www.treepla.net

희망 만드는 사람들
Hope Makers

HOPE MAKERS

- 빚으로 고통받는 사람이 없는 건강한 사회를 만들고자, 개인과 가정이 과다채무 상태에서 벗어나 건강한 생활을 할 수 있도록 전문적인 가계부채 상담을 제공합니다.
- 2014년 비콥이 된 이후, 2016년과 2020년에 재인증을 받았습니다.
- 홈페이지 www.hopemaker.kr

임팩트 스퀘어
Impact Square

IMPACT SQUARE.

- 사회적 가치인 임팩트가 비즈니스와 결합될 때 위대한 비즈니스가 구현된다는 믿음으로, 이를 위한 사업을 실행하는 임팩트 비즈니스 빌더, 임팩트 액셀러레이터, 컨설팅 및 연구조직입니다.
- 2014년 비콥이 된 이후, 2016년과 2019년에 재인증을 받았습니다.
- 홈페이지 www.impactsquare.com

제너럴바이오
General Bio

GB GENERAL BIO

- 취약계층이 차별 없이 행복한 삶을 꿈꿀 수 있도록 안정된 일자리를 제공하는 사회적 미션을 가지고 건강기능 식품, 화장품, 생활용품을 개발하고 제조하며, 신기술과 신소재를 연구합니다.
- 2015년 비콥이 되고, 2017년과 2020년에 재인증을 받았습니다.
- 홈페이지 www.generalbio.co.kr

엠와이소셜컴퍼니
Merry Year Social Company

mysc
merry year
social company

- 지속가능한 사회문제 해결을 위해 비즈니스를 통한 사회혁신을 지향하는 전문 컨설팅, 임팩트투자 기업입니다.
- 2016년 비콥이 되고, 2018년 재인증을 받았습니다.
- 홈페이지 www.mysc.co.kr

인스팅터스
Instinctus

- 모든 사람의 성적 권리를 보장하기 위해 사업을 활용하는 기업으로, 성건강을 증진시키는 제품을 만듭니다.
- 2016년 비콥이 되고, 2019년 재인증을 받았습니다.
- 홈페이지 www.evecondoms.com

닷
Dot

- 점자 스마트 워치를 시작으로 점자 패드, 교통 약자를 위한 무장애 길안내 키오스크 등 시각장애인을 위한 혁신적인 보조기기를 만듭니다.
- 2018년 비콥이 되었습니다.
- 홈페이지 www.dotincorp.com

더브레드앤버터
the bread and butter

- 브랜드 전략, 디자인, 마케팅 커뮤니케이션 등 지속가능한 브랜딩을 통해 사회의 긍정적인 변화를 추구하는 브랜드 컨설팅 기업입니다.
- 2018년 비콥이 되었습니다.
- 홈페이지 https://the-bread-and-butter.com

텔라
Tella

- 우간다인 영어 튜터와의 채팅, AI 기술을 기반으로 개인화된 영어 학습을 제공하는 플랫폼을 운영합니다.
- 2019년 비콥이 되었습니다.
- 홈페이지 www.tella.co.kr

오요리아시아
OYORI Asia

- 외식업을 기반으로 아시아 빈곤 청소년 및 여성의 사회경제적 자립을 지원하는 사회적 기업입니다. 취업 지원, 창업 인큐베이팅, 지역재생 사업을 수행합니다.
- 2019년 비콥이 되었습니다.
- 홈페이지 www.oyori.asia

모아드림
Moredream

- 시각장애인들이 모바일 기기를 편리하게 이용할 수 있는 저가형 하이브리드 입력기를 개발하여 보급하는 기업입니다. 점자와 텍스트, 아랍어입력 등 다양한 호환을 통해 시각 장애인들의 원활한 실시간 커뮤니케이션을 돕습니다.
- 2019년 비콥이 되었습니다.
- 홈페이지 http://md-smartio.com/

아크임팩트자산운용
ARK Impact Asset Management

- 임팩트 투자를 전문으로 하여, 긍정적인 사회적 영향과 경쟁력 있는 재정적 수익을 달성할 수 있는 기업 또는 프로젝트에 투자합니다.
- 2019년 비콥이 되었습니다.
- 홈페이지 www.arkimpact.co.kr

토도웍스
Todo Works

- 모든 이동권 약자를 위한 기술 기반의 솔루션을 제공하는 기업입니다. 사물인터넷 기술을 접목하여 수동휠체어 등 보장구를 편리하게 사용하는 스마트 보조장치를 만들고, 휠체어를 보급하고 있습니다.
- 2019년 비콥이 되었습니다.
- 홈페이지 https://www.todo-works.com/

크레비스 CREVISSE
Crevisse

- 소셜 임팩트의 힘으로 세상을 혁신한다는 사명으로, 액셀러레이팅과 임팩트 펀드를 통해 임팩트 비즈니스 생태계를 확장하고, 시장 실패 영역에서 직접 사업을 운영해 사회문제를 해결하는 데 기여하고 있습니다.
- 2020년 비콥이 되었습니다.
- 홈페이지 www.crevisse.com

루트에너지 ROOT·ENERGY
Rootenergy · more, for the future

- 누구나 쉽게 재생에너지 발전소에 투자하고 관리할 수 있는 크라우드 펀딩 플랫폼을 제공합니다. 지역사회에 긍정적인 영향을 주며 재생에너지 100% 전환을 가속화하기 위해 노력하고 있습니다.
- 2020년 비콥이 되었습니다.
- 홈페이지 https://rootenergy.co.kr/

고큐바 테크놀로지  GoQba TECHNOLOGY
GoQba Technology

- 낮은 비용으로 시선 움직임을 분석하는 딥러닝 기술을 통해, 알츠하이머 등 신경성 질환을 조기에 파악하고 예방하도록 돕는 AI 제품을 만듭니다.
- 2021년 비콥이 되었습니다.
- 홈페이지 https://www.goqba.com/

머리말

1. Peggie Pelosi, "Millennials Want Workplaces with Social Purpose. How Does Your Company Measure Up?" Talent Economy, February 20, 2018, https://www. chiefl earningoffi cer.com/2018/02/20/millennials-want-workplaces-social-purposecompany-measure/.

2. Cinantyan Prapatti, "Chateau Maris, a Winery That Saves the Planet." Impakter, October 16, 2017, https://impakter.com/chateau-maris-winery-save-planet/.

들어가며

1. Simon Leadbetter, "We Are Stealing the Future, Selling It in the Present, and Calling It GDP," Blue & Green Tomorrow, October 10, 2013, https://blueandgreen omorrow.com/category/energy/.

2. Trucost Plc, Natural Capital at Risk: The Top 100 Externalities of Business, April 2013, https://www.trucost.com/wp-content/uploads/2016/04/TEEB-Final-Reportweb-SPv2.pdf.

3. Olivia Solon, "Uber Fires More Than 20 Employees after Sexual Harassment Investigation," Guardian, June 7, 2017, https://www.theguardian.com/technol ogy/2017/jun/06/uber-fires-employees-sexual-harassment-investigation; Mythili Sampathkumar, "New York's Lawsuit against Harvey Weinstein's Company Reveals etails of Sexual Harassment Scandal," Independent, February 12, 2018, https://www.independent.co.uk/news/world/americas/new-york-harvey-weinstein-companysexual-harassment-employees-details-attorney-general-a8206976.html.

4. Sarah Butler, "HSBC Pay Gap Reveals Men Being Paid Twice as Much as Women," Guardian, March 15, 2018, https://www.theguardian.com/business/2018/mar/15/hsbc-pay-gap-reveals-men-being-paid-twice-as-much-as-women.

5. The Economy of Francesco website, accessed December 30, 2019, https://francescoeconomy.org.

6. B Lab UK, "Over 500 B Corps around the World Commit to Net Zero at COP25," Medium, December 12, 2019, https://medium.com/reinventing-business/over-500-b-corps-around-the-world-commit-to-net-zero-at-cop25-375e74b0fb83.

7. Barbara Spector, "Cascading Force for Good," Family Business, January/

February 2018, https://www.familybusinessmagazine.com/cascading-force-good.

8. Spector, "Cascading."

9. Terry Macalister and Eleanor Cross, "BP Rebrands on a Global Scale," Guardian, July 25, 2000, https://www.theguardian.com/business/2000/jul/25/bp.

10. Rosemary Westwood, "Mutated Fish Still Haunt Louisiana's Fishermen after the BP Oil Spill," VICE, February 10, 2017, https://www.vice.com/en_us/article/z4gbb4/bp-oil-spill-louisiana-fishermen-deepwater-horizon; Jackie Tiffany, "Health Effects from British Petroleum Oil Spill," Teach the Earth, last modified March 7, 2018, https://serc.carleton.edu/68785.

11. Adam Vaughan, "Lightweight PR and Greenwash—BP's Low-Carbon Plan Dismissed," Guardian, April 16, 2018, https://www.theguardian.com/business/2018/apr/16/lightweight-pr-greenwash-bp-low-carbon-plan-dismissed-environmentalists.

12. Jessica Assaf, "The Ugly Truth about Lush," Beauty Lies Truth, May 25, 2015, http://www.beautyliestruth.com/blog/2015/5/the-ugly-truth-about-lush.

13. Lush website, accessed September 19, 2019, https://www.lush.com/.

14. Arash Massoudi, James Fontanella-Khan, and Bryce Elder, "Unilever Rejects 143bn Kraft Heinz Takeover Bid," Financial Times, February 18, 2017, https://www.ft.com/content/e4afc504-f47e-11e6-8758-6876151821a6.

15. Andrew Edgecliffe-Johnson, "Unilever Chief Admits Kraft Heinz Bid Forced Compromises," Financial Times, February 28, 2018, https://www.ft.com/content/ea0218ce-1be0-11e8-aaca-4574d7dabfb6.

16. Allana Akhtar, "Warren Buffett Says He Eats McDonald's 3 Times a Week and Pounds Cokes because He's Not 'Bothered' by Death," Entrepreneur Asia Pacific, April 26, 2019, https://www.entrepreneur.com/article/332881.

17. Jo Confino, "Unilever's Paul Polman: Challenging the Corporate Status Quo," Guardian, April 24, 2012, https://www.theguardian.com/sustainable-business/paulpolman-unilever-sustainable-living-plan.

18. Unilever, "Unilever's Sustainable Living Plan Continues to Fuel Growth," October 5, 2018, https://www.unilever.com/news/press-releases/2018/unileverssustainable-living-plan-continues-to-fuel-growth.html.

19. Eillie Anzilotti, "Young People Are Really over Capitalism," Fast Company, December 8, 2017, https://www.fastcompany.com/40505017/young-people-are-really-over-capitalism.

20. Justin Worland, "Global CO2 Concentration Passes Threshold of 400 PPM—and That's Bad for the Climate," Time, October 24, 2016, https://time.com/4542889/carbon-dioxide-400-ppm-global-warming/.

21. Eddie Lou, "Why Millennials Want More Than Just Work: The Importance of Your 'Double Bottom Line,' " Forbes, June 9, 2017, https://www.forbes.com/sites/theyec/2017/06/09/why-millennials-want-more-than-just-work-the-importance-of-your-double-bottom-line/; "The Deloitte Global Millennial Survey 2019," Deloitte, accessed December 31, 2019, https://www2.deloitte.com/global/en/pages/aboutdeloitte/articles/millennialsurvey.html.

22. Alex Buerkle, Max Storto, and Kylee Chang, Just Good Business: An Investor's Guide to B Corps, Yale Center for Business and the Environment, Patagonia, Inc., and Caprock, accessed September 17, 2019, https://cbey.yale.edu/sites/

default/files/Just%20Good%20Business_An%20Investor%27s%20Guide%20to%20
B%20Corps_March%202018.pdf.

23. Christie Smith and Stephanie Turner, "The Millennial Majority Is Transforming Your Culture," Deloitte, accessed December 31, 2019, https://www2.deloitte.com/content/dam/Deloitte/us/Documents/about-deloitte/us-millennial-majoritywill-transform-your-culture.pdf.

24. "Survey of Young Americans' Attitudes toward Politics and Public Service, 29th Edition: March 18 – April 3, 2016," Harvard University Institute of Politics, accessed December 31, 2019, https://iop.harvard.edu/sites/default/files/content/160423_Harvard%20IOP_Spring%202016_TOPLINE_u.pdf.

25. Morley Winograd and Michael Hais, "How Millennials Could Upend Wall Street and Corporate America," Governance Studies at Brookings, May 2014, https://www.brookings.edu/wp-content/uploads/2016/06/Brookings_Winogradfinal.pdf.

26. "Larry Fink's 2019 Letter to CEOs Purpose & Profit," BlackRock, accessed December 31, 2019, https://www.blackrock.com/corporate/investor-relations/larryfink-ceo-letter.

27. "Political Typology Reveals Deep Fissures on the Right and Left," Pew Research Center, October 24, 2017, https://www.people-press.org/2017/10/24/political-typology-reveals-deep-fissures-on-the-right-and-left/.

28. Megan Brenan, "More Still Disapprove Than Approve of 2017 Tax Cuts," Gallup, October 10, 2018, https://news.gallup.com/poll/243611/disapprove-approve-2017-tax-cuts.aspx.

29. Michelle Goldberg, "No Wonder Millennials Hate Capitalism," New York Times, December 4, 2017, https://www.nytimes.com/2017/12/04/opinion/millennialshate-capitalism.html.

30. Julie Creswell, "Indra Nooyi, PepsiCo C.E.O. Who Pushed for Healthier Products, to Step Down," New York Times, August 6, 2018, https://www.nytimes.com/2018/08/06/business/indra-nooyi-pepsi.html.

31. David Rutz, "Deval Patrick Supports Democrats Impeaching Trump if They Take House," Washington Free Beacon, August 5, 2018, https://freebeacon.com/politics/deval-patrick-supports-democrats-impeaching-trump/; "Deval Patrick and Richelieu Dennis Have Proven You Don't Have to Trade Return for Impact," ICIC, accessed December 31, 2019, http://icic.org/blog/deval-patrick-richelieu-dennisproven-dont-trade-return-impact/.

32. Elizabeth Warren, "Companies Shouldn't Be Accountable Only to Shareholders," Wall Street Journal, August 14, 2018, https://www.wsj.com/articles/companiesshouldnt-be-accountable-only-to-shareholders-1534287687.

33. Marco Rubio, "American Investment in the 21st Century," Office of Senator Marco Rubio, May 15, 2019, 3 – 4, https://www.rubio.senate.gov/public/_cache/files/9f25139a-6039 – 465a-9cf1-feb5567aebb7/4526E9620A9A7DB74267ABEA5881022F.5.15.2019.-final-project-report-american-investment.pdf.

34. George Bradt, "How the New Perspective on the Purpose of a Corporation Impacts You," Forbes, August 22, 2019, https://www.forbes.com/sites/georgebradt/2019/08/22/how-the-new-perspective-on-the-purpose-of-a-corporation-impactsyou/#331f303c94f1.

1. 외부효과와 상호의존성

1. Ryan Honeyman, "How Did the B Corp Movement Start?" LIFT Economy,April 28, 2019, https://www.lifteconomy.com/blog/2019/4/28/how-did-the-b-corpmovement-start.

2. Christopher Marquis, Andrew Klaber, and Bobbi Thomason, "B Lab: Building a New Sector of the Economy," Harvard Business School Case 411047, revised September 28, 2011, 4, https://www.sistemab.org/wp-content/uploads/2016/01/BLab-Case-Study.pdf.

3. Milton Friedman, "The Social Responsibility of Business Is to Increase Its Profits," New York Times Magazine, September 13, 1970, https://www.nytimes.com/1970/09/13/archives/a-friedman-doctrine-the-social-responsibility-of-businessis-to.html.

4. William G. Roy, Socializing Capital: The Rise of the Large Industrial Corporation in America (Princeton: Princeton University Press, 1999).

5. Adolf A. Berle and Gardiner C. Means, The Modern Corporation and Private Property (New Brunswick, NJ: Transaction, 1932).

6. Andrew Baskin, "Jay Coen Gilbert: How B Corps Help Fix the Source Code Error in the DNA of Business," B the Change, June 19, 2018, https://bthechange.com/jay-coen-gilbert-how-b-corps-help-fix-the-source-code-error-in-the-dna-of-businessc66e001fce5e.

7. Lynn A. Stout, "The Shareholder Value Myth," Cornell Law Faculty Publications Paper 771, April 19, 2013, 1-10; Lynn A. Stout, The Shareholder Value Myth: How Putting Shareholders First Harms Investors, Corporations, and the Public (Oakland, CA: Berrett-Koehler, 2012), https://scholarship.law.cornell.edu/cgi/viewcontent.cgi?article=2311&context=facpub.

8. B Lab, "Shareholder Primacy Myths and Truths," accessed December 31, 2019, https://docs.google.com/presentation/d/1MTqxQRnWeZ3hNkX3SqHOErAKnC8-e43Eg9-xJosafmk/edit#slide=id.g1cc9265712_0_0.9. Jay Coen Gilbert, "Why a Delaware Corporate Lawyer Went from Businesswith-Purpose Skeptic to Full-Time Legal Advocate," Forbes, October 16, 2017, https://www.forbes.com/sites/jaycoengilbert/2017/10/16/why-a-delaware-corporate-lawyerwent-from-business-with-purpose-skeptic-to-full-time-legal-advocate/#425b8ff840b1.

10. Trucost Plc, Natural Capital at Risk: The Top 100 Externalities of Business, April 2013, https://www.trucost.com/wp-content/uploads/2016/04/TEEB-Final-eportweb-SPv2.pdf.

11. Garrett Camp, "Uber's Path Forward," Medium, June 21, 2017, https://medium.com/@gc/ubers-path-forward-b59ec9bd4ef6; Aditya Gupta, "Gig Economy & the Future of Work," Medium, July 2, 2019, https://medium.com/swlh/gigeconomy-the-future-of-work-885354c39ad0; Paul Davidson, "The Job Juggle Is Real. Many Americans Are Balancing Two, Even Three Gigs," USA Today, October 17, 2016, https://www.usatoday.com/story/money/2016/10/17/job-juggle-real-anyamericans-balancing-two-even-three-gigs/92072068/.

12. Elizabeth Bauer, "SEC Commissioner Warns: A Retirement Crisis 'Tsunami' Is Approaching," Forbes, October 18, 2018, https://www.forbes.com/sites/ebauer/2018/10/18/sec-commissioner-warns-a-retirement-crisis-tsunami-is-pproaching/#4176f4501ac7.

13. Chris Isidore, "What's Killing Sears? Its Own Retirees, the CEO Says," Cable News Network, September 14, 2018, https://money.cnn.com/2018/09/14/news/companies/sears-pension-retirees/index.html; Steven R. Strahler, "Will Sears etirees See Their Pensions?" Crain's Chicago Business, October 11, 2018, https://ww.chicago business.com/retail/will-sears-retirees-see-their-pensions.

14. Catherine Clifford, "Whole Foods Turns 38: How a College Dropout Turned His Grocery Store into a Business Amazon Bought for $13.7 Billion," CNBC Make It, September 20, 2018, https://www.cnbc.com/2018/09/20/how-john-mackey-startedwhole-foods-which-amazon-bought-for-billions.html.

15. Conscious Capitalism, "Welcome to Conscious Capitalism," accessed December 31, 2019, https://www.consciouscapitalism.org; John Mackey and Rajendra Sisodia, Conscious Capitalism: Liberating the Heroic Spirit of Business (Cambridge, MA: Harvard Business Review Press, 2013).

16. Alex Morrell, "The Hedge Fund That Turned Whole Foods into a Takeover Target for Amazon Is Walking Away with $300 Million," Business Insider, July 20, 2017, https://www.businessinsider.com/jana-partners-makes-300-million-eturnamazon-whole-foods-deal-2017–7; John Mackey, B Inspired Talk 2017, interview by Jay Coen Gilbert, B Inspired Toronto, YouTube, October 26, 2018, https://www.youtube.com/watch?v=q8U-6McdL5k.

17. Jay Coen Gilbert, "Panera Bread CEO and Cofounder Ron Shaich Resigns to Join the Conscious Capitalism Movement," Forbes, December 13, 2017, https://www.forbes.com/sites/jaycoengilbert/2017/12/13/boy-oh-boy-oh-boy-another-onsciouscapitalist-joins-the-fight-against-short-termism/#4f08b4a773cd.

18. Mackey, B Inspired Talk 2017.

19. Leo E. Strine Jr., "The Dangers of Denial: The Need for a Clear-Eyed Understanding of the Power and Accountability Structure Established by the Delaware General Corporation Law," Wake Forest Law Review 50 (2015): 9, https://papers.ssrn.com/sol3/papers.cfm?abstract_id=2576389##.

20. Ken Bertsch, "Council of Institutional Investors Responds to Business Roundtable Statement on Corporate Purpose," Council of Institutional Investors, August

19, 2019, https://www.cii.org/aug19_brt_response.

21. Strine, "The Dangers of Denial," 9.

22. Ryan Bradley, "The Woman Driving Patagonia to Be (Even More) Radical," Fortune, September 14, 2015, https://fortune.com/2015/09/14/rose-marcario-atagonia/.

23. Jeff Beer, "Exclusive: 'Patagonia Is in Business to Save Our Home Planet,'" Fast Company, December 13, 2018, https://www.fastcompany.com/90280950/exclusive-patagonia-is-in-business-to-save-our-home-planet; Sandra Stewart, Thinkshift Joins Patagonia and Other Sustainability Leaders in Becoming California's First Benefit Corporations," Thinkshift, January 3, 2012, https://thinkshiftcom.com/thinkshift-joins-patagonia-and-other-sustainability-leaders-in-becoming-californiasfirst-benefit-corporations/.

24. Bradley, "Woman Driving Patagonia."

25. Patagonia, "B Lab," accessed December 31, 2019, https://www.patagonia.com/b-lab.html.

26. Patagonia, 2017 Annual Benefit Corporation Report, accessed December 31, 2019, https://www.patagonia.com/static/on/demandware.static/-/Library-Sites-PatagoniaShared/default/dw824fac0f/PDF-US/2017-BCORP-pages_022218.pdf.

27. Karim Abouelnaga, "3 Reasons to Consider Converting a Nonprofit to a For-Profit," Entrepreneur Asia Pacific, July 5, 2017, https://www.entrepreneur.com/article/295533.

28. Deborah Dsouza, "The Green New Deal Explained," Investopedia, October 28, 2019, https://www.investopedia.com/the-green-new-deal-explained-4588463.

29. Jessica Glenza, "Tobacco Companies Interfere with Health Regulations, WHO Reports," Guardian, July 19, 2017, https://www.theguardian.com/world/2017/jul/19/tobacco-industry-government-policy-interference-regulations; Aditya Kalra, Paritosh Bansal, Duff Wilson, and Tom Lasseter, "Inside Philip Morris' Campaign to Subvert the Global Anti-smoking Treaty," Reuters, July 13, 2017, https://www.reuters.com/investigates/special-report/pmi-who-fctc/.

30. Anand Giridharadas, Winners Take All: The Elite Charade of Changing the World (New York: Vintage, 2019); Jay Coen Gilbert, "Can Stakeholder Capitalism Spur Talk into Action?" B the Change, September 5, 2018, https://bthechange.com/can-stakeholder-capitalism-spur-talk-into-action-97fc6ee10489; " 'B Corps'—For-Benefit Corporations (Rather Than Only For-Profit)—Are Proving Their Worth," The Alternative UK, February 1, 2019, https://www.thealternative.org.uk/dailyalternative/2019/2/2/b-corps-for-benefit.

31. Coen Gilbert, "Can Stakeholder Capitalism Spur Talk into Action?"

32. Just Capital website, accessed September 19, 2019, https://justcapital.com/rankings/.

33. Just Capital, "2018 Overall Rankings," accessed December 31, 2019, https://justcapital.com/past-rankings/2018-rankings/.

34. Ian Lecklitner, "What's in This? Mountain Dew," MEL Magazine, accessed September 19, 2019, https://melmagazine.com/en-us/story/whats-in-this-mountaindew;Michael Moss, "The Extraordinary Science of Addictive Junk Food," New York Times Magazine, February 20, 2013, https://www.nytimes.com/2013/02/24/magazine/the-extraordinary-science-of-junk-food.html.

35. Cam Simpson, "American Chipmakers Had a Toxic Problem. Then They Outsourced It," Bloomberg, June 15, 2017, https://www.bloomberg.com/news/features/2017-06-15/american-chipmakers-had-a-toxic-problem-so-they-outsourced-it.

36. Just Capital, "2018 Overall Rankings"; "Just Capital, 2019 Overall Rankings," accessed December 31, 2019, https://justcapital.com/past-rankings/2019-rankings/; Glassdoor, "Texas Instruments Reviews," accessed September 18, 2019, https://www.glassdoor.com/Reviews/Texas-Instruments-profit-sharing-Reviews-EI_IE651.0,17_KH18,32_IP5.htm.

37. Douglas Rushkoff, "Just Capitalism: Can Billionaires Gamify Social Good?" Medium, September 19, 2018, https://medium.com/team-human/just-capitalismbillionaires-social-good-1099efad5008.

38. Rushkoff, "Just Capitalism."

39. "Larry Fink's Annual Letter to CEOs: A Sense of Purpose," BlackRock, accessed December 31, 2019, https://www.blackrock.com/hk/en/insights/larry-fink-ceo-

letter.

40. "Larry Fink's 2019 Letter to CEOs: Purpose & Profit," BlackRock, accessed December 31, 2019, https://www.blackrock.com/corporate/investor-relations/larryfink-ceo-letter.

41. Greyston Bakery, "Center for Open Hiring," accessed September 19, 2019, https://greyston.org/the-center-for-open-hiring-at-greyston-sight-visit/.

42. Lucius Couloute and Daniel Kopf, "Out of Prison & out of Work: Unemployment among Formerly Incarcerated People," Prison Policy Initiative, July 2018, https://www.prisonpolicy.org/reports/outofwork.html.

43. Sentencing Project, "Criminal Justice Facts," accessed December 31, 2019, https://www.sentencingproject.org/criminal-justice-facts/.

44. Lillian M. Ortiz, "Using Business as a Force for Good," Shelterforce, October 20, 2016, https://shelterforce.org/2016/10/20/using-business-as-a-force-for-good-2/.

45. Greyston Bakery, "About Greyston," accessed December 31, 2019, https://greystonbakery.com/pages/about-greyston.

46. Boloco website, accessed December 31, 2019, http://www.boloco.com.

47. Allison Engel, "Inside Patagonia's Operation to Keep Clothing out of Landfills," Washington Post, September 1, 2018, https://www.washingtonpost.com/business/inside-patagonias-operation-to-keep-you-from-buying-new-gear/2018/08/31/d3d1fab4-ac8c-11e8-b1da-ff7faa680710_story.html.

48. Josh Hunter, "Last Chair: Yvon Chouinard," SKI, updated December 13, 2016, https://www.skimag.com/ski-resort-life/last-chair-yvon-chouinard.

49. Ryan Grenoble, "Patagonia Takes a Stand against Companies That Aren't Working to Better the Environment," HuffPost, April 3, 2019, https://www.huffpost.com/entry/patagonia-co-brand-vest-program_n_5ca4c058e4b079824 02592ae?guccounter=1&guce_referrer=aHR0cHM6Ly93d3cuZ29vZ2xlLmNvbS8 &guce_referrer_sig=AQAAABaMUk6T50RtSxwnpf-S-M4sxRw4oGvyxysUSjL1LB-oggBtCJGZhwDmX3WjT7dJdvLwV_cisN16qVsiTMIugp1_lmf2u-XOfmvPfRSE8xX3-jwm3OQzXGW1qycbMW4s7sfAfQ5T0Pede5L5gkr4pt5TxVyrXI CPErnVsAeJ9S3X.

50. Allbirds website, accessed September 19, 2019, https://www.allbirds.com/pages/our-materials-sugar.

51. Jay Coen Gilbert, "The Best Way to Fight Climate Change Is to Treat It Like a Business," Quartz, May 29, 2019, https://qz.com/work/1626563/b-corps-shoulddeclare-a-climate-change-emergency/.

52. Jay Coen Gilbert, "Allbirds' Reported Billion-Dollar Valuation: What Makes These Strange Birds Fly," Forbes, January 9, 2019, https://www.forbes.com/sites/jaycoengilbert/2019/01/09/allbirds-reported-billion-dollar-valuation-what-akesthese-strange-birds-fly/#3fb469237d38.

53. Cassie Werber, "The Extraordinary Story of the Only B Corp in Afghanistan," Quartz at Work, December 12, 2019, https://qz.com/work/1765329/roshan-heextraordinary-story-of-the-only-b-corp-in-afghanistan/; Roshan, "Roshan Honored as a 'Best for the World' Company by B Corp for Creating Most Overall Social and Community Impact," accessed December 31, 2019, https://www.roshan.af/en/personal/about/media/roshan-honored-as-a-best-for-the-world-company-by-b-corp-for-creating-most-overall-social-and-community-impact/.

2. 상호의존의 날

1. Deanna Wylie Mayer, "How to B Good," Pacific Standard, updated June 14, 2017, https://psmag.com/economics/how-to-b-good-4166.
2. Rob Wherry, "Hip, Hop, Hot," Forbes, December 27, 1999, https://www.forbes.com/forbes/1999/1227/6415060a.html#3bcc15bdd1af; Alexander Wolff, "The Other Basketball," Sports Illustrated, June 13, 2005, https://www.si.com/vault/2005/06/13/8263082/the-other-basketball.
3. Larry Hamermesh et al., "A Conversation with B Lab," Seattle University Law Review 40, no. 2 (April 2017): 323, https://digitalcommons.law.seattleu.edu/cgi/viewcontent.cgi?article=2392&context=sulr.
4. Jay Coen Gilbert, "Ring the Bell: Bringing My Whole Self to Work and the Origin Story of the B Corp Movement" (unpublished manuscript, July 5, 2017), 84.
5. Ralph Warner, Angel Diaz, and Jose Martinez, "The Oral History of the AND1 Mixtape Tour," Complex, September 3, 2013, https://www.complex.com/sports/2013/09/and1-mixtape-tour-oral-history/the-hype.
6. Coen Gilbert, "Ring the Bell," 23.
7. Coen Gilbert, "Ring the Bell," 24.
8. Hamermesh et al., "A Conversation with B Lab," 324.
9. Coen Gilbert, "Ring the Bell," 55.
10. Coen Gilbert, "Ring the Bell," 55–56.
11. Coen Gilbert, "Ring the Bell," 48.
12. Andrew Kassoy, "Reconciling Profit and Purpose: A Declaration of Interdependence" (Wealth & Giving Forum Seminar, New York, March, 2007).
13. Coen Gilbert, "Ring the Bell," 56.
14. Coen Gilbert, "Ring the Bell," 56–57.
15. Coen Gilbert, "Ring the Bell," 57.
16. Coen Gilbert, "Ring the Bell," 46–48.
17. Coen Gilbert, "Ring the Bell," 89.
18. Coen Gilbert, "Ring the Bell," 88.
19. Coen Gilbert, "Ring the Bell," 59.
20. Coen Gilbert, "Ring the Bell," 88.
21. Coen Gilbert, "Ring the Bell," 88.
22. Coen Gilbert, "Ring the Bell," 89.

3. 상호의존성에 대한 뜨거운 관심

1. Jay Coen Gilbert, "Ring the Bell: Bringing My Whole Self to Work and the Origin Story of the B Corp Movement" (unpublished manuscript, July 5, 2017), 95.
2. Russell Hotten, "Volkswagen: The Scandal Explained," BBC News, December 0, 2015, https://www.bbc.com/news/business-34324772.
3. Arwa Lodhi, "Brands You Think Are Eco Friendly . . . but Really Aren't," Eluxe Magazine, November 15, 2019, https://eluxemagazine.com/magazine/5-brands-youthink-are-eco-but-really-arent/.
4. Coen Gilbert, "Ring the Bell," 93.
5. Coen Gilbert, "Ring the Bell," 94.
6. B. Cohen and M. Warwick, Values-Driven Business: How to Change the World,

Make Money, and Have Fun (Oakland, CA: Berrett-Koehler, 2006).

7. Larry Hamermesh et al., "A Conversation with B Lab," Seattle University Law Review 40, no. 2 (April 2017): 338, https://digitalcommons.law.seattleu.edu/cgi/viewcontent.cgi?article=2392&context=sulr.

8. Hamermesh et al., "A Conversation with B Lab," 334.

9. B Lab, "Measure What Matters," Medium, April 10, 2015, https://medium. com/@bthechange/measure-what-matters-c2bf7e8f5560.

10. Coen Gilbert, "Ring the Bell," 96.

11. Hamermesh et al., "A Conversation with B Lab," 335, 344.

12. Dan Osusky, "Measuring Impact versus Measuring Practices: How the B Impact Assessment's Dual Objectives Require a Balance," B the Change, November 15, 2018, https://bthechange.com/measuring-impact-versus-measuring-practices-howthe-b-impact-assessments-dual-objectives-require-9e44821e9c6b.

13. Jeffrey Hollender, What Matters Most: How a Small Group of Pioneers Is Teaching Social Responsibility to Big Business, and Why Big Business Is Listening (New York: Basic Books, 2006).

14. Christopher Marquis, Andrew Klaber, and Bobbi Thomason, "B Lab: Building a New Sector of the Economy," Harvard Business School Case 411047, revised September 28, 2011, 5, https://www.sistemab.org/wp-content/uploads/2016/01/BLab-Case-Study.pdf.

15. Issie Lapowsky, "What to Do When You're Fired from the Company You Started," Inc. Magazine, July/August 2011, https://www.inc.com/magazine/201107/how-i-did-it-jeffrey-hollender-seventh-generation.html.

16. Coen Gilbert, "Ring the Bell," 99.

17. Coen Gilbert, "Ring the Bell," 99.

18. Coen Gilbert, "Ring the Bell," 100.

19. Coen Gilbert, "Ring the Bell," 102.

20. Coen Gilbert, "Ring the Bell," 103.

21. Marquis, Klaber, and Thomason, "B Lab," 5.

22. Coen Gilbert, "Ring the Bell," 103.

4. 이해관계자 측면의 법률 확보하기

1. Jay Coen Gilbert, "Sen. Elizabeth Warren, Republicans, CEOs & BlackRock's Fink Unite around 'Accountable Capitalism,' " Forbes, August 15, 2018, https://www.forbes.com/sites/jaycoengilbert/2018/08/15/sen-elizabeth-warren-republicans-ceosblackrocks-fink-unite-around-accountable-capitalism/#4270b98e51d9.

2. "Dodge v. Ford Motor Co," Casebriefs, accessed December 31, 2019, https://www.casebriefs.com/blog/law/corporations/corporations-keyed-to-klein/the-natureof-the-corporation/dodge-v-ford-motor-co/.

3. Chancellor Chandler, "eBay Domestic Holdings Inc v. Craigslist, Inc., Nominal Defendant," FindLaw, accessed December 31, 2019, https://caselaw.findlaw.com/de-supreme-court/1558886.html.

4. Christopher Marquis, Andrew Klaber, and Bobbi Thomason, "B Lab: Building a New Sector of the Economy," Harvard Business School Case 411047, revised September 28, 2011, 10, https://www.sistemab.org/wp-content/uploads/2016/01/B-Lab-Case-Study.pdf.

5. Jay Coen Gilbert, "Ring the Bell: Bringing My Whole Self to Work and the Origin Story of the B Corp Movement" (unpublished manuscript, July 5, 2017), 106.

6. Marquis, Klaber, and Thomason, "B Lab," 10.

7. Alison Klein, "An Epic Tale: The Birth of the Benefit Corporation," RoundPeg, May 25, 2016, https://www.roundpegcomm.com/epic-tale-birth-benefi t-corporation/.

8. Benefit Corporation, "What Is a Benefit Corporation?" accessed January 1, 2020, https://benefitcorp.net/what-is-a-benefit-corporation.

9. Lynn A. Stout, "The Shareholder Value Myth," Cornell Law Faculty Publications Paper 771, April 19, 2013, 4, https://scholarship.law.cornell.edu/cgi/view content.cgi?article=2311&context=facpub; Lynn A. Stout, The Shareholder Value Myth: How Putting Shareholders First Harms Investors, Corporations, and the Public (Oakland, CA: Berrett-Koehler, 2012).

10. Lynn A. Stout, "The Shareholder Value Myth," European Financial Review, April 30, 2013, https://www.europeanfinancialreview.com/the-shareholder-valuemyth/.

11. Marc Gunther, "B Corps: Sustainability Will Be Shaped by the Market, Not Corporate Law," Guardian, August 12, 2013, https://www.theguardian.com/sustainable-business/b-corps-markets-corporate-law.

12. Leo E. Strine Jr., "The Dangers of Denial: The Need for a Clear-Eyed Understanding of the Power and Accountability Structure Established by the Delaware General Corporation Law," Wake Forest Law Review 50 (2015): 8, https://papers.ssrn.com/sol3/papers.cfm?abstract_id=2576389##.

13. Marquis, Klaber, and Thomason, "B Lab," 11.

14. Larry Hamermesh et al., "A Conversation with B Lab," Seattle University Law Review 40, no. 2 (April 2017): 327, https://digitalcommons.law.seattleu.edu/cgi/viewcontent.cgi?article=2392&context=sulr.

15. Jay Coen Gilbert, "Why a Delaware Corporate Lawyer Went from Businesswith-Purpose Skeptic to Full-Time Legal Advocate," Forbes, October 16, 2017, https://www.forbes.com/sites/jaycoengilbert/2017/10/16/why-a-delaware-corporate-lawyer-went-from-business-with-purpose-skeptic-to-full-time-legal-advocate/#4540253040b1.

16. Hamermesh et al., "A Conversation with B Lab," 332.

17. Kendall Cox Park, "B the Change: Social Companies, B Corps, and Benefit Corporations" (PhD diss., Princeton University, 2018), 24–25.

18. J. Haskell Murray, "Understanding and Improving Benefit Corporation Reporting," American Bar Association, July 20, 2016, https://www.americanbar.org/groups/business_law/publications/blt/2016/07/04_murray/.

19. J. Haskell Murray, "Elizabeth Warren's Accountable Capitalism Act and Benefi t Corporations," Law Professor Blogs, August 16, 2018, https://lawprofessors.typepad.com/business_law/2018/08/elizabeth-warrens-accountable-capitalismactand-benefit-corporations.html.

20. Murray, "Understanding and Improving Benefit Corporation Reporting."

21. Social Impact Investment Taskforce Mission Alignment Working Group, Profi t-with-Purpose Businesses, September 2014, https://www.scrt.scot/wp-content/uploads/2019/03/G8-Social-Impact-Taskforce-Mission-Alignment-Report.pdf.

22. Julia Sherbakov, "Italy Became a 'Lamp Shining a Light' for Other Countries to Pursue Better Business," B the Change, May 31, 2017, https://bthechange.com/italy-became-a-lamp-shining-a-light-for-other-countries-to-pursue-better-businesse35141a7ce43.

5. 임팩트를 위해 투자하기

1. Marjorie Kelly, The Divine Right of Capital: Dethroning the Corporate Aristocracy (Oakland, CA: Berrett-Koehler, 2001); Marjorie Kelly, Owning Our Future: The Emerging Ownership Revolution (Oakland, CA: Berrett-Koehler, 2012).
2. William Donovan, "The Origins of Socially Responsible Investing," Balance, updated October 24, 2019, https://www.thebalance.com/a-short-history-of-ocially-responsible-investing-3025578.
3. Saadia Madsbjerg, "Bringing Scale to the Impact Investing Industry," Rockefeller Foundation, August 15, 2018, https://www.rockefellerfoundation.org/blog/bringing-scale-impact-investing-industry/.
4. B Lab, "Funders & Finances," accessed January 3, 2020, https://bcorporation.net/about-b-lab/funders-and-finances.
5. Global Impact Investing Network, "About the GIIN," accessed January 3, 2020, https://thegiin.org/about/.
6. B Analytics, "Overall Impact Business Model and Overall Operations Ratings," accessed January 3, 2020, https://b-analytics.net/content/giirs-fund-ratingmethodology.
7. "Profile: Sir Ronald Cohen: Midas with a Mission—to Make Gordon King," Sunday Times, January 23, 2005, https://archive.is/20110604030107/http:/www.timesonline.co.uk/article/0,,2088 - 1452226,00.html.
8. "The Compassionate Capitalist," Economist, August 4, 2005, https://www.economist.com/business/2005/08/04/the-compassionate-capitalist.
9. Sorenson Impact, "From Refugee to Venture Capitalist to Social Impact Pioneer," Forbes, July 30, 2018, https://www.forbes.com/sites/sorensonimpact/2018/07/30/from-refugee-to-venture-capitalist-to-social-impact-pioneer/#69b683176886.
10. Bridges Ventures, "To B or Not to B: An Investor's Guide to B Corps," September 2015, https://www.bridgesfundmanagement.com/wp-content/uploads/2017/08/Bridges-To-B-or-Not-To-B-screen.pdf.
11. Bridges Ventures, "To B or Not to B."
12. Laura Colby, "J. B. Hunt Majority Backs LGBT Protection, Activist Investor Says," Bloomberg, April 22, 2016, https://www.bloomberg.com/news/articles/2016 - 04 - 21/j-b-hunt-majority-backs-lgbt-protection-activist-investor-says.
13. Jon Herskovitz, "Global Investors Warn Texas to Withdraw Transgender Restroom Legislation," Reuters, February 22, 2017, https://www.reuters.com/article/ustexas-lgbt-idUSKBN16025P.
14. jimmy-guterman, "A Venture Capital Firm Goes B Corp," Newco Shift, May 24, 2016, https://shift.newco.co/2016/05/24/a-venture-capital-firm-goes-b-corp/.
15. Shelley Alpern, "When B Corp Met Wall Street," Clean Yield, March 18, 2015, https://www.cleanyield.com/when-b-corp-met-wall-street/.

16. John Cassidy, "Trump University: It's Worse Than You Think," New Yorker, June 2, 2016, https://www.newyorker.com/news/john-cassidy/trump-university-itsworse-than-you-think.

17. Brad Edmondson, "The First Benefit Corporation IPO Is Coming, and That's a Big Deal," TriplePundit, February 4, 2016, https://www.triplepundit.com/story/2016/first-benefit-corporation-ipo-coming-and-thats-big-deal/28586.

18. Jay Coen Gilbert, "Allbirds Quickly Soars to Success as It Aims to 'Make Better Things in a Better Way,' " B the Change, January 14, 2019, https://bthechange.com/allbirds-quickly-soars-to-success-as-it-aims-to-make-better-things-in-a-better-waydffae809b14e.

19. Susan Price, "This Entrepreneur Takes Her Company's Commitment to Transparency to a New Level with Its Latest Product," Forbes, March 1, 2016, https://www.forbes.com/sites/susanprice/2016/03/01/this-entrepreneur-takes-her-companyscommitment-to-transparency-to-a-new-level-with-its-latest-product/#31db7452471c.

20. "Happy Family's Shazi Visram and Danone's Lorna Davis on How Going Big Doesn't Have to Mean Selling Out," B the Change, December 8, 2016, https://bthechange.com/happy-familys-shazi-visram-and-danone-s-lorna-davis-on-how-going-big-doesn-t-have-to-mean-selling-132f5fdc409e.

21. Danone, "Our Vision," accessed January 3, 2020, https://www.danone.com/about-danone/sustainable-value-creation/our-vision.html.

22. Keith Nunes, "Danone's Social, Environmental Journey Continues," Baking Business, April 12, 2018, https://www.bakingbusiness.com/articles/45925-danone-s-social-environmental-journey-continues.

23. David Gelles, "How the Social Mission of Ben & Jerry's Survived Being Gobbled Up," New York Times, August 21, 2015, https://www.nytimes.com/2015/08/23/business/how-ben-jerrys-social-mission-survived-being-gobbled-up.html.

24. Kathleen Masterson, "The Giant Corporation That Bought Ben & Jerry's Acquired Another Quirky Company from Vermont—Here's What It Was Like in the Room When It Happened," Business Insider, December 28, 2016, https://www.businessinsider.com/unilever-is-buying-seventh-generation-but-its-ceo-is-excited-2016-12.

25. Unilever, "Unilever to Acquire Seventh Generation, Inc," September 19, 2016, https://www.unilever.com/news/press-releases/2016/Unilever-to-acquire-Seventh-Generation-Inc.html.

26. Maddie Maynard, "Alan Jope: Who Is Unilever's New Chief Executive?" William Reed, November 29, 2018, https://www.thegrocer.co.uk/movers/alan-jope-whois-unilevers-new-chief-executive/574319.article.

27. Kathleen Kim, "Green Merger: Method Bought by Ecover," Inc., September 4, 2012, https://www.inc.com/kathleen-kim/method-and-ecover-join-hands-in-ecofriendly-partnership.html.

28. S. C. Johnson & Son, "SC Johnson Signs Agreement to Acquire Method and Ecover," September 14, 2017, https://www.scjohnson.com/en/press-releases/2017/september/sc-johnson-signs-agreement-to-acquire-method-and-ecover.

29. Amy Cortese, "Crowdfunded B Corps Find Success with Follow-on Funding,"

B the Change, December 13, 2018, https://bthechange.com/crowdfunded-b-corps-find-success-with-follow-on-funding-4a3c4a8ebc4b.

30. Lisa Anne Hamilton, "ESG Guidance from the Department of Labor Clarifi es Fiduciary Duty," Center for International Environmental Law, May 8, 2018, https://www.ciel.org/esg-guidance-department-labor-fiduciary-duty/.

6. 직원은 기업의 중심

1. Evelyn Hartz, "How to Impact the Way Business Is Done," Medium, November 20, 2017, https://medium.com/@EvelynHartz/how-to-impact-the-way-business-is-done-and-the-story-behind-the-invention-of-cookie-dough-ice-481e7bc40709.

2. Laura Willard, "Rhino Foods Makes the Cookie Dough in Your Ice Cream. They Also Treat Their Employees Like Family," Upworthy, May 1, 2015, https://www.upworthy.com/rhino-foods-makes-the-cookie-dough-in-your-ice-cream-they-also-treat-their-employees-like-family.

3. Rhino Foods, "Life at Rhino," accessed January 3, 2020, https://www.rhinofoods.com/about-rhino-foods.

4. "Trusting Diversity to Make a Difference: Lessons from a Company Employing Immigrants for More Than 25 Years," B the Change, December 7, 2016, https://bthechange.com/sponsored-rhino-foods-trusting-diversity-to-make-a-difference-e7765d53fcd1.

5. Christiane Bode, Jasjit Singh, and Michelle Rogan, "Corporate Social Initiatives and Employee Retention," Organization Science 26, no. 6 (October 2015): 1702–20, https://doi.org/10.1287/orsc.2015.1006; David A. Jones, Chelsea R. Willness, and Sarah Madey, "Why Are Job Seekers Attracted by Corporate Social Performance? Experimental and Field Tests of Three Signal-Based Mechanisms," Academy of Management Journal 57, no. 2 (2014): 383–404, http://dx.doi.org/10.5465/amj.2011.0848; David B. Montgomery and Catherine A. Ramus, "Calibrating MBA Job Preferences for the 21st Century," Academy of Management Learning & Education 10, no. 1 (2011): 9–26, https://doi.org/10.5465/amle.10.1.zqr9; Donald F. Vitaliano, "Corporate Social Responsibility and Labor Turnover," Corporate Governance 10, no. 5 (2010): 563–73, https://doi.org/10.1108/14720701011085544; Seth Carnahan, David Kryscynski, and Daniel Olson, "When Does Corporate Social Responsibility Reduce Employee Turnover? Evidence from Attorneys before and after 9/11," Academy of Management Journal 60, no. 5 (2017): 1932–62, https://doi.org/10.5465/amj.2015.0032.

6. Richard Yerema and Kristina Leung, "Nature's Path Foods, Inc., Recognized as One of BC's Top Employers (2019)," Canada's Top 100 Employers, February 21, 2019, https://content.eluta.ca/top-employer-natures-path-foods.

7. Bode, Singh, and Rogan, "Corporate Social Initiatives and Employee Retention," 1702–20.

8. "Rhino Foods," Talent Rewire, accessed January 3, 2020, https://talentrewire.org/innovation-story/rhino-foods/.

9. W. S. Badger Company, "Badger's History & Legend," accessed January 3, 2020, https://www.badgerbalm.com/s-14-history-legend.aspx.

10. W. S. Badger Company, "Family Friendly Workplace," accessed January 3, 2020,

https://www.badgerbalm.com/s-98-family-friendly-workplace.aspx.

11. New Hampshire Breastfeeding Task Force, "Breastfeeding Friendly Employer Award," accessed January 3, 2020, http://www.nhbreastfeedingtaskforce.org/employerawards.php; W. S. Badger Company, "Babies at Work Policy," accessed January 3, 2020, https://www.badgerbalm.com/s-19-babies-at-work.aspx.

12. W. S. Badger Company, "Calendula Garden Children's Center," accessed January 3, 2020, https://www.badgerbalm.com/s-89-calendula-garden-child-care.aspx.

13. Katarzyna Klimkiewicz and Victor Oltra, "Does CSR Enhance Employer Attractiveness? The Role of Millennial Job Seekers' Attitudes," Corporate Social Responsibility and Environmental Management 24, no. 5 (February 2017): 449–63, https://doi.org/10.1002/csr.1419; Victor M. Catano and Heather Morrow Hines, "The Influence of Corporate Social Responsibility, Psychologically Healthy Workplaces, and Individual Values in Attracting Millennial Job Applicants," Canadian Journal of Behavioural Science / Revue canadienne des sciences du comportement 48, no. 2 (2016): 142–54, https://doi.org/10.1037/cbs0000036.

14. Annelize Botha, Mark Bussin, and Lukas De Swardt, "An Employer Brand Predictive Model for Talent Attraction and Retention: Original Research," SA Journal of Human Resource Management 9, no. 1 (January 2011): 1–12, https://hdl.handle.net/10520/EJC95927.

15. Helle Kryger Aggerholm, Sophie Esmann Andersen, and Christa Thomsen, "Conceptualising Employer Branding in Sustainable Organisations," Corporate Communications: An International Journal 16, no. 2 (May 2011): 105–23, https://doi.org/10.1108/13563281111141642.

16. James Manyika et al., Independent Work: Choice, Necessity, and the Gig Economy, McKinsey Global Institute, October 2016, https://www.mckinsey.com/featured-insights/employment-and-growth/independent-work-choice-necessity-and-the-gig-economy.

17. Paul Davidson, "The Job Juggle Is Real. Many Americans Are Balancing Two, Even Three Gigs," USA Today, October 17, 2016, https://www.usatoday.com/story/money/2016/10/17/job-juggle-real-many-americans-balancing-two-even-three-gigs/92072068/.

18. King Arthur Flour, "Our History," accessed January 3, 2020, https://www.kingarthurflour.com/about/history.

19. Claire Martin, "At King Arthur Flour, Savoring the Perks of Employee Ownership," New York Times, June 25, 2016, https://www.nytimes.com/2016/06/26/business/at-king-arthur-flour-savoring-the-perks-of-employee-ownership.html.

20. Jon L. Pierce, Stephen A. Rubenfeld, and Susan Morgan, "Employee Ownership: A Conceptual Model of Process and Effects," Academy of Management Review 16, no. 1 (January 1991): 121–44, https://doi.org/10.5465/amr.1991.4279000.

21. Marjorie Kelly and Sarah Stranahan, "Next Generation Employee Ownership Design," Fifty by Fifty, November 1, 2018, https://www.fiftybyfifty.org/2018/11/next-generation-employee-ownership-design/.

22. Sarah Stranahan, "Eileen Fisher: Designing for Change," Fifty by Fifty, August 15, 2018, https://www.fiftybyfifty.org/2018/08/eileen-fisher-designing-for-change/.

23. Kelly and Stranahan, "Next Generation Employee Ownership Design."

24. Amy Cortese, "The Many Faces of Employee Ownership," B the Change, April 1, 2017, https://bthechange.com/the-many-faces-of-employee-ownership-aa048ba262af.

25. Madeline Buxton, "Uber Is Facing a New Discrimination-Based Lawsuit," Refinery 29, October 27, 2017, https://www.refinery29.com/en-us/2017/10/178457/uber-lawsuit-women-unequal-pay.

26. Salvador Rodriguez, "Uber versus Women: A Timeline," Inc., March 28, 2017, https://www.inc.com/salvador-rodriguez/uber-women-timeline.html.

27. "Yonkers, New York Population 2019," World Population Review, accessed January 3, 2020, http://worldpopulationreview.com/us-cities/yonkers-ny-population/.

28. Aaron Bence, "My Greyston Experience," Greyston Bakery, accessed September 22, 2019, https://www.greyston.org/my-greyston-experience-by-aaron-bence-unilever/; Greyston Bakery, "The Center for Open Hiring," accessed September 22, 2019, https://www.greyston.org/about/the-center-for-open-hiring/.

29. Deborah Hicks-Clarke and Paul Iles, "Climate for Diversity and Its Effects on Career and Organisational Attitudes and Perceptions," Personnel Review 29, no. 3 (2000): 324–45, https://doi.org/10.1108/00483480010324689; Derek R. Avery et al., "Examining the Draw of Diversity: How Diversity Climate Perceptions Affect Job-Pursuit Intentions," Human Resource Management 52, no. 2 (March/April 2013): 175–93, https://doi.org/10.1002/hrm.21524; Eden B. King et al., "A Multilevel Study of the Relationships between Diversity Training, Ethnic Discrimination and Satisfaction in Organizations," Journal of Organizational Behavior 33, no. 1 (January 2012): 5–20, https://doi.org/10.1002/job.728; Frances J. Milliken and Luis L. Martins, "Searching for Common Threads: Understanding the Multiple Effects of Diversity in Organizational Groups," Academy of Management Review 21, no. 2 (1996): 402–33, https://doi.org/10.5465/amr.1996.9605060217; Goce Andrevski et al., "Racial Diversity and Firm Performance: The Mediating Role of Competitive Intensity," Journal of Management 40, no. 3 (March 2014): 820–44, https://doi.org/10.1177/0149206311424318; Lisa H. Nishii, "The Benefits of Climate for Inclusion for Gender-Diverse Groups," Academy of Management Journal 56, no. 6 (2013): 1754–74, https://doi.org/10.5465/amj.2009.0823; Lynn A. Shore et al., "Inclusion and Diversity in Work Groups: A Review and Model for Future Research," Journal of Management 37, no. 4 (July 2011): 1262–89, https://doi.org/10.1177/0149206310385943; Suzanne T. Bell et al., "Getting Specific about Demographic Diversity Variable and Team Performance Relationships: A Meta-analysis," Journal of Management 37, no. 3 (May 2011): 709–43, https://doi.org/10.1177/0149206310365001.

30. David M. Kaplan, Jack W. Wiley, and Carl P. Maertz Jr., "The Role of Calculative Attachment in the Relationship between Diversity Climate and Retention," Human Resource Management 50, no. 2 (March/April 2011): 271–87, https://doi.org/10.1002/hrm.20413; Eden B. King et al., "Why Organizational and Community Diversity Matter: Representativeness and the Emergence of Incivility and Organizational Performance," Academy of Management Journal 54, no.

6 (2011): 1103 – 18, https://doi.org/10.5465/amj.2010.0016; Frances Bowen and Kate Blackmon, "Spirals of Silence: The Dynamic Effects of Diversity on Organizational Voice," Journal of Management Studies 40, no. 6 (2003): 1393 – 417, https://doi.org/10.1111/1467 – 6486.00385; Orlando Curtae' Richard et al., "The Impact of Store-Unit – Community Racial Diversity Congruence on Store-Unit Sales Performance," Journal of Management 43, no. 7 (September 2017): 2386 – 403, https://doi.org/10.1177/0149206315579511; Patrick F. McKay et al., "Does Diversity Climate Lead to Customer Satisfaction? It Depends on the Service Climate and Business Unit Demography," Organization Science 22, no. 3 (May/June 2011): 788 – 803, https://doi.org/10.1287/orsc.1100.0550; Yang Yang and Alison M. Konrad, "Understanding Diversity Management Practices: Implications of Institutional Theory and Resource-Based Theory," Group & Organization Management 36, no. 1 (February 2011): 6 – 38, https://doi.org/10.1177/1059601110390997.

31. Jay Coen Gilbert, "The Elections, the Politics of Division, and the Business of Inclusion," Forbes, October 30, 2018, https://www.forbes.com/sites/jaycoengilbert/2018/10/30/the-elections-the-politics-of-division-and-the-business-of-inclusion/ #2370f8c31add.

32. Certified B Corporation, "Inclusive Economy Challenge 2019," accessed September 22, 2019, https://bcorporation.net/for-b-corps/inclusive-economy-challenge.

33. Mise à jour le, "TriCiclos (Chile): Encouraging Sustainable Consumption through Innovative Recycling," BipiZ, May 23, 2016, https://www.bipiz.org/en/csr-best-practices/triciclos-chile-encouraging-sustainable-consumption-through-innovative-recycling-.html?tmpl=component&print=1.

34. Natura, "About Us," accessed September 22, 2019, https://www.naturabrasil.fr/en-us/about-us/cosmetics-leader-in-brazil.

35. "Living Paycheck to Paycheck Is a Way of Life for Majority of U.S. Workers, According to New CareerBuilder Survey," CareerBuilder, August 24, 2017, http://press.careerbuilder.com/2017 – 08 – 24-Living-Paycheck-to-Paycheck-is-a-Way-of-Life-for-Majority-of-U-S-Workers-According-to-New-CareerBuilder-Survey.

36. Rhino Foods, "Rhino Foods' Income Advance Program," accessed September 22, 2019, https://www.rhinofoods.com/rhino-foods-income-advance-program.

37. Income Advance website, accessed September 22, 2019, https://www.incomeadvance.org.

38. Jay Coen Gilbert, "Distracting Trade Wars: How to Really Help American Workers," Forbes, September 27, 2018, https://www.forbes.com/sites/jaycoengilbert/2018/09/27/distracting-trade-wars-how-to-really-help-american-workers/#380bb29f3a8f.

7. 동지들의 모임 : B 커뮤니티

1. "Beyond Certification, B Corp Is about Community," MaRS, October 8, 2013, https://marsdd.ca/news/beyond-certification-b-corp-is-about-community/.

2. "Sharing the Power: Solar Energy, Employee Ownership, and the B Corp Community," B the Change, February 6, 2018, https://bthechange.com/sharing-

the-power-solar-energy-employee-ownership-and-the-b-corp-community-ceea7dcc629a.

3. RSF Social Finance, "About Us—Mission," accessed September 23, 2019, https://rsfsocialfinance.org/our-story/mission-values/.

4. RSF Social Finance, "RSF Helps Launch the New Resource Bank," CSRwire, December 5, 2006, https://www.csrwire.com/press_releases/17152-RSF-Helps-Launch-The-New-Resource-Bank.

5. Jillian McCoy, "RSF Capital Management Is a B Corp!" RSF Social Finance, September 16, 2009, https://rsfsocialfinance.org/2009/09/16/rsf-cmi-b-corp/.

6. Jillian McCoy, "B Lab Seeds a Movement toward a New Kind of Corporation," RSF Social Finance, September 14, 2012, https://rsfsocialfinance.org/2012/09/14/b-lab-movement/.

7. Triodos Bank UK Ltd., "About Us," accessed January 3, 2020, https://www.triodos.co.uk/about-us.

8. "B Lab Partners with CESR," Leeds School of Business, September 24, 2014, https://www.colorado.edu/business/CESR/cesr-blog/b-lab-partners-cesr.

9. "Sustainability Marketplace," Leeds School of Business, January 29, 2016, https://www.colorado.edu/business/2016/01/29/sustainability-marketplace.

10. "The GrowHaus: B of Service Volunteering," Wordbank, accessed January 3, 2020, https://www.wordbank.com/us/blog/b-corp/the-growhaus-volunteering/.

11. "Los Angeles B Corporations Join Together to Form B Local LA," Falcon Water Technologies, January 1, 2016, https://falconwatertech.com/los-angeles-b-corporations-join-together-to-form-b-local-la/.

12. Kerry Vineberg, "6 Lessons from B Corp Leadership Development: Bay Area," Certified B Corporation, accessed January 3, 2020, https://bcorporation.net/news/6-lessons-b-corp-leadership-development-bay-area-0.

13. Ryan Honeyman and Tiffany Jana, The B Corp Handbook: How You Can Use Business as a Force for Good, 2nd ed. (Oakland, CA: Berrett-Koehler, 2019), https://bcorporation.net/news/b-corp-handbook.

14. Berrett-Koehler Publishers website, accessed January 3, 2020, https://www.bkconnection.com.

15. Numi Organic Tea, "Our Story," accessed January 3, 2020, https://numitea.com/our-story/.

16. Kristin Carlson, "GMP Becomes First Utility in the World to Receive B Corp Certification," Green Mountain Power, December 1, 2014, https://greenmountainpower.com/news/gmp-becomes-first-utility-world-receive-b-corp-certification/.

17. Andrea Kramar, "How a 25-Year-Old Turned His 'Passion Project' into a Global Business with $30 Million in Sales," CNBC Make It, July 3, 2018, https://www.cnbc.com/2018/07/02/how-the-founders-of-lukes-lobster-built-a-global-food-business.html.

18. "Luke's Lobster Grows Impact and Revenue by Working with Fellow B Corps," B the Change, August 23, 2018, https://bthechange.com/lukes-lobster-grows-impact-and-revenue-by-working-with-fellow-b-corps-893f308855e2.

19. "Luke's Lobster."

20. Greyston Bakery, "Partners," accessed January 3, 2020, https://www.greyston.

org/partners/.

21. Greyston Bakery, "About Greyston," accessed January 3, 2020, https://greystonbakery.com/pages/about-greyston.

22. Will Haraway, "Rubicon Global, World Centric Join Forces to Promote Shared Sustainability Vision," GlobeNewswire, September 27, 2016, https://www.globenewswire.com/news-release/2016/09/27/874918/0/en/Rubicon-Global-World-Centric-Join-Forces-to-Promote-Shared-Sustainability-Vision.html.

23. Corey Simpson, "Patagonia Leads All B Corp Group in $35 Million Dollar Residential Solar Investment," Patagonia Works, March 10, 2016, http://www.patagoniaworks.com/press/2016/3/10/clbwie1mk5rnw6jn5iygmi81sn7r46.

24. Adam Fetcher, "Patagonia & Kina'ole Invest $27 Million in Solar for Hawai'i," Patagonia Works, October 15, 2014, http://www.patagoniaworks.com/press/2014/10/14/patagonia-kinaole-invest-27-million-in-solar-for-hawaii.

25. Rana DiOrio, "It's the Why That Matters," AdvisoryCloud, November 25, 2015, https://www.advisorycloud.com/board-of-directors-articles/its-the-why-that-matters.

26. "Little Pickle Press," tapbookauthor, accessed January 3, 2020, http://www.tapbookauthor.com/customers-view/customers-3/.

27. The Judge Family, "Sewn to Restore: Elegantees," Elleanor + Indigo, August 9, 2017, https://www.elleanorandindigo.com/ontheblog/2017/7/22/sewn-to-restore-elegantees.

28. The Community of Certified B Corporations, Welcome to the B Hive, February 4, 2015, YouTube, https://www.youtube.com/watch?v=tsxxM6Rakmw.

29. Kendall Cox Park, "B the Change: Social Companies, B Corps, and Benefit Corporations" (PhD diss., Princeton University, 2018), 111.

30. Alex Buerkle, Max Storto, and Kylee Chang, Just Good Business: An Investor's Guide to B Corps, Yale Center for Business and the Environment, Patagonia, Inc., and Caprock, accessed September 17, 2019, https://cbey.yale.edu/sites/default/files/Just%20Good%20Business_An%20Investor%27s%20Guide%20to%20B%20Corps_March%202018.pdf.

8. 글로벌 무대로

1. RP Siegel, "B Corporations to Expand 'Business for Good' Initiative Globally," TriplePundit, October 3, 2012, https://www.triplepundit.com/story/2012/b-corporations-expand-business-good-initiative-globally/61891.

2. Grupo Bancolombia, "Our Purpose," accessed January 3, 2020, https://www.grupobancolombia.com/wps/portal/about-us/corporate-information/financial-group.

3. Andres Felipe Perilla Rodriguez, "Bancolombia Sustainability Project," B Analytics, accessed January 3, 2020, https://b-analytics.net/customers/case-studies/bancolombia-sustainability-project.

4. Rodriguez, "Bancolombia Sustainability Project."

5. Academia B, Case Studies in Innovation Purpose-Driven Companies and Sistema B in Latin America, Inter-American Development Bank, 2017, https://sistemab.org/wp-content/uploads/2017/11/fomin_ingles_28_11_2017.pdf; Ryan Honeyman and Tiffany Jana, The B Corp Handbook: How You Can Use Business

as a Force for Good, 2nd ed. (Oakland, CA: Berrett-Koehler, 2019), 51, https://bcorporation.net/news/b-corp-handbook.

6. "Triple Bottom Line," Economist, November 17, 2009, https://www.economist.com/news/2009/11/17/triple-bottom-line.

7. "ISSP Sustainability Hall of Fame," International Society of Sustainability Professionals, accessed January 3, 2020, https://www.sustainabilityprofessionals.org/issp-sustainability-hall-fame; "John Elkington," WWF-UK, accessed January 3, 2020, https://www.wwf.org.uk/council-of-ambassadors/john-elkington.

8. Ceri Witchard, "CIC Incorporations: The New Online Process," GOV.UK blog, March 13, 2019, https://communityinterestcompanies.blog.gov.uk/2019/03/13/cic-incorporations-the-new-online-process/.

9. B Lab, "Global Partners and Community," accessed January 3, 2020, https://bcorporation.net/about-b-lab/global-partners.

10. Alyssa Harriman, "The Making of a Movement: The Rise of the B Corp on the Global Stage" (MSc thesis, Copenhagen Business School, 2015), 90, http://academiab.org/wp-content/uploads/2015/10/Thesis-FINAL.pdf.

11. B Lab Europe, "B Corp movement in BeNeLux," accessed January 3, 2020, https://bcorporation.eu/about-b-lab/country-partner/benelux.

12. Emmanuel Faber, "To B or Not to B Corp: That Is No Longer a Question," Linkedin, April 13, 2018, https://www.linkedin.com/pulse/b-corp-longer-question-emmanuel-faber-1/.

13. "Making an Impact with B Lab Australia & New Zealand," Hub Australia, accessed January 3, 2020, https://www.hubaustralia.com/making-an-impact-with-b-lab-australia-new-zealand/.

14. Wenlei Ma, "B Corps and Social Enterprise Movement to Hit Australia," News.com.au, August 28, 2014, https://www.news.com.au/finance/business/b-corps-and-social-enterprise-movement-to-hit-australia/news-story/7777cbe89da7be011802ab8f11cf36b3.

15. Harriman, "The Making of a Movement," 81.

16. Sara Parrott, "Social Impact Investing Discussion Paper," Treasury, March 20, 2017, https://static.treasury.gov.au/uploads/sites/1/2017/08/c2017-183167-Suncorp.pdf.

17. Jim Antonopoulos, "Profit and Responsibility," Medium, September 13, 2018, https://medium.com/meaningful-work/profit-and-responsibility-88f807b02757.

18. Gayertree Subramania, "The Low Down: B Corp Champions Retreat Alice Springs," Linkedin, May 17, 2017, https://www.linkedin.com/pulse/b-corp-champions-retreat-alice-springs-gayertree-subramaniam/.

19. B Lab Taiwan, His Excellency Ma Ying-jeou—B Corp Asia Forum 2016 Keynote, YouTube, July 12, 2017, https://www.youtube.com/watch?v=ahrAbKjoOaw.

20. Certified B Corporation, "B Impact Report Education for Good CIC Ltd.," accessed January 3, 2020, https://bcorporation.net/directory/education-good-cic-ltd.

21. "Donghsu (Jaff) ShenGlobal," Philanthropy Forum, accessed January 3, 2020, https://philanthropyforum.org/people/donghsu-jaff-shen/.

22. Larry Hamermesh et al., "A Conversation with B Lab," Seattle University Law Review 40, no. 2 (April 2017): 365, https://digitalcommons.law.seattleu.edu/cgi/

viewcontent.cgi?article=2392&context=sulr.

23. B Lab, "Global Partners and Community."

9. 지평을 넓혀나가는 비콥

1. Ruth Reader, "A Brief History of Etsy, from 2005 Brooklyn Launch to 2015 IPO," VentureBeat, March 5, 2015, https://venturebeat.com/2015/03/05/a-brief-history-of-etsy-from-2005-brooklyn-launch-to-2015-ipo/.

2. Brady Dale, "Over Etsy's B Corp Status, Who Will Bend: B Lab or Etsy?" Technical.ly Brooklyn, March 16, 2015, https://technical.ly/brooklyn/2015/03/16/etsy-ipo-b-corp-status/.

3. Chad Dickerson, "Etsy's Next Chapter: Reimagining Commerce as a Public Company," Etsy, April 16, 2015, https://blog.etsy.com/news/2015/etsys-next-chapter-reimagining-commerce-as-a-public-company/.

4. David Gelles, "Inside the Revolution at Etsy," New York Times, November 25, 2017, https://www.nytimes.com/2017/11/25/business/etsy-josh-silverman.html.

5. Max Chafkin and Jing Cao, "The Barbarians Are at Etsy's Hand-Hewn, Responsibly Sourced Gates," Bloomberg, May 18, 2017, https://www.bloomberg.com/news/features/2017–05–18/the-barbarians-are-at-etsy-s-hand-hewn-responsibly-sourced-gates.

6. black-and-white Capital LP, Letter to the Board of Directors of Etsy, Inc., March 13, 2017, https://www.bw-etsy.com/assets/BW-Letter-to-ETSY-Board_FINAL-3.13.17.pdf, accessed January 4, 2020.

7. "black-and-white Capital Calls for Change at Etsy," Business Wire, May 2, 2017, https://www.businesswire.com/news/home/20170502005999/en/black-and-white-Capital-Calls-Change-Etsy.

8. Catherine Shu, "Etsy Will Cut 15 Percent of Its Workforce in a New Round of Layoffs," TechCrunch, June 22, 2017, https://techcrunch.com/2017/06/21/etsy-will-cut-15-percent-of-its-workforce-in-a-new-round-of-layoffs/.

9. Ina Steiner, "Etsy Gives Up B Corp Status to Maintain Corporate Structure," EcommerceBytes, November 30, 2017, https://www.ecommercebytes.com/2017/11/30/etsy-gives-b-corp-status-maintain-corporate-structure/.

10. Jay Coen Gilbert, "B Lab Responds to Etsy," Westaway, December 1, 2017, https://westaway.co/b-lab-responds-etsy/.

11. "Jessica Alba Talks Honest Beauty and Why She Loves Target," A Bullseye View, March 22, 2017, https://corporate.target.com/article/2017/03/honest-beauty; Madeline Stone, "Go Inside the Gorgeous Offices of Jessica Alba's Diaper Company, Which Reportedly Just Raised $100 Million at a $1.7 Billion Valuation," Business Insider, August 14, 2015, https://www.businessinsider.com/inside-the-offices-of-jessica-albas-honest-company-2015–08.

12. Dan Schawbel, "Jessica Alba on Becoming an Entrepreneur," Forbes, August 27, 2012, https://www.forbes.com/sites/danschawbel/2012/08/27/exclusive-jessica-alba-on-becoming-an-entrepreneur/#709cfceb2700.

13. Jason Del, "Jessica Alba's Honest Company Is Replacing Its CEO after a Sale to Unilever Fell Through," Vox, March 16, 2017, https://www.vox.com/2017/3/16/14951098/new-honest-company-ceo-change-nick-vlahos.

14. Julie Gunlock, "The 'Toxic' Lies behind Jessica Alba's Booming Baby Business,"

New York Post, June 17, 2015, https://nypost.com/2015/06/17/the-toxic-lies-behind-jessica-albas-booming-baby-business/.

15. Shwanika Narayan, "Honest Company Receives \$200 Million Investment," Los Angeles Business Journal, June 6, 2018, https://labusinessjournal.com/news/2018/jun/06/honest-co-receives-200-million-investment/.

16. James Surowiecki, "Companies with Benefits," New Yorker, July 28, 2014, https://www.newyorker.com/magazine/2014/08/04/companies-benefits.

17. B Analytics, "Measure What Matters Initiative Launches," accessed January 4, 2020, https://b-analytics.net/articles/measure-what-matters-initiative-launches.

18. Dan Osusky, "The B Impact Assessment's Commitment to Continuous Improvement: Public Comment of New Version Happening Now," B the Change, October 23, 2018, https://bthechange.com/the-b-impact-assessments-commitment-to-continuous-improvement-public-comment-of-new-version-a25b651caa4e.

19. Jo Confino, "Will Unilever Become the World's Largest Publicly Traded B Corp?" Guardian, January 23, 2015, https://www.theguardian.com/sustainable-business/2015/jan/23/benefit-corporations-bcorps-business-social-responsibility.

20. Abhijeet Pratap, "Nike Supply Chain Management," notesmatic, last updated September 26, 2019, https://notesmatic.com/2018/02/nike-supply-chain-management/.

21. B Analytics, "Measure What Matters Initiative Launches."

22. Francesca Rheannon, "Practicing Deep Sustainability: Cabot Creamery & Context Based Sustainability Metrics," CSRwire, August 30, 2012, https://www.csrwire.com/blog/posts/522-practicing-deep-sustainability-cabot-creamery-context-based-sustainability-metrics.

23. Marco Scuri, "Certified B Corps in Italy: Organization, Motivations and Change after the Certification" (master's thesis, Università Commerciale Luigi Bocconi, 2016/17), 57.

24. Natura, 2016 Annual Report, accessed January 4, 2020, https://natu.infoinvest.com.br/enu/6049/natura_annual_report_2016.pdf.

25. Moyee Coffee, "About Us," accessed January 4, 2020, https://moyeecoffee.ie/pages/story; Moyee Coffee, "A Radically Transparent Impact Report, 2017," accessed January 4, 2020, http://impact.moyeecoffee.com/impact-report-2017#!/home-copy-copy-copy-2.

26. NYCEDC, "NYCEDC Announces Launch of Best for NYC Business Campaign to Inspire and Equip Businesses with Resources to Improve Job Quality, Invest in Communities, and Preserve a Healthier Urban Environment," March 11, 2015, https://edc.nyc/press-release/nycedc-announces-launch-best-nyc-business-campaign-inspire-and-equip-businesses.

27. Megan Anthony, "The Alliance Center Wants to See More Sustainable Companies in Colorado," 5280, October 3, 2018, https://www.5280.com/2018/10/the-alliance-center-wants-to-see-more-sustainable-companies-in-colorado/.

28. Scotland CAN B website, accessed January 4, 2020, https://canb.scot.

29. RIO+B, "O QUE É O RIO+B?" accessed September 24, 2019, http://www.riomaisb.org.br/#what.

30. United Nations, "About the Sustainable Development Goals," accessed January 4, 2020, https://www.un.org/sustainabledevelopment/sustainable-development-goals/.

31. "How the Sustainable Development Goals Provide a Framework for Impact-Minded Businesses," B the Change, July 31, 2019, https://bthechange.com/how-the-sustainable-development-goals-provide-a-framework-for-impact-minded-businesses-eae3f3506937.

32. Susmita Kamath, "FAQ: How the B Impact Assessment and SDG Action Manager Can Help Businesses Plan and Measure Progress," B the Change, November 13, 2019, https://bthechange.com/faq-how-the-b-impact-assessment-and-sdg-action-manager-can-help-businesses-plan-and-measure-5aad2d1e0b96.

33. Larry Hamermesh et al., "A Conversation with B Lab," Seattle University Law Review 40, no. 2 (April 2017): 339, https://digitalcommons.law.seattleu.edu/cgi/viewcontent.cgi?article=2392&context=sulr.

34. Michelle Meagher and Fran van Dijk, "B Corps Unite to Hack One Sustainable Development Goal: Responsible Consumption and Production," B the Change, December 8, 2017, https://bthechange.com/b-corps-unite-to-hack-one-sustainable-development-goal-responsible-production-and-consumption-b8537a3d7c2c.

35. Tim Frick, "Aligning Your Organization with U.N. Sustainable Development Goals," Mightybytes, September 24, 2018, https://www.mightybytes.com/blog/aligning-un-sustainable-development-goals/.

36. "How the Sustainable Development Goals Provide a Framework."

37. Meagher and van Dijk, "B Corps Unite."

38. "The Burberry Foundation Partners with Elvis & Kresse to Tackle Waste Created by the Leather Goods Industry," Elvis & Kresse, October 16, 2017, https://www.elvisandkresse.com/blogs/news/the-burberry-foundation-partners-with-elvis-kresse.

39. B Lab, A Conversation with Emmanuel Faber & Andrew Kassoy, YouTube, November 28, 2018, https://www.youtube.com/watch?v=P-ofxmInWwU.

10. 크다고 꼭 나쁜 것은 아니다

1. Christopher Marquis and Effie Sapuridis, "Danone North America: The World's Largest B Corporation," Harvard Kennedy School Case 2156.0, April 26, 2019, 15, https://case.hks.harvard.edu/danone-north-america-the-worlds-largest-b-corporation/.

2. "The World's Largest B Corp on the Future of Business," B the Change, April 13, 2018, https://bthechange.com/the-worlds-largest-b-corp-on-the-future-of-business-673bccda1d54.

3. Certified B Corporation, "Large Companies," accessed January 3, 2020, https://bcorporation.net/certification/large-companies.

4. Elizabeth Freeburg, "Advisory Council Seeks Feedback on Recommendations for Multinational Certification," Certified B Corporation, accessed January 3, 2020, https://bcorporation.net/news/advisory-council-seeks-feedback-recommendations-multinational-certification.

5. Laureate Education, Inc., SEC Form 10-Q Quarterly Report for the Quarterly Period Ended March 31, 2019, May 9, 2019, https://www.sec.gov/Archives/edgar/data/912766/000162828019006341/laur3312019 - 10xq.htm.

6. Jay Coen Gilbert, "For-Profit Higher Education: Yes, Like This Please," Forbes, January 4, 2018, https://www.forbes.com/sites/jaycoengilbert/2018/01/04/for-profit-higher-education-yes-like-this-please/#78e20bea7937.

7. Laureate Education, Inc., SEC Form S-1 Registration Statement under the Securities Act of 1933, December 15, 2016, https://www.sec.gov/Archives/edgar/data/912766/000104746916017211/a2228849zs-1a.htm.

8. Anderson Antunes, "Brazil's Natura, the Largest Cosmetics Maker in Latin America, Becomes a B Corp," Forbes, December, 16, 2014, https://www.forbes.com/sites/andersonantunes/2014/12/16/brazils-natura-the-largest-cosmetics-maker-in-latin-america-becomes-a-b-corp/#eaa3b5225a2e.

9. Jay Coen Gilbert, "New Business Trend: An Authentic Commitment to Purpose," Forbes, July 18, 2019, https://www.forbes.com/sites/jaycoengilbert/2019/07/18/new-business-trend-an-authentic-commitment-to-purpose/#749232e6324d.

10. Leon Kaye, "Brazil's Natura Cosmetics Now the World's Largest B Corp," TriplePundit, December 29, 2014, https://www.triplepundit.com/story/2014/brazils-natura-cosmetics-now-worlds-largest-b-corp/38231.

11. Oliver Balch, "Natura Commits to Sourcing Sustainably from Amazon," Guardian, March 18, 2013, https://www.theguardian.com/sustainable-business/natura-sourcing-sustainably-from-amazon.

12. Meghan French Dunbar, "How Natura Became the World's Largest B Corp—and How It's Helping," Conscious Company, January 5, 2016, https://consciouscompanymedia.com/sustainable-business/how-natura-became-the-worlds-largest-b-corp-and-how-its-helping/.

11. 소비자들이 관심을 갖도록 설득하기

1. Saerom Lee, Lisa E. Bolton, and Karen P. Winterich, "To Profit or Not to Profit? The Role of Greed Perceptions in Consumer Support for Social Ventures," Journal of Consumer Research 44, no. 4 (May 2017): 876, https://academic.oup.com/jcr/article-abstract/44/4/853/3835623.

2. Albena Ivanova et al., "Moderating Factors on the Impact of B Corporation Certification on Purchasing Intention, Willingness to Pay a Price Premium and Consumer Trust," Atlantic Marketing Journal 7, no. 2 (2018): 17 - 35, https://digitalcommons.kennesaw.edu/amj/vol7/iss2/2.

3. Jeff Hoffman, "Market Like Patagonia, Warby Parker, and Tom's Shoes—Your Social Values Can Be a Boon to Your Brand—and Your Revenue. Here Is How," Inc., April 18, 2013, https://www.inc.com/jeff-hoffman/marketing-values-patagonia-warby-parker-toms-shoes.html.

4. "Stress of Current Events Is Generating Apathy among Americans, Says Fifth Annual Conscious Consumer Spending Index (#CCSIndex)," Good.Must. Grow., accessed January 3, 2020, https://goodmustgrow.com/cms/resources/ccsi/ccsindexrelease2017.pdf.

5. United Nations, "Goal 12: Ensure Sustainable Consumption and Production Patterns," accessed January 3, 2020, https://www.un.org/

sustainabledevelopment/sustainable-consumption-production/.

6. Quadia, "Why Sustainable Production and Consumption Matters: A Perspective from Quadia Impact Finance," accessed January 3, 2020, http://www.quadia.ch/uploads/images/commitment/Quadia%20Impact%20Briefing.pdf.

7. "Consumer-Goods' Brands That Demonstrate Commitment to Sustainability Outperform Those That Don't," Nielsen, December 10, 2015, https://www.nielsen.com/us/en/press-releases/2015/consumer-goods-brands-that-demonstrate-commitment-to-sustainability-outperform/.

8. David Boyd, "Ethical Determinants for Generations X and Y," Journal of Business Ethics 93, no. 3 (May 2010): 465–69, https://doi.org/10.1007/s10551–009–0233–7.

9. "Consumer-Goods' Brands."

10. Christopher Marquis and Effie Sapuridis, "Danone North America: The World's Largest B Corporation," Harvard Kennedy School Case 2156.0, April 26, 2019, 15, https://case.hks.harvard.edu/danone-north-america-the-worlds-largest-b-corporation/.

11. Fair Trade Certified, "Consumer Insights," accessed January 3, 2020, https://www.fairtradecertified.org/business/consumer-insights.

12. "Green Generation: Millennials Say Sustainability Is a Shopping Priority," Nielsen, November 5, 2015, https://www.nielsen.com/ie/en/insights/article/2015/green-generation-millennials-say-sustainability-is-a-shopping-priority/.

13. "Green Generation."

14. Ki-Hoon Lee and Dongyoung Shin, "Consumers' Responses to CSR Activities: The Linkage between Increased Awareness and Purchase Intention," Public Relations Review 36, no. 2 (June 2010): 193–95, https://doi.org/10.1016/j.pubrev.2009.10.014.

15. BrandIQ, "Benchmark Awareness Report," April 2017, unpublished PowerPoint presentation.

16. BrandIQ, "Benchmark Awareness Report."

17. "Your Chance to Vote Doesn't End on Election Day—Use Your Vote Every Day," B the Change, November 12, 2018, https://bthechange.com/your-chance-to-vote-doesnt-end-on-election-day-use-your-vote-every-day-18d19934b1e9.

18. Anne Field, "Boosting Awareness of B Corps by Linking Them to Voting," Forbes, November 27, 2018, https://www.forbes.com/sites/annefield/2018/11/27/boosting-awareness-of-b-corps-by-linking-them-to-voting/#1932eb9c6a70.

19. Certified B Corporation, "Vote Every Day. Vote B Corp," accessed January 3, 2020, https://bcorporation.net/vote.

20. Field, "Boosting Awareness of B Corps."

21. Anthea Kelsick, "Vote Every Day—Empowering a Movement to Take Action," B the Change, November 12, 2018, https://bthechange.com/vote-every-day-empowering-a-movement-to-take-action-3802434d7068.

1. Michael Moynihan, "How a True Believer Keeps the Faith," Wall Street Journal, August 20, 2011, https://www.wsj.com/articles/SB1000142405311190348090457 6512722707621288.

2. Eric J. Hobsbawm and Marion Cumming, Age of Extremes: The Short Twentieth Century, 1914-1991 (London: Abacus, 1995).

비쿱 운동은 자본주의를 어떻게 바꾸고 있는가

비즈니스 혁명, 비쿱

1판 1쇄 인쇄 2021년 11월 9일   **1판 1쇄 발행** 2021년 11월 19일

지은이 크리스토퍼 마퀴스

옮긴이 김봉재 · 김미정

펴낸이 전광철   **펴낸곳** 협동조합 착한책가게

주소 서울시 마포구 독막로 28길 10, 109동 상가 b101 – 957호

등록 제2015 – 000038호(2015년 1월 30일)

전화 02) 322 – 3238   **팩스** 02) 6499 – 8485

이메일 bonaliber@gmail.com

홈페이지 sogoodbook.com

ISBN 979 – 11 – 90400 – 27 – 5   (03320)